突破桎梏

——中小企业自主创新的 理论、策略与实践

陈芹 著

西南财经大学出版社
Southwestern University of Finance & Economics Press

中国·成都

图书在版编目(CIP)数据

突破桎梏:中小企业自主创新的理论、策略与实践/陈芹著. —成都:西南财经大学出版社,2021. 10
ISBN 978-7-5504-4688-5

Ⅰ.①突… Ⅱ.①陈… Ⅲ.①中小企业—企业创新—研究—中国 Ⅳ.①F279. 243

中国版本图书馆 CIP 数据核字(2020)第 244720 号

突破桎梏——中小企业自主创新的理论、策略与实践
Tupo Zhigu Zhongxiao Qiye Zizhu Chuangxin De Lilun CelüE Yu Shijian

陈芹　著

责任编辑:张明星
封面设计:杨红鹰　张姗姗
责任印制:朱曼丽

出版发行	西南财经大学出版社(四川省成都市光华村街55号)
网　　址	http://cbs. swufe. edu. cn
电子邮件	bookcj@ swufe. edu. cn
邮政编码	610074
电　　话	028-87353785
照　　排	四川胜翔数码印务设计有限公司
印　　刷	郫县犀浦印刷厂
成品尺寸	148mm×210mm
印　　张	14. 125
字　　数	395 千字
版　　次	2021 年 10 月第 1 版
印　　次	2021 年 10 月第 1 次印刷
书　　号	ISBN 978-7-5504-4688-5
定　　价	88. 00 元

和影响力不容小觑，这些中小企业在某个专业领域内尽管达到了顶峰却刻意保持低调，这使人们往往容易忽略它们的存在和贡献。

在我们关注企业的可持续发展和生长寿命时，来自日本的数据强有力地佐证了中小企业可以葆有的旺盛生命力和惊人的可持续发展能力。日本经济大学经营学院院长、被誉为"日本长寿企业研究第一人"的后藤俊夫发布的研究结果显示，在日本创业史超过百年的中小企业多达25 321家，其中经营历史超过200年以上的企业有3 939家，300年以上的企业有1 938家，而500年以上的企业有147家，甚至还有21家"十足长寿"的企业已存活超过1 000年。中小企业为推动经济社会的发展发挥了不可替代的重要作用，并拥有着举足轻重的地位，这一观念在日本已深入人心，日本政府也充分肯定了中小企业的作用并高度重视中小企业的发展。在最新发布的2019年版《日本中小企业白皮书》中，日本政府提出要更为重视中小企业，甚至将中小企业置于"引领日本经济"的战略性地位，借此希望经过长期努力使中小企业成长为维系日本国内经济活力，化解国内社会矛盾，保持日本全球竞争力的核心力量。

无论是为社会经济做出巨大贡献但社会关注力却不相对称的"隐形冠军"，还是生命周期长但同时能保持基业长青的"长寿冠军"，在深入探究以德国、日本为代表的经济发达国家的中小企业成功经验时，我们可以发现一个共同的规律——拥有创新意识和自主创新的能力是中小企业实现自身发展和跨越的根本动力。众所周知，创新对企业而言并不是新鲜事物，调查研究表明，众多行业的管理者对于创新的重要性都有充分的认识，他们将创新视为推动企业收入增加、提高盈利水平和增强竞争优势的关键因素。全球四大会计师事务所之一的普华永道通过对其曾经服务过的全球399家企业的首席执行官进行的调查发现，创新超过了全球化、产业融合和电子商务，成为这些管理者在21世纪面对的首要战略性挑战。

在我国，创新也日益受到了更多的关注，随着政府政策着眼力

前言

在各国经济发展中，中小企业的成长与发展一直是备受关注的主题，伴随着我国改革开放掀起的经济发展大潮，中小企业抓住时代赋予的机遇进入了发展的快车道。进入 21 世纪，随着我国社会经济环境的不断优化，国家整体经济实力的不断提升，特别是在"双创"热潮的助推下，越来越多的中小企业成长发展起来，中小企业已成为推动我国经济社会发展不容忽视的中坚力量。目前，中小企业的数量在我国企业总数中所占比例早已超越了"半壁江山"，作为我国社会主义市场经济体系中最积极、最活跃的因素，其在繁荣经济发展，维护社会稳定，促进科技进步，推动自主创新等方面意义重大。但毋庸置疑，中小企业在企业产值、经济效应、社会效益等方面，与国有大型企业仍然相去甚远，尚未获得与社会发展经济所做贡献相对称的社会地位，很多中小企业仍难以突破"寿命不长""难以长大"等制约中小企业可持续发展的桎梏。

1992 年，哈佛商学院教授赫尔曼·西蒙在《哈佛商业评论》上发表了其代表作《来自德国"隐形冠军"的启示》。西蒙教授通过研究发现，德国出口的主力军并非通常认为的奔驰或者宝马这类德国知名的世界 500 强企业，而是分布于全德境内在狭小的专业领域做到极致的中小企业。基于此，西蒙教授明确将成功的中小企业定义为"隐形冠军"。同时，西蒙教授通过调查研究发现，全世界范围内有一批中小企业，拥有全球 70%~90% 的市场占有率，其市场地位度的加大，创新被赋予了更多的战略意义。《国家中长期科学和技术发展规划纲要（2006—2020年）》以及《中华人民共和国国民经济和社会发展第十三个五年规划纲要》明确指出要把提高自主创新能力、建设创新型国家作为我国面向未来的重大战略选择，由此，自主创新被提升到国家战略高度。党的十八大提出要实施创新驱动发展战略，强调科技创新是提高社会生产力和综合国力的战略支撑，必须摆在国家发展全局的核心位置。党的十九大进一步明确了"创新是引领发展的第一动力"，强调要进一步推进改革、开放和创新，加强企业技术创新的主体地位，使企业的自主创新能力得到持续增强。在理论研究上，自主创新已成为学界高度关注的重要领域，相关研究的学术成果数量不菲。但就实践而言，自主创新尽管已被公认为是突破中小企业发展桎梏的最佳途径，但无论在宏观环境还是微观环境，中小企业的自主创新活动都存在诸多障碍和问题，使得中小企业的自主创新活动现状不容乐观。在"大众创业、万众创新"热潮的推动下，我国不断涌现出更多的中小企业，而数量不断增加的中小企业能否在愈发激烈残酷的市场竞争中通过不断创新获得持续的竞争优势，实现良性发展，将直接关系到能否完成"保增长、保民生、保稳定"的重要任务，因此本研究具有深远的理论价值和现实意义。

国内外研究企业自主创新的文献较多，本书以下面两个问题作为研究的出发点：①关于如何认识企业的自主创新。Robert B. Tuker（2002）提出创新能力是企业获得未来增长最重要的因素，Andrew Hargadon（2003）认为创新是社会的，也是技术的。国内学者在对此问题的研究上已就企业的自主创新是经济社会的重要推动力量广泛达成共识。在其性质的分析上，卢东斌（2011）强调，企业自主创新的最重要的特征是自主性。②关于如何提高企业的自主创新能力。Anna Maria Barnano（2005）提出组织创新和技术创新应该并存，Geoffrey A Moore（2007）结合对思科公司25年的研究，提出企业只有将创新纳入有效的管理规划之中，遵循明确的指导原则和方法论，进行持续不断的系统化创新，才能长久保持竞争优势。国内研究中，胡钰（2005）在发表的调研报告中呼吁大力提升我国企业自主创新能力；中国企业联合会（2006）发表了《中国企业 500 强科技自主创新问卷调查分析报告》，具体分析了制约我国企业自主创新的七大因素；张彦宁（2006）专门论述了"怎样行动以实现自主创新"；钱水土、周永涛（2011）指出，金融发展有利于企业技术创新。这些成果无疑为深入研究这一问题提供了大量有益的参考资料。但在寻求答案的过程中，我们还是感觉一些不足：文献资料泛泛而谈的多，深入剖析和解决实际问题的少；探讨大型企业的多，研究中小企业的少；针对技术领域分析的成果多，结合企业管理的各维度探讨的成果少，尤其随着云计算技术的飞速发展，在云经济已成为大势所趋的背景下，将企业自主创新与云经济发展相结合的深入探讨更是鲜见。

    正是在这一背景下，本书将研究的视角集中在中小企业突破成长桎梏的关键环节——自主创新的理论、策略和实践应用上，采用文献研究法、案例研究法、实地调研法与扎根理论相结合的研究方法，从理论视角界定了中小企业自主创新、自主创新能力等概念，梳理了中小企业自主创新的基础理论。在此基础上，本书主要研究了中小企业自主创新能力形成机理、构建中小企业自主创新的机制和模式的途径；结合当下网络经济这一新环境的特点，提出了中小企业自主创新的对策、措施；重点探讨了"互联网+"背景下中小企业开展云创新、云融资的意义及实施途径；对优化中小企业自主创新的政策环境提出了相应的政策建议，并对国内中小企业在探索和实践自主创新的历程中的成功范例进行了经验剖析。本书旨在通过对中小企业的自主创新系统的深入研究，力求不仅从微观层面帮助中小企业破解发展桎梏的难题，找到自主创新的可行之道，而且从宏观层面启发政府制定更加行之有效的中小企业自主创新的激励政策和扶持措施。

本书在对中小企业自主创新的探索性研究过程中进行了一些创新性的思考和研究，主要包括：系统梳理了中小企业自主创新的相关理论，详细论述了中小企业自主创新能力的系统构成及层次；从自主创新障碍的表现因素及形成原因两个角度分析了制约中小企业通过自主创新实现可持续发展的症结问题；从能力、动力和机遇三个维度，提出中小企业自主创新实现机理和一般范式；在结合美国、德国、英国、日本等经济发达国家在构建中小企业扶持机制上的做法和经验分析归纳的基础上，从供给面、需求面和环境面三个维度对我国中小企业自主创新的制度环境进行了系统分析和评估；首次全面系统地归纳分析了中小企业通过自主创新突破成长桎梏的实施路径，并对云经济下中小企业自主创新的新趋势——云创新进行了概念界定和运作机理分析，突破性地将这一较新的概念与中小企业的发展有机结合起来。

企业创新贵在实践，中小企业创新的理论和方法只有在中小企业的创新实践中加以应用才具有现实意义。有鉴于此，本书有针对性地选取国内部分优秀的创新型中小企业和作者本人参与管理咨询或培训指导的本土有代表性的中小企业的创新实践为案例进行实证研究，通过剖析这些中小企业在自主创新上取得的成功经验，试图为我国中小企业在探索和践行自主创新的漫长征途中提供具有借鉴意义和参考价值的资料和范本。

尽管本书在研究过程中取得了一定的创新性成果，但中小企业自主创新涉及的研究领域非常广泛，尚有许多重要问题需要研究。本书仅仅是对这一领域的初步探索，希望能够对我国中小企业在自主创新能力的培养和提升上有所裨益，为政府和企业两个层面解决中小企业的"成长烦恼"提供建议，更希望本书能够起到抛砖引玉的作用，使我国在这一领域的研究能够涌现出更好、更多的新成果。

本书在撰写过程中，参阅和借鉴了国内外诸多学者和专家的研究成果，同时查阅和引用了网络、期刊、书籍等相关资料，在此对本书所引用资料的作者表示衷心的感谢，并对为本书最终付梓而不懈坚持并付出辛勤劳动的西南财经大学出版社相关工作人员表示诚挚的感谢。此外，本书在编撰过程中，还得到了相关专家和同行、同事的支持与帮助，在此一并致谢。由于作者水平有限，书中难免有疏漏和不足之处，敬请广大读者批评指正。

陈芹

2021 年 6 月

目录

第一章 中小企业自主创新的背景分析

20世纪70年代，人类社会开始由以物为本的经济主义世界向以人为本的人文主义世界转型，由工业经济时代向知识经济时代转换，由此进入了以世界市场经济为导向的知识经济全球化时代。中国从20世纪70年代实行改革开放，由此开始了从计划经济到社会主义市场经济的转型。与此同时，与现代市场经济有着天然联系的中国现代企业产生了。在中国现代企业的发展历程中，中小企业在其中扮演了重要的角色，目前中小企业已经成为我国经济增长的重要力量和经济发展的重要支柱，是经济生活中最积极、最活跃的因素。中小企业在繁荣经济，促进高科技发展，推动整个社会的自主创新等方面发挥着不可替代的作用。

研究中小企业在整个现代企业体系中的地位和作用，分析中小企业可持续发展赖以实现的自主创新的必要性和可行性，必须建立在对我国中小企业的历史发展、目前和未来发展所面临环境的清楚认知和理性分析的基础上。

第一节 我国中小企业产生的背景和发展历程

一、我国现代企业的产生和发展

中国现代企业起源于北京的中关村。最早被冠以现代企业称谓的是"现代科技企业"①。1980年10月，中国科学院物理研究所研究员陈春先创建了"北京等离子体学会先进技术发展服务部"，在经过3年的尝试与探索后，于1983年将原有的研究所发展成为一个科技型的经济实体——华夏硅谷新技术开发研究所。1984年，中国科学院计算机研究所的柳传志等11名高级科技人员利用计算机所投资的20万元和一间20平方米的小平房，开办了具有现代企业性质的中国科学院计算机研究所新技术发展公司，这也就是后来发展成为中国现代企业的典型代表——联想集团的前身。

中国理论界对"现代企业"的概念进行了基本的界定，可表述为：中国现代企业是同具有知识化、信息化、金融化和全球化基本特征的现代市场经济同步崛起，并在现代市场经济中产生、成长和发展起来的，具有很强的竞争力、成长力和发展力的企业②。有别于以自然资源作为主要投资要素的传统企业，现代企业是以知识和技术投入要素为主，是由具有高级技术知识和高级管理知识的科技人员以知识资源为基础，依托现代先进产业发展起来的"知识经济能力型"企业。

中国现代企业不断发展的过程，也是社会认识不断深化的过程。中国现代企业发展的进程可以分为四个阶段：以1978年党的十一届三中全会为标志到1985年为萌芽期，也为起始阶段；1987年10月党的十三大召开至1996年为发展阶段；1997年10月党的十五大召开到2001年为完善阶段；2002年党的十六大召开标志着中国企业发展进入了成熟阶段。现代企业发展的实践和作用肯定了它在中国经济发展中的地位。党的十八大召开以来，我国企业保持了稳定的增长态势，从全国整体来看，截至2017年年底，全国实有各类市场主

---

① 保育均. 不折不扣贯彻落实十六大精神、毫不动摇地鼓励、支持和引导经济的发展 [M]. 北京：机械工业出版社，2003：2-3.

② 王海英. 企业转型与自主创新的新模式 [M]. 北京：中国经济出版社，2006：48.

体 9 814.8 万户，其中实有企业 3 033.7 万户，比上年增长 9.42%。随着"双创"政策的进一步落实带动创业环境的不断优化，企业的创业创新活力也不断增强。2017 年，全国新登记市场主体 1 924.9 万户，同比增长 16.6%，其中，企业 607.4 万户，同比增长 9.9%，企业创业创新水平不断提升。各种发展迹象和结果充分说明我国现代企业已进入规范化的发展阶段，并保持了良好的增长态势。

二、我国中小企业的发展历程

与世界其他国家和地区相比，中国中小企业最近 20 年发展的显著特点是速度快、数量大。改革开放以来，我国中小企业的数量成倍增加，成为促进中国经济发展的一支重要力量。我国中小企业在新中国成立之后的发展过程，大体可划分为四个阶段：

（一）中华人民共和国成立后至 20 世纪 50 年代初：我国中小企业的调整发展期

在中华人民共和国成立初期，以中小企业为主的个体经济产值占到了国内工农业总产值的 90%，其中，民族资本在整个现代工业中占比为 20%。从规模上统计，全国的民族资本主义工业企业 12.3 万家，职工 164 万人，资本 20 多亿元，平均每个企业有职工 13 人，资本 1.6 万元。由此可见，新中国成立以后中小企业是经济发展的主体。

中华人民共和国成立以后，为了恢复和发展经济，私营中小企业一度受到国家的大力扶持。1950 年 6 月，党的七届三中全会确定的调整工商业的具体措施主要包括：第一，政府扩大对私营企业的加工订货和产品收购，帮助其恢复和维持生产；第二，适当收缩部分国营商业企业，国营商业企业主要经营粮食、食用油等几种居民主要生活必需品，给私营企业以较大的发展空间；第三，在保证财政合理负担的情况下，适当地调整和减少私营企业的税收；第四，银行给予私营企业资金支持，扩大对私营企业的贷款额度；第五，适当放宽对私营企业经营范围的限制；第六，调整劳资关系，纠正劳方某些过高的要求，以保证将私营企业生产和经营的成本控制在较为合理的范围之内。

经过近三年的休养生息，调整工商业的各项措施有了明显的效果，私营中小企业得到了较快的发展。对上海、北京、天津等 10 个大、中城市的统计表明，与 1949 年相比，1952 年我国私营企业增加了 26 万户，增幅达 21.6%，工业总产值增加了 36.98 亿元，增幅达 54.2%，而这些私营企业基本上都是中小企业。

（二）20 世纪 50 年代中期至 70 年代中期：我国中小企业的曲折发展期

在短时间的经济恢复和调整之后，中央提出和实施了"向社会主义时期过渡"的总路线，提出私营中小企业实行公私合营、手工业实行合作化、发展国有中小企业的工作要求。到 1956 年上半年，全国实行公司合营的工业企业占原有私营工业企业的 97.3%，从业人员占 97.7%，产值占 99.1%。根据行业特点和国家计划经济的需要，各地、各行业陆续成立了一些专业公司，这些公司把同行业系统的中小企业串联起来，形成相对紧密的联合体，中小工业企业的比重相应有所降低。对手工业的改造在 1956 年年底全面完成，全国手工业合作社数量远超过 10 万个。经过上述工商业的改造，中国中小工业企业的所有制结构发生了深刻的变化，中小企业的国有化程度达到了 73% 以上，公私合营的中小企业数量占比为 26% 左右。

与此同时，在"一五"期间，国家投资总额达到 271.62 亿元，投资额占总数 90% 以上的项目是中小企业。通过改造，中小企业占国家全部企业的比率进一步降低，所有制结构以国有企业为主。在"一五"期间，工业产值增长十分迅速，这是与中小企业的合并相联系的。

1958—1960 年出现了"全民大办企业"的群众性运动。与此同时，中小企业的数量也急剧膨胀。1959 年年底，全国工业企业达到 31.8 万个，比 1957 年增加了 14.85 万个，增加部分主要是地方的中小企业。这些中小企业的诞生完全脱离了经济发展的实际，在全民炼钢铁狂热的驱动下，中小企业以"五小"为主，规模不经济，使工业结构出现严重失调，效益大幅度下降1958年到1960年，工业劳动生产率下降了7.8%。

随后，中央对中小企业实行了"关、停、并、转"方针，采取的主要措施有：第一，关掉一批省辖市、专区所属和大部分县办的中小企业；第二，原则上停办农村和城市公社的中小企业；第三，清理城市手工业企业，全面提高中小企业素养。到1964年为止，我国工业企业总数由1960年的25.4万个减少到16.1万个，集体所有制企业由15.8万个减少到11.6万个。

1964年以后的一段时期，中小企业数量基本没有增加。出于缓解就业压力的考虑，1970年以后，全国的小企业数量有所恢复，兴办的小企业主要是街道集体企业，它们对经济总量的贡献几乎可以忽略不计。

（三）20世纪70年代末期至90年代：我国中小企业的迅速发展期

1978年以后，随着农村经济体制的改革，中小企业首先以乡镇企业的形式开始大幅度增加。根据1995年全国工业企业普查资料的数据显示，1995年全国中型工业企业的数量达到了10 983个，小型工业企业的数量达到了102 332个，中小型企业数量占企业总数的99.68%。1978—1994年全国乡以上中小企业由34.4万个增加到52.7万个，1995年全国乡及乡以上的工业小型企业达到56.91万家，相较1978年的34.4万家，增幅达到52%，并且数量达到了历史最高。

在改革开放初期，农村的乡镇企业的发展在政策上依然受到歧视。1979年，中共中央十一届四中全会通过《关于加快农村发展若干问题的决定》，提出社队企业要有大发展，要逐步提高社队企业占三级经济收入的比重。同年，国务院颁发了《关于发展社队企业若干问题的规定（试行草案）》，推出了一系列扶持社队企业发展的措施，客观而言，这是我国改革开放以来第一个促进中小企业发展的政策文件。1984 年，中共中央、国务院转批农牧渔业部《关于开创社队企业新局面的报告》，要求把社队企业改为乡镇企业，随后在中央 4 号文件和《关于进一步活跃农村经济的十项政策》的指引下，政府各部门都先后制定了鼓励乡镇企业发展的各项政策措施。

经过了 20 世纪 50 年代中期开始的社会主义改造，我国大型的私营企业在"文化大革命"之前消失殆尽。因此，私营企业在改革开放后发展壮大的历史也从一个侧面折射出中小企业发展的历史。并且，与同属中小企业的乡镇企业不同的是，个体私营经济的政治地位在改革开放后经过了逐步合法的变化过程：国家政策先是只承认个体经济，随后承认私营经济，但是限制其发展，最后私营经济从社会主义经济的补充地位上升到社会主义经济的有机组成部分，国家政策也由限制私营经济发展到鼓励私营经济发展。1983 年，中共中央在《关于当前农村经济政策的若干问题的通知》中明确农村个体工商户或者种养能手请帮手、带徒弟，可以参照对城镇私营经济的相关文件执行。在这一政策的推动下，私营经济首先在我国农村中发展、壮大起来。

从上述历史演进过程可以看出，我国的中小企业在 20 世纪 50 年代的发展中，历经了"压制—调整—发展—再压制—放开和促进"的波浪式发展历程。从宏观角度来考察，不难发现私营中小企业发展较好的时期，也是国民经济繁荣的时期和大企业逐步发展的时期。所以国民经济恢复时期的繁荣和社会主义改造时期的成就，与众多中小企业的发展产生的助推力密不可分。但由于过多地迷信计划经济，又缺乏对中小企业重要性的认识，我国较早地通过社会主义改造消灭了一大批中小工业企业，这使大企业失去了可持续发展的基础，导致"大跃进"时期经济的持续衰退。"大跃进"和"文化大革命"时期成立的小企业并不是真正市场经济意义上的小企业，它们在生产和销售的质和量上都没有市场基础，它们的生存不是市场选择的结果，而是计划的产物，随之而来的效益低下和生存困难也就在所难免。

纵观我国中小企业在全国范围内的发展现状，我国中小企业的发展存在着比较明显的地区差异，中小企业的分布特征基本上与我国的区域经济发展格局特征一致。在改革开放初期，沿海地区发展较早，因此发挥了劳动力资源的比较优势，中小企业发展的速度较快。东部地区尤其是东部沿海地区，经济发展水平和市场化程度高，私营经济起步较早。相对于中、西部地区，东部地区在数量和规模上都处于优势地位。由于私营企业和个体工商户是现代中小企业的主体，所以我们可以通过其地区分布情况来看中小企业的地理位置选择，具体情况如表1-1所示。

表1-1 私营企业、个体工商户的地区分布变化

区域	年份	私营企业		个体工商户	
		户数（万户）	区域分布比重（%）	户数（万户）	区域分布比重（%）
东部	1993	16.2	68.5	870.1	49.3
	1997	62.1	64.7	1 265.1	44.3
中部	1993	4.8	20.2	550.7	31.2
	1997	22.5	23.4	1 102.2	38.7
西部	1993	2.7	11.3	346.6	19.6
	1997	11.5	11.9	483.6	17.0

资料来源：《1994—1998 中国经济年鉴》。

（四）20 世纪 90 年代至今：我国中小企业的转型发展期

20 世纪 90 年代以后，我国的政策调整和产业结构的变动不仅推动了经济的迅速发展，而且极大程度地改变了企业结构，尤其是在"抓大放小"政策作用的影响下，一批大型的企业集团逐渐崛起，给我国中小企业带来了巨大的外部压力。

首先，我国中小企业的竞争环境和竞争对手都发生了变化。在开放经济的格局下，跨国公司大举进入中国，中小企业的结构和布局面临着前所未有的严峻考验。跨国公司在华投资规模大且注重系统化，投资重点在高科技产业。在我国的一些行业和地区，跨国公司通过持续的投入与建设，已经逐步在市场份额、品牌、技术、股权等方面形成了控制或准控制局面。与跨国公司相比，大多数中小企业无论是在规模上，还是在跨行业、跨地区、跨国经营的产业范围上，都很难与跨国公司抗衡。虽然我国在钢铁、煤炭、化工、建材等主要产业的生产能力已跻身世界前列，但与之不匹配的是，我国企业规模过小，生产能力分散，规模经济和范围经济均不明显，国际竞争力很弱。

随着政府机构改革的不断深入推进，国家政府相关职能部门对中小企业发展上的宏观指导的功能得到了进一步明确。1998年，我国成立了专门负责中小企业改革与发展的中小企业司，中小企业从国家层面得到了实质性的重视。为适应我国中小企业进一步发展的需要，1999年3月，中华人民共和国第九届全国人大二次会议修改《中华人民共和国宪法》时明确提出："个体、私营企业作为国民经济的重要组成部分"，进一步明确了中小企业在国民经济中的地位。同年8月，我国颁布了《中华人民共和国个人独资企业法》，对个人独资企业的有关方面进行了明确规定。这部法律的颁布和实施，为我国个人创业提供了必要的法律保障和良好的外部政策环境。

随着21世纪的到来，中小企业的发展也进入了井喷时期。截至2005年年底，中国中小企业的数量已占全国企业总量的99.3%，中小企业产值占我国GDP的55.6%，工业新增产值占我国总量的74.7%，社会销售额占我国总额的58.9%，税收占我国总额的46.2%，出口额占我国总额的62.3%。至此，我国中小企业也已初步达到经济发达国家中小企业在20世纪实现的发展成效。作为市场经济的主体、新兴产业的重要力量和大企业专业化协作伙伴，我国中小企业在吸纳就业、技术创新、丰富市场、满足多样化需求、促进区域经济发展方面发挥了不可替代的重要作用。2008年开始因美国次贷危机引发的国际金融危机不仅对我国的实体经济产生了巨大的冲击，还让很多中小企业因市场需求不足而面临了不同程度的经营困境，特别是很多出口外向型中小企业在严酷的外部环境影响下不得不减产、裁员甚至宣告破产倒闭。国家工业和信息化部发布的信息显示，仅2008年一年，全国破产的中小企业接近50万家。经济低迷和出口环境恶化的内外威胁，加大了我国中小企业的经营风险。

经历了2008年国际金融危机的冲击后，国内中小企业为了提高应对风险的能力，积极寻求应对措施和解决方案，特别是在自主创新领域，开始有意识地建立自主创新机制，开展以技术创新为核心的企业创新，通过自主创新推动产业升级，谋求企业的可持续发展。

三、我国中小企业发展的基本经验

回顾我国中小企业的发展历程，我们不难发现，改革开放为我国中小企业的发展提供了重要的契机，借由改革开放在过去四十多年里不断向纵深推进，我国中小企业在整体规模和实力上也历经了从小到大、从弱到强、由量变到质变的发展过程。进入21世纪，网络经济的发展带来外部环境瞬息万变，迭代速度不断加快，在这一新的时代背景下，中小企业又面临着提高信息化水平、实现转型升级发展等新的挑战。在规划和布局未来的发展方向和成长之道时，对以往成功做法的梳理汇总，能为中小企业未来的发展提供有益的经验借鉴。概括而言，我国中小企业自改革开放以后取得了长足的发展，主要源于以下几个方面的原因：

1. 国家对中小企业的法制化管理和政策支持为中小企业发展奠定了坚实基础

党中央、国务院高度重视中小企业的发展工作，将推动中小企业健康发展视为一项我国长期的战略任务，相继出台了一系列促进中小企业发展的政策法规，国家在政策层面对中小企业发展的支持力度不断增大。2003 年，国家正式出台了《中华人民共和国中小企业促进法》（以下简称《中小企业促进法》），这是我国第一部关于中小企业的专门法律，法律明确了国家促进中小企业发展的方针、政府扶持和引导中小企业发展的职责，提出了促进中小企业发展的法律举措。《中小企业促进法》的颁布，使政府对中小企业的管理有法可依，也使中小企业经营的合法权益得到保护。2017 年 9 月 1 日，经由第十二届全国人大第二十九次会议表决通过，新修订的《中小企业促进法》正式颁布。新《中小企业促进法》在做好与原法的继承与衔接的同时，坚持发挥市场决定性作用、强化政府支持力度、着力解决突出问题、注重增强法律的可操作性，作为今后一段时期促进我国中小企业发展的法律依据，对促进中小企业持续健康发展具有十分重要的意义。新《中小企业促进法》的颁布，也为助推我国中小企业的健康发展营造了良好的政策环境，必将有效推动中小企业在国家即将推出新的五年发展规划之际，顺利进入下一阶段的发展进程。

2. 形成一支素质高、能力强的投资经营者队伍是中小企业发展的基本条件

市场发展的实践经验证明，拥有一支对市场经济有深刻理解的投资经营者队伍，对于中小企业的发展意义重大。我国实行市场经济多年来取得的重要成果之一，就是改变了人们的思想观念，并锻炼出了一支素质和能力过硬的企业家队伍。特别是广大中小企业的投资经营者，从创办企业伊始，他们就与市场经济结缘，在商海中拼搏，接受市场的各种锻炼和考验。同时，在我国市场化改革的进程中，随着企业在市场经济中的主体地位逐渐明确，转换企业经营机制和建立现代企业制度的要求应运而生，也对企业经营者提出了更高的要求，在这样的时代背景下，一大批中小企业投资经营者快速成长起来。他们中的一些代表人物如鲁冠球、徐文荣、刘永好等，都成功带领自己创办的中小企业成长为行业中颇具实力和影响力的

代表性企业。第二次世界大战后，日本经济的快速崛起，正是依托了以本田宗一郎、松下幸之助、盛田昭夫、稻盛和夫四人为代表的日本企业家在企业经营管理上取得的卓越成绩。我国改革开放后在经济发展上取得丰硕成果也一再证明，拥有一支素质高、能力强的企业家队伍，既是中国经济发展的上乘资源，也是中国中小企业成功发展的基本条件。

3. 各方对中小企业作用的形成的共识和大力的支持是中小企业发展的外生力量

在我国中小企业发展的早期，借助低成本和差异化优势，我国中小企业实现了快速成长和扩张，中小企业在数量上不断增加，除了能为消费者提供更多物美价廉的产品，同时因其可提供大量就业岗位，从而为缓解社会失业问题提供有力支持，中小企业在国民经济中发挥的重要作用得到了各方的认可，尤其是在政府的大力倡导下，各方充分给予中小企业力所能及的支持，逐渐形成了发展中小企业的合力。

4. 发展环境的持续改善和不断优化为中小企业发展提供了必要的支持

随着改革开放的不断深入，政策环境中对中小企业的利好不断释放，例如国家不断放宽投资领域使中小企业的投资范围不断扩大，对民营企业的投资限制不断减少，同时投资审批手续不断简化，这些均进一步减轻了中小企业的成长发展的制度约束。同时，在"双创"政策的引领下，为了解决中小企业融资难这一症结问题，国家进一步加大了对中小企业的融资支持力度，各级金融监管部门综合运用定向降准、支小再贷款、再贴现等货币政策工具，引导金融机构扩大小微企业信贷投放，并逐步设立了中小企业贷款担保、技术创新、国际市场开拓、中小企业发展、社会化服务、创新创业等各类中小企业发展资助资金，还推出了中小企业股票市场板块。同时，持续减轻企业负担，加大对中小企业税收优惠支持力度，仅2017年国家在支持"大众创业、万众创新"的税收优惠政策减税就超过5 000亿元。世界银行的《营商环境报告》显示，我国营商环境已成为全球119个经济体中营商环境改善程度最显著的经济体之一，这也对我国中小企业可持续发展产生了巨大的促进作用。

5. 社会化服务体系的形成为中小企业发展增添了助推器

在我国市场经济体制不断深化改革的背景下，中小企业社会化服务体系逐渐形成并不断得到优化和完善。首先，国家通过设立专门的中小企业管理和服务机构，保障了全社会面向中小企业能够提供系统专门的服务。目前，从国家部委到各级地方均设有专门的中小企业局或中小企业发展服务中心，能够从不同层面为中小企业发展提供宏观指导和具体的融资服务、法律服务、市场服务、创业服务等各项服务。其次，在服务体系的建设上，国家有关中小企业管理部门从20世纪90年代开始，就在全国10个城市开展了建立健全中小企业服务体系的试点，起到了很好的示范作用，促进了全国各地面向中小企业服务的发展。随着公共服务体系的进一步完善，更多的国家级中小企业公共服务示范平台获得认证通过，有效推动国内形成了涵盖咨询、培训、融资、财务、技术转让、产权交易等各类服务项目的中小企业服务市场。

6. 中国经济国际化进程的加快为中小企业发展提供了新市场

回顾中华人民共和国的经济发展史，我国改革开放的过程也是中国经济逐步融入世界经济一体化的过程。我国在经济发展的过程中，始终重视运用国内外两种资源和国内国际两个市场。特别是加入世界贸易组织后，整个中国市场加快了向国际开放的步伐，在不断加大引进国际资本的力度的同时，也不断推进国际产品市场的开发，而中小企业在这方面发挥了巨大的作用：一方面，我国中小企业通过不断深化国际合作，以传统产品生产为主的中小企业以其相对更低廉的价格积极参与国际市场竞争，不断增加出口产品数量，同时随着国际市场范围的逐步扩大，不断优化和完善产品的品种结

突破桎梏——中小企业自主创新的理论、策略与实践

构。另一方面，中小企业通过大力发展国际贸易将经营的范围和生产的场地拓展到国外，中小企业在海外的发展带动了当地在能源等相关方面的资源需求以及当地的就业需求，同时中小企业产品的低成本出口满足了相关国家消费者的需求，这也为中小企业赢得了更多的市场。

第二节 中小企业的概念界定和基本特征

一、中小企业的概念界定

充分发挥中小企业的作用，首先应从法律上赋予中小企业合法地位，将中小企业从企业群中分离出来，这就涉及对中小企业的界定问题。随着中小企业数量与日俱增，其在国民经济的发展中发挥着越来越重要的作用，"中小企业"这一名词在现代经济生活中早已耳熟能详，但是人们对于什么样的企业才能算作"中小企业"这一问题仍然持有较大的争议。按照新《中小企业促进法》中对中小企业的界定，中小企业是指"在中华人民共和国境内依法设立的，人员规模、经营规模相对较小的企业，包括中型企业、小型企业和微型企业"。从这一界定不难发现，"中小企业"不是一个绝对的概念，而是一个与大企业相对而言的概念。从这一角度出发，对"中小企业"在理论上的界定得到比较广泛共识的一种观点是，中小企业（small and medium enterprises，SMEs）一般是指规模较小或处于创业阶段或成长阶段的企业，包括规模在规定标准以下的法人企业和自然人企业[①]。

---

① 林汉川，刘平青，邱红. 中小企业管理 [M]. 2 版. 北京：高等教育出版社，2011：4.

由上述分析可知，对中小企业的概念界定，主要是从企业规模角度来理解，"中小"的主要含义是指企业规模的"中小"。要准确和完整界定中小企业，就必须确定划分"中小"规模的标准。目前在理论界，各国学者对中小企业的划分标准尚存在分歧，没有形成统一意见，而在实践中，世界各国对中小企业的界定标准也不统一，甚至不同行业有不同的中小企业界定标准。虽然从理论和现实中都难以对"中小企业"这一概念给出统一的定论，但是世界各国及各行业还是明确了自己的标准。

目前世界各国制定的企业划型标准有两类：一类是定性标准，也称质量界定标准，这一标准是从企业的经济特征和控制方式等角度对企业的类别加以定义，例如以"独立所有""自主经营""较小的市场份额"为核心作为对中小企业的定性界定标准；另一类是定量标准，即以若干数量指标衡量、界定企业规模的大小。

从定性标准来看，中小企业包含以下三个基本特征：较小的市场份额（企业在所经营领域中不具有垄断控制地位、无法进行资本市场融资等）、自主经营（业主直接控制企业）以及企业家具有独立所有权（业主持有50%以上的股权）。因为定性标准中含有过多的主观判断成分，在实践中很难准确把握，所以在一些使用定性标准界定中小企业的国家（如英国）同时也应用定量标准界定。

从定量标准来看，世界各国一般有三个数量指标来划分界定中小企业，即从业人数、资产总额和销售额。划分企业类型的数量标准是相对的，而且在不同的国家、地区、行业内有不同的定量标准。目前大多数国家都以定量标准来进行企业的划分，而在定量标准的三个指标中，从业人数是被世界各国所普遍选用的首要指标，其次是销售额。

尽管定性和定量两类标准的界定同时存在，但在实际应用中一般以定量为主，定性为辅。目前全世界80%以上的国家或地区对企业划型采用的是定量标准，我国采用也是的定量标准。

二、我国中小企业的划分标准

（一）我国中小企业划分标准的演变轨迹

中小企业的划分标准由国务院负责企业工作的部门根据企业职工人数、销售额、资产总额等指标结合行业特点制定，这一标准随着国家经济发展水平的变化以及企业自身的发展情况而不断调整。新中国成立伊始，我国对中小企业的界定采取的是单一的定量标准，当时曾按照固定资产价值划分企业规模。在 2011 年出台我国目前使用的企业划型的最新标准之前，我国中小企业的划分标准曾做过多次修改。

1962 年，我国将对原有的企业划分标准改为按人员标准进行划分：企业从业人员数量在 500 人以下的为小型企业，500~3 000 人的为中型企业，3 000 人以上的为大型企业。1978 年，当时的国家计划委员会发布了《关于基本建设项目的大中型企业划分标准的规定》，规定中把划分企业规模的标准修改为"年综合生产能力"。1984 年，国务院出台的《国营企业第二步利改税试行办法》对中国非工业企业的规模按照企业的固定资产原值和生产经营能力设立了划分标准，主要涉及的行业有公共交通、零售、物资回收等企业。如规定北京、天津、上海三市固定资产原值不超过 400 万元且年利润不超过 40 万元的属国有小型企业；三市以外相应标准为固定资产原值 300 万元以下和年利润为 30 万元以下的属于国有小型企业。

1988 年，国家发布了《大中小型工业企业划分标准》，这一标准对 1978 年的划分标准进行了修改和补充，也是一次对我国企业划分标准全面的修订。标准中按照不同行业的不同特点分别做了划分，将企业规模分为特大型、大型（分为大一、大二）、中型（分为中一、中二）和小型四类六档。当时中小企业一般指中二类和小型企业。具体为：凡产品比较单一的企业，如钢铁联合企业、炼油厂、手表厂、水泥厂等以生产能力为标准划分；一些企业，如发电厂、棉纺厂，习惯上以生产设备数量为标准划分；对于产品和设备比较复杂的企业，则以固定资产原值数量标准划分。

1992年，我国又对1988年的企业规模划分标准做了补充，增加了对市政公用工业、轻工业、电子工业、医药工业和机械工业中的轿车制造企业的规模划分。

1999年，我国对原来的企业划分标准进行了较大规模的修改，将企业销售收入和资产总额作为主要划分指标，并将企业分为特大型企业、大型企业、中型企业和小型企业四类。其中，将资产总额在50亿元以上的企业划分为特大型企业，将资产总额在5亿元以上的企业划分为大型企业，将资产总额和年销售收入分别在5亿元以下和5 000万元以上的划分为中型企业，将资产总额和年销售收入均在5 000万元以下的划分为小型企业。参与划型的企业范围原则上包括所有行业各种所有制形式的工业企业。

2003年2月19日，原国家经济贸易委员会、原国家计划委员会、财政部、国家统计局四部委在贯彻实施同年颁布的《中小企业促进法》的基础上，共同制定出台了《中小企业标准暂行规定》（国经贸中小企业〔2003〕143号文件），进一步对我国中小企业进行了清晰的界定（如表1-2所示）。此文件中界定的标准在我国得到了广泛的推广和使用，目前一些文献资料中对国内大中小企业的界定仍沿用此规定中颁布的界定标准。

表1-2　我国大中小企业划分标准（2003年版）

行业	指标	大型企业	中型企业	小型企业
工业企业	从业人数/人	2 000 以上	300~2 000	300 以下
	销售额/万元	30 000 以上	3 000~30 000	3 000 以下
	资产总额/万元	40 000 以上	4 000~40 000	4 000 以下
建筑业企业	从业人数/人	3 000 以上	600~2 000	600 以下
	销售额/万元	30 000 以上	3 000~30 000	3 000 以下
	资产总额/万元	40 000 以上	4 000~40 000	4 000 以下

表1-2（续）

行业	指标	大型企业	中型企业	小型企业
零售业企业	从业人数/人	500 以上	100~500	100 以下
	销售额/万元	15 000 以上	1 000~15 000	1 000 以下
批发企业	从业人数/人	200 以上	100~200	100 以下
	销售额/万元	30 000 以上	3 000~30 000	3 000 以下
交通运输企业	从业人数/人	3 000 以上	500~3 000	500 以下
	销售额/万元	30 000 以上	3 000~30 000	3 000 以下
住宿、餐饮业企业	从业人数/人	800 以上	400~800	400 以下
	销售额/万元	15 000 以上	3 000~15 000	3 000 以下
邮政业企业	从业人数/人	1 000 以上	400~1 000	400 以下
	销售额/万元	30 000 以上	3 000~30 000	3 000 以下

资料来源：《关于印发中小企业标准暂行规定的通知》。

（二）我国现行的中小企业界定标准

基于原有标准存在的问题，2011 年 6 月 18 日，我国工业和信息化部、国家统计局、国家发展和改革委员会、财政部等部委联合出台了新的《中小企业划型标准规定》（也称 2011 年标准）。根据该规定的第二条，"中小企业划分为中型、小型、微型三种类型，具体标准根据企业从业人员、营业收入、资产总额等指标，结合行业特点制定"。该规定适用的行业包括：工业（包括采矿业、制造业、电力、热力、燃气及水生产和供应业），农、林、牧、渔业，建筑业，批发业，零售业，交通运输业（不含铁路运输业），仓储业，邮政业，住宿和餐饮业，房地产开发经营业，信息传输业（包括电信、互联网和相关服务）、软件和信息技术服务业，租赁和商务服务业，物业管理，其他未列明行业。新规定中，各行业的企业划型标准如表 3-1 所示。

表 1-3　我国中小企业划型标准规定（2011 年版）

行业名称	指标名称	单位	企业类型		
			中型	小型	微型
工业	从业人员数	人	300~1000	20~300	<20
	营业收入	万元	2 000~40 000	300~2 000	<300
农林牧渔	营业收入	万元	500~20 000	50~500	<50
建筑业	营业收入	万元	6 000~80 000	300~6 000	<300
	资产总额	万元	5 000~80 000	300~5 000	<300
批发业	从业人员数	人	20~200	5~20	<5
	营业收入	万元	5 000~40 000	1 000~5 000	<1 000
零售业	从业人员数	人	50~300	10~50	<10
	营业收入	万元	500~20 000	100~500	<100
交通运输业	从业人员数	人	300~1 000	20~300	<20
	营业收入	万元	3 000~30 000	200~3 000	<200
仓储业	从业人员数	人	100~200	20~100	<20
	营业收入	万元	1 000~30 000	100~1000	<100
邮政业	从业人员数	人	300~1 000	20~300	<20
	营业收入	万元	2 000~30 000	100~2 000	<100
住宿和餐饮业	从业人员数	人	100~300	10~100	<10
	营业收入	万元	2 000~10 000	100~2 000	<100
房地产开发经营	资产总额	亿元	0.5~1	0.2<0.5	<0.2
	营业收入	亿元	0.1~20	0.01<0.1	<0.01
信息传输业	从业人员数	人	100~200	10~100	<10
	营业收入	亿元	0.1~10	0.01~0.1	<0.01
软件和信息技术服务业	从业人员数	人	100~300	10~100	<10
	营业收入	万元	1 000~10 000	50~1 000	<50

突破桎梏——中小企业自主创新的理论、策略与实践

表1-3(续)

行业名称	指标名称	单位	企业类型		
			中型	小型	微型
租赁和商务服务业	从业人员数	人	100~300	10~100	<10
	资产总额	亿元	0.8~12	0.01~0.8	<0.01
物业管理	从业人员数	人	300~1 000	100~300	<100
	营业收入	万元	1 000~5 000	500~1 000	<500
其他未列明行业	从业人员数	人	100~300	10~100	<10

资料来源:"大、中小型企业"依据原国家经济贸易委员会、原国家计划委员会、财政部和国家统计局于2003年2月出台的《中小企业标准暂行规定》;"微型企业"依据工业和信息化部、国家统计局、国家发展和改革委员会、财政部于2011年6月出台的《中小企业划型标准规定》。

现行的2011年标准的重要突破和亮点之一是新增了"微型企业"的标准,将原来2003年标准中划分的大、中、小三种类型细化为大、中、小、微型。在增加"微型企业"的标准之前,我国通常按照两种不同的范围来界定中小企业。广义的界定是,除大型企业之外的所有企业均为中小企业,既包括法人企业,也包括个体企业;狭义的界定则仅包括中小型法人企业而不包括个体企业。从2011年标准可见,所谓"微型企业"主要以个体企业为主,所以新标准对"微型企业"这一类型的补充,能够更加全面涵盖目前存在的各种企业类别。

2011年标准的另一个重要更新涉及行业划分,新标准将仓储业、信息传输业、软件和信息技术服务业、房地产经营业和物业管理五个行业单独列出,并对行业做了进一步细分,共分为16个大类行业,还增加了"其他未列明行业(包括科学研究和技术服务业,水利、环境和公共设施管理业,居民服务、修理和其他服务业,社会工作,文化、体育和娱乐业)",并给出相应的划型标准。这一细化和更新更加突出行业差异,使企业划分标准具有更强的针对性、科学性和适用性。

三、我国中小企业的基本特征

中小企业是我国改革开放四十多年的重要参与者、见证者、记录者和受益者，见证了中国经济的崛起和繁荣，其成长和发展的轨迹也留下了浓厚的时代烙印。基于我国的国情，我国中小企业的发展过程明显有别于发达国家中小企业的发展过程，并形成了以下基本特征：

1. 数量众多，地区分布不均衡

作为现代国民经济的重要组成部分，中小企业有着广泛的社会经济基础，在数量上占据绝对的优势地位。根据中国中小商业企业协会公布的数据，截至 2016 年年底，中国企业数共计 7 328.1 万户，中小企业占全国企业总数的 99.8%，其中，在工商注册登记的中小企业已达 2 327.8 万户，占全国注册企业总数的 99.1%，个体工商户已超过 5 000 万户。中小企业已成为推动我国经济发展，扩大就业，改善人民生活水平和优化经济结构的重要力量。

我国中小企业在各个地区的分布极不平衡，从数量、从业人员、营业收入和资产规模上来比较，东部地区的中小企业要明显优于中西部和东北地区的中小企业。从中小企业的数量上来看，东部 11 省市的中小企业占全国中小企业总数的 60%，而中部 8 省和西部 12 省区市的中小企业占比只有 20%左右。从产业集群化水平来看，中小企业也存在着地区分布不均的情况。在市场经济发达、市场机制健全的东部沿海地区，中小企业更容易出现产业集群，例如浙江省、福建省、广东省等地的义乌小商品产业集群、晋江体育用品产业集群和东莞小家电产业集群等。而在经济欠发达的西部地区，中小企业更多的是孤军奋战、单兵作战的情况。

2. 非国有企业为主体，投资主体和所有制结构多元化

我国的中小企业主要是通过民营经济实现的，尤其是改革开放后，中国经济进入发展的快车道，大量涌现的中小企业主要采取的

突破桎梏——中小企业自主创新的理论、策略与实践

是私营企业的所有制形式。随着以产权制度改革为核心的企业改革不断深化，一大批国有中小企业转制为民营企业，我国中小企业逐渐形成了多种所有制结构、多种经营方式并存的格局，灵活的经营方式和所有制形式有效提高了中小企业的市场适应能力，目前我国中小企业产权和投资主体多元化的格局已基本形成。

3. 企业寿命短，新旧更新速度快

与大型企业相比，中小企业因其先天不足往往"短命"现象比较突出：中小企业资金筹集渠道狭窄，使得中小企业资金不足，缺乏发展动力；中小企业规模较小，存在产品质量和科技含量低，造成其市场竞争力差，市场影响力弱；中小企业收集分析市场信息的能力弱，对经济景气变动、金融环境及产业形势变化，无法及时判别，抗风险能力弱。由于企业寿命周期较短，每年都有大量的中小企业倒闭，同时又有大量中小企业创立，新旧中小企业的更新速度较快。随着中小企业的市场化程度不断提高，中小企业的生命力和进取精神也在不断提升，一些生存能力强具备可持续发展优势的"长寿型"中小企业已初具规模。

4. 产业结构两极分化，劳动密集型行业占主体

我国中小企业的经营范围十分广泛，几乎涉及了所有的竞争性行业和领域，一方面中小企业敢于创新，在各类新兴行业和新型业态中不断涌现，目前除了航天、金融、保险等技术和资金密集度较高和国家专控的特殊行业以外，中小企业广泛分布在第二和第三产业的各个行业。另一方面，受制于自身的实力相对较弱和发展的条件不足等因素制约，在人口众多、经济落后、技术装备差等背景下发展起来的我国中小企业主要集中在劳动密集型产业和一些技术含量低的传统产业，例如以农副产品深加工为主的食品制造业，以农产品为原料的纺织业，以化肥、农药和日用化工品为主的化学原料及化学制品制造业，以小五金为主的机械制造业，以及劳动力密集的土木工程建筑业、日用品批发业、零售业和酒店服务业等。产业

结构的两极分化，使得我国中小企业的行业分布呈现出"锄头与卫星起飞，高端与低端并存"的特色。

5. 创业创新活力不断增强，中小企业已成为"双创"的生力军

受益于大众创业、万众创新环境下国家出台的一系列促进、扶持中小企业创业和发展的综合性政策和专项政策，中小企业的创业环境不断改善，创业的活力和创新的活跃度不断增强，中小企业创业者和经营者的信心不断提升，中小企业的盈利能力和发展后劲有所提高。工商统计数据显示，2017 年全国新登记市场主体1 924.9万户，同比增长 16.6%。其中，企业 607.4 万户，增长 9.9%，日均增长 1.66 万户；个体工商户 1 289.8 万户，增长 20.7%。中小企业的创业创新水平持续提升，在产品开发、发明专利上占比分别达到 80% 和 65%。我国在传统的制造业、集成电路和新兴的互联网、生物医药、智能硬件和节能环保等行业不断涌现出更多地以"专、精、特、新"为特色发展的中小企业，并逐步形成集群效应，在改革发展全局中不断释放出更大的能量，为经济转型升级提供了新动能，推动形成"大众创业、万众创新"的新格局。

四、我国中小企业发挥的作用

中小企业在现代社会中的作用是广泛而深远的，在整个国民经济发展中发挥的影响也是深远的，随着中小企业的快速发展，其在资本、人才、市场、技术和管理上形成了良好的基础，已成为促进中国经济可持续增长不可或缺的重要力量。具体而言，中小企业在国民经济和社会发展中的重要作用主要体现在以下方面：

1. 中小企业是社会稳定的基石

首先，中小企业是提供就业的重要渠道。在我国，中小企业主要生存和发展于劳动密集型产业，单位投资容纳的劳动力和单位投资新增加的劳动力明显要高于大型企业，在多数领域要高出 1 倍多。目前，我国中小企业就业人数约占全国就业人数的 80%；在新增就

业机会中有85%以上的就业机会来自中小企业。其次，中小企业已经发展成为我国国民经济的重要组成部分。广大中小企业创造的 GDP 占全国 GDP 的 60%，提供的税收占 50%，外贸出口额占 68%，提供了75%以上的城镇就业岗位，为各级地方财政提供了 80%左右的收入来源。中小企业推动了经济的发展，缩小了城乡和区域之间的差距，扩大了社会就业，不仅安置了大量的城市下岗职工，还吸收了大批农村剩余劳动力，有效解决了农村剩余劳动力的转移和就业问题，缓解了劳动力供求矛盾，从而保证了社会的稳定和经济的发展。

2. 中小企业是创新的主导力量

在日益激烈的市场竞争中，中小企业生存和发展的优势在于其拥有巨大的创新潜力，特别是近年来，中小企业在制度创新和技术创新方面已经越来越成为企业创新的主要力量。在制度创新方面，我国中小企业创造了股份合作制，它既不同于股份制公司，又有别于合伙制，是中小企业在实践中创造出来的一种适合中小企业的崭新制度，显示出较好的经济效益和社会效益。中小企业易构建有机型组织结构，这种结构重视灵活和应变能力，有利于技术发明和成果转换。技术创新方面，我国 70%的发明专利、82%以上的新产品开发，都是由中小企业完成的，我国中小企业已经成为我国企业技术创新的生力军。中小企业在中国的经济发展中扮演起越来越重要的角色，在推动创新、加快市场化进程中发挥着日趋重要的作用。

3. 中小企业是经济改革的试验田

在市场经济导向的经济体制改革中，中小企业的改革具有重要意义。中小企业改革不仅为国有企业改革提供了借鉴，而且还消化了改革成本，如保证国民经济的较高增长率和吸收国有企业改革中分流下来的人员。中小企业改革还可以起到改革"试验田"和"前驱"的角色，率先对中小企业进行各种改革尝试，可为更大规模和范围内的改革提供经验。我国在计划经济向市场经济转型发展的过程中，开展的诸如承包、租赁、兼并、破产等各项企业改革和体制创新，大部分是在中小企业中试点运行，然后再逐步向国有大型企业推广。

4. 中小企业是促进经济结构优化的重要杠杆

作为我国市场经济中最具活力的经营主体，中小企业在提升产业技术水平、加快传统技术进步、促进经济结构优化等方面发挥了重要的作用。经过多年的发展，我国一部分中小企业已经从早期的加工、商贸、建筑、运输等领域，向基础设施、机电制造、新兴服务、高新技术和智能制造等领域逐步拓展，实现了产业结构的优化和升级。部分中小企业在"专、精、特、新"方面有了长足的发展，以中小企业集聚为特征的产业集群发展迅速。中小企业在其自身发展过程中，因其更加关注市场和顾客的需求，同时积极寻求技术和管理方面的创新，表现出更强的创新动力和创新效率，进而带动了新兴产业的发展。

5. 中小企业是扩大出口的生力军

由于中小企业经营方式灵活、组织成本低廉、转移进退便捷，更能适应当今瞬息万变的国际市场，因此中小企业也是国际贸易的积极推动者。加入世界贸易组织为我国的中小企业提供了更多的机会和挑战，也提供了更为广阔的国际市场。由于国内市场竞争激烈，我国许多中小企业纷纷把眼光转向了国外市场，以其独特的产品优势和价格优势逐步走向国际市场，为活跃我国经济、提高我国产品在国际市场上的竞争力、促进经济技术的国际交流做出了很大的贡献，中小企业现已经是我国对外出口的重要力量。

第三节　中小企业的发展现状和存在的问题

基于对中小企业健康发展重要意义的共识，社会各界对中小企业的发展给予了高度关注。尤其是近年来，为了应对复杂的国内外环境的挑战，推动经济调结构、促转型、稳增长，国家采取了多种举措扶持和鼓励中小企业发展。继 2012 年中小企业服务年之后，2013 年国家又开展了面向小微企业的专项行动，同时，随着《国务院关于进一步支持小型微型企业健康发展的意见》（国发〔2012〕14号）等系列文件的出台，在围绕快速通关措施的外贸便利化、营改增为核心的降低税率、构建公共服务平台为核心的完善服务等方面推出一系列强有力的举措，国家不断加大对中小企业的扶持力度，中小企业的发展环境日益优化。在这一发展环境下，我国的中小企业在进入"十三五"发展期以来，延续了良好的发展势头，在发展经济、吸纳就业、创造利税、稳定社会、技术创新、优化经济结构等方面发挥着越来越重要的作用。

结合国家统计局历年来发布的各项统计数据，参照工业和信息化部下设中国电子信息产业发展研究院编制的各年度《中国中小企业发展蓝皮书》，以及中国中小企业协会编制的《中国中小企业蓝皮书》中提供的各项统计数据和相关资料，本节重点分析我国中小企业在 2008 年金融危机以后，特别是 2012 年迄今中小企业的发展现状和存在的主要问题。

一、"十二五"时期以来中小企业发展现状

（一）中小企业国民经济主体地位日益突出

改革开放四十多年来，伴随着社会主义市场经济体制逐步建立和完善，我国中小企业从无到有，从小到大，由弱到强，不断成长壮大，已经成为国民经济的重要组成部分，发挥着不可替代的作用。进入"十二五"发展期以来，我国中小企业数量继续稳步增加，活力明显增强，发展迈上了新台阶。促进中小企业健康发展对完善我国社会主义市场经济体制、稳定社会就业、促进公平竞争、增强经济活力等方面具有重要意义，党中央、国务院相继出台了一系列扶持政策并推进贯彻落实，中小企业发展环境不断优化，发展地位不断增强，发展空间进一步拓展。

1. 中小企业规模不断扩大,效益不断提升

在党中央、国务院一系列方针政策指引下,近年来中小企业延续了快速发展势头。据国家工商总局统计,2012年年底,全国登记注册的私营企业达1 085.72万户,注册资金总额为31.1万亿元,同比分别增长12.2%和20.59%;私营企业的数量和注册资金规模呈稳定增长态势(见图1-1),中小企业规模实力不断增强。历经五年的发展后,截至2017年7月底,根据我国小微企业名录收录的数据,记录在册的中小微企业总数已达7 328.1万户,其中企业2 327.8万户,占企业总数的82.5%,个体工商户5 000.3万户,占个体工商户总数的80.9%。从数量来看,中小企业已经真正成为中国企业的主体。

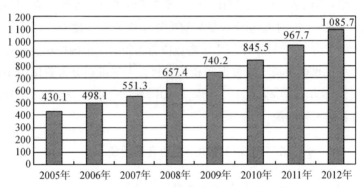

图1-1 2005—2012年私营企业户数(万户)

数据来源:全国工商联《中国民营经济发展形势分析报告(2012—2013)》。

中小企业规模不断扩大的同时,经济效益和发展态势也在同步改善。根据中国中小企业协会的统计数据显示,2017年中小企业发展指数——宏观经济感受指数稳中有升,从第一季度的106上升到第四季度的106.2,中小企业发展指数——综合经营指数也从第一季度的104稳步上升到第四季度的104.5,这说明我国中小企业的发展形势整体处于相对稳定,并逐渐显现出向好的发展态势。

2. 民间投资持续活跃，私营经济比例显著提升

党的十八届三中全会充分肯定了非公有制经济的作用和地位，为进一步促进非公有制经济的健康发展提供了契机。从 2015 年开始，国家大力打造"大众创业、万众创新"为经济发展的新引擎，在创新机制体制、优化财税政策等领域出台了多项优惠政策措施，以私营企业为主体的民营企业活力迸发，私营经济得到了快速发展。统计数据显示，截至 2017 年 9 月，我国实有私营企业 2 607.29 万户，注册资本 165.38 万亿元，分别占企业重量的 89.7% 和 60.3%。同比 2012 年 9 月底的数据，我国私营企业的数量提高了 10.8 个百分点，注册资本（金）占比提高了 23.1 个百分点。自党的十八大以来，私营企业数量增长迅速，增长率达到 146.0%，相较企业总体高出 29.5 个百分点，私营企业注册资本增长达 454.7%，较企业总体高 212.4 个百分点，同时，私营企业数量和注册资本对企业总量增长的贡献率分别达到了 98.9% 和 69.8%，私营企业已然成为我国企业发展的重要推动力。2012—2017 年私营企业占比情况以及不同规模企业新增户数占比和年均增长率分别如图 1-2 和图 1-3 所示。

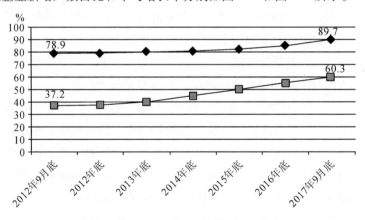

图 1-2　2012—2017 年私营企业占比情况

数据来源：中国中小企业协会《中国中小企业 2018 蓝皮书》。

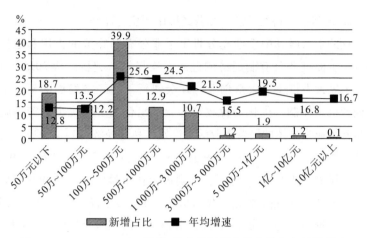

图 1-3　2012—2017 年不同规模企业新增户数占比和年均增长率

数据来源：中国中小企业协会《中国中小企业 2018 蓝皮书》。

3. 中小企业结构分布日趋合理，集群发展优势显著

中小企业从早期的加工、建筑、运输、商贸等领域，逐渐向基础设施、先进制造业、现代服务业、高新技术等领域拓展。不少中小企业在实现"专、精、特、新"发展方面取得了实质性进展，通过与国有大企业协作，实现与大企业的融通发展，企业发展质量和效益不断提升。一方面，中小企业在行业的分布更趋合理。根据全国工商联公布的统计数据，进入 2012 年以来，私营企业户数增长最快的六个行业分别是交通运输业，仓储和邮政业，金融业，农林牧渔业，住宿和餐饮业，文化、体育和娱乐业，第三产业户数增长10.6%，占全部私营企业增长户数的 83.1%，继续保持了高速增长的势头。另一方面，中小企业在地区分布上也更趋合理。从私营企业的地区分布来看，2012 年以前我国私营企业数量最多的前五个地区均处于东南沿海地区，也是我国经济最发达的地区。2013 年开始，位于我国西部地区的贵州、青海、重庆、广西、西藏等省（直辖市、直治区），其私营企业户数增长率位居全国前五位。近年来随着"西部大开发"战略和国内产业转移进程的推进，西部地区在私营企业的增长率上继续保持了稳定增长的态势。

在不断升级和优化产业结构的同时，中小企业在发展进程中围绕产业链抱团发展，逐步形成产业集群。近年来，以中小企业高度集聚为特征的产业集群发展迅速，如广东省的大沥铝材、西桥纺织，福建省的晋江鞋业、南安建材，浙江省的永康五金、温州打火机等，进一步推动了地区经济和产业机构的调整。部分中小企业产业集群已成为我国的重要制造业基地，产品在全国占有很高市场份额。例如，浙江温州的打火机和眼镜出口量占全国出口量的90%，低压电器产值占全国1/3；浙江嵊州的领带产量占全国的80%。同时，以中小企业为主体的产业集群有力地推动了我国农村现代化和城镇化进程。在广东珠三角的404个建制镇中，以产业集群为特征的专业镇有1/4，不少产业集群在全国已占有举足轻重的地位，如大沥的铝材产量已占全国产量的40%以上，中山古镇的灯饰销量已占全国销量的60%以上，不少中小企业已成为当地经济发展的龙头。

（二）中小企业对国民经济发挥的作用日益显著

1. 中小企业成为解决就业的主渠道

随着国家城镇就业人口的持续增加，近年来我国的就业形势愈显严峻。而中小企业的快速发展，形成了巨大的劳动力需求，吸纳了社会绝大部分劳动力的增量和存量转移，极大缓解了就业压力。目前，我国中小企业提供了80%以上的城镇新增就业岗位，吸纳了80%以上的农村转移劳动力，在帮助城市困难群体就业、吸纳农村大量剩余劳动力、解决大学毕业生就业等方面发挥了不可替代的作用。当前，随着我国工业化进程的稳步推进，制造业逐步转型升级，大量劳动力不断从第一产业向第二、三产业转移，中小企业已经成为就业压力的缓冲器和社会和谐的助推器，对社会贡献越来越大。

根据国家统计局抽样调查，平均每户小型企业能够带动8人就业，每户个体工商户能够带动2.8人就业。2007—2012年我国城镇就业人员中，国有单位从业人数年均增长率仅有1.1%，而私营企业从业人数年均增长 10.8%。2008 年第二次全国经济普查的数据显示，在工业企业法人单位中，中小企业提供了城镇 65.5% 以上的就业岗位①。美国波士顿咨询公司（BCG）2013 年 10 月出版的中小企业报告显示，中国中小企业占工作岗位总数比例已经达到 82%②，中小企业已成为解决我国新增就业的主力军。

2. 中小企业成为推动技术创新的重要载体

中小企业无论在电子信息、生物医药、新材料、新能源等高新技术领域，还是在信息咨询、创意设计、现代物流等新兴服务领域，创新意愿和能力都十分活跃。目前，我国大约 70% 的技术创新、65% 的国内发明专利和 80% 以上的新产品均来自中小企业，中小企业发挥了技术创新的主体作用。世界银行的研究报告指出，在中国目前的国家创新体系中，国有企业和科研院所是创新活动的主体；但在未来，中国实现成功的技术赶超要更多地依靠民营企业，中小企业在推动国家技术创新上的作用不可小觑。

3. 中小企业成为支撑县域经济的主体

中小企业的税收增长明显高于全国平均水平，2012—2016 年中小企业税收增长率一直保持在 20% 以上，对国家财政贡献不断上升。中小企业已经成为全国大多数地市县的经济主体力量，如浙江温州市的中小企业，其纳税额占全市工商税收的 80% 左右。

4. 中小企业成为助推对外开放的生力军

随着外贸经营权的逐渐放开，我国中小型外贸企业发展迅速，出口增长迅猛，已成为对外开放的一支生力军，发挥的作用越来越大。2012 年我国民营企业出口总额达 7 699 亿元，同比增长 21.1%，

---

① 国家统计局. 第二次全国经济普查主要数据公报 [EB/OL]. (2009-12-25) [2021-05-30]. http://www.stats.gov.cn/tjsj/tjgb/jjgcgb/qgjpgb/201407/t20140731-590163.html.

② 波士顿咨询集团（BCG）2013 年 10 月推出的报告《Ahead of the Curve: Lessons on Technology and Growth from Small Business Leaders》。

高于整体增幅 13.2 个百分点，占比达 37.6%，急速攀升 4.1 个百分点。同时，中小企业纷纷到境外投资兴业，成为我国实施"走出去"战略的新生力量。统计数据显示，截至 2016 年年底，中国民营企业对外直接投资的比重，已经达到当年中国对外投资总量的 44%，民营中小企业在某些对外投资领域的活跃程度已超过部分国有企业，成为对外投资的一支新兴力量。

（三）"双创"推动中小企业与大企业融通发展格局初步形成

大企业由于具有规模和资金等方面的优势，能够掌握较多资源，而实力相对弱小的中小企业在整体数量上却占到了 99% 的压倒性多数，其在国民经济发展中发挥的日益重要的作用也是大企业不可替代的。随着"双创"在各行各业尤其是制造业领域全面铺开，加强大企业和中小企业的协作，实现中小企业与大企业的融通发展，既是让市场在资源配置中发挥决定性作用的重要举措，也是推动我国经济发展的最佳途径。因此，李克强总理在 2017 年 5 月 17 日的国务院常务会议上指出，"《中国制造 2025》绝对不光是指大企业，制定相关方案和支持措施时千万不要只瞄准大企业，对中小企业要予以充分支持，促进大中小企业融通发展"。原国家工业和信息化部部长苗圩也在《制造强国和网络强国建设迈出坚定步伐——党的十八大以来我国工业和信息化发展新成就》中提出，"通过各方面积极努力，我国中小微企业活力不断迸发，大中小企业融通发展格局加速形成"。在这种发展格局下，我国大中小企业正在走上一条融通发展之路，正如李克强总理所言，"中小企业为大企业注入活力，大企业带动中小企业发展"。

1. 大企业"双创"工作蓬勃开展，为大中小企业融通发展提供支撑

"双创"不仅是中小企业生存之路，也是大企业繁荣之道，而大型制造企业更是"大众创业、万众创新"的主力军。国有大型企业特别是大型制造企业，正努力通过"双创"探索大中小企业混合所有制发展的新模式。据统计，截至 2017 年 6 月底，我国制造业骨干

企业"双创"平台普及率已达 60%，各类央企已搭建各类"双创"平台 409 个，用户注册数近 204 万，极大地带动了创业就业，大中小企业融通发展的制造业生态正在稳步形成。

2. 产业发展联盟建设成立，为大中小企业融通发展创造条件

2017 年 6 月 8 日，国家工业信息安全产业发展联盟在北京成立，在联盟公布的 149 个首批成员单位的名单中，包括中国电子信息产业集团、中国兵装、中车集团、航空工业、神华集团等 18 家副理事长单位和中石化、中核集团、中船重工等 45 家理事单位赫然在列。如原工业和信息化部部长苗圩所言，产业发展联盟成立的初衷，是"要将联盟培育成为行业资源整合、对接、推广平台"。由国家政府主导推动的产业联盟的成立，为我国大中小企业深入开展合作、促进融通发展创造了更为有利的条件。

3. 大中小企业融通发展新模式不断涌现，融通发展效率不断提升

2017 年 7 月 12 日的国务院常务会议通过的《关于强化实施创新驱动发展战略进一步推进大众创业万众创新深入发展的意见》中提出"引导大型企业开放供应链资源和市场渠道，促进产业链上下游、大中小微企业融通发展"，进一步明确了大企业依托自身资源，与中小企业进行产业链合作，是促进大中小企业融通发展的最直接途径。腾讯通过开放自身平台，吸引了超过 600 万户开发者入驻，应用数量超过 450 万户。通过鼓励跨界创新和充分发挥大企业与中小企业各自的优势，大中小企业的创新模式由过去的各自独立创新转向众创互创，资源整合的方式也从产业链整合走向跨行业、跨界融合互补。同时，由行业的龙头企业牵头，采取线上、线下相结合的方式，建立起统一开放的协同创新平台，通过需求对接、资源开放、协同研发和协同生产等方式，大企业与中小企业共同打造产业创新链，培育新型产业链，提升共创价值链，带动产业链上下游企业协同创新，逐步形成有利于融通发展的产业生态服务圈。例如，腾讯通过

实施"云+合作伙伴"计划,依托腾讯物联云提供大数据处理分析、人工智能等技术,为智能制造、智能家居和智能交通等领域提供服务,在这一计划中,不同领域的大企业与中小企业深度融合,通过利用大企业丰富的资源以及中小企业较强的创新能力,让二者的优势充分得以发挥,大中小企业融通发展的效率不断提升。

(四)中小企业承受的经营压力依然突出

伴随着中小企业的快速发展,中小企业目前在资本、人才、市场、技术和管理等方面奠定了良好的基础,已经成为促进中国经济可持续增长不可或缺的力量。受国内外环境的影响,国内经济增长的放缓等不利因素给中小企业带来了较大经营压力,虽然中小企业整体经营平稳,但部分企业仍面临经营困难。工业和信息化部在全国进行的劳动密集型中小企业调研数据显示,参与调研的中小企业中,"生产经营发展良好,步入快速增长"的占16%,"生产经营情况正常,保持平稳增长"的占46.4%,"生产经营遇到困难,增速放缓"的占9.8%,"生产经营困难严重,出现停滞甚至下滑"的占7.8%[①]。2012年中小企业经营概况如图1-4所示。

图例:
- 不了解机构的服务信息
- 机构服务功能不全
- 服务不到位、水平不高
- 附近没有服务机构
- 获得服务的成本高,不够便捷
- 其他

图1-4 2012年中小企业经营概况

数据来源:赛迪智库中小企业研究所。

---

① 数据来源:2012年年底,由工业和信息化部中小企业司委托、赛迪智库中小企业研究所承担的创新型、创业型、劳动密集型调查共涵盖全国14个省、市、自治区,共回收小企业问卷2 600份。

从具体行业来看，不同行业中经营遇到困难的企业占比情况如表1-5所示。

表1-5　不同行业经营困难企业占比

行业	经营遇到困难企业占比/%
批发	44.44
零售	9.09
餐饮	50.00
纺织	41.67
鞋帽	46.15
木材加工	33.33
家具制造	75.00
金属制品	39.13
专业设备	38.89
电气机械	24.00
通信设备	45.45
工业总体	38.85

数据来源：赛迪智库中小企业研究所。

受经济环境中各类不稳定因素的影响和制约，中小企业近年来面临的下行压力不断加大。2014—2016年，我国中小企业工业增加值增速分别高于整体工业增速1.7个、1.8个、1.6个百分点，但进入2017年，规模以上中小企业工业增加值增长6.8%，增速同比回落1个百分点，与当年整体工业增速加快0.6个百分点形成反差。特别是在当年6月以后，中小企业工业增加值增速持续低于整体工业增速，为多年来首次出现。2017年7月以后，我国中小企业的PMI值持续处于荣枯线以下，而这一情况在2018年并未得到缓解。

中小企业的经营压力持续居高不下，主要是源于一直以来困扰中小企业的融资难问题以及人工成本等生产成本的持续上涨问题。现有的金融资源和体制还是无法充分满足我国中小企业的旺盛融资需求。一方面，融资难。中小企业很难从现有的商业银行系统获得贷款，纷纷转向小贷公司等融资渠道。根据德勤会计师事务所在西南市场的调研结果，在被访的已成为小贷公司客户的 50 多个小微企业主中，超过 95% 曾向银行申请贷款，但仅有 45% 成功。而进入 2017 年以来，流动性收紧和贷款利率上升加大了中小企业的融资难度。另一方面，融资贵的问题依然突出。中小企业民间融资成本普遍在 20% 以上，即使能够在商业银行获得融资，成本也普遍在基准零利率基础上上浮 20%~30%。

中小企业普遍面临成本上涨的问题，部分制造行业的中小企业受此影响甚至陷入经营困局。一是原材料价格持续上涨。国家统计数据显示，截至 2017 年 12 月，我国工业生产者购进价格已连续 13 个月高于出厂价格，而且价格涨势逐渐从上游向中游传递，生产成本上升的影响将有可能传导到终端消费品，引致市场定价的上升。二是要素成本居高难下。随着物价的攀升，中小企业普遍反映企业生产中水、电、气等要素成本、物流成本、仓储成本和租金成本不断增加，以物流成本为例，2017 年全年社会物流总费用高达 12.1 万亿元，较上一年同比增长 9.2%。三是人工成本持续上升。一方面劳动者生活成本上涨倒逼员工工资上涨，中小企业劳动力成本上升明显。另一方面随着"刘易斯拐点"临近，"劳动力无限供给"特征正在逐步消退，劳动力成本已进入长期上涨通道。近年来，我国城镇单位就业人员平均工资年均增速在 10% 以上。按照国务院 2012 年批转的人力资源和社会保障部等部门制定的《促进就业规划（2011—2015 年）》规定，2011 年到 2015 年，我国最低工资标准年均增长率要大于 13%。继 2012 年全国最低工资标准平均上调 22% 之后，2013 年，已颁布最低工资标准的上海、深圳、北京、贵州等 18 个省、直辖市平均上涨超过 15%。2017 年以来，国内有 22 个地区相继提高最低工资标准，工资成本的不断提高也进一步增大了中小企业的经营压力。

（五）中小企业面临的政策环境不断优化

作为"大众创业、万众创新"的生力军，中小企业在国民经济中稳增长、扩就业、促创新等方面发挥着不可替代的作用，也受到了党中央、国务院的高度关注。党的十八大以来，国务院、中央政府部门及各级政府先后密集制定、出台了一系列促进、扶持中小企业发展的综合政策性和专项政策，无论是政策的重要性和密集程度，还是政策的支持力度和实施强度，都是我国实行改革开放以来前所未有的。2014年11月，国务院公布了《关于扶持小型微型企业健康发展的意见》，并出台了10个方面的配套政策措施。国家工商总局于2017年5月出台了《关于深入推进"放管服"多措并举助力小型微型企业发展的意见》。结合从2013年开始陆续推出的小微企业专项行动计划的启动实施、"营改增"政策受惠面的逐渐扩大，我国中小微企业的发展环境愈加完善。为切实鼓励、扶持中小企业发展，各省市区政府也根据自身区域的实际情况，纷纷出台一系列涉及融资、税收等各个方面的中小企业扶持政策，大力完善中小企业发展的政策和市场环境。通过制定和落实提高所得税起征点、减少各项行政审批费用、提高小微企业财政专项资金规模、扶持个体户转型升级为企业、小微企业创业基地标准厂房建设用地试点、完善中小企业公共服务平台网络等一系列政策举措，使中小企业发展环境日益优化，扶持效果不断显现。

例如，针对中小企业融资难问题，2017年9月1日出台的新修订的《中小企业促进法》中，专门增设了"融资促进"的专章，专章中制定了11条具体条款，明确要求金融机构应当发挥服务实体经济功能，高效公平地服务中小企业，并在货币政策工具运用和差异化监管、推进普惠金融体系和专业化经营机构建设、创新金融服务和担保方式、发展多层次资本市场、建立中小企业政策性信用担保体系、发展多层次资本市场、建立中小企业政策性信用体系、完善中小企业信用体系等方面作出一系列具体规定，加强了对中小企业特别是小微企业的融资支持。同时，各级政府也采取多种措施，扩充融资渠道，缓解中小企业的融资压力。银监会发布《关于银行建立小企业金融服务专营机构的指导意见》以来，已有 100 多家商业银行设立了不同形式的专营机构，专门为小微企业提供金融服务。四川、河南、河北等多地结合地区特色制定了区域促进中小企业发展的政策文件，并且通过设置中小企业专项基金、建立中小企业服务平台等多种方式，一定程度上对当地中小企业缓解资金压力发挥了重要作用。

面对 2013 年开始我国经济增长放缓的局面，国务院推出多种"稳增长"措施，对中小企业予以扶持。2013 年 7 月，由李克强总理主持召开的国务院常务会议决定，从当年 8 月 1 日起，将对小微企业中月销售额不超过 2 万元的增值税小规模纳税人和营业税纳税人，暂免征收增值税和营业税，并抓紧研究相关长效机制。这项政策是继 2011 年《增值税暂行条例实施细则》和《营业税暂行条例实施细则》提高增值税和营业税起征点之后的又一重大举措，大幅减轻了小微企业的税收负担。同时，会议还决定制定出台便利通关办法，整顿进出口环节经营性收费，减少行政事业型收费，支持外贸综合服务企业为中下民营企业进出口提供融资、通关、退税等服务，极大地优化了中小企业外贸出口环境。而在其后出台的《国务院办公厅关于金融支持小微企业发展的实施意见》提出的 11 项措施也缓解了小微企业融资难的问题，包括加快设立小微企业创业投资引导基金、扩大小微企业增信集合债券试点规模、清理规范设计企业的基本银行服务费用等。

二、现阶段中小企业发展中存在的问题

（一）制约我国中小企业发展的瓶颈问题

与欧美经济发达国家中小企业相比较，我国中小企业在资金实力、技术力量、人力资源等方面均远远落后，中小企业发展中一直

存在的老问题，诸如资金不足、人才匮乏、技术不强已成为制约我国中小企业发展的瓶颈问题。

1. 产出规模小，资金缺乏，融资困难问题突出

中小企业受其规模、效益和资信所限，贷款困难，资金短缺严重，资本构成不合理。在资金的筹集上，融资难、融资贵的老问题仍然存在。工业和信息化部进行了涵盖全国26各省市的中小企业调研数据显示，融资难、融资贵依然是中小企业面临的首要难题。调查结果如表1-6所示。

表1-6　中小企业面临困难排序

排序	困难类别
1	融资难、融资贵
2	招工难、留人难
3	市场竞争压力加大
4	订单不足
5	企业间支付拖欠

数据来源：赛迪智库中小企业研究所。

目前，除了少部分管理水平较高、拥有优质资源的中小企业容易得到金融机构的资金支持以外，大部分中小企业受经济下行影响，营运周转资金短缺成为常态。同时，受限于规模相对较小的中小板市场，大多数中小企业无法通过直接融资渠道获取资金。还有部分中小企业由于经营者不注重个人及企业的信用积累，缺少有效的信用担保，产生了银行审批难、融资成本高的问题。工业和信息化部中小企业发展促进中心2013年4月公布的《小微企业融资发展报告：中国现状及亚洲实践》调查结果显示，有59.4%的小微企业表示，其借款成本在5%至10%之间，更有四成以上的小微企业表示借款成本超过10%。在融资成本方面，31.8%的小微企业主认为向银

行贷款的成本最高，占比也最高。

2. 用工成本高，人才缺乏，人力资源结构不合理

相对于大企业资源集中——对人才的聚集效应明显的优势，中小企业由于规模小、实力弱，在吸纳人力资源尤其是高素质的人才资源上一直存在突出的问题：对优秀人才难以形成吸引力，也难以留住优秀人才，员工整体素质偏低，高素质的人才极度匮乏，人才结构极不合理。同时，伴随着企业人工成本上升这一环境因素的变动，用工成本高成为中小企业普遍面临的问题，尤其是对传统劳动密集型中小企业而言，这是其面临的首要问题。企业支付的人工成本中员工社保负担极为突出，既有公开的数据显示，员工社保支出平均已达到工资总额的 32%。中小企业一直普遍反映的面向人才存在"引不进、用不起、管不好、留不住"的问题，究其根本，除了中小企业的发展空间有限，主要还是因为中小企业不能提供具有外部竞争性的员工薪酬。这一问题在我国中西部地区的中小企业中尤为突出，区位劣势造成中西部地区的中小企业在引进人才方面面临更大的困难。

3. 技术水平低，技术创新乏力，技术创新保障机制未建立

我国绝大多数的中小企业技术创新力量薄弱，技术水平较低，技术创新普遍不足。根据工业和信息化部 2012 年组织的调研结果显示，中小企业中有自主创新技术的企业仅占 45%，无自主创新的企业占 55%，企业普遍技术创新不足，过半企业无自主技术。企业技术创新的主要障碍因素排序依次为研发投入不足、缺乏技术人员、研发能力不强、市场前景把握不准、缺乏资金支持、缺乏针对性技术服务等。影响因素排序如表 1-7 所示。

表 1-7　影响企业技术创新的各项因素排序

排序	项目
1	研发投入不足
2	缺乏技术人员、研发能力不强
3	市场前景把握不准
4	缺乏资金支持
5	缺乏针对性技术服务
6	缺乏产学研合作渠道资源
7	知识产权保护成本高
8	支撑缺乏技术标准

数据来源：赛迪智库中小企业研究所。

从上述影响企业创新的各项因素的排序结果中不难发现，中小企业技术创新难主要有两方面的原因：一方面是企业缺乏充分的研发资金。调研数据显示，有 56.8% 和 54.2% 的创业型和创新型中小企业认为，企业在技术创新过程中面临的最大的困难是缺乏研发资金。另一方面是科技创新型人才缺乏。由于中小企业普遍未形成较为规范的人力资源管理制度和社会劳动保障体系，也未构建科技人才引进和培养机制，因此对优秀科技创新人才的吸引力较小。

4. 管理水平偏低，企业家精神缺失，企业品牌缺乏核心竞争力

目前我国中小企业在经营管理上以合伙人式或家族式管理模式为主，经营管理比较粗放，管理水平较低，缺乏有效的公司治理结构，在公司战略定位、生产运作、市场营销等经营的各方面和全过程缺乏专业而有效的流程管控。在人力资源管理上，"人治"大于"法治"，缺乏系统化的绩效管理体系，对员工的激励行为个人化、随意化的现象突出，阻碍了企业的健康成长和可持续化发展。中小企业的创始人和管理者缺乏拼搏精神和创新精神，在部分成立时间较长的中小企业中曾经敢干敢拼的创始人，随着年龄的增大，决策风格日趋保守，创新意识不断下降，极大地妨碍了其作为企业家应

该发挥的作用和影响力。与大型的跨国公司或与本土的大企业相比，我国大多数中小企业目前仍然在核心技术、核心产品和核心业务上缺乏竞争力，尤其在企业品牌上更是缺乏核心竞争力。中小企业要想不断发展壮大，保持在市场竞争中的活力，实现可持续发展，提高核心竞争力势在必行。

（二）中小企业发展面临的外部环境问题

我国中小企业在发展中除了自身存在的问题以外，其外部支持体系尚未建立健全，公共服务体系尚未充分发挥其服务功能，各项政策的落实和执行还有待进一步加强。

1. 促进中小企业创业和发展的政策法规实施体系尚未健全，市场秩序有待规范

通过制定法律法规来确定中小企业的地位，促进中小企业的发展，是许多国家推进中小企业发展的成功经验。例如，日本从20世纪50年代开始对中小企业进行立法，先后制定了30多部有关中小企业的专门法律。美国、德国、法国等国家也制定过有关中小企业的法律法规，对中小企业的发展起了很好的保护和扶持作用。但目前我国在这个方面相较而言还比较薄弱，一方面，中小企业的发展在政策上还需要进一步的充分支持，另一方面，中小企业在银行贷款、土地使用、技术开发和税收等诸多方面还受到歧视，导致中小企业贷款难度大，这在相当程度上影响和制约了中小企业的发展。

2. 社会服务机构整体素质偏低，公共服务体系建设有待完善

我国在中小企业服务体系建设上已经取得一定成绩，但是仍然存在一些明显的问题，主要表现在两个方面：一是服务种类不够丰富，服务功能有待提高。现有面向中小企业的服务平台更多集中在信息查询、技术交流、技术培训等方面，而相对缺乏新型的技术咨询、融资、工业设计等服务。二是平台资源整合缓慢，服务水平亟待提升。中小企业服务组织水平参差不齐，服务覆盖面不广，在一定区域范围内尚未形成服务资源共享机制。

3. 大企业拖欠账款情况益发严重，加大了中小企业资金运转压力

相对于大企业，中小企业明显处于弱势地位。大量中小企业围绕大企业，充当其原材料、配件供应和代加工者角色，中小企业的生存和发展与其建立合作关系的大企业休戚相关，大企业拖欠中小企业账款则会严重影响中小企业的正常经营，使其资金链条压力巨大。尤其是近年来，在需求下降、市场收缩的情况下，大企业更倾向于利用自身优势地位拖欠中小企业货款，向其转嫁经营压力。工业和信息化部于 2013 年 6—9 月面向全国 29 个省（区、市）和 5 个计划单列市的 7 万多家中小微企业开展的调研数据显示，中小微企业的资金被拖欠问题比较突出：57.99% 的调研企业存在被采购方拖欠货款的情况；42.01% 的调研企业表示不存在拖欠货款情况。不同规模企业均呈现相似特点，小型企业被拖欠情况最为突出，存在拖欠的占调研企业数的 60.26%，具体如表 1-8 所示。

表 1-8　调研企业被采购方拖欠货款的情况

拖欠情况	合计		微型企业		小型企业		中型企业	
	样本量	占比/%	样本量	占比/%	样本量	占比/%	样本量	占比/%
存在拖欠	9 855	57.99	986	53.7	6 784	60.26	2 085	53.46
不存在拖欠	7 139	42.01	850	46.3	4 473	39.74	1 815	46.54
合计	16 994	100	1 836	100	11 257	100	3 900	100

数据来源：赛迪智库中小企业研究所。

4. 中小企业负担较重，"税未降，费大增"不良倾向仍然明显

中小企业的负担较重，主要面临非正常收费项目多、乱收费现象严重和随意规定收费标准等问题。同时，中小企业的税负也出现不降反增的趋势，中小企业承担的税收和非税收费用增长迅速，甚至大幅超过了企业利润。据调查，有半数以上的小微企业认为，当前企业的税费负担已经对企业的经营造成了极大影响，也有一些中

小企业反映税负不均的情况一直未得到有效解决。值得关注的是，2012 年以来，受宏观经济下行压力和房地产调控的影响，为了保证预期的财政收入，不少地方面向企业加大了征收各种非税收费的力度。仅 2013 年的前三季度，天津、安徽、广东等省（直辖市、直治区）的非税收入增幅分别比税收收入增幅高出 40%、30% 和 18%，这折射出落实中小企业财税优惠政策的现实困境：一部分行政性收费"变脸"为经营性收费，导致中小企业负担不降反增，征费方式隐性化趋势日益明显；"小且散"（如管理类、登记类和证照类等）的行政事业性收费减少了，"大且重"的费种（如河道工程维护管理费、水资源费、劳动保险费等）并未减少，"避重就轻"的结构性问题较为突出，企业减负效果有限。税负重的问题会引致一些中小企业采取种种手段偷税漏税，这样不仅背离了现行税收体制改革初衷，更直接阻碍了整个中小企业征信体系的建立，使中小企业无法通过健全的征信体系进行融资，造成了"缺钱难缴钱，不缴难借钱，难借更缺钱"的恶性循环。

第四节　新形势下中小企业发展面临的挑战和机遇

2008 年以来，因美国次贷危机引发的国际金融危机波及全球，由于我国在过去经济发展中逐渐形成的出口导向型经济增长模式，此次金融危机的负面影响迅速传导至我国的实体经济。由于外部需求的萎缩，我国出口受阻，造成经济增速放缓、失业人口增加、产能过剩等严峻问题。广大中小企业也因市场需求不足而面临着不同程度的经营困境，尤其是东南沿海大量的出口加工型及外贸型中小企业在严峻的外部环境影响下不得不减产、裁员甚至宣布倒闭破产，我国中小企业遭遇了发展史上最为严峻的一次考验。

从 2008 年 9 月至今，国际金融危机爆发已过去 10 年有余，目前世界经济形势仍然错综复杂，以美国为代表的发达经济体呈复苏态势，甚至在2017年出现了全球主要经济体同步增长的态势，但新兴经济体又面临较大的下行压力。与此同时，我国正处在转型升级发展的关键阶段，经济结构调整步伐进一步加快。面对经济增速放缓的巨大压力，党中央、国务院坚持稳中求进的工作总基调，采取了一系列创新性的政策措施，稳增长、调结构、促改革，保证了经济平稳运行、国民经济稳中有进的发展态势，为我国中小企业的健康发展创造了良好的外部环境。

在新的发展形势下，我们必须认清外部环境的发展变化给中小企业带来的新的挑战和机遇，以期为中小企业明确下一步的发展方向和制定战略找出决策依据。

一、新形势下中小企业发展面临的挑战

总体来看，目前我国中小企业仍然面临着较为严峻的发展局面。在融资难、人才缺乏等既有老问题仍然存在的情况下，国际市场收缩、国内经济增速放缓、经营成本持续上升等一系列问题也在困扰着中小企业的发展。在外部市场收缩、内需增长缓慢的背景下，我国中小企业特别是小微企业面临着前所未有的发展压力。目前，从国际和国内两类环境来看，中小企业外部环境中主要面临以下挑战：

（一）国际环境变化带来的新挑战

1. 发达国家贸易保护主义升温使我国中小企业成为外贸调查重灾区

当前，以美国为代表的经济发达国家贸易保护主义不断升温，贸易保护的强度不断升级。根据最新全球贸易预警报告（Global Trade Report）统计，G20经济体从2008年以来，已采取了7 027种歧视性干预措施。美国在特朗普就职总统的第一年，就对数十个国家的94项"不公平交易"进行了调查，相比上一届政府在第一年任期间的调查数量激增了81%。特别是在2017年，我国企业遭受美国

国际贸易委员会发起的"337"调查高达24起，比上一年增加3起，这一数量也创了历史新高，占全部立案数量的40.7%。在调查对象上，一些美国企业刻意选择实力较弱的我国中小企业作为列名被告，通过在相关企业规模和实力较弱时提起"337"调查，意在对我国相关产业发展形成限制。在2018年美国"337"调查涉及我国的71家企业中，超过90%的企业为中小企业。而上述立案并已判决的案件中，我国企业的败诉率高达60%，远远高于世界平均值26%。这些被涉及的中小企业一旦被裁决败诉，则会面临由美国贸易委员会发布的相关产品的排除令和禁止进口令，其后果比反倾销更为严重。

2. 大国关系的不确定性大幅增加了中小企业的国际贸易风险

美国在特朗普上任之后大幅调整了美国的对外政策，其对国际秩序的态度由"驾车"逐渐转向"搭车"，并将其在全球事务中的投入重心从多边合作转向双边谈判，这些政策都对国际关系造成了不小的冲击。这其中美国对中国的政策在特朗普的强硬态度下也发生了重大转变，美国新国家安全战略报告将中国列为竞争对手，凸显了美国视中美之间竞争冲突远大于合作关系。特朗普对华采取的进攻型贸易政策使得两国贸易摩擦持续升温，最终演化成为由美国蓄意挑起的对华"贸易战"。2018年3月23日，特朗普宣布对中国价值高达500亿美元（约合人民币3 165亿元）的商品征收惩罚性关税，随后美国商务部在4月发布公告，美国政府在未来7年内禁止中兴通讯向美国企业购买敏感产品。随着贸易战的不断升温，美国政府对我国高科技产业出台了一系列限制政策，这些政策从加征关税、限制国内企业的市场准入、限制中国企业对美投资、严格"新兴和基础技术"的出口管制以及限制中美科技人才交流等方面极大程度地增加了国内企业尤其是科技型企业对美开展国际贸易以及经营上的风险。

3. 大宗商品价格高位震荡增加了中小企业的生产成本压力

随着城镇化和工业化进程步伐的加快，我国对国际大宗商品的依赖度也不断上升。对企业而言，国际大宗商品的价格上升，会导致企业生产成本的增加，从而导致企业减产，对工业增加值造成负面影响。尤其对于大宗商品进口企业来说，成本的增加会导致企业进口费用增加，而出口的产品因价格高，降低了企业产品的竞争力。整体而言，虽然自 2013 年以来，国际大宗商品市场开始了去泡沫化进程，但其表现方式是价格缓慢回落，目前国际大宗商品依然处于高位震荡的状态。据中国农企网显示，2015 年我国大豆的进口量为 8 597 万吨，由于价格上涨，进口量同比下降 13.63%。而同期据汇易统计数据显示，我国在 2015 年出口的成品油达 8 145 万吨，由于市场供需紧张，进出口总额涨幅达到 11.8%。由此导致国际原油期货价格上涨，进出口原油供需紧张，企业生产成本增加，预期回报率降低，加大了中小企业生产经营的压力。

4. 国际政治不稳定因素加大了中小企业的经营潜在风险

目前，在全球经济整体陷于低速增长状态的同时，国际政治冲突风险因素对企业造成的影响同样不可忽视。国际政治环境中，朝韩摩擦、日本右翼化加速、叙利亚战争等不稳定因素依然存在。美国继续实施"重返亚太"战略，印度民族主义抬头，南海和东海岛屿争端等均对我国营造稳定的外部环境造成了挑战。为了转移国内的矛盾，西方国家继续在全球推行干涉主义，不仅制裁伊朗和朝鲜等老问题会长期存在，继利比亚战争之后，美欧又对叙利亚举起干预大棒，进一步加大了全球政治环境的不稳定性。以美国为首的西方势力不仅采用军事力量输出影响，还存在发动更猛烈的经济金融战争的可能，尤其是通过向全球输出通胀转移风险、施压人民币单边升值冲击中国外贸等手段来实现其政治目的。国际形势中各类不稳定因素的存在，干扰了国际资源市场和国际投资的稳定性，加大了经济交往风险，使得已经进入国际市场或者刚刚开始"走出去"的中小企业不得不面临更多的变数。

（二）国内环境变化中出现的新挑战

1. 经济转型发展对中小企业参与竞争提出了更高的要求

党的十九大报告中明确指出，我国经济已由高速增长阶段转向高质量发展阶段，社会的主要矛盾已经转化为人民日益增长的美好生活需要和不平衡不充分的发展之间的矛盾。中国目前正处在经济转型升级发展的关键阶段，这标志着企业过去单纯依靠数量和规模实现扩张的时代已经结束，而消费者市场也由过去海浪式的消费被个性化的消费所取代。消费者需求日趋多样化、个性化和消费者对产品、服务高质量的追求等新经济环境的特征，对企业从产品设计、生产服务到终端销售等各个环节都提出了更高的要求。在这种情况下，中小企业如果不能主动适应这些变化，就会在日趋激烈的市场竞争中被淘汰出局。

2. 经济环境不利因素增多加大了中小企业经营压力

当前我国经济发展的基本面较好，经济运行总体平稳，但因受到多重因素影响，中国经济增长速度从 2013 年开始有所放缓，经济环境中出现诸多不利于中小企业发展的因素。

（1）原材料和人力成本优势丧失。经济环境中各种资源要素成本不断上升，特别是原材料和人力成本的大幅度上升，中小企业利润空间被不断挤压，中国制造业传统的低成本竞争优势正在逐步丧失。同时，随着对外资政策准入门槛的提高，面向外资的优惠政策逐步被取消，耐克、阿迪达斯等国外企业相继将在中国代工企业迁至东南亚等国家，导致了长三角、珠三角等地区代工企业的关门倒闭潮，中国制造"世界工厂"的地位受到前所未有的严峻挑战。在政府不断出台措施降低企业制度性和交易成本的同时，如何在中小企业内部深挖潜力、降本增效，成了中小企业普遍面对的重大问题。

（2）地方政府投资扩张能力下降。从 2012 年 5 月份以来，党中央、国务院相继出台了一系列稳增长的政策措施，但相较 2009 年国家为应对金融危机出台的一系列地方投资快速扩张并促进中国经济快速复苏的政策，此次推出的政策由于传导不畅等各方面原因，产生的效应低于预期：面向房地产行业的调控政策，有效抑制了房地产行业投机等违规行为，但也制约了房地产行业的扩张和高额利润的增长，降低了房地产企业"拿地"的热情，进而导致地方政府从土地买卖中获得的财政、税收收入增长大幅下滑；金融机构出于控制风险的考虑，大幅缩减了对投融资平台的贷款。而这些正是地方政府投资资金的主要来源。此外，随着风险约束不断增强，地方政府投资行为相较过去更加理性，一定程度也降低了政府投资扩张的力度。

（3）制造业部分行业产能严重过剩。2012年以来，由于国内外市场需求持续疲软，制造业此前快速增长中存在的一些问题得以暴露。我国的钢铁、光伏、造船、风电等行业因产能过剩遭遇寒冬，钢铁、造船企业巨亏，由于供大于求，银行催贷，部分中小企业遭遇倒闭潮。

3. 融资环境未得到根本改善不利于中小企业的进一步发展

中小企业的融资环境可以从广义和狭义两个层面来考虑。从广义的角度讲，融资环境是指所有能够制约和影响中小企业的运行过程和融资选择的因素，包括内部环境因素与外部环境因素；从狭义的角度讲，融资环境是指制约中小企业融资的各种外部环境因素。此处是从广义的角度系统探讨影响中小企业融资的外部环境因素，重点分析我国现有融资环境中不利于中小企业发展的主要因素。

（1）法律法规与中小企业的发展要求存在缺口。尽管于2018年1月1日起开始正式实施的新修订的《中小企业促进法》将面向中小企业的"融资促进"专门单列了一章，在国家法律法规层面，对中小企业的融资明确了专门的法律条款，但在具体操作和执行层面，我国在中小企业融资方面的法律法规尚不能满足新形势下中小企业发展的要求。例如民间借贷一直是中小企业从外部筹集资金的一个重要来源，但目前由于缺少相应的法律规范或依据，在民间借贷上一直存在的一些问题不能得到有效解决，因而一直无法实现中小企业健康、有序的发展。另一方面，由于在一些地区，受严重保护主义的政府干预的影响，法律法规的执行力度较差，该地区的中小企业不履行银行债务的责任，而银行的利益得不到有效保护，引发银行对中小企业的惧贷心理，也会影响到银行对中小企业开展正常的借贷业务。

（2）金融信贷政策对中小企业存在区别对待。首先，我国商业银行针对不同性质的企业一直实行区别对待的信贷政策。国有大型企业往往比较容易获得贷款，而中小企业受自身规模、实力等诸多因素限制，令商业银行出于规避高风险的顾虑，对其提供更为严格和谨慎的融资金融服务，使得中小企业无法获得和国有大型企业相同的贷款待遇，往往也无法从商业银行获得满足其融资要求的借贷资金。其次，中小企业由于开展业务的需要，申请贷款的时间紧、随机性强、频率高，更需要融资金额低但融资速度快、融资流程简单的金融服务来满足其资金快速周转运营的需要。出于资金安全性的考虑，商业银行的贷款程序通常较复杂且手续烦琐、要求严格，需要较长的时间，难以满足中小企业"急、少、频"的融资要求。最后，专门为中小企业提供融资服务的中小型金融机构由于存在业务趋同现象严重、服务内容单一、贷款资金规模有限、信息化程度低等问题，极大程度影响了其对中小企业提供的融资服务。

（3）信用担保等社会服务体系尚不完善。我国的信用担保体系还处于初级阶段，担保机构的担保能力仍然与巨大的市场需求有相当大的差距，难以满足中小企业的融资需求。首先，政府对现有的担保机构监管力度不足，地方政府一次性注入担保机构运营资金之后，后续就不再投入风险补偿资金和其他资金，导致了中小企业的信用担保体系无法进行风险分散和控制。其次，我国缺乏专业的资信评级机构，同时与担保、抵押相关的法律法规不健全，这些都制约了中小企业有效获得融资。最后，中小企业担保、抵押的手段单一，目前仅限于房产和地产等不动产，动产的质押和抵押尚不在范围内，信用担保并没有充分发挥其作用。另外，专门针对中小企业的公共服务中心尚未建立，缺乏相关的社会辅助体系。

二、新形势下中小企业发展面临的机遇

党的十八大以来，随着国家支持中小企业各项政策的贯彻落实，我国中小企业迎来了发展的"黄金时期"，中小企业的数量快速增加，在发展领域上几乎渗透到所有的经济活动领域，同时，中小企业的资产规模、收入规模和就业吸纳数量等不断提升，在我国社会经济发展中发挥着越来越重要的作用，成为国民经济"稳增长"的重要力量。党的十九大做出了中国特色社会主义进入新时代的重大论断，指明了我国发展的新的历史方向。伴随着数字经济时代的到来，第四次工业革命的兴起，信息网络技术日新月异的发展等因素加速了制造业的融合、渗透，也对企业传统经营理念、生产方式、组织形式和营销模式等产生了深刻的影响，新产品、新模式、新业态、新产业层出不穷，这也为中小企业进入新时期的发展带来了诸多新的机遇。广大中小企业应积极适应新的发展形势，掌握发展政策的导向，抓住时代赋予的机遇，顺势而为，有效实现企业发展的各项目标。

（一）国民经济发展稳中有进为中小企业发展奠定了坚实基础

进入 2017 年，我国国民经济总体保持了平稳发展的态势，全年 GDP 同比增长 6.8%，连续 9 个季度保持在 6.7%~6.9%，"稳"成为我国经济运行的一大亮点。国家统计局发布的《2019 年国民经济和社会发展统计公报》的数据显示，2019 年全年国内生产总值 990 865 亿元，比上年增长 6.1%。其中，第一产业增加值 70 467 亿元，增长 3.1%；第二产业增加值 386 165 亿元，增长 5.7%；第三产业增加值 534 233 亿元，增长 6.9%。第一产业增加值占国内生产总值比重为 7.1%，第二产业增加值比重为 39.0%，第三产业增加值比重为

53.9%；人均国内生产总值 70 892 元，比上年增长 5.7%。国民总收入 988 458 亿元，比上年增长 6.2%。公报中对我国国民经济最新统计的上述数据显示，我国经济运行总体呈现发展平稳、稳中有进的特征，中小企业发展的外部经济环境呈现出不断向好的态势，这也为中小企业下一步的发展提供了坚实基础。

（二）政策环境不断改善为中小企业发展提供了政策支持

尽管中小企业面临的压力较大，但国家扶持中小企业发展政策的密集出台，对促进中小企业健康发展起到了至关重要的扶持及推动作用。尤其是近年来，党中央、国务院以及国家各部委围绕融资、税收、创新、创业以及完善公共服务等方面，采取了一系列新的举措，初步形成了由一部法律（2003 年颁布实施，于 2017 年 9 月 1 日最新修订的并于 2018 年 1 月 1 日起实施的《中小企业促进法》）、一个协调机制（即 2009 年成立的国务院促进中小企业发展工作领导小组，其中包含有国家发改委、财政部、工业和信息化部、科技部等 18 个成员单位）、一个标准（由工业和信息化部、国家统计局、国家发展和改革委员会、财政部四部门于 2011 年联合印发的《中小企业划型标准规定》）和一系列重要文件组成的促进中小企业创新创业的政策法律体系。这一系列政策文件和措施的出台，进一步优化了中小企业创新创业发展的环境，为中小企业的下一步发展提供了有效的政策支持，也必将推动中小企业在吸纳就业、稳增长、调结构、惠民生等方面发挥更加重要的作用。

（三）党的十九大的胜利召开为中小企业发展带来了政策利好

党的十九大的胜利召开，对决胜全面建成小康社会，实现中华民族伟大复兴，具有承前启后、继往开来的重要意义。党的十九大报告提出的深化商事制度改革、支持民营企业发展、完善市场监管体制等工作任务，吹响了服务中小企业发展的进军号角，也为中小企业的发展带来了实实在在的政策的利好。在党的十九大报告中，第一次明确提出要加强对中小企业创新的支持，这无疑为中小企业指明了在政策支持下，通过加强技术创新，打造核心专长，增强市场竞争力的发展之路。同时，党的十九大报告明确提出要支持民营企业发展，打破行政性垄断，清理废除妨碍统一市场和公平竞争的各种规定和做法。随着党的十九大精神的贯彻落实和全面深化改革的纵深推进，一切妨碍市场公平竞争的各种规定和做法必将不断被清除，民营经济的市场地位也将会得到充分保障和尊重，而广大中小企业的活力和创造力必会被充分激发出来。

（四）"一带一路"倡仪为中小企业拓展国际市场提供了发展空间

习近平主席 2013 年访问中亚的哈萨克斯坦和东南亚的印度尼西亚时首次提出了共建"一带一路"的倡议，同年 11 月，习近平主席就实施"一带一路"倡议的背景、宗旨、原则、目标及所面临的任务发表了重要讲话。从此，"一带一路"倡仪作为一项系统工程，被纳入新时代中国特色社会主义的建设中，同时，我国与周边国家、"一带一路"沿线国家，乃至世界上其他地区的国家开始一起推动"一带一路"的建设。随着"一带一路"倡仪的推进，国际社会的反响越来越强烈。联合国大会于 2016 年 11 月 17 日做出过一项决议，呼吁国际社会为"一带一路"倡仪的推进提供安全保障。2017 年 9 月，第 72 届联合国大会又把"一带一路"倡仪的"共商、共建、共享"原则，列入联合国全球治理决定中。随着"一带一路"倡仪被国际社会接受的程度不断提高，西方发达国家的跨国公司也嗅到了"一带一路"倡仪的巨大商机，先后提出要与中国企业合作的意图或计划，这也为包括中小企业在内的中国企业与国际企业开展合作提供了新的机会。尽管在"一带一路"倡仪的一些重大项目建设上，央企或国企是主力军，但中小民营企业在参与实施"一带一路"倡仪的过程中，与大型国有企业有不同的定位与分工，在不同的领域发挥的作用也不一样，例如在产业园区的建设和运营、快消品生产及重大项目的配套上，中小民营企业相对而言更有生命力。因此"一带一路"倡议的实施和推进为中小企业在更广阔的国际市场施展自己的抱负提供了重要的历史机遇。

（五）新型城镇化建设为中小企业成长壮大提供了广阔空间

党的十八大报告提出，要大力推动我国的"新四化"建设，其中城镇化和农业现代化相互协调，促进工业化、信息化、城镇化、农业现代化同步发展。因此，新型城镇化建设是未来较长一段时间内我国经济发展的主要任务之一。新型城镇化的核心是城镇化与工业化、信息化和农业现代化协调发展，通过服务业发展和科技进步推动"产城融合"，实现城镇带动的统筹城乡发展和农村文明延续的城镇化。所谓"产城融合"，是要实现产业发展和城镇建设的有效融合，在这一发展过程中，新型城镇化的建设无疑会给中小企业在内的各行企业提供巨大的发展空间。首先，新型城镇化建设会带来相关产业的快速发展，如基础设施建设行业。其次，新型城镇化加速必然带动城市信息化建设的加速，在"高效率、低能耗"的发展理念下，新型城镇化的建设一定会以智慧化城镇建设取代过去粗放的城镇化发展模式，因此与之相关的智能交通、节能建筑、电子政务、电子商务、医疗信息化、安防等行业都将获得快速发展。此外，随着城镇化率的不断提升，必将带动相应地域的房地产行业及其相关行业的发展，这也为行业中的中小企业提供了市场发展空间。同时，伴随着城镇化率的不断提高，一方面居民收入水平的提高将为中小企业的产品提供庞大的市场需求，另一方面不断增加的城镇人口也能为中小企业提供大批从业人员，缓解中小企业的用工压力。

（六）"互联网+"计划为中小企业打造新的核心竞争力带来契机

随着云计算、大数据、物联网、移动互联网等新一代信息技术的飞速发展，"互联网+"成为时代发展热点和产业风口，也获得了国家的高度重视，被写入了2015年的政府工作报告并被提升至国家战略层面。同年7月1日，国务院发布了《关于积极推进"互联网+"行动的指导意见》（以下简称《意见》），《意见》中指出，我国到2025年将初步形成"互联网+"的新经济形态。同时，《意见》

明确提出了"互联网+"行动计划，旨在推动移动互联网、云计算、大数据、物联网等与现代制造业的融合，促进电子商务、工业互联网和互联网金融的健康发展，并推动全产业的改造与升级。面向广大中小企业的"互联网+中小企业"行动计划作为"互联网+"行动计划的重要组成部分，其核心思想和主要目的是要推动中小企业与互联网的深度融合，通过运用互联网实现中小企业在经营模式、商业模式上的创新和变革，促使中小企业运用互联网、云计算、大数据和物联网的技术，降低企业成本，提高经营效率，创新产品和服务，增加客户的满意度，实现中小企业可持续、健康发展。"互联网+中小企业"计划不仅能帮助中小企业有效应对新兴环境的变化，还能帮助中小企业抓住信息化浪潮下新的机遇，推动中小企业形成在互联网环境下可持续发展的新的竞争力。

（七）消费升级为中小企业拓展市场带来新的机遇

当前，伴随着我国经济转型发展，对应的消费升级在发展中呈现以下特点：首先，居民消费从生存型向享受型和发展型升级。统计数据显示，我国城镇居民 2016 年在居住、交通、教育文化、医疗保障上的支出比重已经上升到 53.7%，同时，我国近五年内在社会消费品零售总额上实现了连续的增长（具体数据见图 1-5）。其次，居民消费由以物质消费为主向以服务型消费为主快速升级。近年来，随着我国人口结构的变化、中产阶层消费的增加，服务型消费呈现了持续高增长的态势，一些高净值人群对金融、理财、保险服务的消费增长尤为明显。再次，居民消费由传统消费向新兴消费升级。信息消费、绿色消费、教育培训和文体消费、休闲和健康消费等持续大幅增长。最后，居民消费从量的满足升级到重视质的提升，由一两个热点增长转变到多点多面增长。消费升级也带来了消费方式的转变，个性化、特色化、差异化等消费方式成了主流特征。除了定制式的选择性消费方式以外，线上线下结合的消费方式、多种业态融合交叉跨界的消费方式以及通过移动互联社交媒体跨越时空的全天候消费方式在居民消费中所占比重越来越大。个性化、特色化、差异化的消费方式更要求"专业人做专业事",这给擅长于集中于某一细分市场打造特色产品和塑造独特优势的中小企业提供了更大的机遇。

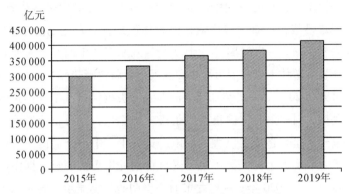

图1-5   2015—2019年社会消费品零售总额

数据来源:《2019年国民经济和社会发展统计公报》。

(八)智能制造为中小企业技术变革提供了新的动力

数字经济时代的到来,推动了新一代大数据、云计算、物联网和互联网技术不断实现新的突破,随之而来的第四次工业革命以制造业的数字化为核心,借由智能机器和人类专家共同组成的人机一体化智能系统和工业互联网,能够将智能活动嵌入企业的生产制造过程中,实现产品由客户参与定制的个性化设计,生产过程由数字化、自动化、网络化代替传统的一线操作工人,从而进一步推进企业生产向系统化、集成化纵深发展。随着信息网络技术的加速发展,以智能制造为核心的新一轮工业革命在世界范围内的兴起,必将对各类企业尤其是制造类中小型企业在经营理念、生产方式、组织形式以及营销模式等各方面产生深刻的影响。而在以创新为核心的智能制造时代,随着新技术、新产品、新业态和新模式的不断涌现,会给创新型中小企业带来更大的发展空间,而制造类中小企业为了适应互联网与制造业融合发展的时代要求，也必须通过生产过程智能化的推进，依靠"机器换人"来实现成本的降低和效率的提升，同时借助产品服务化转型来实现附加值增加，最终实现企业生产的智能制造变革。

综上所述，当前我国中小企业面临复杂多变的国际国内环境，既有困难挑战，更有发展机遇，但总体稳定向好的趋势没有改变。总体来看，未来一段时期（"十三五"末期至"十四五"时期）中小企业发展总体上有利因素居多，发展形势将逐渐趋好。

进入2020年，一场突如其来的新冠肺炎疫情打乱了人们正常的生活秩序，对居民身体健康造成了极大的隐患，也对企业经营管理及国家经济运行造成了巨大的影响。这其中，中小企业由于在资金规模等企业实力上的先天不足，受疫情的冲击更为明显。据中国中小企业协会在2020年3月初发布的一份调研数据显示，约86.5%的受访中小企业经营受到较大影响，近50%已有裁员安排。同期，清华大学、北京大学联合调研995家中小企业结果显示，近85%的企业现金流撑不过3个月，能够支撑半年以上的企业不到10%。在全国上下一心开展抗疫攻坚战的过程中，党中央、国务院高度重视中小企业应对疫情、复工复产的工作，习近平总书记多次就此作出重要指示，从国家到地方陆续出台了一系列帮助中小企业复工复产的惠企政策，例如为了解决疫情冲击下中小企业普遍面临的资金压力，有效扶持中小企业渡过危机，恢复正常生产，国家加大了对受疫情影响严重的中小企业的财税支持，包括阶段性降低小规模纳税人增值税征收率（由3%降为1%，湖北地区的企业免收），以及进一步延长纳税申报期限等。为了帮助中小企业缓解融资困难，国家加大了对中小企业的信贷支持，包括增加5 000亿元普惠性的再贷款、再贴现，重点用于中小银行加大对中小微企业的信贷支持，以及鼓励金融机构对符合条件、流动性资金遇到暂时困难的中小微企业采取临时性延期偿还并免收罚息措施等。

因此，考虑到宏观经济环境稳中有进的发展态势以及国家政策对中小企业转型升级、增强企业核心竞争力的扶持力度不断加大，我们可以推论，尽管此次新冠疫情对广大中小企业造成了巨大的冲击，但未来我国中小企业发展总体将呈现向好态势，企业数量还将继续增加，实现经营持续向好并步入稳步发展的轨道。

第二章 中小企业自主创新的理论基础

第一节 企业创新的理论基础

一、企业理论

作为自主创新最关键、最重要的主体，企业在现代人类生活中扮演着至关重要的角色，并随着市场经济在全世界范围内的拓展，在人们生活中发挥着越来越重要的作用。企业可持续创新并不是某一个企业的问题，而是所有企业在发展模式上面临的共同的选择；不是一个简单的经济问题，而是涉及经济、政治、制度和文化等许多方面；不只是与企业内部成员有关，还与政府官员、社会公众、消费者等不同群体都有着密切的联系。对企业理论的回顾，有利于对企业的自主创新进行更深入的分析。

（一）经济学家对企业的认识

企业作为经济学领域中一个长盛不衰的研究聚焦点，不同时代的经济学家对其开展了大量的研究，总体而言，经济学家是从资源配置和资源利用效率的视角出发来探究企业的本质、运行规律及其在社会经济发展中的作用等方方面面。尽管经济学家在不同时代面向企业提出的研究观点和结论迥然不同，但在对企业的本质的认知上，经济学家们均认为企业作为现代市场经济中最重要的细胞，其对推动社会经济发展发挥了不容忽视乃至巨大的作用。

亚当·斯密将劳动分工、专业化与劳动生产力的增进联系起来，以企业内部经济作为研究的焦点。在亚当·斯密生活的时代，企业组织尚处于萌芽阶段，是一种"初级"的企业形态。

马歇尔认为企业如同生物体一样，是一个有机体，而不仅是劳动者的组合。在组织演进的过程中，自然选择这种机制发挥了决定作用。每一种特色的组织形式都有相应的优点和缺点。在组织演进的动态过程中，个人财产并不能完全反映个人经营能力。自然在生产上所起的作用表现出报酬递减的倾向，而人类所起的作用则表现出报酬递增的倾向。劳动和资本的增加，一般会导致组织的改进，而组织的改进则会提高劳动和资本的使用效率。这意味着，组织尤其是工业组织是决定报酬递增的主要力量。企业是一个不断演化的组织，其演化的动力主要来源于两个方面：一是来自外部的竞争压力，即企业作为整体必须适应所处的环境及其变化。只有"适者"才能生存，虽然"适者"不一定是最好的。二是来自内部的利益冲突。由于物质资本和人力资本在企业成长过程的相对地位会发生变动，导致资本的所有者不断修正自己的利益目标，从而产生了利益摩擦。组织的变革正是这种冲突的结果，当事人通过制度创新来界定各自的责权利，以实现新的均衡。

弗兰克·奈特提出，企业家对不确定性和错误预期的可能性的承担导致了利润的产生。人们不仅在有效控制他人的能力和决定应该做什么的智力上存在差异，而且在根据个人主见行事和风险承担能力上也存在差异。人们风险承担能力的不同促使人们寻求风险重新分摊的有效方式，而企业正是这种可以降低风险成本从而提高经济效率的制度安排者。企业家承担不确定性成本。作为向雇员提供固定工资的回报，企业家会对雇员在企业内的活动进行控制。由于接受监督，雇员也会要求事前签订固定工资契约作为某种程度的控制权转移的补偿。这种风险分担安排由于将企业面临的风险让最愿意承担风险的人承担，所以大大地提高了企业的生产效率。企业的根本特征在于企业内部权威关系的存在，即企业家享有对员工活动的控制权，这为企业的存在提供了效率依据。减少不确定性的可能构成企业规模扩张的动力。企业规模扩张的过程中，个体制被合伙制取代，合伙制又被公司制取代，都是因为较高形式的组织经营范围更广，能够大大减少不确定性，降低资本风险。企业家由于承受了不确定性而获得了对应的回报，企业利润也来自对这种不确定性的承担。所以企业家对企业的生存和发展至关重要。

阿尔钦和德姆塞茨认为，企业生产是一种使用不可分割技术的团队生产，在这样的团队生产中，每个团队成员的边际产出很难精确度量，个人贡献和报酬无法准确挂钩，团队成员可能偷懒和"搭便车"。为了减少这种道德风险，就必须让某些成员监督其他成员的工作。这个最后的监督者本人必须没有偷懒的动机，因此他必须是企业的剩余索取者。同时考虑到对资本使用的监督成本，这个拥有企业剩余索取权的监督者应该由资本家来担任。这样就产生了资本主义企业。

伯利和米恩斯围绕企业的治理，提出了"所有权与控制权分离"理论。他们强调股东的分散化使股东在公司的物质资本带有"消极的"性质，而对公司发展更为重要的是经理人员的"积极的"人力资本，这种积极的人力资本也有自身的权益，从而导致经理人员和股东之间的矛盾。对股东来说，只消极追求投资收益，容易存在"短视"现象，而经理人员从人力资本的角度考虑，更注重长远发展，即对经理人员而言，考虑公司的社会责任可能更有利。

以萨缪尔森为代表的古典经济学家看来，经济体系就是一个由参数和变量构成的联合方程组表示的一般化的均衡体系。其中，参数代表经济环境，是外生因素；变量则是由体系本身决定的，需要解出的结果，属于内生因素；联系两者的联合方程则代表均衡条件。

科斯认为，企业是为了节约交易费用而产生的。在企业中，资源配置是通过权威和命令来进的；在市场上，资源配置则是通过价格机制调节完成的。企业中资源配置产生组织成本，市场上资源配置产生交易费用，企业的边界（规模）就决定于这两种成本的边际相等。在企业内部之所以"允许某个权威来支配资源"，是因为企业用一个长期契约取代了市场上的一系列合约。

威廉姆森通过引入资产专用性、交易频率和不确定性这些交易维度，并在有限理性和机会主义的行为假设基础上，认为应将不同的交易属性与不同的治理结构相匹配，以节约有限理性并抑制机会主义。在一个交易费用为正的世界中，除现货交易之外，市场合约总是不完全的。为防患于未然，专用性资产的投资方就会自己生产所需要的投入品，而不是到市场上去订购。通过采取这种纵向一体化措施，投资方可以不依靠市场交易而借由自己生产获得复杂且交易成本高的资源，并能避免市场交易中的"敲竹杠"现象，极大地降低交易费用，这使得专用性资产的投资方与被投资方的收益足够高，因此双方会实施统一治理，成立一家企业。企业的成立能够确保双方构建一种"提供秩序、转移矛盾、实现共赢"的治理结构。在威廉姆森看来，企业的本质就是一种治理结构。

诺斯及其他演进经济学家用适应性效率重新表达了"适者生存"的法则，诺斯还用"锁定"效应解释了马歇尔提出的生存下来的组织未必有利于他人的选择悖论。

马克思认为，资本主义企业是资本家的企业，资本家的利润来自工人创造的剩余价值。工人采用的技术越先进，工人的技能越熟练，资本家获取的剩余价值越多。资本主义私有制决定了工人注定处于被剥削的地位。

熊彼特把新组合的实现称为企业，把职能是实现新组合的人称为企业家。这样，企业家核心职能不是经营或管理，真正使企业家活动与其他活动具体分开的唯一要点，是看是否执行新组合。熊彼特定义下的企业和企业家具有强烈的动态性，因而这种界定并没有被严格遵循过，即便在熊彼特的著作中，企业这个概念仍然是在一般意义上的使用。

张维迎教授认为，在市场经济中，企业是因人与人之间合作而产生的组织。企业存在的前提是必须满足所有参与者的参与约束。人们从企业得到的收益有不同的形式，可以是工资、奖金、股息等货币形态的收益，也可以是心理满足、社会声望等非货币形态的收益。在充分竞争的市场上，给定资源投入，一个企业创造的总价值越大，其生存能力越强。为了实现企业价值的最大化，企业的制度安排必须解决两个基本问题：第一个是经营者选择问题，即如何保证让真正有企业家才能的人来管理企业；第二个是激励问题，即如何使企业成员（特别是企业经营者）有积极性努力工作，并对自己的行为负责。这就是所谓的激励相容约束。公司治理的核心问题是如何在不同的企业参与人之间分配企业的剩余索取权和控制权，在这方面经济学家有以下基本结论：第一，剩余索取权和控制权应当尽可能对应，即拥有剩余索取权和承担风险的人应当拥有控制权；或者说，拥有控制权的人应当承担风险。第二，经理人的收入报酬应当与企业的经营业绩挂钩而不应当是按固定合同支付。第三，投资者应当拥有选择和监督经理人的权威。投资者才是最终的风险承担者，也只有他们才有足够的资格选择优秀的经理人、解雇平庸的经理人及监督经理人的表现。第四，最优公司治理结构应当是一种状态依存控制结构，即控制权应当与企业的经营状态相关，不同状态下的企业应当由不同的利益要求者控制。第五，为了解决投资者的"搭便车"问题，企业应当让所有权适当集中于大股东手中。企业所有权的安排是公司治理结构这座"大厦"的主体结构。利益相关者模式不可能成为一种有效的公司治理模式，股东导向模式是保证企业价值最大化的最有效模式。

随着经济学研究的不断深化，人们对经济学的理解渐趋广泛。广义的经济学不是仅研究人类物质生产和交换的科学，而是研究一切人类行为与效果的科学。"经济"意味着如何以最小的代价取得最大的效果，即如何在各种主观和客观、自然与人际条件的制约下，做出代价最小而收获最大的选择。基于这样的研究视域，经济学家对企业本质及发展规律的认识仍在不断深入之中。

（二）管理学家及管理者对企业的认识

从研究视角来看，管理学家与经济学家在对企业的认知上是有明显区别的：管理学对企业的研究是从如何提升企业自身战略垄断力即核心竞争力出发，其研究的核心是企业管理过程中解决问题的策略和艺术，为企业提供打击竞争对手、赢得顾客的手段。在管理手段上，管理学强调人的差异性、个性甚至非理性；在研究对象上，管理学更注重研究特殊、具体和个案，其中一个研究重点就是如何提升企业的市场占有率以使企业的利润最大化，因为没有市场份额就没有企业利润。企业最重要的目的就是赢利，企业管理学所研究的一切都是围绕一个中心，即如何实现企业赢利的目标。管理学对人性的假设早已超越了"经济人"假设，而有了"社会人""自我实现人""复杂人""管理人"等新理论。管理学在此基础上结合丰富的实践，形成了许多艺术性和技巧性很强的方法原理和定理。管理学中研究的"人"虽然在人格上是平等的，但在地位上是不平等的，这种不平等并不意味着高低贵贱的区别，而代表着主体和客体、主动和被动的区别以及职能的区别、对组织贡献的区别，这种关系可以概括为个体的差异性。

在古典管理理论时代，泰勒认为企业管理的主要目的应该是使雇主实现最大限度的富裕，同时也使每个雇员实现最大限度的富裕，企业管理应该是科学的，而不是仅仅依靠雇主的经验。法约尔将管理理解为领导者对组织的管理，其目标是实现企业的稳定和发展。马克思·韦伯认为，行政组织的内在要求是稳定、严密、有效和精确，实现的最优方法是科层制。

随着现代管理理论对管理研究的不断深化，不同管理学派的研究者从不同的角度，对企业及企业管理提出了新的认知。西蒙认为，组织就是作为管理者个人所组成的系统，决策贯穿于管理的全过程，管理就是决策。德鲁克认为，企业的目的是创造顾客，在此目的下，管理是用技巧来解决管理和被管理的关系问题。明茨伯格认为，角色就是属于一定职责或地位的一套有条理的行为，学员、经理和其他人的角色都是事先规定好的，虽然各人可能以不同的方式来解释这些角色。波特认为，客户的议价实力、供应商的议价力量、新进入者的威胁、替代性产品的威胁以及竞争的激励程度这五种力量决定了产业的长期获得性。企业要在产业中出人头地，做法不外乎是让企业成本低于竞争对手或产品价位更高。在竞争者中形成价格或成本差异，主要有两种来源：来自经营效率的差异或达成经济效益的最佳做法，以及来自战略定位上的差异。伊查克·爱迪斯认为，企业如同人一样，有孕育期、婴儿期、学步期、青春期、成年期、老化期和死亡期这些发展阶段，企业从一个阶段转化到另一个阶段，就会出现问题。出现问题是因为企业缺乏某种能力。企业的能力就是在解决问题中逐步培养和积累起来的，企业可以通过更短的路径到达其成年期，企业的老化是可以阻止的。在德赫斯看来，长寿公司屈指可数，原因在于许多公司的管理者过分拘泥于生产与服务行为，忘记了他们所在的公司阻止的真正本质是人类社区。长寿公司有四个共同关键要素：一是对周围的环境非常敏感；二是有凝聚力，员工有较强的认同感；三是宽容；四是在财政上比较保守。毕海德将企业分为"有前途的"企业、大型上市公司、边缘新企业、风险资本支持的新企业、带来重大创新的"革命性"企业。他认为，机会性质的变化改变着企业家面临的问题和必须完成的任务。在面临重大的资本约束和不确定性时，新企业的创始人靠的只能是对无法预期的事件采取机会主义式的适应。随着企业的成长，企业会将更多的资源投入到不确定性较低的创新，这时机会主义会让位给着眼于长远发展而进行预测和计划的系统性工作。佩因认为，在可预见的未来，企业对于社会的重要性不会消失，它的作用也很难被其他机构所取代。更多的公司会认识到，尊重人类道德、在开展其业务时以道德的面目来面对这个世界是其利益所在。

它使人们能够通过合作来克服时间和空间的障碍，同时也减少个人独自进行同样的努力时所发生的费用。企业的效用使之成为越来越多的人在追求各种目的时对组织形态的首选。随着其角色的变化，企业本身也不得不发生演变。企业正在经历另一场革命性的变革，即企业管理的道德化。在现代社会里，大多数企业将其存在归因于这样几个基本的群体：政府、投资者和员工、顾客、普通民众。所有这些群体对于企业的成功来说都是重要的，失去任何一方的支持有时都可能是致命的。在一个现代民主社会里，企业如果不在其做事时采取一种道德的姿态并尊重它的活动所影响的利益相关者的合法权益，企业就很难获得各利益相关者的支持以及自愿合作。

（三）政治家对企业的认识

通常情况而言，出于维持权力长久化以及追求政府利益最大化的目的，政治家会优先考虑某些集团或群体的利益，而非全社会的利益，政治家在决策前会事先考虑维护哪些集团或群体的利益对实现既定目标有利。从维持政权和社会的稳定的角度出发，政治家们都希望现有企业可以实现持续稳定的发展，新企业可以带来就业增加和经济增长。毋庸置疑，政治家对企业的关注动因和聚焦之处与经济学家和管理学家等相比，有着明显区别。从政府层面看，政策的制定是科学与政治过程的结合，无论制定政策的政治过程如何，最终制定的政策结果，几乎没有哪一种政策可以面面俱到、完美地满足所有利益相关者的偏好，所以任何政策都存在只能满足一部分人或大多数人的需求的结果。基于此，在面向企业这个对象上，政府应树立正确的认知，即政府只能去规范企业的行为，而不能去改变企业的目标，或代替企业为其设定目标。政府制定政策的出发点应该是如何规范企业的行为，如何改变或一定程度改善企业运行的环境，引导和鼓励企业做出对社会更有益的行为。各国尤其是发达国家发展的经验说明，政府失灵远比市场失灵更可怕，所以政府必须停止扮演经济的指挥官角色，以及与此对应的种种"寻租"活动，让企业的经营管理遵循市场运行的规律，而非唯政府利益是瞻。

　　尽管站在不同的角度研究企业，得出的是不同甚至有着天壤之别的结论，但经济学、管理学与政治学并不是绝对分开的，而是相互联系、互为影响又相互补充的。现实生活中，往往一位学者或者政治人物，能够身兼经济学家、政治家及管理学家的身份，或者经历了从经济学家或管理学家到政治家身份转换的过程。即便是一位坚持在经济学、管理学中某一领域深耕从未改变其研究学科的学者，其研究方向与研究内容也不是一成不变的，随着时间的推移和环境的变化，其在不同的时期关注重点或研究方法也会有相应的改变。因此，从经济学家、管理学家和政治家等不同角度对企业的认知和研究的结果，并不是完全绝对或截然对立的，一些研究结论或认知观点往往在经济学和管理学中交叉出现，这样的分类只是为了突出不同的研究者对企业的不同认识。而从以上企业理论研究的丰硕成果来看，随着企业的性质和作用在不断变化，人们对企业的认识也在不断变化和逐步深化，每一种理论都是建立在特定的历史时期和特定的基本假设之上，它们从不同的视角揭示了企业的性质和基本特征，是分析企业实现可持续创新的重要理论基础。

二、创新理论

　　创新并不是一个新现象，它就像人类一样古老。人类似乎与生俱来就想用更新、更好的方法做事并把这些方法运用到实践中。尽管创新的重要性非常明显，但是却一直没有引起学者应有的重视。自熊彼特以来，学者们对创新的研究一直在不断深化之中，以至于"到了今天，创新研究文献数量庞大、内容多样，即使跟踪某一专业领域的创新研究文献都很困难①"。

---

　　① Jan Fagerberg, David C. Mowery, Rechard R. Nelson. The Oxford Handbook of Innovation [M]. Oxford: Oxford University Press, 2005: 1, 4.

（一）熊彼特的创新理论

创新的概念，最早是由经济学家熊彼特于 1912 年在他的著作《经济发展理论》一书中提出的。熊彼特认为，创新是把一种生产要素和生产条件的"新组合"引入生产体系，并通过市场获取潜在的利润的活动和过程，包括以下五类情况：采用一种新的产品，采用一种新的生产方法，开辟一个新的市场，掠取或控制原材料或半制成品的一种新的供应来源，实现任何一种工业的新的组织①。创新是一种创造性的毁灭（Creative Destruction）。此处的毁灭是指一批企业在创新浪潮中被淘汰，其生产要素被重新组合。不断创新，不断毁灭，一些企业在创新中发展了，另一些企业被淘汰了。这就是资本主义社会条件下，企业兴衰的基本规律②。

在熊彼特的创新理论中，企业家具有特别重要的地位。熊彼特对企业家创新动机进行了细致而充满热情的描述。首先，企业家有一种梦想，要去找到一个私人王国，常常也是（虽然也不一定是）一个王朝。其次，企业家有征服的意志、战斗的冲动，即证明自己比别人优越的冲动，求得成功不是为了成功的果实，而是为了成功本身。最后，企业家有创造的欢乐，把事情办成的欢乐，或者只是施展个人的能力和智谋的欢乐。对企业家而言，只是在第一类与"创造"有关的活动中，作为企业家活动的结果的私有财产，才是使这种活动起作用的必要因素，而在其他两类活动中则与经济利益无关。

（二）创新理论研究的进展

熊彼特创新理论紧扣经济发展的动力机制，一直是人们关注的焦点。20 世纪 50 年代以后，创新领域出现的新的理论基本都是在熊

---

① 约瑟夫·熊彼特. 经济发展理论［M］. 何畏，易家洋，译. 北京：商务印书馆，2017.

② 向刚. 企业持续创新［M］. 北京：科学出版社，2006：14.

彼特的理论基础上衍生和发展起来的。由于熊彼特提出的生产函数包含了与生产活动相关的所有要素的相互关系，隐含着技术方面和制度方面的所有因素的共同作用，沿着熊彼特所开创的研究途径，大量学者继承、验证和推广了熊彼特的研究思想，不同时代的学者都根据当时经济条件重新解读熊彼特的理论，从而形成了一个不断丰富、不断延伸的理论体系。归纳起来，创新理论领域的研究成果主要集中在以下三方面：

一是技术创新内生增长理论。这一研究领域直接缘起熊彼特创新理论，强调生产技术和方法在经济中的至高地位。熊彼特将经济增长的动力机制归因于由外生的资源要素转向内生的"新组合"，而这种"新组合"依靠的是新技术、新组织和新制度，归根结底是人力资本的增加，由此决定组合方式和组合价值的核心要素表现为企业的竞争实力，它也构成了国家经济持续增长的微观基础。经济发展既要强调财富增长量，更要强调要素生产率和价值增值能力。伴随国际贸易的增加和全球产业链的形成，外部资源优势和技术引进并不能根本改善经济结构以及经济增长的内在机制，只有将技术创新作为内生化过程才能通过规模收益递增过程，迈向全球产业链的高端。技术创新内生增长理论的代表人物罗伯特·索洛（Robert M. Solow）开创性地构建了由劳动、资本和技术进步组成的经济增长模式，并着重分析了技术进步在经济增长中的作用，认为技术创新是由新思想来源和后阶段发展两步完成的。保罗·罗默（Paul. M. Romer）进一步把知识完整纳入经济和技术体系之内，并把人力资本和"新思想"作为重点分析对象，解决了技术创新对经济增长内生作用的量化分析问题。尽管新经济增长理论很好地继承和发展了熊彼特的创新理论，但因遵循均衡经济理论的研究范式，其在构造和论证理论的过程中设置了大量的非现实性假设，也是这一理论研究上明显的局限。随着20世纪八九十年代发展起来的一种技术创新进化理论克服了上述问题，该理论通过经济演化方法能够对现实非均衡、动态的复杂经济系统中的技术创新过程进行描述和分析。

二是制度创新理论。熊彼特在论述经济发展问题时，也很重视制度的作用，制度被视为一种体系、经济组织形态、市场结构或社会运行规则。后来的内生经济增长模型并没有在制度创新方面取得突破性的进展，只是将制度作为经济增长的外生变量或既定条件。而制度创新理论认为，技术进步或技术创新等，并不是经济增长的原因，而是经济增长本身。经济增长的根本原因在于制度创新，是制度创新决定技术创新，"改进技术的持续努力只有通过建立一个能持续激励人们创新的产权制度以提高私人收益才会出现[①]"。

制度创新与技术创新一样，在预期纯收益大于预期成本的条件下才可能实现。所不同的是，技术创新依托技术、产品和资源等物质资本，而制度创新则涉及规则、惯例和法律条款等非物质性条件；技术创新以发明创造为基础，通过对其商业化实现价值增值，而制度创新则以组织形式或经营模式的新发现实现资源优化配置。可见，组织创新可视为制度创新的重要组成部分，包括宏观层面的国家创新体系也包括微观层面的企业组织创新，其核心问题是建立起有效的创新激励机制，以充分发挥创新主体的主导作用和创新动力。以微观领域的产权制度为例，企业通过界定产权成为获取外部知识、组织研发和商业化的直接承担者，相应的利益分配结构、内部治理结构可以为企业技术创新提供强大的动力机制、决策机制和信息机制，从而为技术创新提供强有力的组织制度。

三是市场结构理论。技术创新理论的发展使得人们重新认识关于竞争、垄断和市场结构，一般认为竞争的市场组织形式最有效率，均衡经济理论从理想均衡的观点出发衍生出完全竞争市场、成本递增、均衡稳定的最优效率经济理论。然而，这种假定的前提是技术

---

① 道格拉斯. C 诺斯. 经济史中的结构与变迁 [M]. 陈郁，罗华平，译. 上海：上海三联书店，1994.

创新的间断性，即企业在技术条件既定的前提下追求规模经济，在众多同类替代产品的市场上，通过降低产品成本以更低的价格获得竞争优势。而熊彼特的创新理论对此有着截然不同的认识，即创新产生于外部竞争压力，能够使小企业摆脱无法实现规模经济的竞争劣势，同时企业能够通过创新获得超额利润，企业规模扩张的根本目的并非只是降低产品边际成本，而是能够为持续创新提供必要的资源保证和抗风险能力。在技术创新效应急剧增大、收益递增的条件下，垄断企业由于强大的技术创新能力，其对经济社会的贡献、对消费者需求的满足已经超过了对降低经济效率的负面影响，尤其在那些高技术产业中，垄断提供了企业创新的激励机制，也不断被新的技术创新打破，在动态演进中实现经济发展。事实上，钱德勒的研究表明，创新活动已经超越了企业生产规模对市场结构的影响，在知识经济时代，基于创新的"速度经济"甚至部分取代了"规模经济""范围经济"对市场的作用。由市场竞争压力产生的创新活动将导致垄断的出现，而由创新导致的垄断又是高级的竞争形式，围绕创新的决策模式由集中化转向分权化，围绕创新的组织能力由规范性转向创造性，围绕创新的组织结构由纵向层次转向横向层次，这些因素使得市场结构在竞争和垄断的相互作用下出现了"竞合"的中间状态，如内部自由竞争的小企业联合成为企业集群对抗大企业，垄断大企业内部形成竞争性的独立经营单位的组织结构等，这些都是创新理论在实践中的发展和涌现出的新变化。

随着创新理论研究的不断深入，国内外学者陆续提出了各类新的创新概念和相应的创新管理思想，如全面创新、用户创新、系统创新、组合创新、可持续创新、绿色持续创新等。创新研究的范围从企业扩展到区域创新系统、国家创新系统，创新的内容也从技术创新扩展到组织创新、知识创新、制度创新和文化创新等方面。同时，创新的内涵和外延也随着研究的深入不断变化。对创新的含义的广义理解不再仅仅关注创新网络中的某一环节、片段，或某一特定社会经济系统中单一的创新，而且注重不同社会经济系统之间在实现创新这一目标上的协同。在创新的含义的广义理解中，创新要达到的目标以"经济增长"为核心，但这并不是唯一的目标，在诸多创新力求达到的目标中，一定包含了实现经济增长和社会进步等诸多内涵于其中的可持续发展这一终极目标。作为经济社会发展不可或缺的创新行为，也不可能仅仅来源于传统意义上的"企业"。创新必然出现在由不同参与者和机构（包括企业、政府、大学、科学机构等）组成的相互作用、相互影响的社会网络。在这个网络中，任一节点都可能成为创新行为实现的特定空间。创新行为也因此可以表现在技术、制度、知识、管理等不同维度。创新是人类适应环境、谋求生存和发展的一种重要方式，其本质就是企业提高自己产品及服务异质性的手段。无论是哪一种创新，其过程都会困难重重而且充满风险。以技术创新为例，诚如美国学者戴布拉在其专著中所言，"在所有的新技术中，只有少数新技术能够被成功地转化为新产品及服务；而这些新产品及服务中，又只有极少数能够最终获得商业成功①"。

第二节　企业自主创新的理论研究

一、自主创新的概念界定和特征

（一）自主创新的概念与内涵

对"自主创新"这一概念的界定和研究在国内外理论界有一定的区别。在国外，尤其是技术领先的欧美国家，理论界只有"创新"

---

① 戴布拉·艾米顿. 创新高速公路：构筑知识创新与知识共享的平台 [M]. 陈劲，朱朝辉，译. 北京：知识产权出版社，2005：1.

的概念，而没有"自主创新"的概念。但在日本、韩国，在其经济发展尚未达到发达国家水平的阶段，也曾出现过与"自主创新"相似的概念。这说明"自主创新"是一个与技术落后状态有关的概念，是一个在技术落后并且有意图奋发赶超先进的国家或地区才会提出和强化的概念。从上一节的理论回顾中可以看出，国外也提出过与自主创新相似的"内生创新"和"独立创新"的概念：Uwe Walz 在 1995 年提出了 endogenous innovation（内生创新）的概念。其后，Rainer Andergassen 和 Franeo Nardini（2005）继承和丰富了 Uwe Walz 的理论与研究，指出内生创新是一种系统内部自发的行为，不同于模仿创新、外部引进等技术创新模式。此后，Lorenz Edward（2006）提出内生创新是一个广义范畴，在企业拥有的新产品或技术中但凡含有自己创新的内容都可以视为内生创新，这一定义范畴排除了单纯的技术引进。此外，Farrell. J（2003）曾在 *Integration and Independent Innovation on a Network* 一文中提出 Independent Innovation（独立创新）这一概念，主要指不依赖于外部的技术创新手段，但并未围绕这一概念形成成熟的理论体系。上述这些概念虽然与自主创新的概念相近，但在内涵和本质上还是存在一定的差异。由此不难发现，自主创新是我国结合国内发展所处的环境、自身拥有的条件等实际情况提出的一个新概念，目前在国外并没有统一的与自主创新概念完全对应的概念。

在国内，自主创新的概念是在20世纪90年代被提出来的，作为一个新提概念，20世纪我国理论界对其进行的研究尚处于摸索阶段，因此学术上缺乏系统、规范的研究，但随着21世纪初自主创新被提升到国家战略层面之后，国内众多学者对此展开了丰富和深入的研究，自主创新的理论得到进一步发展和完善。归纳梳理此领域众多的研究成果可以得出，对"自主创新"这一概念界定的含义主要可以分为以下两类。

第一，广义的自主创新概念。广义的自主创新是指建立在国家层面上的，区别于国外技术引进，主要依靠国家自己的技术力量进行的创新，可以理解为一种国家的战略和发展的道路①。最早于1994年提出"技术创新"概念的陈劲教授就是基于这种理解来解析自主创新的含义的，他认为自主创新是在引进、消化以及改进国外技术的过程中，继技术吸收、技术改进之后的一个特定的技术发展阶段。柳卸林教授（1997）在认同陈劲教授对自主创新释义的基础上，提出要"在自由技术上自主创新"。此后，许多学者基于广义角度对自主创新的概念进行了定义。杨晓玲（1999）提出，自主创新是与技术引进相对应的范畴，其含义是指一个国家或企业摆脱了对国外技术的依赖，主要依靠自己的力量进行的创新；万君康（2000）认为自主创新是指通过本国自身的学习与R&D活动，探索技术前沿，突破技术难关，研究开发具有自主知识产权的技术，形成自主开发的能力；蔡茂剑（2002）认为，自主创新是指我们完全依靠自己的力量，独立自主地创造或创立出新事物、新东西；陈至立（2005）指出，自主创新主要包括三个层面的含义：一是要加强原始创新，努力获得更多的科学发现和技术发明；二是要加强集成创新，通过各种相关技术成果的融合汇聚，形成具有市场竞争力的产品和产业；三是要在广泛吸收全球科学成果、积极引进国外先进技术的基础上，充分进行消化、吸收和再创新。

第二，狭义的自主创新概念。从狭义的角度界定自主创新的含义，也就是分析微观层面或者企业层面的自主创新蕴含的意义。对这种自主创新概念的理解主要集中在企业层面的技术领域，也就是企业自主技术创新。从这个角度对自主创新的含义进行解读的学者众多，其中有代表性的观点包括：

杨德林教授（1997）在研究模仿创新与自主创新对中小企业成

---

① 张怡恬. 自主创新：关系全局的战略课题（学习贯彻中央经济工作会议精神）——访吕政、胥和平研究员［N］. 人民日报，2005-12-26.

长的影响时指出，自主创新是指企业主要依靠自身力量独立研究开发、进行技术创新的活动。杨德林将自主创新的概念固化为企业内部的一种独立行为。傅家骥教授（1998）认为，自主创新是指企业主要依靠自身技术力量突破关键技术，攻克技术难关，形成有价值的研究成果，并首次将其商业化以实现其市场价值的创新行为。姚晓霞（2005）认为，自主创新主要是企业依靠自我技术力量进行研究、开发新技术并实现其工业化和商业化生产，使企业满足或创造需求，增强企业竞争力。其优势是使企业拥有核心技术，在技术上具有率先独占性，可引导消费群、创造消费群，发现新市场、占领新市场。彭纪生（2003）等认为，自主创新的含义是主要依靠企业自身的力量完成创新全过程，关键技术上的突破由本企业实现，这与合作创新的行为模式有所区别，合作创新即不同企业、不同行为主体为进行某项自主创新共同努力。王芬（2001）认为，自主创新是指企业依靠自己的力量独立完成创新工作，自主创新所需资源由企业投入，企业对创新工作独立进行管理的模式。

以上是国内外许多学者对自主创新这一概念给出的定义，由于研究的视角不同，提出的观点及研究的结论或多或少存在一些差异。本书对自主创新的理解主要是基于第二种观点，也即企业层面的自主创新，是指企业主要依靠自己的力量实现创新并取得收益，但同时要得到国家在政策层面的鼓励和扶持。在以往学者的研究结论或管理的实践认知中，习惯将自主创新视同为技术创新，笔者认为这种观点有失偏颇。在中小企业的类型中，除了高新技术中小企业、科技型中小企业等技术密集型中小企业外，还有大量集中在农产品加工业、轻工制造业、纺织服装业、批发零售业和餐饮业等行业的劳动密集型中小企业。受其经营业务范围、行业技术发展水平等因素的影响，劳动密集型中小企业在技术创新上不具备优势，特别对于身处餐饮业等传统行业中的中小企业，由于在技术创新上没有高新技术行业中的中小企业的迫切性和必要性，所以谈到自主创新，往往会将这些更多地依靠品牌创新、管理创新而非技术创新实现创新发展的企业摒除在外。因此，本书对自主创新的这一概念的理解和分析打破了传统观点中将自主创新仅仅等同于技术创新的局面，将其内涵延伸到技术创新以外的领域。本书认为，自主创新可以分为四个维度的创新：一是依靠内生力量研发出关键技术，即企业依靠自身的力量成功研发出产品或工艺的核心技术。二是拥有独占性创新成果，即企业研发的技术商业化时，企业拥有对关键技术的知识产权，企业对创新成果具有独占性。三是具备创新的集成能力，即企业能够通过整合内部和外部各种创新所需的资源，为自主创新提供知识和能力上的内外部支持力量。四是拥有多样化的创新手段，即通过构建自主创新的机制，企业将管理创新、战略创新、文化创新和人才培养创新与技术创新相融合，满足不同阶段的创新需求和发展需要。

（二）自主创新的特征

由上述对自主创新从多个维度界定的含义可知，自主创新具有技术突破的内生性、技术与市场的领先性、知识和能力支持的集成性、创新手段的多样性等基本特点。除此之外，自主创新还具有以下特性：

一是新颖性。新颖性主要体现自主创新的"新"，即企业创新应以新思想、新理论、新知识、新技术、新方法和新模式为起点，而且对应的目标也是取得新成果。

二是价值性。自主创新本质上是一种发展战略，通过自主创新收获对应的实际价值是判断自主创新是否成功的主要标准之一，即自主创新的成果要具有得到社会承认和满足发展要求的价值。

三是系统性和开放性。从微观层面上看，企业的自主创新是一个由相互影响、相互作用的多方因素构成的复杂系统，这一系统具有开放的特征，其与企业内外环境密切相连。具体而言，企业的创新活动不仅涉及企业自身的各个方面，而且还要受到其创新伙伴行为特征的影响，受到社会环境的制约，所以需要通过系统化的努力才能取得成功。

四是高风险性和长期性。由于自主创新包括基础研究、应用研究、试验发展、工程技术革新和产品商业化等活动，涉及的范围广，所需的投入大，所以存在不同程度的风险，需要营造宽松的创新环境和创新文化。从宏观层面看，自主创新更是一项关乎社会经济发展的长远的国家战略，是一个长期复杂而又艰巨的系统工程，涉及社会中诸多领域和环节，需要全社会的理解与支持，需要激发起全民族的创新精神，需要把增强自主创新能力作为国家战略核心之一，制定对应的具体措施并系统加以落实。

二、企业自主创新能力的界定及提升途径

(一) 企业自主创新能力的界定

在对自主创新的概念有了完整清晰的认知之后，再去理解企业自主创新能力的含义就相对简单了。J. Guan. N. Ma（2003）认为，企业自主创新能力包括学习能力、研发能力、生产能力、营销能力、组织能力、资源开拓能力、战略能力七项能力。企业如果能同时具备这七项能力，不但能使公司的技术能力得到提高，而且能给公司带来持久的竞争优势。从自主创新的含义来看，企业的自主创新能力就是企业依靠自己的力量实现创新并取得收益的能力。具体而言，企业的自主创新能力主要由三个方面构成：第一，企业关键技术的自我研发能力。这一点是企业自主创新能力的关键点。企业要实现技术的自主创新就必须要有一定的研发实力。第二，企业通过创新获取收益的能力。企业无论开展技术创新、管理创新还是制度创新，最终目的都是为了获取收益，而企业在创新上的投入与其通过创新实现的回报实现正向关系，也能一定程度上激发企业持续创新的意愿，增强企业不断创新的动力。第三，企业充分利用资源的能力。这一点对中小型企业的自主创新尤为重要。企业自主创新并不等于

企业"单独创新",相反,企业尤其是实力相对薄弱的中小企业应该充分利用其所在的外部社会网络中的各种资源,例如大学、科研院所、行业协会、公共平台等,以降低创新成本,并提高创新的成功率。

（二）企业自主创新能力提升途径

目前国内学术界对企业自主创新能力的提升途径的研究主要基于两种思路：一种是从企业角度出发,提出企业应结合自身实际,探索一条适合自身发展的创新能力提升道路。其中有代表性的观点,例如江小娟（2004）指出国内企业要有"引进来""走出去"的思想,充分利用外部资源实现自主创新能力的提升。汪胜阳（2005）指出产业大学模式实现产学研结合是自主创新能力提升的有效途径。郑新立（2006）认为提升自主创新能力的途径主要有：①引进、消化、吸收、再创新；②系统集成创新；③原始创新；④技贸结合,国际招标；⑤通过国际兼并拥有知识产权；⑥通过委托国外研发来拥有知识产权；⑦在国外设立研发机构,或者与国外合作进行研究开发,共同拥有知识产权；⑧国内设计,国外制造,或者是进口关键零部件由国内制造；⑨产学研结合,与大学、科学院相结合；⑩通过内资企业和外资企业合作以及跨国公司在国内设立的合资公司,建立研发中心。此外,刘昌年、梅强（2006）在构建了高技术企业三种自主创新基本模式的基础上进一步提出了提升企业自主创新能力的五种途径。肖高、刘景江（2006）在研究万向集团的基础上提炼出先进制造企业提升自主创新能力的三个关键途径：①执行有效的战略领导；②塑造有利于创新的组织结构和企业文化；③建设和完善以企业技术中心为核心、产学研有机结合的自主创新体系。

还有一种思路主要是从整个创新体系的角度出发,结合企业内部和外部两个维度,提出的企业培育自主创新能力的策略和建议。例如,余长春（2006）通过对我国民营企业自主创新的制约因素的分析,提出了从政府、社会和企业三个层面来提升我国民营企业自主创新能力的对策。解其斌、张国强（2006）从发挥企业家核心作用、加强创新激励、树立市场和产权意识以及优化外部环境四个方面探讨了提升中小企业自主创新能力的对策。茹莉（2007）认为要切实提高我国中小企业的技术创新能力，需要从增强企业技术创新的实力、强化政府的宏观管理和指导、构建与完善中小企业技术创新的社会服务体系这三个方面做起。

上述研究对企业如何培育和提升自主创新能力进行了有效的观点总结和有益的经验参考，但这些研究仍然侧重于从自主技术创新的角度来分析企业创新能力的培育，对企业如何培育和提升包含技术创新、管理创新、制度创新、文化创新及品牌创新等自主创新的能力研究尚属鲜见。

第三节　中小企业自主创新的理论研究

回顾本书上一章对中小企业的性质、地位和作用的分析，不难得出这样的结论：在我国社会经济发展中，中小企业是数量最多且创新最活跃的企业群体，所以从某种程度上说，一个地区的中小企业的自主创新能力就代表着该地区的自主创新能力。举例来说，在某一地区的大型企业较少的情况下，该地区的大型企业倾向于采取保守的策略，因为对大型企业而言，由于具有规模及政策等优势，其实施保守策略不用承担创新的风险，但仍可以获得较大的利润，这就使得大型企业自主创新的意愿和动力不足。在这种情况下，中小企业为了在竞争中站稳脚跟、赢得市场，就必须放手一搏，通过自主创新打造竞争优势，为自己争取更大的市场发展空间。由此，该地区的自主创新能力在中小企业身上充分表现出来，在这种情况下，中小企业的自主创新能力也就代表了该地区的自主创新能力，进而影响到国家的创新能力的高低和创新体系的形成。中小企业在创新中占据的主导地位使得理论界围绕企业自主创新展开的研究中，对中小企业自主创新的研究成果积累较多。尤其是党中央、国务院从 2005 年就明确提出将增强自主创新能力上升为国家战略以后，中小企业在国家推动和实施自主创新战略的过程中的重要性日益凸显，国内学者也围绕中小企业自主创新这一领域展开了更多的研究。为系统梳理这一领域的研究成果，本节主要从以技术创新为主的中小企业自主创新的视角出发，在中小企业自主创新的特点、自主创新能力的构成以及自主创新过程中主要的阻碍因素等方面提出了研究的观点和结论。

一、中小企业自主创新的特点归纳

由于中小企业的生存与发展环境以及在国民经济和国家创新体系中所处的地位和所起的作用与大企业不同，因而其自主创新活动也表现出一些不同于大企业自主创新活动的特点。总体来说，中小企业在自主创新上的特点主要表现为以下几个方面：

第一，自主创新形式的多样化。中小企业的创新活动更多接近终端市场，直接面向产品和服务消费者，而多变的市场和消费者需求使得中小企业的自主创新也呈现出多样性。从创新方式看，中小企业的创新包括了产品创新、服务创新、工艺创新、技术转移等多种创新方式；从创新成果看，既有大量的渐进产品（服务）和工艺创新，也有一些具有重大的根本性的创新成果。而且很多中小企业可能并不拥有直接的技术创新成果，它们或者从事技术转移，或者只是为大企业的技术创新提供配套服务。另外，中小企业在创新来源、创新过程等方面也都显示出多样性，这种多样性丰富了中小企业的自主创新形成。

第二，自主创新活动的广泛性。中小企业创新的产业分布是非常广泛的，几乎涵盖了所有的产业领域，也即各行各业都有中小企业在从事自主创新活动。例如，美国在 20 世纪 70 年代，40%的技术创新是由中小企业完成的。德国约有 2/3 以上的专利技术是中小企业研究出来并申请注册的。据统计，1953—1973 年的 20 年时间里，美国、英国、德国、法国、日本共开发了 352 个重大创新项目，有 157 个为中小企业承担，占重大创新项目的 45.2%。在国内，根据发布的数据显示，中小企业获得了 70%以上的发明专利。

第三，自主创新的合作性。由于自主创新涉及多个领域的技术和知识，而中小企业受资金与人力等资源的限制，很难仅仅依靠内部力量获得全部的关键技术和能力。另外，在激烈的市场竞争过程中，单独的中小企业仅依靠自身的力量，独立完成一项较为复杂的技术创新，从投入成本与开发周期来看，其面临的风险都是相当大的。因而在自主创新上，中小企业与外界的合作就显得非常重要，这样既可以实现资源共享和优势互补，又能分散风险，缩短开发周期。

中小企业的自主创新不仅要依赖中小企业与外界科研机构在技术上的密切合作，而且也需要充分借助外界资源的力量，如信息、法律、会计、银行系统、资本市场等。同时，中小企业也需要政府的政策扶持，包括政府出台具体的措施，直接或间接地从资金融通、税费减免等各方面对中小企业加以扶持，而这些帮助和扶持往往能为中小企业的自主创新创造良好的环境，并带来较高的效率。美国小企业管理署的资料显示，在美国有大学支持的中小企业的 R&D 支出的平均回报率（30%）明显高于没有大学参与的中小企业的 R&D 活动的平均回报率（14%）。

第四，自主创新的高效率。中小企业技术创新实力虽然没有大企业雄厚，但它能根据市场和研究项目的需要，集中投入人力、物力和财力，迅速取得经济效果，表现出比大企业更高的效率。从技术创新的周期来看，中小企业的技术创新周期一般要比大企业的技术创新周期短。据统计，日本的企业创新周期在一个月以下的，大企业仅占 1%，而中小企业高达 29.3%；创新周期在三个月以下者，大企业占 6.3%，中小企业则高达 29.3%；创新周期在两年以下者，大企业达 29%，而中小企业只占 6.8%。从研究开发经费支出的回报来看，中小企业一般也高于大企业。据欧盟统计，中小企业 R&D 的单位投入所产生的新产品是大企业的 3.5 倍。从技术创新的成功率来看，中小企业创新成果率一般也要比大企业高。日本政府调查表明，技术创新成功率在 5% 以下者，大企业高达 44.5%，而中小企业只占 5%；成功率 30%~50% 者，大企业为 6.5%，中小企业占 16.5%；成功率在 70%~100% 者，大企业仅为 2.6%，而中小企业为 8.4%。

二、中小企业自主创新能力构成分析

中小企业的自主创新能力是由多种要素构成的，而中小企业如果要实现自主创新的最佳效果，各个构成要素都必须发挥充分作用。那么中小企业的自主创新能力到底由哪些要素构成？这些要素相互之间是什么关系？我们在政府管理和学术研究等不同领域都能找到从不同角度出发对中小企业自主创新能力构成要素进行的解读和分析。

国家统计局于 2005 年 11 月首次公开发布的《中国企业自主创新能力分析报告》，提出从技术创新能力的角度出发构建一个企业自主创新能力的评价指标体系，这一指标体系一共包括四个一级指标：一是潜在技术创新资源指标，主要包括反映企业潜在的技术创新能力的人力资源存量和经济资源存量等指标。二是技术创新活动评价指标。该指标从企业在技术创新活动各个环节的经费投入来衡量企业自主创新能力，主要包括企业的科技活动经费占产品销售收入比重、企业研发活动经费占产品销售收入比重等指标。三是技术创新产出能力指标。由于企业技术创新的产出能力反映其各种要素组合产生的实际成效，因此该指标是评价企业技术创新能力最直接、最重要的指标，主要包括企业申请专利数量同期占全国企业专利申请量的比例、企业拥有发明专利数量同期占全国企业拥有发明专利数量的比重等。四是技术创新环境指标。在一个给定的科技投入与制

度体系下，外部环境对地区创新能力有着深刻而复杂的影响，这些因素可以归结为企业所处地域的信息化水平、市场竞争程度、政府部门的扶植与金融机构的支持四个方面。从这一评价指标体系的具体构成可以看出，政府对企业是否具有自主创新能力，主要是从其拥有的潜在创新能力、技术创新资源投入程度以及技术创新产出能力这几个维度来界定。

在理论界的研究中，由于企业自主创新能力和企业技术创新能力具有较强的关联性，面向中小企业自主创新能力构成的研究中，国内外学者通常是从技术创新的角度来分析中小企业自主创新能力的构成要素。

杨杰（2006）认为，中小企业的创新能力构成的基本条件包括创新资源投入能力、创新管理能力、创新管理能力、创新研究开发能力、创新制造能力、创新营销能力五个方面。王伟峰（2010）认为，从技术创新的角度可以将中小企业自主创新能力分为原始创新能力、集成创新能力和消化吸收再创新能力。原始创新从扎实的基础研究开始，即通过科学实验或者理论研究对事物的现象、结构、运动及其相互作用规律进行研究，或者运用科学理论解决经济社会发展中关键的科学技术问题，其成果表征为重大科学发现、重大理论创新、重大技术创新、实验方法和仪器的重大发明等，在这个过程中表现出的能力就是原始创新能力。集成创新是将现有的技术或者专利有机地结合起来形成优势互补的整体，带给人类进步的具有知识产权的活动，集成创新能力主要在集成创新活动中体现出来。消化吸收再创新是对现有技术的再学习、再探索，是自主创新能力形成的基础，要真正形成企业的自主创新能力，就要具有很强的消化吸收能力，即学习能力、探索能力等。

以上是对中小企业的自主创新能力在技术知识的来源和配置的层面进行的分类，而且从分类中可以看出，原始创新属于自主创新的最高境界，集成创新次之，最后则是消化吸收再创新。

三、中小企业自主创新障碍因素研究

在对中小企业自主创新障碍因素的研究中，一些学者也用"瓶颈因素"来替换"障碍因素"。"障碍"和"瓶颈"两个词的语意相近，"障碍"是指阻碍事物发展的不利或限制性因素，而"瓶颈"更强调关键性限制因素或不利因素。对中小企业自主创新障碍因素的研究，旨在找出制约中小企业开展自主创新的关键因素，为中小企业突破制约自主创新的桎梏，找到解决对策提供依据。

（一）对中小企业自主创新障碍因素的界定

有关企业创新障碍的研究始于20世纪五六十年代，彼时技术创新研究刚起步，已经有人对创新障碍的来源或起因做过大量的实证研究，但早期的研究主要侧重对技术创新影响因素的研究。1957年，英国的卡特（Carter）和威廉姆斯（Williams）为英国贸易部做过将科学研究应用于工业产品和工艺的有利和不利因素的调查研究。到20世纪七八十年代，美国等其他国家也相继进行过此类研究。在这些研究中，最具代表性的有三项研究（见表2-1）。一是英国经济学家兰格力士（J. Langrish）等调查了1966年和1967年被授予英国技术创新奖的84个项目，指出有7个因素对技术创新成果很重要。二是英国的萨福项目（SAPPHO, Scientific Activity Predictor from Patterns with Heuristic Origins），它由英国苏萨克斯（Sussex）大学的科学政策研究所（SPRU）承担。该项目通过对两个产业（化学和科学仪器）创新成功和失败的比较，发现五类变量是区别创新成功与失败的关键变量。三是弗里曼（Freeman）在《工业创新经济学》一书中，对创新成功的企业的特征在10个方面进行了概括。

表 2-1　企业创新影响因素的三项早期研究

兰格力士（J. Langrish）	萨福（SAPPHO）项目	弗里曼（Freeman）
创新组织中有一个处于权威地位的杰出人物	创新者对用户需求有更好的理解	企业内部 R&D 能力相当强
创新组织中有其他类型的杰出人物	成功的创新者更注重销售与产品宣传	从事基础研究或相近的研究
对某种市场需要有清楚的认识	成功的创新者在研究与开发上比失败者更有成效，但速度并不一定更快	利用专利保护自己
对一项科学技术发现的潜在价值和用途有清楚的认识	成功的创新者利用了更多的来自外部的技术，以及科学提议	与客户和科学界保持密切联系
创新组织内部有良好的合作	成功创新的主持者一般比失败创新的主持者资历更深，且更有权威性	企业规模足够大，有能力长期资助 R&D
资源的可获得性		研制时间（Lead-time）比对手少
来自政府的帮助		愿意承担高风险
		较早且富于想象地确定一个潜在市场
		具有使 R&D、生产与销售相协调的企业家精神
		与客户和科学界保持密切联系

资料来源：林汉川，魏中奇. 中小企业发展与创新［M］. 上海：上海财经大学出版社，2001：263-265.

之后，许多国内外学者在此基础上，对企业创新存在的障碍因素进行了探讨和研究。国外比较具有代表性的有：Mohnen & Rosa（1999）对加拿大通信服务、金融服务和技术服务行业的障碍因素做了调查研究，研究表明障碍因素的影响大小与企业的规模没有关系。首先对企业而言，最大的障碍仍旧是高成本。资金和人才的缺乏随着企业规模的增大明显变得不是很重要，可行性风险也有所降低，而企业内创新阻力、管理滞后和外界环境变得略微不重要。设备缺乏和法律法规则变为小企业最重要的障碍因素。其次，有研发活动的企业对创新障碍的意识更强烈，而没有研发活动的企业则认为这些障碍因素对企业的创新没有什么影响。最后 Mohnen & Rosa 还对障碍因素进行相关性分析，看是否有共生现象。也就是说一个障碍因素对另一个障碍因素是积极还是负面的影响因素。Fabrice Galia & Diego Legros（2004）应用第二次法国社会技术创新调查数据（CISZ），调查了法国制造业企业在放弃项目和推迟项目时所面临的主要障碍。研究指出企业推迟项目主要是由于经济风险大、专业人员的缺乏、创新成本高、缺乏顾客反应、缺乏技术和组织信息等导致。而企业放弃项目主要是基于经济上的障碍包括成本、风险和顾客反应，而组织和技术上的影响较少。

在国内，许多学者也做了大量的研究。其中比较具有典型的有：马驰、贾蔚文等学者在 1990 年和 1991 年分别对湖北宜昌和河南南阳的工业企业进行了企业技术创新活动调查。在调查报告中他们分析了这些企业创新的成功因素与障碍因素，如表 2-2 所示。

表 2-2　企业创新的成功因素与障碍因素

成功因素	障碍因素
R&D、产销的配合	风险大
厂级管理的作用	缺乏资金
与其他企业的合作	研究与开发能力不足
技术服务的作用	人员素质差
企业内部信息服务	缺乏市场情报
与国内大学的合作	对外界应变能力差
与国内研究机构的合作	创新易于模仿
其他咨询服务的作用	法规
与产业研究机构的合作	

资料来源：马驰，贾蔚文. 工业企业技术创新行为的比较 [J]. 科学学研究，1992（10）：54-64.

1996 年，蒋青云主持"上海市实施技术创新与集约化发展研究"项目，对上海市企业所面临的技术创新的障碍进行了调查分析并对障碍性因素进行了排位，如表 2-3 所示。

表 2-3   上海市企业技术创新的障碍

障碍性因素	位次	综合评分均值	累计频率（%）
缺乏足够的投入	2	5.47	76
缺乏创新人才	1	6.00	82
企业创新能力落后	3	4.79	76
缺乏企业家精神	8	3.71	76
缺乏市场竞争压力	4	4.78	76
缺乏优惠政策	5	4.50	76
缺乏创新收益保障	6	4.13	68
缺乏有利于创新的制度	7	4.06	76
企业员工缺乏积极性	9	3.36	64

资料来源：孙一民. 现代企业技术创新 ［M］. 太原：山西经济出版社. 1998：162-163.

进入 21 世纪，国内许多学者对创新的障碍因素进行了大量的实证调查研究，例如吴添祖、陈铁军（2002）应用高健、傅家骥的障碍指标，对浙江民营科技型企业的创新障碍因素进行统计分析后指出，资金问题是影响浙江省民营科技企业创新的主要因素，其次是缺乏人才、缺乏信息、缺乏营销能力、缺乏把握创新机会的能力等。戴冬秀（2003）在对湖北省企业技术创新活动研究的基础上认为企业技术创新所面临的障碍主要有资金短缺、企业内人才缺乏、技术信息和市场信息不灵通、地市州问题突出、企业缺乏竞争意识、害怕风险、有关政策法规亟待完善、基础设施和软环境尚待改进、产学研结合欠佳、企业技术创新缺少智力支持。刘照德（2006）也应用高健、傅家骥的障碍指标对广州的企业进行了一次实证调查，得出广州企业在经济因素上所面临的前三位障碍是缺乏资金、创新风险大和创新的回收期太长。能力因素中障碍最大的是缺乏人才、领导不重视和缺乏信息等。

在理论研究方面，比较有代表的观点主要有：陈卫东（2001）

指出制约中小企业技术创新的主要障碍是认识上的误区、资金严重短缺、人才资源匮乏和环境缺陷。李蓝波（2002）认为企业技术创新主要面临以下三个巨大障碍：首先是企业难以得到具有产业开发价值的新技术。其次是企业自身缺乏技术创新能力与机制，难以将尚未进入竞争阶段的通用技术转化为适合本企业特点的新产品。最后是企业缺乏明确的技术创新战略，一些企业即使存在形式上的战略，也没有被企业员工所广泛理解和接受。胡怀敏（2002）指出中小企业技术创新的障碍首先是具有创新精神的企业家严重缺位，其次是技术创新要素欠缺，最后是中小企业技术创新的法律体系不完备。徐维祥、许言庆（2002）认为企业技术创新除了资金、人才等客观原因外还存在主观的心理障碍：一是缺乏开拓进取的竞争意识，畏惧风险，对技术创新的风险估计过高，形成逃避心理；二是急功近利的短期经营意识和片面的市场观念；三是创新认识上的不同造成创新群体之间的人际关系冲突。李柏洲、刘鹏（2003）认为，阻碍技术创新成功实施或者降低技术创新成功效率最直接的表现就是存在技术创新时滞，而导致技术创新时滞的根本原因是技术创新的不确定性，主要有六个方面：①技术方面的不确定性；②创新产品生命周期的不确定性；③市场销售方面的不确定性；④创新收益分配的不确定性；⑤制度环境方面的不确定性；⑥其他产品技术创新的不确定性。

近年来，对制约中小企业技术创新的瓶颈问题进行的研究主要有：刘志挺（2009）对技术创新的瓶颈归纳为四个方面：①技术创新与发展资金缺乏的瓶颈；②技术创新与组织制度的瓶颈；③技术创新与人才缺乏的瓶颈；④技术创新与外部大环境，即政府政策、法律、市场环境等因素的瓶颈。徐磊、冯德连（2009）认为创新主体错位、创新模式不当、信息化水平低、服务体系不完善等是安徽省中小企业技术创新的主要问题。蔡源（2009）认为国际金融危机影响下，中小企业自主创新瓶颈主要有企业创新动力不足、创新环境不佳和创新体系不健全、创新能力不足。

（二）对中小企业自主创新障碍因素的分类

在对企业自主创新障碍因素进行研究的基础上，许多国内外学者通过进一步研究，对障碍因素进行了归类分析。欧盟统计机构 Eurostat 在 2005 年对所属的成员国进行了一次自主创新调研，得到了社会创新调查（CISI）数据。在这次调查中，该机构把企业自主创新的障碍归为四类（见表 2-4）。

表 2-4　欧盟统计机构 Eurostat 对自主创新障碍的归类

风险和资金	企业内部知识技能	企业外部知识技能	规则
可感知的风险过高	企业创新潜力太小	外部技术服务缺乏	创新容易被模仿
缺乏资金来源	缺乏技术人员	缺乏合适的合作企业和技术研发机构	缺乏顾客对新产品和服务的反应
创新成本太高	缺乏技术信息	缺乏技术机会	创新时机选择的不确定
创新回收期太长	缺乏市场信息	没有创新的必要	
	创新成本难以控制		
	企业内变化的阻力		

资料来源：PIERRE MOHHE, LARS-HENDRIEK ROLLER. Complementarities in Innovation Policy［J］. European Economic Review, 2005（6）: 1 431-1 450.

Mohnen & Roller（2001）分别从这四类中选取一个具有代表性的障碍因素进行分析，通过障碍因素在企业创新过程中发生的概率来判断障碍因素之间是否有互补性。研究表明：在几乎所有的产业中，内部人力资源的缺乏几乎与所有的障碍都存在互补性，在与其他障碍因素互补的情况下，提升企业的人力资源水平可以促进企业创新活动。换句话说，人力资源的缺乏，可能会导致资金等其他障碍的出现。所以在政策选择上，那些能够排除障碍同时又有利于人力资源水平提升的措施效果会更好。

Charlene Lonmo（2005）在研究了加拿大通信服务业后认为影响创新的因素主要包括障碍因素和政府的辅助因素，其中障碍因素包括经济因素、企业内部因素和其他因素。他认为经济因素指标是阻碍自主创新因素中的最重要因素。经济因素包括创新的市场风险、创新成本太高、缺乏合适的资金来源、创新的可行性风险。内部因素包括缺乏技术人员、缺乏市场信息、组织僵硬和缺乏技术信息。其他因素包括缺乏对新服务或商品做出响应的顾客，缺乏产业标准、规则或标准不灵活和电子商务缺乏规则。外部对自主创新的影响因素依次为政府研发税收优惠、政府的信息或网络服务、政府培训、政府准予研发、政府技术支持和援助项目、政府基金支持。

在国内本领域的研究成果中，早期最有代表性的研究成果之一是清华大学的高健、傅家骥两位学者在调查了国内 1 051 家企业1992—1993 年的技术创新活动后，提出了企业的技术创新在经济、能力和其他因素等都存在一定的障碍，如表 2-5 的所示。

表 2-5　企业技术创新存在的障碍因素

因素类型	障碍性因素	位次
经济因素	1. 缺乏创新资金	1
	2. 创新风险大	5
	3. 创新成本高	
	4. 创新回收期长	10
	5. 创新收益不明显	
能力因素	1. 研究与开发经费少	3
	2. 缺乏创新人才	2
	3. 缺乏技术信息	4
	4. 缺乏市场信息	6
	5. 消费者不接受	
	6. 销售网络不适应	9
	7. 创新时机难以把握	8
	8. 缺乏技术能力	

表2-5(续)

因素类型	障碍性因素	位次
其他因素	1. 易被模仿假冒	
	2. 企业产权不明晰，奖励不到位	7
	3. 科研人员与工人缺乏配合	
	4. 法规条例	
	5. 税收	

资料来源：高健，傅家骥. 中国企业技术创新的关键问题企业技术创新调查分析
［J］. 中外科技政策与管理，1996（1）：24-34.

目前已有的研究成果中，许多对企业技术创新障碍因素的归类分析都是基于高健、傅家骥的上述研究进行的。林洪伟、王耀忠（2004）从资源限制、战略战术和成长因素所构成的三维模型的角度出发，对中小企业技术创新所面临的障碍重新进行了总结（见图2-1）。

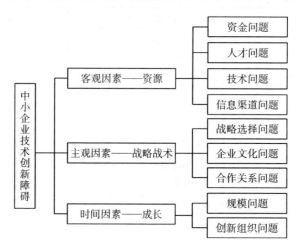

图2-1　中小企业技术创新障碍三维模型

资料来源：林宏伟，王耀忠. 中小企业技术创新障碍的三维模型分析［J］. 企业天地，2004（5）：49-53.

综合前述各种文献研究，本书将影响中小企业自主创新的障碍

因素分为内部和外部两个方面。一方面，在中小企业内部，资金、人才、管理和理念等关键因素左右着中小企业自主创新活动的开展，内部因素是阻碍中小企业开展自主创新活动的主导因素；另一方面，在中小企业外部还存在影响企业自主创新的重要因素，这些因素主要包括政府、市场、技术与文化等。阻碍中小企业自主创新的内外部因素构成如图 2-2 所示。

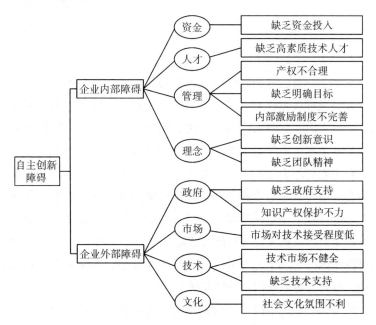

图 2-2　阻碍中小企业自主创新的内外部因素

第三章　中小企业自主创新能力的
　　　　　形成机理

　　从第二章对已有的理论研究的梳理汇总中，我们不难发现，中小企业要通过自主创新成功实现可持续发展，形成自主创新能力是核心。一方面，从归因论的角度讲，创新的成功本质要归因于企业形成了基于本企业资源和能力的自主创新能力；另一方面，企业之间在自主创新能力上的有无及能力大小上的差异最容易识别。从国内华为、格力、海尔等企业的成长历程中不难发现，如果企业在成长发展的过程中注重围绕以自主技术的研发为主的自主创新能力的培养，不但可以据此建立自己的核心竞争力，实现企业的良性发展，还可以在国际市场上与国外企业进行平等竞争，不断扩大企业发展空间，有效促进企业的可持续发展。

　　要提高中小企业的自主创新能力，就必须认真研究中小企业自主创新能力的形成机理，这样才能够有针对性地采取相关的措施，促使中小企业自主创新能力得到不断提高。机理这一概念，来源于系统科学中研究的"物理"和"事理"，其实质是事物发展变化的内在规律，而在管理学中探讨的机理，更侧重于构成系统的各组成要素及其内在的工作方式，为了实现某一特定功能而在一定的条件和环境下，相互联系、相互作用的运行规律和原理。从这一含义来看，中小企业自主创新能力的形成是一个受诸多因素影响的动态发展的过程，因此，本章在分析中小企业自主创新能力形成的影响因素基础上，从内部和外部两个维度，对中小企业自主创新能力的形成机理进行解析，并对内外因素共同作用形成中小企业自主创新能力的动态发展过程进行内涵分析，建立相应的中小企业自主创新能力形成机理的框图模型，为后续两章的理论分析提供清晰的技术路线。

第一节　中小企业自主创新能力形成的影响因素和形成条件

一、影响中小企业自主创新能力形成的因素

中小企业开展自主创新活动的原因以及常见的障碍因素已在第二章进行了相应的分析，中小企业要形成自己的自主创新能力，仅仅解决上述分析中提到的障碍问题是远远不够的。自主创新能力的打造是一项长期系统的工程，中小企业不能仅仅依靠开展几次自主创新活动就形成了自主创新能力，还需要开展很多方面的工作。而中小企业自主创新能力的形成和提升也是一个技术积累、经验学习、市场开拓、管理提升、文化积淀的动态发展过程，并必然会受到诸多因素的影响。

按照不同的界定和分类标准，影响中小企业自主创新能力的形成的因素有不同的分类结果。此处应用罗森堡的"瓶颈诱导创新论"的理论观点来分析企业自主创新能力的形成，我们认为中小企业自主创新能力的形成受以下三个方面因素的影响：

第一，环境诱导因素。中小企业处于社会这一大环境中，其成长和发展必然受到技术进步、市场竞争的影响，在不断变动的大环境下，只有主动将企业的所有资源要素进行有机整合，才能够达成自主创新所需的条件，从而逐渐形成自主创新的能力。

第二，利益诱导因素。任何企业的生存都要以盈利为前提，企业开展自主创新的意愿大小很大程度上受到自主创新可以帮助企业获取更大利润目标的影响。而中小企业自主创新的利益诱导因素主要是中小企业通过开展自主创新最终获取收益和开发自主创新产品树立的竞争优势。打造和提高企业自主创新能力的过程也是一个企业内外部各方利益协调的过程，只有做到互利共生才能直接诱导中小企业开展自主创新。

第三，选择诱导因素。自主创新的主体与受众在参与自主创新过程中，任何利益相关的一方都希望通过投入最少的成本而获得最大的利益，所以创新主体与受众都在接受选择与被选择。

二、中小企业自主创新能力的形成条件

从理论角度出发，中小企业自主创新能力的形成条件分为必要条件、充分条件和稳定条件三类。必要条件指中小企业形成自主创新能力必须具备的条件，没有这些条件，中小企业的自主创新能力就不能形成。充分条件是指企业拥有了这些条件而且各项条件比较充分，则企业可以形成自主创新能力，但是企业能够具备自主创新能力形成所需的全部充分条件只是一种理想状态，现实中由于受资源有限的制约，中小企业面临的往往都是不充分的环境条件。而稳定条件是指中小企业通过整合企业开展自主创新活动的要素，给企业带来效益的同时，还要给企业更多的知识学习机会、技术积累机会，为以后更加顺利的自主创新活动的开展提供可持续条件。

结合企业实践来看，中小企业自主创新能力形成的动态系统中除了作为自主创新主体的企业之外，还包括高校、研究机构、中介机构、金融机构及政府部门、市场环境、竞争对手等其他相互影响、相互制约的要素。各个行为组织在创造、使用和扩散新技术中的地位和作用各不相同，其原因在于它们内部运行机制的差别。中小企业自主创新能力是否能够形成与提高，不仅与企业自身的运行机制

紧密相关，更为重要的是取决于其他各行为组织之间的交互作用和结合方式以及知识配置能力（一个系统向创新者及时提供渠道，使其获得相关知识配置的能力）。具体而言，中小企业自主创新能力的形成需具备以下内部和外部的条件，这是企业开展一切自主创新活动的基础。

（一）内部条件

1. 企业家精神

日益复杂的外部环境对企业家领导企业的自主创新活动提出了更高的要求，而对中小企业的创始人及核心管理者而言，企业家并不等同于一般管理者。按照管理学家彼得·德鲁克的界定，"企业家作为创新的始作俑者，是能够承担风险，善于把握不断变换的环境中的可利用机会，且在创新源泉方面有灵感的人"，因此，具有强烈的创新欲望、冒险意识、成就感和事业心等特质的企业家精神是中小企业能够成功开展自主创新的关键条件之一。因为拥有企业家精神的经营管理者在企业实践中，不仅要主持决策企业实施自主创新战略，往往还要参与组织、领导企业的自主创新活动，正是他们的创新理念、创新精神和创新能力，决定了企业在自主创新活动上的投入程度。因此，中小企业要形成自主创新能力，应建立健全企业家激励机制，培养和造就企业发展所需的具有现代企业经营管理理念、富有创新精神的企业家队伍，增强企业家领导追求企业实现自主创新的责任心和自觉性。

2. 企业创新导向文化

由于企业文化是企业生存和发展的理念导向和行为蓝图，对开展自主创新的中小企业而言，塑造企业创新导向文化，是与打造富有创新精神的企业家队伍一脉相承的。而企业家创新精神的发挥，必须借助对应的企业文化来落实，企业塑造创新导向的文化，能够营造一个宽松、和谐、向上、拼搏的创新环境，从而激发员工的创新激情，增加研发人员的创新动力，同时还能让企业以开放和合作的心态积极主动地寻找和利用外部创新资源，帮助企业实现完全知识产权的核心技术的开发以及知名品牌的打造。在企业创新导向文化的构成中，创新精神是核心内层，因此中小企业应大力倡导不畏风险、勇于突破、敢于创新、宽容失败的创新导向文化，同时通过建立有效的激励机制，面向创新参与者大力开展激励工作，以充分调动参与者的积极性，发挥创造者的创新潜能，为企业更好地培养人才、凝聚人才和吸引人才，确保企业的自主创新活动有充足的人才供给。

3. 企业管理制度

先进的管理制度，既能促使中小企业在管理上步入有序高效的正轨，也能帮助中小企业吸引和留住自主创新的核心人才，包括具有研发能力的科研人员到企业开展技术创新活动。在管理制度方面，中小企业首先需要建立与开展自主创新活动相匹配的人力资源管理制度，明确企业自主创新活动所需人才的胜任力标准，确保企业为自主创新活动配备的人力资源做到有效的"人岗匹配"。其次，中小企业还需建立一套将企业家、自主创新人才、企业发展与企业自主创新活动和收益有机结合的创新机制，通过采取创新人才以知识产权入股等行之有效的创新激励手段，最大限度保证企业创新人才和企业、企业家都能从自主创新活动中获利。同时，中小企业要制定创新人才的培训制度，加大企业的人力资本投资，不断对企业各类创新活动参与者，尤其是技术创新人员进行新知识、新理论和新方法的培训"充电"，用制度保障创新人才学习和培训的机会，不断挖掘他们的创新潜力和提升他们的创新能力。

4. 企业资源投入

中小企业作为自主创新活动的主体，其对包括内部技术创新在内的自主创新活动的资源投入规模及大小，直接影响甚至一定程度上决定了企业自主创新能力的高低。资源投入的主要内容一般包括资金费用、人员配备以及设备等，根据企业实践经验，在创新活动上的资源投入量越大，就越能保证企业的研发活动获得充足的资金来源，而参与研发的劳动者也能够掌握更多的可用资产，企业投入可控项目的预算经费金额也就越大，这是保证中小企业自主创新活动能否开展以及自主创新成果能否顺利转化的关键条件。

（二）外部条件

1. 人力资本的充分流动

人力资本的流动是技术扩散乃至发生溢出的主要原因之一。在20世纪80年代后期，日本兼并了许多美国的金融公司，向经纪人公司、商业银行和其他服务公司支付了大笔的美元，目的在于获取全球性程序交易、股票指数套利和国际证券交易的产品技术。显然有关的产品技术，主要内含于专业化的人力资本之中。1989年日本野村证券公司在兼并华尔街公司时，动用几百万美元购买到的资产主要是雇员的专业技术能力，特别是其运用内部电脑软件的技巧。有人证实，在电脑和软件行业，一旦发生雇员"流动"，就会产生溢出效应。此处人力资本的"流动"富有多层含义，既包括人力资本的"有形"转移，也包括人力资本的"无形"转移。关于"无形"转移，最有代表性的是硅谷的人际网络模型，即一种高度保密的芯片可以在其首次面市后不久就成为国际半导体社会的一般性知识，原因在于在聚集效应巨大的硅谷，只要与创新厂商的关键雇员"聊"上10分钟，就能获得逆向工程中的解密手段。随着我国市场经济的逐步发展，劳动力市场的进一步完善，企业人力资本的流动将更加频繁和活跃，其流动将带动知识的流动和合理分配，激活创新资源的存量，提高自主创新系统的知识配置能力，进而对企业自主创新能力的形成产生影响。

2. 企业间的创新合作

在企业自主创新能力的形成过程中，最重要的知识流动之一是企业之间的合作以及非正式的相互影响。这是因为企业是自主创新系统最重要的行为组织，是研究与开发的主体。企业技术合作是企业之间知识流动的最主要的形式。面对激烈的市场竞争，一个企业不仅要依靠自身的知识和技术积累，还要依靠外界的知识来源。企业是 R&D 的主体，因此企业在进行自主创新的同时，要对本行业领先的技术、产品有很充分的认识，也就是在本企业自主创新的基础上，吸收别的企业先进的技术及管理方法，不断加强创新的力度。在条件允许的情况下，中小企业还可以逐步建立起企业间的技术联盟，使这种技术合作得以长期进行。技术合作本身就是一种知识的流动，企业之间通过彼此知识的交流，在相互学习、共同创新中，使一个企业拥有的知识扩散到另外一个企业。这种知识的流动是在某种合作的基础上完成的，合作带来了丰富的技术源泉，形成了规模经济，获得了由人力资源和技术财富互补而构成的协同效应。企业间技术合作有利于企业发展核心能力，获得核心技术资源。合作创新与内部研究开发相比，是一种创新技术资源和能力的有效方式。因此，企业之间的创新合作影响着企业自主创新能力的形成。

3. 良好的市场需求环境

市场环境是中小企业成长的土壤，也是其自主创新的催化剂，公平的市场竞争环境与充分的市场信息会驱使企业加强产学研合作以提升自主创新能力。地方保护主义、条块分割等现象会使企业的创新产品和服务在市场实现的空间变小，市场竞争不够充分，企业创新压力减小，从而使中小企业自主创新缺乏动力。市场需求环境是拉动自主创新的重要力量，不仅影响企业研发的新产品、新技术的市场销售行情，还能通过市场信息反馈引导企业自主创新的研发方向与投资力度；市场竞争环境则会刺激企业不断开发新产品，改进生产工艺和设备，以保持市场竞争优势。

4. 技术的有效扩散与转移

通过技术扩散与转移可以助推中小企业形成自主创新能力。创新成果扩散既是中小企业自主创新系统运行的后续子过程，同时又是一个完整独立的技术、制度与经济结合的运动过程。创新成果的扩散是在不同层次上进行的，包括企业间的扩散、地域上的扩散和产业内的扩散。技术创新扩散就是技术从一个地方运动到另一个地方，或从一个使用者手里传到另一个使用者手里。技术创新扩散应该是给新使用者带来预期经济效益的技术新应用。技术扩散过程也是中小企业的一个学习过程，中小企业可以通过不断学习借鉴来有效降低自主创新的成本。

第二节　中小企业自主创新能力内生机理

一、中小企业自主创新能力的内生结构

中小企业自主创新能力的内生机理需要从企业内部着手考虑，因为事物发展的内因是事物发展快慢、好坏的决定性因素。从中小企业经营战略的制定、技术战略的制定、创新项目的选择与组织实施、研发与试制、产品试销、技术扩散到最后实现效益，涉及很多要素，这些要素相互作用、共同为企业的战略目标服务，最终形成中小企业的自主创新能力。

魏江、许庆瑞（1994）提出了激励机制、运行机制和约束机制有机结合的企业技术创新机制，并从系统的角度对企业技术创新模式的总体模式进行了定义。中小企业技术创新总体模式以企业的经营目标为出发点，制定企业技术创新战略，激励机制通过正向激励和逆向激励来影响战略的制定，约束机制通过内部约束和外部约束来影响战略的制定，激励机制是运行机制的动力，约束机制是运行机制的条件，三者共同推进中小企业技术创新机制的运行。

对于自主创新能力的形成，学者们各有看法。李兴文（2007）陈述，企业自主创新能力的内生机理是以企业自主创新能力形成的生命周期为主线，通过企业内部各个部门的合作与有限的资源（包括人力、物力、财力、信息等）的动态配置来实现的。李兴文将企

业自主创新能力的内部影响因素总结为战略导向、组织流程、资源、制度与文化；相应的外部影响因素为法律、政策、国家科技经费投入结构、经费支持重点、市场竞争环境、社会创新服务、社会文化氛围。外生机理提到了政府支持系统（包括以知识产权制度为代表的法律政策体系保障、以财政拨款和税收优惠为代表的财政税收政策体系、以创新创业投资为代表的金融投资政策体系和创新奖励政策体系）、市场动力系统（包括市场需求拉动力、市场竞争驱动力和市场激励驱动力）和社会支持系统（包括以科研机构、高等院校和企业为代表的创新服务系统、创新中介服务机构），三者的共同作用推动了企业自主创新能力的形成；内外整合机理不是内与外的简单相加，而是一个动态平衡的过程，内外达到充分协调才能更加有效地形成中小企业的自主创新能力。

刘素杰、王旭辉、蔡晓芹（2006）提出中小企业自主创新能力形成的内部机制，首先企业应该注重选择具有较强技术关联性和产业带动性的自主创新战略，其次要抓好人才开发这一关，再次就是完善人才激励措施，最后则是实行动态管理（此处的动态表现在三方面，即项目随市场而动，技术随发展方向而动，人员随项目需要和技术要求而动）。

综合以上文献的研究结果，我们拟用战略规划能力、技术开发能力、创新管理能力、市场拓展能力四个内部因素来阐述中小企业自主创新，用图 3-1 来描述中小企业的自主创新内生结构。

图 3-1 中，左边表示中小企业开展自主创新活动运行过程的一个简式。在自主创新活动中涉及中小企业的战略能力、技术能力、创新管理能力和市场能力，要形成中小企业自主创新能力，要求中小企业具备这四种能力。而中小企业自主创新的顺利开展是一个良好的开始，中小企业形成自主创新能力需要一个量变的过程来达到质的飞跃。

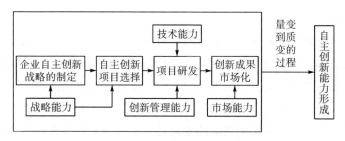

图 3-1 中小企业自主创新能力的内生结构

二、中小企业自主创新能力的内生结构的构成因素

根据图 3-1 的分析，中小企业自主创新能力的内生结构是一个完整的系统，这个系统由下列因素构成。

1. 战略规划能力

战略是企业最主要的内部影响因素。中小企业自主创新能力的形成需要中小企业选择自主技术创新战略，战略选择是关乎中小企业发展的方向性、长远性和全局性的问题，是中小企业业务方向的确定和员工行动的导向。一旦采用自主创新战略，公司就会在面临选择时更趋向于自己开发产品，而不是一味地技术跟随。目前，我国大多数中小企业还会选择改良已有产品，而不愿意开发新产品，主要原因在于创新意识不强，对创新的重要性认识不够。

对行业发展的了解程度同样对中小企业的战略选择有着重要影响。同样实力的中小企业会因所在地区产业优势而具有不同的竞争力，故中小企业要对它所属的行业有充分的了解。中小企业只有在对行业情况清楚的前提下，才知道行业内到底缺少什么，技术应该怎样发展，才能开发出消费者喜欢的产品，进而让客户满意。此外，中小企业应该对自己有一个正确的定位，只有定位正确才能使企业做精做专，创新战略总是产生在正确的企业定位之后。正确的战略定位来源于企业家敏锐的洞察力。

2. 市场拓展能力

市场能力主要指企业对市场的研究能力,对市场的研究包括企业的目标顾客需求是什么,将会产生怎样的未来需求,这决定着企业未来的产品开发方向。因为现在的市场情况不比从前供不应求的时期,所以中小企业要密切保持与市场的联系,了解市场需求的任何细微的变动,市场上细微的变动可能带来企业产品市场效益的极大变化,换句话说,企业在经受着社会对其的选择,从任何一点小的变动开始。竞争对手的市场策略研究也属于企业的市场能力范围,所谓"知己知彼,百战不殆",竞争对手的研发活动能促进企业去开展自主创新活动,自主创新活动能加大企业的技术积累,有利于其形成自主创新能力。市场能力还体现在对客户信息的研究、对供应商信息的掌握情况、与顾客以及供应商的联系等。

总而言之,市场的把握包括与企业有关的供应商、竞争对手、顾客三个方面。企业若能从供应商处获得关于市场的一手资料,可以为企业制定市场策略提供导向,占取市场先机,对于创新所需的信息是一种补充;竞争对手的市场策略也是企业必须关注的,包括技术的变化、市场的营销策略等,根据对手的策略来灵活改变自身的市场策略可以保住现有市场甚至赢得竞争对手的市场份额;顾客是产品的消费者,最能反映产品的功能应该怎么样改进,关注顾客的需求,保持与顾客的经常联系,让顾客感到贴心,才能得到更多的自主创新思维。

3. 创新管理能力

创新型人才具有很强的创新意识,是企业创新战略得以实施的坚强后盾,所以创新团队建设是属于企业战略中的长远问题。21 世纪企业的竞争是人才的竞争,企业要在自主创新方面有所作为,必须从长远着想,建立自己的创新团队。

人力资源管理体现了企业的创新管理能力的一部分。企业是由人组成的,企业是否优秀取决于大家共同的努力。激励员工去创新,需要将员工的个人目标与组织目标结合起来。员工激励是企业对员工工作的一种肯定，对创新的激励措施可以使员工为企业的自主创新战略更好地服务，员工的个人能力越强，企业的竞争力也会越强。

员工培训也是人力资源管理的重要方面。举办员工培训，一方面可以提高员工个人创新能力，另一方面可以为企业自主创新能力的形成提供知识积累。

成功的自主创新项目的承担团队往往会表现出卓越的项目管理水平。我国大约80%创新项目不能按时完成，90%的创新项目超出预算，出现这种结果，源于我国创新管理水平低下。把握好项目的进度和项目资源的分配利用会对创新的成功有很大的推动作用。项目中需要公司各部门之间的协调与沟通，充分的协调与沟通可以减少许多低级的错误，节省很多冗余环节。

创新的成功需要一定的投入，创新投入是企业用于科研活动的资源（包括人力、物力、财力、信息等）的总称。创新投入的多少反映了企业进行自主创新活动的付出成本，在一定范围内表达了企业愿意开展自主创新活动的强弱程度。充分的研发投入对于企业的创新是非常重要的，最终可以使企业在既定市场上赢得竞争，实现技术领先的目标。企业若对开发技术的前景不看好，它们则会表现出利益短期性，宁愿把利润分配也不愿投入技术创新中，因此远远不能维持企业的长期生存。

宽松的工作环境可以给员工一定的时间自己支配，这样最容易产生创新。很多知名的大公司，如百度、谷歌等允许员工在家办公，不管你什么时候工作，只要按时完成自己的任务就可以，看似松散的文化却蕴含着创新的机会。宽松的工作环境让员工有时间、有精力去创新。由于自主创新具有高风险性、强自发性，也具有高利润的回报，高利润的吸引足以使企业员工们大胆追逐可能属于自己的利润。创新势必会带来资源的消耗，员工如果因创新失败而遭到批评甚至辞退，那样员工将会对创新形成心理障碍。若企业能宽容对待，那么，对于企业员工来说，自主创新起码不让人那么恐惧。我国很多创新项目的经验告诉我们，企业对创新失败的宽容可以鼓励更多的员工去创新，刚开始，自主创新成功的概率可能比较低，但随着经验的丰富，自主创新的成功率会得到提升，这对于自主创新能力的形成有积极的促进作用。

4. 技术开发能力

企业的内部信息沟通非常重要，信息共享属于信息沟通的一种。企业内部的信息共享对于员工之间的学习、企业知识的显性化都很有帮助，而且会从根本上提高企业内部员工的知识水平。信息沟通可以让员工更易融入企业，让员工获得归属感。

企业对外部技术知识的获取并及时将外部获得的知识加以利用，将对企业自主创新能力的形成提供技术条件。每一个企业的生存都面临着技术进步带来的挑战，时刻关注技术的发展成为企业的必修课。对外部技术知识的获取影响着企业与外部沟通的成效。有效地获取外部技术知识并加以利用将给企业的下一步的策略选择打下更多的基础，让企业对技术市场前沿有更清晰的了解，从而更好地把握自主创新的时机，或者适时采取自主创新策略来提高自身竞争力。

一个企业的技术部门是企业的中流砥柱，是企业存在的重要基础。企业的技术创新最终要由企业的技术人才实现，企业技术人员的个人自主创新能力对企业的自主创新活动也会施加很大的影响。技术能力是决定自主创新能否成功的决定性要素，研发人员的技术水平决定了企业的技术功底，对企业的自主创新能力的形成有着特别重要的影响，技术水平达到一定层次才可以更好地吸收先进技术，才会产生自主创新的欲望。积极开发新技术将会把企业带到技术的新领域，所以企业要调动研发人员开发新技术的主动性。

第三节　中小企业自主创新能力外生机理

一、中小企业自主创新能力的外生结构

中小企业自主创新能力的形成需要有效的内外部促进机制来推动。内部促进机制包括人才培养机制、吸引机制、激励机制和企业的动态管理机制。外部促进机制包括政府机制、市场机制和社会机制，外部促进机制与李兴文（2007）的研究结果中自主创新能力的外生机理是一致的。

刘素杰、王旭辉、蔡晓芹（2006）强调中小企业自主创新能力形成的外部环境包括法律保障（特指知识产权执法力度）、税收环境、创新奖励机制、市场竞争与激励机制、科技中介服务机制等。从学者们已有的研究中我们发现，企业受到外部力量影响比较大的因素可以归纳为政府支持系统、外部协作系统。政府支持系统包括知识产权保护、税收优惠、对创新的奖励等；外部协作系统包括存在于社会上的非官方组织对企业自主创新的支持，这些非官方组织包括风险投资机构、金融部门、高校、研究所、企业等。下面我们从这两个角度对企业自主创新能力的外在机理进行分析。

二、中小企业自主创新能力外生结构的构成因素

1. 外部协作系统

在国内外成功的自主创新案例中，我们可以看到产学研的结合对企业的自主创新贡献很大。产学研结合指企业与高校、科研院所或者大型企业的优势互补、互利共生的局面。Frederic Bougrain 和 Benard Haudeville（2002）论证，世界上所有的企业，特别是大型企业都受到技术自给率不断下降的威胁。加强与高校、科研院所、大

型企业的合作，对于企业的发展起着不可估量的作用。企业是社会中的团体，属于社会成员，要发挥自己的作用，实现自己的存在价值，就要与身边的组织机构共同作用、相互扶持。高校和科研院所是所有组织机构中科研力量最强的，企业是实现生产和营销的实际生产力的代表，两种力量如果能够完美契合，对于企业自主创新能力的形成大有帮助。企业从高校与科研院所获得新技术，将高校或者科研院所的科研成果或者实验发现转化为实际的生产力，为高校或者科研院所提供市场上的一手资料，让高校与科研院所的研究更有实际意义。例如美国硅谷当地企业与斯坦福大学的合作，对硅谷企业的自主创新能力的提高发挥了巨大作用，也对斯坦福大学的科研起到了促进作用。

相比而言，我国很多地方高校与企业缺乏合作，造成了学校实验成果不能转化为现实的生产力，企业得不到新技术，创新只是喊口号。20 世纪 80 年代，核心技术战略联盟的增多现象说明，技术环境的变化，技术的复杂程度，靠单个公司根本应付不了。中小企业与大型企业的合作可以促进中小企业的技术积累，弥补大型企业在某些地方的产力不足，中小企业之于大企业相当于汽车零部件之于汽车。中小企业与大型企业的互补合作让彼此受益，无论是在技术积累还是在知识交流方面。风险投资在国外的很多地区给当地的企业创造了很多自主创新的机会，还是拿硅谷为例，斯坦福大学与硅谷企业的合作获得了企业的充分信任，当地的风险投资机构也因此给予了企业更多的风险投资基金，从而使硅谷的自主创新活动能顺利进行，硅谷企业的自主创新能力有了很大提升。所以我们要加强企业与风险投资机构的交流沟通，让风险投资给予企业自主创新更多的支持，从而提升我国企业整体的自主创新能力。

国家科技部对企业的自主创新给予了相应的资金赞助或者奖励，对企业自主创新的鼓励比较大，在近年的政策支持下，我国的一部分企业的自主创新得到了很好开展。金融机构也响应政府政策，给予企业自主创新的特殊赞助，让企业有机会提高自身的自主创新能力。

2. 政府支持系统

企业不愿意创新的一个原因是创新成果往往得不到有效保护，最后的结果是那些创新的企业与没有创新的企业没有什么两样，甚至因为对知识产权意识的欠缺，自己最先研发出来的产品让别人申请了专利。许多跨国公司就是用知识产权来控制科研成果的传播、扩散，利用在其他国家申请专利来赚取专利收入。IBM公司每年的专利收入可以占到总利润的五分之一以上。若创新成果可以得到有效保护，创新企业将会得到创新所带来的专利费，这种超额的垄断利润是任何一个企业都求之不得的东西。所以法律部门应该做好知识产权的保护，维护知识产权拥有者的权益，严惩侵权行为。

近年我们可以发现国家在促进自主创新方面支持力度较大。为建设创新型国家，我国的知识产权保护制度日益完善，国家还允许企业按当年实际发生的技术开发费用的150%抵扣当年应纳税所得额。国外企业的自主创新也有政府的参与和支持。税收优惠可以为企业减轻负担，使企业有更多的资金进行创新。

政府的政策倾向在很大程度上反映了宏观调控对行业发展的方向性要求。政策倾向带来的创新补助金，企业如果能够合理利用，对企业的技术创新会有很大的促进。一份关于荷兰机械电子中小企业的调查中，利用创新补助金从14个关键因素[①]中脱颖而出，创新补助金可以缓解企业在研发中的资金压力，提高企业创新绩效。近些年我国政府采购也越来越多地偏向国有自主创新品牌，从侧面对我国企业自主创新进行了支持。

_____

① 此处"14个关键因素"是指创新补助金、与知识中心的联系、知识转移、与其他公司的合作、合作基金、财务投入、员工的高层次教育、员工的中等层次教育、管理者的教育背景、生产设备、对生产设备的投资、回报周期、自动化和信息技术、研发投入。

第四节　中小企业自主创新能力的形成过程

从前面的分析中不难发现，中小企业的自主创新能力就是中小企业在市场竞争中，通过有效运用企业内外的各种创新资源，建立新的技术平台或改变核心技术，并取得自主知识产权，使企业能不断增强其核心竞争力，从而获得持续竞争优势，在自主创新过程中所表现出来的各种能力的有机综合。因此，中小企业自主创新能力的形成是各种因素（包括企业外部的、内部的因素）综合作用的结果。

一、中小企业自主创新能力形成机理的界定及性质

要对中小企业自主创新能力形成过程进行深入的探讨和研究，就必须了解其形成过程机理，这是正确理解自主创新及其可行性的前提和基础。那么，什么是机理呢？所谓"机理"主要有三层含义：机器的构造和工作原理；有机体的构造、功能及其相互关系；一个复杂的工作系统和某些自然现象的本质联系和规律。把机理引入自主创新，就是把企业自主创新能力看作是一个有机动态的演进过程，研究其机理，就是在自主创新微观层面上，讨论其内在要素的有机结合方式和本质联系。

（一）中小企业自主创新能力形成机理的界定

中小企业自主创新能力是一个时间性的变量，任何企业并非一开始就具备自主创新能力，并且任何企业的自主创新能力有弱有强。企业自主创新能力从无到有、由弱变强的过程，需要选择一种快捷有效的提升方式。一般采用"自主创新能力演进"的方式可以促使企业自主创新能力迅速提升。"自主创新能力演进"就是企业自主创新能力从培育、提升到跨上新台阶的发展过程。在充分培育企业自

主创新能力的基础上，实现企业自主创新能力整体水平的提升，可以使中小企业的自主创新能力发展到一个更高水平（见图3-2）。

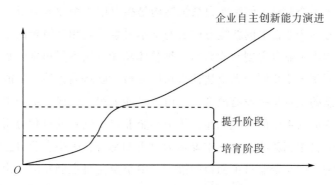

图3-2　企业自主创新能力演进

资料来源：邵云飞，谭劲松. 区域技术创新能力形成机理探析［J］，管理科学学报，2006（4）：1-11.

中小企业自主创新能力的形成机理是指在中小企业自主创新能力的培育阶段，分析中小企业自主创新能力的内涵及系统结构，分析中小企业自主创新能力的形成条件，寻找、培育其自主创新能力要素，使中小企业拥有初步的自主创新能力。因此，我们可以这样认为：形成机理是中小企业自主创新能力演进过程中的一个环节。

中小企业自主创新能力是指在一定时期内，中小企业为了培育自己的技术能力和市场竞争优势，通过对内外资源的有效整合与运用，实现产业关键技术的重大突破，培育自有品牌，从而掌握或影响价值分配过程的基本素质。自主创新能力是多种能力复合作用的结果，它既包括创新主体对资源的掌握和运用能力，也包括使创新主体资源能力得以实现的载体能力和环境能力；既包括科技成果的创造能力，也包括市场品牌的培育能力。对于中小企业所在的区域政府而言，中小企业的自主创新能力就是以增强区域经济增长的原动力为目标，充分发挥区域自主创新的行为组织，包括企业、高校及研究机构、科技中介服务及金融机构、政府等的自主创新积极性，以人力资本集聚为核心，高效配置自主创新资源，将自主创新构想转化为新产品、新工艺和新服务的综合能力。

中小企业自主创新能力系统结构是指以中小企业人力资本集聚为核心的企业自主创新能力构成的基本要素及其相互组合的联结方式。中小企业自主创新能力是一种整体功能，从不同角度分析，其结构要素各不相同。无论从什么角度分析，创新能力是一个能力组合概念的基本特征没有改变，它由若干能力组合而成。结合中小企业自主创新系统的形成思想，从中小企业自主创新的过程分析，中小企业自主创新能力的基本要素为以下四部分：中小企业自主创新的潜力；中小企业自主创新的投入；中小企业自主创新的产出；中小企业自主创新的环境支持。这几个方面的能力相互联系、相互影响、相互作用，共同构成中小企业自主创新能力系统（见图3-3）。

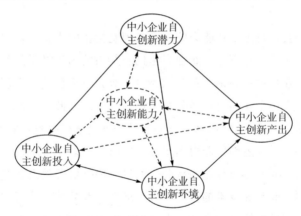

图 3-3　中小企业自主创新能力结构

中小企业自主创新潜力方面反映了中小企业所拥有的科技实力和研发实力，即中小企业对自主创新要素的拥有情况，强调了中小企业自主创新能力的可持续性。中小企业自主创新投入方面反映了中小企业作为自主创新主体的投入活动，以及政府、高校和社会组织对企业自主创新的支持活动，这些活动促使中小企业自主创新得

突破桎梏——中小企业自主创新的理论、策略与实践

以顺利进行，为中小企业自主创新活动提供自主创新资源，从而促进区域经济的发展。中小企业自主创新产出方面既衡量了直接产出的能力，又反映了自主创新带来的经济效益和产业格局的变化。投入、产出方面的指标是用来衡量自主创新主体在政府、高校等创新辅助部门的帮助下将拥有的科技实力和研发实力转化为自主创新成果的能力，同时也用来测量自主创新生产力的实现和扩散能力。中小企业自主创新的环境对于投入产出而言是一种支撑关系，起到基础保障和支持作用。这一要素不仅影响着中小企业自主创新资源组合与运作的方式，从观念、人文环境等方面影响着中小企业自主创新能力，从而最终影响和制约着中小企业自主创新能力的形成和提升。

（二）中小企业自主创新能力形成过程的特性

在此，中小企业自主创新能力的形成被视为一个管理系统，我们可以从系统整体性、动态相关性、层次等级性、系统有序性角度对中小企业自主创新能力的形成过程进分析。

1. 系统整体性

提高我国中小企业自主创新能力，必须从内部和外部共同努力，这也正体现了系统论提出者贝塔朗菲著名的"非加和之律"，即系统的整体功能等于各要素功能之和加上各部门相互联系而形成的结构功能。只有各个部门协同作用，才能更好地促进企业自主创新能力的形成。而且这个形成过程会是一个由量变到质变的过程，是不可能一蹴而就的。

中小企业自主创新能力的形成并不是上述内部因素与外部因素的简单相加，而是需要各要素互相协作，共同配合。比如，金融机构出台对企业创新的支持政策，但中小企业不能及时关注并享受这个政策，其自主创新活动便无法开展，自主创新能力也不能形成。

2. 动态相关性

中小企业自主创新能力的形成受到诸多因素的影响，这些因素不是静态的，而是动态变化的过程，因此要在动态中认识和把握系统的整体性，在动态中协调各因素之间、各因素与整体目标之间的关系。为了更好地达成整体目标，企业可以引入创新管理，以有效地调节和控制各要素，更好、更快地形成企业自主创新能力。所有的中小企业都处于社会环境中，必然受到周围社会氛围的影响，因此整个社会应该提倡创新，宽容失败，进而改善中小企业与社会环境的相互联系和相互作用。

以知识产权为例，中小企业的自主创新成功表现在给其带来了超额利润，前提是知识产权法必须能够有效地保护其劳动成果。法律应该加强知识产权的保护力度，中小企业也应该有相应的知识产权意识。在很多情况下，中小企业遇到的问题是某技术到底属不属于新技术，可不可以申请知识产权，在犹豫之间却被别的企业申请了专利。这个时候即使中小企业已经洞悉了此技术的所有核心环节，但还是需要向申请此专利的企业上缴专利使用费，就因为没有及时申请导致了创新成果没能给其带来竞争优势。动态相关性表现在企业与法律部门之间的互动，为的就是一个目标，即中小企业自主创新成果能够及时获得知识产权和竞争优势，进而积累形成自主创新能力。

3. 层次等级性

管理系统的层次等级是科学分解目标的组织基础。按照层次等级性原理，总目标会被分解为不同层次、不同部门的分目标。分目标要保证总目标，总目标要指导分目标，从而形成前后衔接、上下贯通的目标体系。

中小企业自主创新能力的形成是总目标，总目标要从中小企业的战略能力、市场能力、创新管理能力和技术能力中体现出来，中小企业外部环境的支持又可以对中小企业的战略能力、市场能力、创新管理能力和技术能力造成影响，外部影响内部，进而影响总目标。分目标的实现会促进中小企业自主创新能力的形成，步步分解的小目标会分解在中小企业的日常运作中，这就是层次等级性的表现。

4. 系统有序性

系统有序性首先强调管理系统的目标体系必须有序，表现在分目标的时间有序，地位安排上的空间有序。如果达不到时间有序或空间有序，分目标和总目标之间、各分目标之间便不能有机结合甚至相互冲突，这势必会使人、财、物、时间、信息诸因素相互干扰，使管理成为各自为政和各行其是的分散活动，从而影响系统整体功能和总目标的实现；其次，总目标统领分目标，分目标要与总目标要求一致，实现目标实施过程有序；最后，实现管理目标、建立正常工作秩序是组织系统有序的保证，企业在内部要做到能位相应，权责相应，才能保证管理活动层次分明和井然有序。

二、中小企业自主创新能力形成过程的机理分析

中小企业自主创新能力的形成过程，具有同产品生命周期类似的成长路径，也就是说中小企业的自主创新能力也会经初始阶段、发展阶段到成熟阶段，最后被新一轮的自主创新能力替换或者被淘汰。因此，中小企业自主创新能力的形成也具有周期性的特点。中小企业自主创新能力的形成机理，就是在充分了解中小企业自主创新能力形成过程中的各种影响因素的基础上，探求中小企业自主创新能力在这些因素的影响和作用下，是如何一步一步由形成阶段、发展阶段再到成熟阶段的，其重点是探讨中小企业内部各种要素、中小企业外部的各种环境和资源对中小企业自主创新能力形成的作用过程。

单纯从内部因素与外部因素来说，内部因素在中小企业内的表现为，中小企业的战略安排以及运营操作过程影响了其是否愿意自主创新，如果愿意自主创新，外部因素有益于创新的政策、支持、服务等都可以起作用。从辩证法角度看，事物的发展内因处于最主要的地位，外因也不可忽略。中小企业自主创新能力的形成首先是中小企业愿意开展自主创新活动，加上众多对自主创新产生积极促进因素的作用，增加自主创新活动的成功率，通过中小企业多次的自主创新实践的磨

练与积累，最终促成中小企业自主创新能力的形成。

中小企业自主创新能力的形成是建立在中小企业自主创新能力形成的内生机理与外生机理的整合基础上的。并不是说市场驱动、政府支持和社会支持等影响中小企业自主创新能力形成的因素作用于中小企业自主创新系统上，就能促使中小企业自主创新能力的形成，这还需要中小企业自主创新系统内部对上述等因素和资源进行合理配置和利用（见图3-4）。这就好比一棵大树，虽说有阳光雨露和肥沃土壤的滋养，倘若大树的内部机能不能对这些有益于成长的因素进行吸收的话，大树也不会健康成长，中小企业自主创新能力的形成过程也是如此。因此，中小企业只有对自主创新能力形成的内生机理与外生机理进行了有效的整合，才能更加有效地促成其自主创新能力的形成。研究人员对中小企业自主创新系统内外影响因素的分析，以及中小企业自主创新能力的形成过程的分析，可以充分挖掘中小企业自主创新能力的形成机理，探寻影响中小企业自主创新能力形成的各种内因和外因，以及这些内因和外因是如何作用于中小企业自主创新系统，进而促使中小企业的自主创新能力的形成并不断向前发展。这些探寻可以为中小企业提高自主创新能力提供一定的理论借鉴和依据。

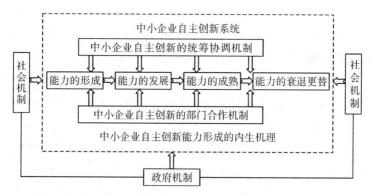

图3-4　中小企业自主创新能力形成过程的内外集成机理

第四章　中小企业自主创新的模式选择

从第三章的分析得出的结论可以看出，中小企业自主创新能力形成的过程是一个发展变化的动态过程，因此，当中小企业开展自主创新活动的时候，其就面临着用什么样的思路来指导创新活动，在创新的过程中采用何种方法与技术，需要满足什么样的条件和达到什么样的目标等问题，也就是选择何种自主创新模式的问题。按照企业自主创新的含义和构成的内容，自主技术创新无疑是中小企业自主创新的核心。因此，本章从自主技术创新的角度出发，对中小企业开展自主创新的模式选择，就其在内涵特征、类别构成、影响因素、选择原则等方面的内容进行详细解析。

第一节　中小企业自主技术创新模式的内涵及类别

一、企业自主创新模式的内涵

"模式"一词在字典中的定义，是指某种事物的标准形式，可以使人们照着做的标准样式。在不同的学科和不同的语境中，模式通常有着不同的含义。当模式被应用于描述一个发展变化的过程时，其通常指由该过程发展变化中的主要阶段与轨迹、所采用的方法与技术、发展变化的实现条件、推动发展变化的指导思想等构成的该过程的一个发展变化的标准形式①。按照这一内涵界定，在分析企业的自主创新模式的含义时，我们可以理解为企业在自主创新过程中，企业对产品各个环节的研发与生产，所采用的方法与技术等所有的选择及组织应用的总和，包括生产技术、管理体制、营销方法等②。

在创新模式的类别上，国内外学者对此提出了诸多不同的观点，例如：弗里曼根据创新的性质分为渐进创新（Incremental innovation）、基本创新（Radical innovation）、技术体系的变革（Change of technology system）和技术-经济范式的变革（Change of tech-economic paradigm）四种类型；罗炜（2002）根据企业创新的主体将自主创新分为内部型（包括自主中心型和衍生型，前者为企业自身建立研发机构，后者的典型模式为研发机构设立企业）、外部型（包括合作型和合同型，前者中的企业参与了研发，后者主要是委托他人研发）；罗起起、田新明、康力（2007）将自主创新分为了两大类：一是按照获取方式的不同，分为原始创新和二次创新；二是按照创新参与者的不同，分为合作创新和独立创新。

本书对中小企业自主创新模式分类的界定，参照的是《国家中长期科学和技术发展规划纲要》，即根据企业创新的技术来源，将企业自主创新模式分成了三类：原始创新模式、集成创新模式以及引进消化吸收再创新模式，分类结果如图4-1所示。

① 吴高潮. 企业自主创新的模式与机制研究［D］. 武汉：武汉理工大学. 2006，10：62.

② 刘利勇. 我国产业技术自主创新模式及政策选择［D］. 天津：天津商业大学，2007（5）：14.

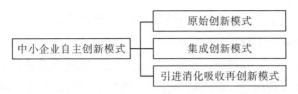

图 4-1　中小企业自主技术创新模式的三种类别

二、中小企业自主技术创新模式的类别

（一）原始创新

原始创新是指企业主要依靠自身的资源和能力，通过技术开发取得一些前所未有的创新成果，并在此基础上完成其他创新环节，实现技术的商品化并获得利润的创新活动。具体而言，中小企业开展原始创新，意味着中小企业的研发过程必须完全独立，并借由中小企业自身的投入获得突破性、重大的技术发明创造或科学发现等成果，同时借助自身资源提供由技术开发到市场商品成功转换的商业化依托，实现对创新成果的商业利用。根据上述对原始创新内涵的界定，我们可以将中小企业开展原始创新的过程表示成以下模型，如图 4-2 所示。

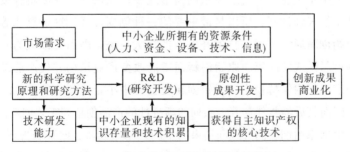

图 4-2　中小企业原始创新的过程模型

从图 4-2 所示的原始创新过程所包含的流程中可以看出，中小企业开展原始创新的重要条件是中小企业应当具有较强的技术积累，

结合以往技术活动中累积的知识存量，通过技术能力的递进，并结合外部环境中出现的新的研究思想和研究方法，逐步形成较强的技术研发能力。由此可见，在中小企业实施原始创新的过程中，技术积累对于发现问题、形成创新源、解决技术问题以及降低创新成本等各方面都起着至关重要的作用。

在原始创新的过程中，技术研发能力作为一种企业以较低的投入实现新产品、新工艺从构想到实际应用的能力，既强调研发过程的实际结果，也强调研发过程的效率。由于原始创新需要实现技术上的重大突破，在此过程中通常需要解决许多技术上的难题，因而企业需要拥有较强的研发能力。

从原始创新的结果来看，通过原始创新成果的取得，企业获得了拥有自主知识产权的核心技术，这将增加企业的技术积累，同时自主知识产权的获得使企业在该项创新成果上能够受到法律的独占性保护，这将使企业有更大的动力开展对新技术的研发活动，因此能有效促进企业开展下一轮的原始创新活动。而企业取得的原创性的创新成果，不但会改变企业的发展，还会影响企业所在产业行业的竞争格局，甚至会对更大范围的经济结构和市场环境带来影响。

在中小企业三种自主技术创新形式中，原始创新在创新程度上实现了根本性创新，所以是最重要的一种创新形式，这也意味着由于原始创新通常实现了技术开发上的重大突破，因而可以成为其他两种创新模式的起点。原始创新通常能改变产业结构并使产业结构在一定时间内保持稳定。原始创新还会为中小企业开辟新的创新空间，因而其后经常伴随着一系列的渐进性的产品创新和工艺创新。

根据原始创新的方式和结果的不同，原始创新有四种表现形式，也可以称为原始创新的四种路径，即原理创新、方法创新、应用创新、综合创新。

原理创新指企业依据新认识到的科学规律并加以利用，从而形成新产业或对原有产业升级改造的创新活动。如利用爱因斯坦的质能方程而开创的核电产业，依据气体放电原理制成的等离子发光管并在此基础上制造等离子电视等。相对于方法创新和综合创新来说，原理创新对产业的变革力度更大，可能产生许多新的工业应用，也可能对单个或多个产业带来颠覆性的变化。但原理创新活动从所依据的科学原理到最后的实际应用的距离往往相当长，从科研成果到实际应用的商业化转化的过程需要相当长的时间，在此过程中往往需要克服许多技术难关，需要企业长时间的大规模的资源投入。因此，当中小企业选择原理创新时，为避免自身实力所限而导致投入资源不足的问题，其应注意进入的时机，尽量避免过早进入，如在吸收基础研究的成果形成一定知识和技术积累的基础上，再选择恰当时机进入，从而避免早期进入需消耗大量资源投入的问题。

方法创新指企业把科学研究中的新发现、新技术、新方法、新实验手段、新仪器、新合成反应以及新物质等应用到实际生产中并获取经济效益的创新活动。如高纯度烧碱制造法、离子交换膜法为化工企业提升烧碱制取技术的水平开辟了新的局面，又如钢铁企业在炼钢过程中采用氧气顶吹转炉工艺大大提高了炼钢的效率和质量。相对原理创新等其他创新路径，方法创新由于其可行性高、实施成本低、商业化转化时间短，已成为中小企业开展原始创新时更为常见的一种创新路径。

应用创新指企业将原有的理论、方法、技术应用到新的领域中去，不断扩大科学理论、方法与实际应用的接触点，从而产生新技术或者新发明，并最终应用于企业生产过程中并创造经济效益的创新活动。如日本的一些体育用品生产企业将宇航行业中发明的碳素纤维应用到体育器械中，生产出了高质量的球鞋、球拍、自行车、高尔夫用品等，极大程度地提高了运动员的成绩，企业也获得了可观的效益。

综合创新是指企业综合应用多种方法技术，以实现或达到某种功能或性能，从而获得实际应用的创新活动。如计算机的硬盘就综合应用了精密机械技术、超净技术、密封技术、集成电路技术等多种方法技术。随着工业革命 4.0 时代的到来，科学技术更新迭代的时间不断缩短，企业开展综合创新将会更为普遍，这对中小企业提升技术研发能力提出了更高的要求。

由上述分析可以看出，中小企业开展原始创新采取何种路径是由企业的自主创新意愿、资源实力及创新战略决定的，同时与企业所处的行业也存在着较强的关联性。如医药、生物行业的中小企业开展原始创新的概率较高，因其能够借助方法创新这种方式来实现自主创新。因此，中小企业应当从创新意愿出发，明确对原始创新的创新构想，正确评估自己的技术积累和研发能力，依据不同的创新路径，合理组织利用创新资源，引导创新活动取得成功。

（二）集成创新

集成创新是指企业结合自身创新要素以及市场的潜在需求，将企业内外部的各种创新性的要素通过各种优化和选择，将它们进行有机融合，从而使得这些要素组合成为具有竞争力的、高效的创新主体，企业仍然拥有创新的自主知识产权并且能够以此提高企业的核心竞争力。从这一概念可以看出，中小企业开展集成创新，需要将组织、战略、技术、知识等各种创新要素进行优化组合，将其以最合理的结构形式结合在一起，形成具有功能倍增性和适应进化性的有机整体，从而提供满足市场需要的新产品、新工艺、新的生产方式或服务方式。

集成创新的概念最早缘起 Iansiti（1998）所提出的"技术集成"和 Best（2001）所提出的"系统集成"。Iansiti 所定义的技术集成指"以创造技术可供资源和技术应用关联环境之间的匹配为目标的调查、评估和提炼的活动集合[1]"；而 Best 所称的系统集成则是指"一

---

[1]　IANSITI. Marco Technology Integration：Making Critical Choices in a dynamic World ［D］：cambridge. Harvard Business School，1998：90.

种在技术和组织层次上发挥作用的生产和组织的基本原则①"。

综合上述对集成创新概念的定义，我们可以将中小企业开展集成创新的过程表示成以下模型，如图4-3所示。

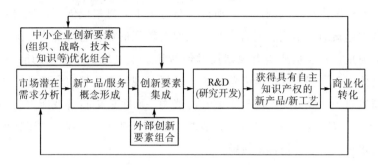

图4-3　中小企业集成创新的过程模型

从中小企业开展集成创新过程中的各流程可以看出，中小企业通过集成创新实现自主创新的前提是企业能够在捕捉和把握市场潜在需求的基础上，形成新产品或新服务的概念。中小企业集成创新重在以新产品、新服务的商品化为基础，对有应用价值和商业价值，并具有潜在市场需求的新技术进行研发。在这一过程中，中小企业应该根据自身所拥有的创新要素的现状及特点，组合外部环境中可利用的创新要素，通过对这些创新要素的高效汇合和优化组合，构建起一个具有竞争力的集成创新主体。

从技术集成、系统集成到集成创新，这些概念都反映了中小企业在技术创新领域的一种发展趋势，随着中小企业研发能力的不断增强，技术供给日益丰富，技术成果不再稀缺，同时顾客对产品和服务的要求也越来越高，实现技术突破、攻克技术难关已不再是技术创新的重点和难点，而实现现有技术或可预期的技术与客户需求

---

①　MICHAEL H. The New Competitive Advantage：The Renewal of American Industry [D]. Oxford：Oxford University Press，2001：56.

之间的匹配的重要性日益凸显，成为中小企业在技术创新上的核心目标。而集成创新就是要解决以往时代技术资源与实际应用之间存在脱节的问题，其目标就是实现符合市场需求的产品开发与丰富的技术资源供给之间的匹配。所以，对有志于通过集成创新实现自主技术创新的中小企业而言，其必须要有较强的创新管理能力，这一能力是指企业从战略上规划技术创新和组织实施技术创新的能力。具体而言，创新管理能力包括企业敏锐发现创新机遇，合理评估创新机遇，高效组织实施技术创新的能力。而企业创新管理能力的高低，可以由企业是否制定创新战略、是否搭建创新机制和创新速度的水平三个主要指标来衡量。

同时，集成创新还要求中小企业在相关领域拥有丰厚的建构知识。建构知识这一概念，是 Henderson 和 Kim 在 1990 年和元件知识一起提出的一对概念之一。Henderson 和 Kim 指出，产品中不仅仅包括其组成元件，也包括把这些元件连接为整体的建构（Architecture）。产品开发要求企业拥有两种知识：一种是元件知识或关于元件核心设计概念的知识；另一种是建构知识，指关于把各个元件整合并连接成为一个整体的知识。一般来说，元件知识决定产品执行特定功能的效率，即性能（Performance），表现为速度更快、存储量更大等；但建构知识决定产品的功能，即决定产品需要或不需要哪些功能，或者以什么样的形式提供某种功能。由此可见，拥有建构知识是使企业通过集成创新研发的新产品及新服务能够适合应用环境的关键因素。

在集成创新的具体类别上，因不同的划分标准可以得到不同的分类结果。就集成创新的形式而言，我们可以将集成创新分为三种不同形式的，分别是单元技术与单元技术的集成，设计技术与加工技术的集成以及单元技术与系统技术的集成。就创新对象而言，我们可以将集成创新分为产品集成创新和工艺集成创新，这两种集成创新的方式在实施的流程上有明显的区别。企业若选择产品集成创新，首先要调查了解市场需求，对市场需求进行分析，形成产品构想，即对产品需求的描述。其次要通过产品功能分析将产品构想转换成产品功能定义，为后续的产品设计和开发打下基础。由于产品功能定义的形成是产品集成创新过程中非常重要的一环，所以中小企业必须要考虑技术的可实现性，还要充分考虑能实现的产品功能对市场需求的充分满足。最后是产品设计的实现，即通过开发新技术或借助之前已有的技术来实现新产品的开发。

若企业选择工艺集成创新，则整个实施的流程通常以技术供给为出发点，中小企业通过对各种可用技术的不断观察、判断，形成工艺集成创新的粗略框架，再收集、分析和整理相关信息，以进一步细化这一框架，最后经过评价实现环节就可完成整个工艺集成创新流程。

由于技术的复杂性和知识的衍生性互相交叉融合，用户对产品的多样化、个性化需求不断增加，产品、服务以及生产方式比以往更加复杂，而原始创新的难度不断加大，所以集成创新也就日益成为更多中小企业在进行自主创新方式决策时选择的技术创新方式。

集成创新由于与具体的行业、技术、企业经营环境紧密相关，因而不同的中小企业开展集成创新过程可以形成自己的特色。特别是近年来环境中不断涌现的一些新变化，如研发的电子化、创新活动的跨企业趋势、研发成本增加、技术趋同、产品生命周期缩短、全球竞争增加、快速的技术变革等，更使得所有中小企业都必须更加谨慎地面对自己所处的环境，进而制订自己独特的创新计划，选择适合自己的创新模式。

（三）引进消化吸收再创新

引进消化吸收再创新模式作为国内企业，尤其是中小企业在自主技术创新上较为常见的一种创新模式，是指企业根据市场的需求，从外部引进先进的技术，然后运用各种研究手段，通过对引进的先进技术进行各方面的学习，实现对引进技术的消化吸收以及核心技术的掌握，在此基础上开发出新一代技术，并最终超越引进技术的创新活动。通常情况下，为了加快对新技术的认识和学习，这种创新模式都是在对产品的改进以及技术国产化的过程中实现再次创新的。

从过程来看，引进消化吸收再创新的基本过程包括引进决策、技术引进、消化吸收和再创新四个阶段，由此我们可以将中小企业开展引进消化再创新的过程表示成以下模型，如图4-4所示。

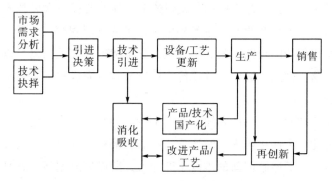

图4-4　中小企业引进消化吸收再创新的过程模型

考察引进消化吸收再创新过程中的各阶段，可以看到，中小企业在进行技术引进的决策时，必须根据市场现有及潜在的需求，以及企业未来的发展方向，选择适宜自身发展的先进技术。同时，中小企业在资源和实力有限的情况下，通过对引进技术的消化吸收，可以加快企业知识和技术的积累，同时中小企业将引进的先进技术融入本企业的研发和生产过程中，通过再创新的过程，逐渐形成自主的研发能力，在这种能力不断积累和提升的基础上，帮助企业最终形成拥有自主知识产权的关键核心技术的研发能力。在这一过程的四个阶段中，消化吸收阶段是最重要的一个阶段。通过在这一阶段对引进技术开展的全方位学习，中小企业能充分借助引进技术提供的先进经验，有效地提高自身在设计、制造、质量等方面的技术能力，为下一阶段的再创新打下基础。因此，引进消化吸收再创新要求中小企业应有较强的技术学习能力，能从对引进技术的学习中掌握核心技术。

就创新程度而言，引进消化吸收再创新属于渐进性创新。相对自主技术创新的其他两种模式，引进消化吸收再创新对中小企业的要求最低。在此模式下，中小企业不一定要有以往形成的知识存量和技术积累，也不一定要建立强大的研发队伍，或在创新管理方面有丰富的经验，因而这种模式是许多中小企业、创业企业以及介入新行业的大企业实施自主技术创新的普遍选择。尤其对于身处我国制造行业的中小企业而言，生产技术较发达国家落后，所以选择引进消化吸收再创新的创新模式是实施技术追赶和技术跨越的重要途径。日本和韩国的一些企业在20世纪通过引进吸收消化再创新，迅速赶上并超过欧美同行就是一个实例。

中小企业在实施引进消化吸收再创新的过程中，除了注意通过提升企业的技术学习能力以提升企业对引进技术的消化、吸收和创新能力以外，还应当注意依据企业的实际情况制定相应的创新战略和目标，注意了解掌握外部技术环境中技术发展的最新动向及相关信息，为引进技术的构思和选择拟引进的技术等引进决策奠定基础。同时，中小企业要注意建设和培养创新人才队伍，特别要注重通过对引进技术的消化吸收来培养人才，从而提高本企业员工尤其是创新参与人员的素质与技术水平。

第二节　中小企业自主技术创新模式的比较及关系分析

通过上一节的分析可以看到，中小企业可以选择的三种自主技术创新模式有各自的特色和明显的差异。为了对各种模式进行深入的了解，本节中我们通过对三种模式在创新面临的风险、创新所需投入的成本及预期的收益、创新成功率等几个方面进行对比，并对三种模式相互之间的关系进行剖析，以对中小企业自主技术创新的三种模式形成全面的认知。

一、中小企业自主技术创新模式的比较分析

（一）创新风险分析

各类创新模式下开展创新活动带来的风险一定程度上制约了中小企业开展自主创新的意愿，所以对自主技术创新各类模式的比较中，我们将三种创新模式对应的创新风险的比较放在首位。不同的自主创新模式对外部力量的依赖程度不同以及在创新过程中遇到的不确定因素的差异，决定了三种自主创新模式需要企业承担的风险有显著差异。

首先，企业开展原始创新活动主要依靠的是企业自己的实力和资源，这就意味着中小企业若选择原始创新的模式开展自主创新活动，则需要由企业独自承担创新活动带来的风险。并且原始创新具有投入资金多、投入周期长、对企业科研能力要求高、创新成果获得及商业转化的未知性等特点，所以原始创新往往具有很大的风险。此外，由于通过原始创新所生产的大部分产品，从其技术研发到研发成果实现商业化再到新产品投放市场被消费者认识并接受，需要一个较长的周期，这中间存在的极大的不确定性可能会引发不同程度的企业损失，特别严重者会导致企业经营陷入困境，甚至会导致企业破产，一旦此种风险无法规避，这对自身实力相对薄弱的中小企业而言不啻于灭顶之灾。

其次，集成创新这种自主创新模式，一般是由企业联合其他的创新组织通过合同、契约等方式合作进行。因为合作涉及不同的利益主体，所以这种形式可能会因为各合作主体之间缺乏有效而强力的约束而产生动摇，轻者影响合作关系，重者还可能会导致创新活

动不能正常进行而中止。一旦出现这种情况，参与合作的中小企业要付出极大的沉没成本以及为合作创新而承担的机会成本。另外，中小企业通过与多个创新主体合作，可以由不同的合作主体分担对应的风险，借由这种风险共担机制也能很大程度上分散整个创新活动可能带来的风险，所以总体而言，集成创新为中小企业带来的创新风险相较原始创新小。

最后，如果中小企业选择引进消化吸收再创新这种模式，相较于前两种模式而言，可以最大限度地降低创新风险，主要是基于两个方面的原因：一是此种模式是通过购买引进已经成熟的先进技术，对率先开发者的创新思路和创新行为通过充分学习进行消化吸收，最大限度地借鉴其在技术开发上的成功经验，避免他们的失败教训，这样可以极大限度降低不确定性，从而也降低了创新活动在技术开发上的风险。二是借助这种模式，中小企业可以从率先创新者借由新技术和产品的开发成功开辟的市场入手开展本企业的创新活动，有效回避了市场进入的技术壁垒，也减少了市场在开发初期存在的种种不确定性因素，所以可以在一定程度上降低创新活动面临全新市场可能带来的风险。综合比较三种创新模式的风险，可以清楚地得出这样的结论：引进消化吸收再创新这种模式的风险在三种模式中最低。

（二）创新投入成本分析

各种创新活动都需要相应的成本投入，中小企业往往因为自身资源和实力有限，对创新活动所需的成本投入的关注度会大于大型企业，因此创新成本也是不同的中小企业在选择创新模式时重点关注的因素。由于不同的自主创新模式在其创新难度、对创新资源能力的要求以及对外部力量的依赖程度上都有所不同，使得三种自主创新模式需要中小企业投入的成本也有很大的区别。

首先，原始创新这种自主创新模式对中小企业的成本投入要求较高，而且其在企业新技术开发和新产品形成的过程中的不同阶段对成本投入的要求不一样。在新技术研发阶段，由于技术创新的难度高，一切都依靠"自力更生"，所以需要中小企业在这一阶段投入更多的资金、人力、技术、信息等资源，同时在创新设备的生产水平、经营管理水平、创新人才的培养等方面也对中小企业提出了更高的要求。而在生产阶段，因为开展原始创新的缘故，中小企业进入生产环节的时间比竞争对手更早，从而可以在"干中学"的过程中积累大量的生产和管理经验，进而在创新成本上获得较大的成本优势。

其次，在集成创新这种模式中，中小企业与其他创新主体一起共担费用、共担风险，所以相较原始创新而言，集成创新对外部力量依赖程度更大，而创新难度更小，因此对选择这一模式的中小企业在资源投入方面的要求不如原始创新对于中小企业的要求高。

最后，根据引进消化吸收再创新模式的性质，中小企业采用这种模式可以在已经完成的创新成果基础上开展再创新活动，所以可以节省在新技术和新产品早期开发中的大量投入，从而将企业资源集中到引进消化吸收和再创新环节。相较另外两种创新模式，引进消化吸收再创新模式对企业投入资源的要求相对最低，从而可以最大程度降低中小企业的创新成本。

（三）创新预期收益分析

企业逐利的本质决定了中小企业对自主创新愿意投入的成本与创新可实现的预期收益成正比关系，开展创新活动后获得的收益一定程度上也会影响中小企业是否愿意继续采用这种模式开展自主创新或是否坚持继续开展创新活动。由于企业选择不同的自主创新模式决定了其对创新成果占有的比例不一致，所以这三种自主创新模式给企业带来的创新收益也存在着相应的差距。

首先，中小企业采用原始创新模式获得的原始创新成果，具有竞争对手很难复制和模仿的原创性，所以企业可以在一定时间内以此建立自己的竞争优势，并在一定程度上凭借对本行业推出的新产品形成垄断，进而获得有利的竞争地位。凭借这一有利的竞争地位，企业可以依靠新产品获得更大的市场份额，以及优质、稳定的原料供应，也由此获得大量的超额利润。

其次，在集成创新这种模式中，由于参与创新合作的各方主体都是独立的经济利益体，所以任何一方都无法独享创新成果，也就很难在企业或行业内形成技术垄断的优势。正是由于这种创新模式极大程度地限制了创新成果的独占性，也就很难形成技术壁垒，同时还会受到知识产权保护等因素的干扰，从而会严重影响中小企业的创新收益。

最后，选择引进消化吸收再创新这种创新模式，中小企业引进的是已成功开发的技术，缺乏原创性和前瞻性，在技术的使用和产品的开发上会受到诸多制约。同时，由于缺乏对创新成果的独占性，从中获得的收益也相对有限。如果中小企业在产品生命周期的成熟期采用这种创新模式，所获得的创新收益有可能会随着产品较快进入衰退期而出现大幅度的减少。

（四）创新成功率分析

如前对各项创新模式的风险分析，中小企业无论采取何种创新模式，开展自主创新活动都有一定的风险，所以不可能要求每一次创新活动都取得成功的结果。尽管各类创新活动存在的失败可能性会让一部分中小企业对自主创新活动持观望态度，但通过自主创新为中小企业实现的跨越式发展也鲜有其他经营活动能够达成类似效果，所以对自主创新各种模式进行比较时，创新的成功率也是一个重要的指标。

首先，从原始创新的性质来看，其在技术研发成功率、创新成果转化率以及技术应用的前景等方面都具有很大的不确定性，这种不确定性一是表现在技术的研发上，新技术研发何时能够产生突破是无法确定的；二是在创新成果的转化方面，中小企业能否将研究所得转化为可以批量生产的产品，以及在多久的时间内完成转化也存在不确定性；三是中小企业对开发的新技术及新产品未来的发展潜力及市场前景无法确定。正是上述这些不确定性使得原始创新的成功率较低。

其次，从集成创新的过程来看，集成创新是通过研发主体在主动选择和优化组合的基础上，对各种创新要素进行整合并使其达到有机融合，从而有效地提高了集成创新的成功率。但集成创新的过程也是各合作主体有效协作的过程，如果合作各方对创新收益分配等重要问题产生分歧并无法调和，会直接影响到内部协作及创新的进行，还会降低创新主体的创新能力，进而影响集成创新的成功率。但与原始创新相比，集成创新的成功率更高。

最后，从引进消化吸收再创新的本质来看，这种模式能够在引进已有技术后，通过消化吸收率先开发者在之前创新过程中的创新思路、创新行为以及创新成功的经验，因而尽可能降低了企业在技术研发以及市场开发初期可能面对的不确定性，从而极大程度地提高了自主创新的成功率。

综合以上对三类自主创新模式从不同维度的比较，结合上一节中对三类模式的特点分析，我们将中小企业可以选择的各类自主创新模式之间的比较归纳如表4-1所示。

表4-1　中小企业各类自主技术创新模式的比较

创新模式	创新程度	创新风险	创新成本	创新预期收益	创新成功率
原始创新	根本性创新	高	高	创新成功则可获取高额利润，创新收益高	创新不确定因素多，风险高，创新成功率较低
集成创新	根本性创新或渐进性创新	中	中	创新成功则由各合作主体共同分享创新收益，收益较高	因参与集成创新的各合作主体存在利益协调问题带来不确定因素，创新成功率不高
引进消化吸收再创新	渐进性创新	低	低	创新收益独占性差，收益不高	可以充分利用已开发成功的技术和市场，回避或降低研发初期的不确定性，创新成功率较高

二、中小企业自主技术创新模式之间的关系分析

尽管中小企业自主技术创新的三种模式各有特点，在创新风险、预期收益和创新成功率等方面都存在明显的区别，但三种模式并不是完全割裂、互不相关的。从中小企业开展自主创新的过程以及自主创新为中小企业发展发挥的作用来看，三种技术创新模式存在着互动、转换及融合的关系。

（一）互动关系

自主创新的三种模式在中小企业的自主创新活动中相辅相成，它们在中小企业成长和发展的过程中存在着互相影响、互相作用的互动关系，具体表现为以下三个方面：

第一，原始创新可以给中小企业开展集成创新以及引进消化吸收再创新创造基础，也即当中小企业尤其是创业企业，凭借企业核心技术人才或创业者拥有的专利技术开展原始创新，并积累了一定的技术实力之后，如果通过与其他企业合作对某一技术项目进行深入开发，则可实现集成创新。如果对企业现有的创新成果进行转让，则能促成引进消化吸收再创新。所以，中小企业只有不断提高原始创新的能力，才能在此基础上开展高水平的集成创新和引进消化吸收再创新活动。

第二，作为原始创新和引进消化吸收再创新之间的连接和过渡，集成创新始终存在于开展自主技术创新的中小企业的创新活动中，因此当中小企业通过提高集成研究开发水平和自主研发能力，进一步取得具有自主知识产权的创新技术和产品的同时，也会相应提升企业拥有的技术和知识储备，并随之提高企业的消化吸收及再创新的能力。

第三，中小企业开展引进消化吸收再创新也可有效助推中小企业开展新一轮的原始创新和集成创新。中小企业在引进消化吸收再创新过程中获取的新知识和新技术，可以帮助中小企业在引进消化吸收的

过程中培育和提升其开展原始创新和集成创新所需的研发能力。

（二）转换关系

在中小企业开展自主技术创新的实践中，我们可以看到其在自主创新模式的选择实施上存在一个普遍现象：中小企业在企业初创期或发展的前期往往采用引进消化吸收再创新模式，当企业发展到一定规模积聚了相当的研发实力和技术能力后，会采用原始创新的模式，而借助与其他创新主体的合作，集成创新会贯穿中小企业自主创新过程活动始终。由此可见，中小企业在自主创新的初级阶段，往往会采用引进消化吸收再创新模式，而采用原始创新模式则意味着企业进入自主创新的高级阶段。尽管中小企业在不同的自主创新阶段选择这两种不同的模式，但从自主创新活动的全过程来看，引进消化吸收再创新和原始创新两种模式之间并没有绝对的界限区分，两种模式会随着中小企业的发展和各种创新条件的改变而进行转换。例如，当一个制造行业的中小企业处于发展初期时，由于在技术研发、生产设备等各方面的条件不成熟，为了企业生产经营需要往往会选择引进消化吸收再创新模式，让企业能够在较短的时间内完成产品开发、设计和生产所需的知识和技术的积累，并帮助企业提高自身的创新能力。但一个同处于初创期的中小高新技术企业，尽管受资源所限实力也比较薄弱，但企业可以借助自身拥有的某项技术专利等技术优势吸引行业的资金、人才等资源，开展集成创新活动。随着中小企业在创新意识、创新资源积累、创新管理能力和创新产出能力方面具备了较高水平之后，中小企业就会选择成熟的时机将自主创新模式转向原始创新。同时，由于集成创新始终贯穿在中小企业自主创新的全过程中，无论身处何种行业的中小企业都可以在其选择的引进消化吸收再创新或原始创新的过程中，辅以多样化的集成创新模式帮助企业更好地开展自主创新活动。

（三）融合关系

中小企业无论选择哪种模式开展自主创新活动，都需要其在这一过程中不断学习、吸收、集聚各类自主创新所需的知识和技术。由于创新活动本身具有"创造性"这一属性，不论在创新活动中引进、消化和吸收率先创新者已成功开发的创新成果所占比重多或少，三种模式的创新活动都存在原创的成分。因此，从创新活动的性质来看，自主创新活动的三种模式是相互交融、互为影响的。此外，由于集成创新始终贯穿于中小企业所有的创新活动过程中，所以要充分发挥集成创新的作用，必然要以大量应用由其他两种创新模式所形成或积累的创新技术和创新知识为基础，由此可见三种模式在作用的发挥上是互为补充的，并在一定条件下能够实现有机融合、优势互补。

第三节　中小企业选择自主技术创新模式的原则

中小企业实施自主技术创新时，首先要面临选择何种创新模式的问题。在企业实践中，中小企业的管理人员往往凭借简单易用的定性选择法来做出决策，这种方法主要是依靠管理者自身对企业情况、资源条件和外部环境等各类因素的主观判断，根据一定的选择原则，来为企业选择合适的自主技术创新模式。除此以外，中小企业在进行创新模式选择的决策时，还可以借助定量分析的方法，但无论采用何种分析法，最终得出的决策结果都依赖于确定选择结果的依据，也即决策所遵循的原则。本节将从决策的角度出发，对中小企业选择自主创新模式应达到的目标、具备的特征以及应坚持的原则进行全面分析。

一、中小企业自主创新模式选择的目标

对中小企业而言，是否开展自主创新以及采取何种模式进行自主创新，无疑是关乎企业生存和发展的重要战略决策之一，因此在

面向这类问题进行决策时，中小企业一定要有明确的决策目标，而且要符合企业总体目标的要求。中小企业的总体目标是一个面向企业经营管理各方面的目标体系，由企业的生存发展目标、市场占有率目标、投资回报率目标、员工满意度目标、人才发展目标、自主创新目标等组成。所以中小企业在进行自主创新的模式决策时，为其设定的根本目标应该是以提高企业的经济利益和核心竞争力为根本，以市场需求为出发点，在充分研究和深入分析企业面临的内外部环境的基础上，对企业的研发、生产、销售等关键环节的创新活动进行统一部署和整体规划，以确保企业自主创新项目的顺利实施和有效开展，通过企业自主创新能力的不断提升，不断降低创新风险，提高创新活动的成功率，实现创新收益的不断增加和创新成本的逐步减少，最终实现企业的经济效益和社会效益目标。

作为企业目标体系的一个重要构成部分，中小企业围绕创新模式选择设定的目标对实现企业总体目标主要有三个方面的贡献：第一，选择并实施适合企业自身条件和实际情况的自主创新模式，为企业开展自主创新活动指明了发展方向，也能为企业实现从自主创新中获取期望的收益从而为企业长远发展奠定坚实基础的根本目标明确了实施路径。第二，通过自主创新活动的开展，帮助中小企业积累大量的创新管理经验，能够提高企业在技术研发上的知识和技术积累，也能推动企业围绕技术开发积淀和形成核心竞争力。第三，通过中小企业有效开展自主创新活动，不断提高企业产品或服务的市场占有率，获取更大的经济效益，能够帮助企业增强自主创新的信心，并释放更大的创新活力，推动企业自主创新活动实现可持续的良性发展。

二、中小企业自主创新模式选择的特征

由上面的分析可知，中小企业对自主创新模式的选择是企业经营管理中一项重要的决策，这一决策所做的选择不是短时性、随意

性、绝对性、唯一性的。作为一项贯穿企业发展过程始终的重要决策，中小企业的自主创新模式选择具有持续性、适合性、动态性和多样性的特点。

1. 持续性

从自主创新模式选择的目标来看，中小企业无论选择哪种自主创新模式，其最终目的都是为了帮助企业能够开展自主创新活动并实现创新活动的可持续性发展，进而使企业获得可持续的良性发展，所以中小企业选择自主创新模式的行为不是短时间内的一次性的不可延续的行为。伴随中小企业发展从初创期到成长期，再进入成熟期，中小企业对自主创新的模式选择也会有不同的决策结果，而一段时间之内中小企业为了发展目标所选择某种自主创新模式，或者在下一段发展时间内中小企业为了某些原因而放弃之前选择的自主创新模式，并不意味着中小企业就放弃了其他自主创新模式或退出自主创新活动领域。自主创新活动作为一项持续性的企业经营活动，也决定了在其模式的选择上具有可持续性。

2. 适合性

中小企业在选择本企业在一段时间内的自主创新模式时，应该充分考虑企业所处的内外部环境特点，尤其是企业自身在资源能力和经营条件上的特点，选择适合自身发展的自主创新模式，这也就意味着决策者应该用"合适满意"的标准代替通常认知中的"最佳最优"标准来评价选择的结果。一方面是因为自主创新活动本身具有高度不确定和复杂性的特点，另一方面由于企业经营决策者在决策时因其知识、信息、时间和能力所限而成的"有限理性"，使得企业想要在自主创新模式上的决策获得最佳或最优的结果是一项几乎不可能实现的任务，而各种自主创新模式各有其特点和优缺点，也不存在最优最劣之分。所以面向自主创新模式所做出的选择，应该是基于"有限理性"评估和分析企业内外环境最终得出的最适合企业自身发展的决策结果。

3. 多样性

按照不同的分类标准，企业开展自主创新的模式可以得到不止一种的分类结果，这也意味着中小企业在自主创新的模式选择上不是绝对的、唯一的。中小企业根据自己的实际条件，结合市场的需求，在模式的选择上可以是灵活多样化的。例如，中小企业开展自主创新活动时，既可以选择一种最适合自身实际情况的自主创新模式，也可以选择以某一种创新模式为主、另一种创新模式为辅的形式，在条件允许和符合创新发展要求的情况下，中小企业还可以采用同时选择两种创新模式的形式。

4. 动态性

因为企业对自主创新模式的选择决策是在企业所处环境与企业能力的平衡下制定的，所以中小企业在其成长发展的过程中选择采用的自主创新模式不是固定不变的，而是会随着企业所在内外环境的变化、企业发展战略目标的变化以及企业成长阶段的变化等各类因素发生相应的调整变动。这种变动性也要求中小企业经营决策者不能将某一时期对企业自主创新模式的决策结果固定为一成不变的创新模式，而是要密切关注企业内外环境的发展变化新动向，结合企业在新时期发展对自主创新的新要求，灵活调整企业对创新模式的选择，从而使创新模式能够更好地满足企业发展的要求，更好地推动企业成长，以最大程度地发挥自主创新活动的效用。

三、中小企业自主创新模式选择的原则

为了实现企业开展自主创新活动的目标，中小企业在进行自主创新模式的选择上应该遵循基本的准则要求，结合上文对中小企业自主创新模式选择的特征分析，此处归纳了以下几条中小企业选择满足自身发展要求的自主创新模式应遵循的原则。

（一）战略导向原则

创新活动作为企业经营活动的一部分，对中小企业的发展具有

重要的意义，这主要表现在自主技术创新活动是实现中小企业经营战略目标的重要手段，所以中小企业的自主技术创新战略通常也是企业经营战略的重要组成部分。这就要求中小企业对自主创新模式的选择必须始终围绕企业的经营战略目标并符合企业经营战略的要求。如果中小企业选择的自主创新模式不符合企业经营战略的要求，导致企业的技术创新与企业其他经营活动以不一致的方式进行，会使企业无法顺畅地开展经营管理活动，企业的各项经营目标也难以实现。

（二）复合多样原则

不同的自主技术创新模式对中小企业有不同的要求，如原始创新要求企业有强大的研发人才队伍与雄厚的资金资源保障，而引进消化吸收再创新则对企业自身的技术能力要求相对较低。不同的中小企业在不同的生产过程，对不同的技术也有不同程度的技术能力需求，因此，不能强求所有中小企业选择实施某种单一的自主技术创新模式。中小企业应当从自身实际情况出发，面向不同的生产过程和不同的技术方向，选择适合自身的自主创新模式。对中小企业整体而言，多样化的复合模式更有利于中小企业充分利用已有的资源，获得各种创新模式所带来的优势，加速企业技术创新速度，有效实现经营战略目标。

（三）动态发展原则

中小企业所在的内外部环境不是一成不变的，中小企业应随着内外部环境的变化调整自己的经营战略，所以中小企业自主技术创新的模式也不是一成不变的。中小企业应当注意分析自己内外部环境的变化，以及自身经营战略的变化，依据现时的情况及时调整自己的创新模式选择，使自主技术创新活动能够始终适应企业的内外部环境，以便更有效地为企业的经营战略服务。

（四）利于企业竞争力培育原则

企业的核心竞争力是企业与竞争对手的差异，尤其是对于资源实习相对薄弱的中小企业而言，要想在激烈的市场竞争中占据优势并实现长远发展，就必须不断保持并强化自己的核心竞争力。自主技术创新是中小企业保持自己与对手的差异，保持与强化自身的核心竞争力的最佳手段之一。因此，中小企业在选择自主技术创新模式时必须注意分析自己的核心竞争力之所在，坚持有利于企业竞争力培育的原则，选择有利于企业不断增强核心竞争力的自主技术创新模式。若中小企业能够严格依照这一原则，中小企业将呈现创新层次递增、创新程度不断加大的特点，即企业将逐步从引进消化再创新转换到集成创新和原始创新。

（五）创新收益最大化原则

创新活动一方面能给企业带来利润，另一方面由于创新过程中存在较多的不确定性因素，创新活动也存在着风险。不同的自主技术创新模式能给中小企业带来不同的创新收益，也会带来不同程度的风险。而创新的利润和风险之间存在着正相关关系，即创新所能带来的预期利润越高，创新的风险也就越大。中小企业应当依据预期效益最大的原则来为自己选择恰当的自主技术创新模式，既要注意提高创新活动成功的可能性，也要注意防范创新活动带来的风险，确保企业从创新活动中获得切实的收益。

第四节　中小企业选择自主技术创新模式应考虑的因素

中小企业开展自主创新活动必然要受到来自内外环境中多种因素的影响，根据上一章的分析，影响中小企业自主创新的外部因素主要有国家创新系统、政府的创新政策、知识产权保护环境、金融支持体系、技术市场、人才市场、市场竞争格局和技术发展趋势与阶段。影响中小企业自主创新的内部影响因素，也即自主创新能力的构成要素包括企业的研究开发能力、生产制造能力、市场营销能

力、创新资源投入能力和创新组织管理能力。这些内外部因素对自
主技术创新过程的影响是与自主技术创新的模式相关的，即这些内
外部因素对不同模式下的自主技术创新过程有着不同影响。本节将
分析当这些内外部因素处于不同的状态时对不同模式下的中小企业
自主技术创新过程的影响。

一、选择各类自主创新模式时应考虑的因素

1. 国家创新系统

国家创新系统是国家的知识基础设施，旨在为企业的创新活动
提供所需的知识。由于国家创新系统的高度复杂性与多样性，国家
创新系统的测度与评价也是非常困难的。OECD 提出的知识配置力
（KDP，knowledge distribution power）的概念在国家创新系统测度与
评价的研究中占有重要的地位。

知识配置力是指国家创新系统向创新者及时提供渠道，使其获
得相关知识储备的能力。OECD 认为国家创新系统的知识配置力比知
识的生产更重要。与创新有关的知识配置包括知识在高校、研究机
构和产业界之间的配置，知识在市场内部以及在供应者和使用者之
间的配置，知识的再利用和组合，知识在分散的研究开发项目之间
的配置以及军用和民用知识的开发。国家创新系统的知识配置力影
响到从事创新活动的风险性大小、获得知识的速度以及社会资源浪
费的程度。系统的知识配置力是国家创新系统效率的重要衡量指标，
是经济增长和竞争的决定性因素。

在中小企业自主创新的三种模式中，原始创新由于其技术上的
率先性，需要很高的知识和能力的支持，即需要比较高的国家创新
系统知识配置力。因此，高的国家创新系统知识配置力将对原始创
新产生有利影响，而低的国家创新系统知识配置力将对原始创新产
生不利影响。相比而言，国家创新系统知识配置力对集成创新和引
进消化吸收再创新的影响不如原始创新大，当国家创新系统知识配

置力高时，其对引进消化吸收再创新的影响也只是一般。

2. 政府的创新政策

尽管政府的创新政策对企业创新活动的影响是多方面的，但研究表明企业在实施自主创新时最缺乏同时也是最需要政府支持的是资金方面的支持。由于次要的因素（创新技术与市场信息获取及知识产权保护）已经包括在国家创新系统及知识产权保护中，因此，本章仅从政府对自主创新资助的角度来评价政府创新政策对不同模式下中小企业自主技术创新过程的影响。

政府对自主技术创新的资助有着许多种形式，可以分为直接资助（如直接出资、研发投入折抵税款）和间接资助（如政府贷款、退税、信用担保、政府采购等）两大类。可以通过综合评价方法实现对政府的自主创新资助力度的评价。在这里我们把政府的自主创新资助力度分为高、中、低三档。

在自主技术创新的三种模式中，原始创新需要很高的投入，而引进消化吸收再创新需要的投入则相对最少。因此，当政府的自主创新资助力度高时，对原始创新最为有利，当政府资助力度低时，中小企业就必须自行筹集原始创新所需高额资金，因而对原始创新不利。集成创新和引进消化吸收再创新由于对资金要求不是太高，因而较少的政府资助就能推动创新活动的开展。

3. 知识产权保护环境

知识产权保护环境由国家的知识产权保护法律法规、相关政策的完善程度及具体执法部门的执行情况等因素决定。知识产权保护环境可以依据知识产权保护力度的高低来衡量。

当知识产权保护力度高时，由于原始创新所产生的技术壁垒可以受到有效保护，中小企业可以从原始创新中获得更多的收益，因而将对原始创新产生有利影响。当知识产权保护力度低时，由原始创新产生的核心技术可能很快就被竞争者所利用，中小企业从原始创新中获得的收益将大大减少，即低的知识产权保护力度将对原始创新产生不利影响。对集成创新来说，由于所形成的知识产权往往有限，因而高知识产权保护力度所能带来的有利影响也有限。对引进消化吸收再创新来说，知识产权保护也会产生有利的影响，但这种影响不大。

4. 金融支持体系

企业自主创新所需的资金除了自我积累和政府资助外，从金融支持体系中募集是一个重要的渠道。特别对中小企业来说，由于企业资本有限，能否顺利从金融支持体系中获得所需创新资金对企业的创新活动有着非常重要的影响。当评估金融支持体系对企业自主创新的影响时，可以用企业创新筹资难易度来衡量金融支持体系。由于原始创新需要很高的投入，中小企业只有能顺利募集到足够的资金时，其原始创新活动才能顺利开展。反之，当创新筹资较难时，将对中小企业的原始创新产生不利影响。创新筹资难易度对集成创新影响程度相对较轻，对引进消化吸收再创新的影响程度就更轻。

5. 技术市场

技术市场可以利用技术市场成熟度来衡量。技术市场成熟度指企业购买技术的难易程度。在成熟的技术市场上，由于中小企业可以容易获得所需的技术许可，因而对其集成创新较为有利。当技术市场不成熟时，进行集成创新的中小企业难以获得所需的技术许可，将对创新活动产生不利影响。对进行原始创新的中小企业来说，由于辅助性的外围技术也经常通过技术市场购买，因而成熟的技术市场对原始创新有利，对引进消化吸收再创新来说亦是如此。

6. 人才市场

人才市场可以利用人才市场成熟度来衡量。人才市场成熟度指企业招募合适人才的难易程度。创新人才对创新活动有着重要影响，合适的人才队伍的构建将对所有模式下的创新活动产生有利影响。但就相对程度而言，由于原始创新所包含的创造性活动更多，因而人才市场成熟度的影响也就更大。人才市场对集成创新与引进消化吸收再创新影响的相对程度就小一些。

7. 市场竞争格局

市场竞争格局对创新活动的影响是与市场集中度相关的，市场集中度的过高与过低都对创新活动不利。

8. 技术发展趋势与阶段

当技术发展处于初始阶段时，由于相关技术远不成熟，中小企业应当采用原始创新以攻克核心技术。当技术发展处于后期时，由于相关技术已经成熟，原始创新将难以获得超额利润。同时，当技术发展处于中期时对集成创新最有利，当技术发展处于后期时对引进消化再创新最有利。

9. 内部影响因素

中小企业自主技术创新的内部影响因素，即研究开发能力、生产制造能力、市场营销能力、创新资源投入能力、创新组织管理能力。毫无疑问，当这些能力较强或较高时，各种模式下的创新活动就能够顺利开展。但各模式下的创新活动对各种能力的要求是不一样的。原始创新是创造性最强的活动，对中小企业内部各种能力都有着很高的要求。集成创新对研发能力的要求相对就低一点，但对中小企业的创新组织管理能力要求较高。引进消化吸收再创新由于创造性较低，中小企业多采用成本领先战略，因而对其生产制造能力要求相对较高。

二、各类影响因素对中小企业自主创新模式的作用分析

上述分析的内外环境中各类因素对中小企业在不同模式的自主技术创新过程所产生的影响存在着方向的一致性。但由于各个中小企业有着自身的具体情况，这些内外部因素对不同的中小企业所产生影响的程度也不一样。因此，我们采用有利、一般、不利三个标准来评价这些内外部因素对自主技术创新过程的影响结果，并将这些因素对中小企业在各种模式下的创新活动的影响总结在表4-2中。

突破桎梏——中小企业自主创新的理论、策略与实践

表4-2　内外部影响因素对中小企业自主创新模式的影响

影响因素	状况	原始创新	集成创新	引进消化吸收再创新
国家创新系统知识配置力	高	有利	有利	一般
	中	一般	有利	一般
	低	不利	一般	一般
政府创新资助力度	高	有利	有利	有利
	中	一般	有利	有利
	低	不利	一般	一般
知识产权保护力度	高	有利	一般	一般
	中	一般	一般	一般
	低	不利	不利	一般
创新筹资难易度	易	有利	一般	一般
	中	一般	一般	一般
	难	不利	不利	一般
技术市场成熟度	高	有利	有利	有利
	中	一般	一般	一般
	低	不利	不利	不利
人才市场成熟度	高	有利	有利	有利
	中	一般	一般	一般
	低	不利	不利	不利
市场集中度	高	不利	不利	不利
	中	有利	有利	有利
	低	不利	不利	不利
技术发展阶段	后期	不利	一般	有利
	中期	一般	有利	一般
	初期	有利	不利	不利

表4-2(续)

影响因素	状况	原始创新	集成创新	引进消化吸收再创新
研究开发能力	高	有利	有利	有利
	中	一般	一般	一般
	低	不利	不利	不利
生产制造能力	高	有利	有利	有利
	中	一般	一般	一般
	低	不利	不利	不利
市场营销能力	高	有利	有利	有利
	中	一般	一般	一般
	低	不利	不利	不利
创新资源投入能力	高	有利	有利	有利
	中	一般	一般	一般
	低	不利	不利	不利
创新组织管理能力	高	有利	有利	有利
	中	一般	一般	一般
	低	不利	不利	不利

第五章　中小企业自主创新的机制构建

中小企业开展自主创新活动能否实现既定的目标，收获预期的创新成果，一方面与其选择实施的创新模式密切相关，另一方面取决于企业在创新过程中构建的创新运行机制。中小企业能否正确制定并贯彻实施合适的自主创新运行机制，不仅是企业顺利开展和有效实施技术研发的前提条件，也是企业能否通过自主创新在竞争中取胜的关键。但在企业实践中，中小企业往往因为缺乏有效的自主创新运行机制使得各创新要素不能在创新系统中充分发挥作用，抑制了自主创新的进程，最终导致自主创新活动收效甚微。所以要保证中小企业的自主创新活动效果，充分发挥自主创新对企业发展的作用，就必须认真研究和有效构建自主创新的运行机制。

中小企业自主创新运行机制是指中小企业在开展自主创新活动的过程中，企业自主创新运行的各构成要素之间相互联系、相互作用的关系及其对企业自主创新发挥各种影响和作用的运行方式和作用机理。中小企业自主创新运行机制是中小企业运行机制中最为复杂的机制，它涵盖了从企业投入、企业自主创新内部活动到企业自主创新商业化转化的全过程。由此可见，中小企业自主创新运行机制不是由单个要素组成的孤立系统，其中包含了特定创新过程中诸多要素的运行和联系。在中小企业自主创新运行机制具体的构成要素上，本书认为，满足中小企业自主创新活动要求的创新运行机制应该包含中小企业自主创新的动力机制、激励机制、风险防范机制以及保障机制等要素，本章将对上述中小企业自主创新运行机制的构成内容进行详细分析。

第一节　构建中小企业自主创新的动力机制

一、中小企业自主创新动力机制的内涵及功能

（一）中小企业自主创新动力机制的内涵

中小企业自主创新活动是一个涉及由科学技术、经济社会、法律政策以及人作为创新主体的行为等多种因素所决定的系统过程，这决定了中小企业要想实现自主创新的目标，不能依赖于某一因素的成功，而是需要发挥各构成要素有效协作的系统功能。

由"动力引发行为"的规律可知，任何企业包括中小企业开展自主创新活动，都是在一定的动力推动下采取的相应行为。而中小企业与其他企业相比，其创新动力的形成机制以及形成不同强弱程度的创新动力的影响因素并不相同。即使同为中小企业，由于所处的行业、生产经营模式、创新活动领域与活动性质的不同，其也会形成不同的创新动力机制。

所谓中小企业自主创新动力，是指推动中小企业进行自主创新的各种力量的集合，它回答的是什么因素导致企业进行自主创新。所谓中小企业自主创新动力机制，是指中小企业创新动力的产生及其作用于创新主体而产生创新行为的机理，以及中小企业自主创新活动与各种动力因素相互关联、相互作用所形成的互动关系。

（二）中小企业自主创新动力机制的功能

作为企业开展与强化自主创新活动的力量源泉，中小企业自主创新动力的强弱程度直接决定了企业自主创新活动规模的大小和自主创新活动速度的快慢。从上述对中小企业自主创新动力以及自主

创新动力机制的定义中可以看出，中小企业自主创新的动力机制在中小企业自主创新运行机制中发挥着导向功能，中小企业自主创新的各类动力因素决定了整个自主创新活动的方向。具体而言，这一功能反映在以下三个方面：

第一，中小企业开展自主创新，必须要与外部的市场需求紧密相关。无论是技术创新、品牌创新还是管理创新，创新的成果都必须要满足市场的需求。市场的需求，既有顾客需求也有竞争需求，市场需求的存在直接触发了企业的自主创新动机。以中小企业的自主技术创新为例，企业只有将科研开发与创新动机相结合才能激发新的创新思路，并在现有技术能力储备的基础上，通过技术开发，将创新思路具体形成创新方案。企业对盈利的追求，决定了只有市场需求量大或具有较大市场潜力的产品或技术才能有效激发企业的创新动力，所以，中小企业的创新动力机制能够为企业自主创新活动的运行过程指明方向，也为后续的决策提供依据。

第二，中小企业的生存和发展都是在一定的环境下，并无时无刻不受到外部环境的影响。社会经济的不断发展，科学技术迭代速度不断加快，这使得外部宏观环境形成的整体大创新系统能够充分发挥驱动器的功能，驱使身处其中的中小企业加快自主创新的速度，提升自主创新运行的效率，并带动企业整个自主创新过程更好更快发展。

第三，中小企业作为自主创新活动的主体，具有创新意识是企业开展自主创新活动的前提。具备创新意识的中小企业才会充分发挥主体的积极性，尤其是企业领导者的创新积极性，并引导带领企业全体员工，形成群体创新行为，持久深入地开展自主创新，不断提高企业创新水平和能力。

二、中小企业自主创新的动力要素构成及作用

中小企业自主创新的动力既有来自内部的动力，也有来自外部

的动力。中小企业自主创新的内在动力主要来自企业家创新精神和创新的利益驱动力；中小企业自主创新的外部动力主要来自政府政策引导力、市场需求拉动力、市场竞争压力以及科学技术推动力。内部和外部两类动力要素构成了中小企业自主创新动力机制，所以两者之间具有互补性，外部动力只有转化为内部动力才能实现其推动作用，而内部动力也离不开外部动力的支持。中小企业自主创新的动力模型如图 5-1 所示。

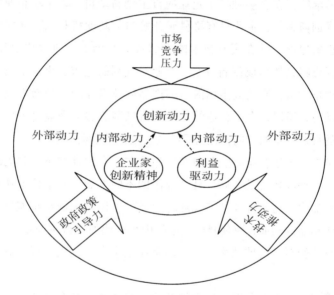

图 5-1　中小企业自主创新动力模型

（一）中小企业自主创新的内在动力因素

1. 企业长期利益驱动力

就本质而言，中小企业的自主创新是一种实现经济目的的活动，其根本目标是创造更多的利润，以求得企业的生存与发展，所以，对超额利润的追求和获得竞争优势，是中小企业开展自主创新的内在动力。中小企业对利润的追求能否转化为创新动力主要受到企业的盈利目标是短期目标还是长期目标的影响。在短期利润最大化目标情况下，对其他企业盈利能力强的产品或服务直接进行模仿或维持现有生产技术和产品格局，挖掘现有技术、管理及其他生产要素的潜力，使用各种促销手段、挖掘现有市场潜力成为中小企业最可能采用的有效手段，中小企业不可能产生以自主创新来追求利润的要求。而在追求中长期利润最大化的情况下，中小企业着眼于未来的可持续发展，将会加大研发投入，努力开发新产品，研发新服务，通过大力改进生产工艺，以自主知识产权为基础在市场上确立自己的竞争优势。因此，只有当中小企业将长期的发展和利益视为根本目标时，企业才会产生自主创新的要求，利润驱动才会成为中小企业自主创新的内在动力。

2. 企业家创新精神驱动力

企业家既是中小企业自主创新的组织者，也是中小企业自主创新的主体。企业家的创新偏好可以引发并促成创新，而中小企业的自主创新在具体的实施过程中，如何发掘需求，把握创新时机，如何制定创新目标，怎样筹集创新资源等，很大程度取决于企业家的创新精神和创造力。企业家的创新意识越强烈，中小企业启动企业创新过程就会越快，运行速度也会越高。而中小企业员工的创新动力表现是否强烈，取决于企业成员所追求的最大利益目标和企业成员的素质。良好的企业成员素质是中小企业自主创新成功的有力保证，也是中小企业创新的基础。

（二）中小企业自主创新的外在动力因素

1. 政府政策引导力

政府既是市场竞争规则的制定者，同时本身又通过组织基础研究、实施政府采购等行为成为市场活动的参与者，由此，政府对待自主创新活动的态度以及采取的措施将直接影响中小企业创新的决策。党的十九大将提高自主创新能力作为贯彻落实科学发展观的重大原则，强调形成一批拥有自主知识产权和知名品牌、国际竞争力较强的优势企业是未来较长一段时期内经济社会发展的一个重要目标。在这一战略的指引下，各级政府纷纷出台相应政策措施，将支持企业自主创新能力提高作为重要目标，这对中小企业加大自主创新力度起到了较好的政策引导和推动作用。

2. 市场需求拉动力

市场需求是中小企业研究与开发创新构思的来源，所以市场需要是拉动、牵引中小企业创新的主要动力。市场需求为中小企业产品和工艺创新创造了机会，企业根据市场需求去寻找可行的技术和工艺，而企业创新是市场需求引发的结果。通过自主创新获得的自主知识产权的物化和商品化，是满足市场需求的基本手段，也是市场需求可以拉动中小企业自主创新的根本原因。中小企业创新的规模与市场需求规模成正比，市场对创新产品和服务的需求越大，中小企业自主创新的动力越强。

3. 市场竞争压力

市场竞争压力是迫使中小企业寻求创新机会、开展自主创新的一个重要原动力。中小企业诞生伊始，就面临着极大的竞争压力，尤其是与大企业在同一市场上竞争的中小企业往往面临着生死存亡的竞争局面，激烈的市场竞争给中小企业带来很强的危机感。同时，市场竞争对中小企业产生的紧迫感、压力感也会激发中小企业的积极性和创造性，产生创新的动机，并引发创新行为，从这个意义上说，竞争是市场拉动中小企业自主创新行为的重要因素。

4. 科学技术推动力

科学技术发展随着时代的进步日新月异，而且随着网络经济时代的到来，"互联网+"和第四次工业革命的时代背景将进一步提升科学技术迭代更新的速度。科学技术的进步会带来新的技术思路，往往会促使有能力的中小企业去组织研究开发活动，并将研究开发成果投入商业化应用。而当创新者预期到某项技术尚未进入衰退期，其应用有可能带来经济效益时，就会将这一技术投入商业化应用。

技术进步推动企业创新的效应主要取决于特定技术本身的进展程度，大的技术进展，有可能推动企业实现突进式技术创新，而小的技术进展，则只能推进企业开展渐进的技术创新。

三、中小企业自主创新动力要素的相互关系分析

1. 内部动力要素之间的相互关系

一般而言，内因在任何系统中都发挥着至关重要的作用，外因也是通过内因才能发挥相应的作用，所以，各种内部动力要素对中小企业的自主创新活动无疑具有决定性的作用。在中小企业自主创新内部动力要素中，自主创新成果能够在长期内给中小企业带来的超额利润是诱发企业进行自主创新活动的最原始的动力，所以对创新活动的长期利益预期是中小企业开展自主创新最直接的驱动力；企业家创新精神对自主创新活动具有较强的催化力和影响力，能够有效带动员工高效率地完成企业的自主创新活动，帮助企业产生创新优势，冲破中小企业发展中常见的瓶颈，为企业可持续发展提供创新能动力。中小企业内部创新动力诸要素之间存在着相辅相成的内在联系：中小企业对创新活动的长期利益预期可通过利益诱导对企业家创新精神产生正面的影响和作用；而中小企业的企业家创新精神又会直接影响企业创新资源的投入和企业创新决策，对企业创新激励机制产生决定性的影响，并最终影响企业开展创新活动可实现的收益。

2. 外部动力要素之间的相互关系

中小企业自主创新的外部动力各要素之间同样存在互为影响、相互作用的复杂关系。政府政策对中小企业自主创新外部动力要素有着直接的影响，政府政策的变化往往会引发市场需求、市场竞争、科学技术等外部动力要素发生相应的变化。例如国家出台通过加大政府投资、对创新型中小企业减免税费等一些推进中小企业自主创新的政策，将会为中小企业的自主创新提供有利的环境，对扩大市

场需求、推动科学技术发展都会发挥极大的促进作用。而科学技术的进步也会创造更多新的市场需求，并在一定程度上改变市场竞争的格局，市场需求和市场竞争的变化也会推动新的科学技术的产生和发展。

3. 内部动力要素与外部动力要素之间的相互关系

中小企业内部创新动力要素和外部创新动力要素之间也存在着密切的关系。如前所述，两者之间具有互补性，外部动力只有转化为内部动力才能实现其推动作用，而内部动力也离不开外部动力的支持。同时，内、外部创新动力要素相互影响、相互作用，例如政府政策会对企业家创新精神的增强、企业创新优势的提升和企业内部激励机制的改善发挥作用；市场需求和市场竞争状况的改变会提高或降低企业对创新活动的长期利益预期；科学技术的发展和科技成果供给状况也会影响企业创新优势的形成。中小企业内、外部动力要素之间的这种相互作用会一直贯穿于企业自主创新的全过程，同时通过要素之间的各种影响会不断增强这种作用。

第二节　构建中小企业自主创新的激励机制

一、中小企业自主创新激励机制概述

创新是一种创造性的工作，激励至关重要，因此有必要探讨自主创新的激励机制。中小企业自主创新活动的开展需要激励机制来推动和加速，这同时也是由中小企业自主创新的动机决定的。中小企业自主创新激励机制就是在组织系统中激励主体通过激励因素或激励手段与激励客体之间相互作用的关系的总和。中小企业是自主创新的主体，因此是激励的"接受器"；所受到的激励来自产权、市场和政府等激励的"发生器"，激励主体与激励客体有机联系、相互作用，共同构成企业自主创新的激励机制。

根据激励主体与激励客体的不同，可将激励机制分为外部激励机制和内部激励机制。中小企业内部的激励是企业制度激励，激励的主体是企业，激励的客体是企业员工，特别是企业家和研发人员。中小企业内部通过建立激励机制，激发各创新主体和参与者创新的积极性和主动性，是企业提高自主创新能力的关键。完善中小企业激励机制，如企业的薪酬和奖励机制、培训机制、人才引进机制以及能激励创新的产权制度等，通过各种制度的安排和措施手段的实施，一方面可以不断地吸引外部人才、留住内部人才，另一方面可以最大限度地激发中小企业活动主体创新的内在动力。中小企业外部的激励包括市场对企业的激励、政府对企业的激励，激励的主体是市场和政府，激励的客体是企业。对政府而言，企业外部的激励，主要是实行支持中小企业创新的财税、金融和政府采购等政策。

自主创新对推动中小企业的发展起着非常重要的作用。就我国中小企业的现状来看，自主创新的水平并不高，大多数中小企业的产品没有国际竞争力，造成这种情况的一个重要原因就是中小企业缺乏有效的自主创新激励机制。随着世界经济一体化的发展趋势日益明显，国内外的竞争日益激烈，中小企业如何建立一种适应市场经济体制的自主创新激励机制来提升企业的竞争力就显得尤为重要。

二、中小企业自主创新的激励模式

（一）内在激励模式

中小企业自主创新的主体是管理者和研发人员，现有的激励机制强调的是管理者单方面施加于研发人员的激励，依赖的是相互独立的激励措施，是一种"指导式"的策略性激励，它是管理者为实现自身目标而赋予研发人员以激励的单向运行过程，这种激励机制很难从根本上调动研发人员的工作积极性。

企业中的管理者和研发人员从利益上来看是相互独立的，因此激励也要本着实现双方利益目标这一原则进行。中小企业的自主创新激励是管理者与研发人员（激励的主客体）之间的双向信息交流、双方目标相结合、双方行为互动的过程。自主创新的这种管理者和研发人员间的双向互动激励模式，其激励程序包括如下依次进行的四方面内容的工作过程：①双向信息交流。②双方各自工作行为和方式的选择。③工作评价与激励，其中的阶段考核信息反馈于双方，以随时修正各自的工作选择。④总结：比较及双向交流与反馈。这一激励模式是以承认研发人员个人目标为前提，以管理者和研发人员双方利益实现为基础的，若离开研发人员个人目标，激励动力会丧失，就难以调动和发挥研发人员的主动性和创造性，企业便会失去生存发展的动力与活力。因此，主客体利益的协调和目标的统一，成为企业激励技术创新的目的和出发点。此外，该创新激励模式承认、重视和激发研发人员的自我激励，使研发人员由被动受命变为主动进取。它强调的是激励和开发工作环境中的人的内在需求、愿望等心理动机，进而引导、控制、约束和归化人的行为趋向，充分启发、调动人的积极性、创造性和劳动潜能，以有效地实现企业及其成员的双方目标。

（二）外在激励模式

中小企业自主创新是一项复杂的系统工程，除了从企业内部进行自主创新激励外，通过构建适当的机制，营造良好的环境，形成一种创新的文化氛围，来刺激企业进行自主创新也是必不可少的。

1. 产权激励

对创新成果而言，新产品或新方法推出的同时，大部分技术内涵也将暴露出来，由于复制知识的成本要比创造知识的成本要低得多，这给利益寻租的人创造了模仿的机会，排除模仿这种易对技术创新受益造成侵权的有效措施就是建立知识产权，这也是最经济有效、持久的创新激励手段。产权保护保证了研发人员的创新成果不受侵害，满足了研发人员个人对拥有成果的成就感。但对创新成果给予产权保护也有不利的一面，若保护期过长，不利于成果产业化和提高整个社会的产业技术水平，兼顾研发人员和社会两方面的利益，确定一个适宜的产权保护期是很重要的。

2. 市场激励

市场可以公平地决定自主创新者的所得，可以消除自主创新不确定性而产生的消极因素，还可以通过竞争迫使企业不断创新。可以说，市场形成了对自主创新进行自组织的机制，市场过程就是一个对自主创新进行自组织的过程，市场本身就是对中小企业技术创新的一种激励。上述结果主要源自以下原因：一是在市场经济中，由于受消费者偏好和市场交换规则的约束，可采用的生产方式和行为方式都是有限的。因此，针对市场而言，参与市场本身就是一个创新的过程。二是市场为创新提供动力。创新风险明显存在，因为创新的投资不可逆。但创新成功可获得巨大的收益的市场经济行为更能吸引创新者，诱使企业创新。三是市场可以减少自主创新的不确定性。不确定性是创新的内在属性，也是制约创新的一大因素。在市场经济下，多个企业为某新产品进行竞争性研究开发，形成一个竞争性的创新环境，有助于尽快找到创新捷径，提高创新的效率。四是市场通过竞争，会给中小企业带来压力，迫使中小企业不断创新，不创新无疑等于慢性自杀。

3. 政策激励

中小企业自主创新不仅是一种经济活动，同时也表现出很强的社会性。自主创新是一个创造性的过程，一般面临着高额的成本支出和很大的不确定性，因此政府的政策激励是自主创新活动不可缺少的一环。政府在中小企业自主创新中发挥的作用主要表现为：①有效干预与适度调控。企业自主创新往往只重视自身收益，一般不会去做没有直接经济效益但社会收益大的项目，这就需要超越局部利益的政府进行有效干预、适度调控。②改善创业环境。政府可以通过为中小企业自主创新提供一贯良好的社会、经济、文化环境，为中小企业的快速发展提供条件。例如，政府通过大力推进专业技术孵化器、大学孵化器、留学人员孵化器、互联网专业孵化器的建设，以"风险投资+孵化器"的发展模式，提高高新技术创业服务中心的整体水平，推进高新技术创业服务中心支持投入主体多元化、专业化、网络化、市场化和国际化发展，逐步建立和完善以创业中心为核心的高新技术创业服务体系，促进一大批创新型企业发展壮大。③完善制度建设。运用税收、人才、土地、金融、产权、市场、基建、进出口等各项政策，使制度建设符合中小企业自主创新活动的需要。④提供信息、中介服务。政府要完善市场机制，完善各类市场和中介服务体系，规范金融、技术、咨询等中介服务，加强投资银行、会计师事务所、律师事务所等中介机构的建设，为科技人才创业提供信息、金融、法律等全方位的服务。

政府对中小企业自主创新的激励主要是通过自主创新政策而发挥作用。根据经济合作与发展组织的研究报告，政府制定自主创新政策的合理性主要在于三个方面：其一，市场失败。由于中小企业不能充分占有研究的收益，因而对研究开发商的投资不足。其二，系统失败。由于创新网络以及扩散知识的赋能结构存在缺陷。其三，战略需要。由于支持国防和能源安全等国家使命的重大任务，政府的自主创新政策可以达到克服市场失败，培育自主创新能力，发展自主创新基础设施，缩短创新时滞，最大限度地促进科学技术的产业化进程。因此各国都非常重视自主创新领域的政策制定，以影响自主创新的方向及进程。

政府的自主创新激励政策是一种组合政策。创新激励政策最根本的特征在于将分离的、由不同部门制定和实施的各类政策整合起来，形成一个整体，并发挥出整体效益。进一步说，创新激励政策实施过程是一个将多种政策进行匹配的过程。创新激励政策的组合特征决定了其政策效用的水平取决于各项政策之间的匹配程度。匹配性是衡量创新激励政策质量的基点。这种匹配体现在以下几方面：

科技教育政策与产业政策的匹配；长期政策与中、短期政策的匹配；创新供给刺激与需求刺激政策的匹配；市场调控政策与行政干预政策的匹配；针对不同创新阶段的政策匹配。

三、构建中小企业增强自主创新能力的激励机制

根据中小企业增强自主创新能力的要求，我们可以从以下四个方面来构建相应的激励机制，从而实现推动中小企业自主创新能力的增强和提升，创造出最佳的经济效益和社会效益的目标。

1. 丰富激励手段

中小企业可以广泛采用物质激励（工资、资金、清洁和个性化的工作环境、股权、期权等）、精神激励（平等合作的企业文化、自由轻松的工作环境、荣誉和声誉等）、情感激励（领导的参与和肯定、创新休假、创新证书等）以及发展激励（职务升迁、出国交流、项目任务的挑战性、职业生涯的设计、参加学术会议的权利、接受继续教育的机会等）等手段激励员工。

2. 构建中小企业与全体员工的双向激励机制和反馈机制

中小企业通过组织目标、价值取向、薪酬奖励、评价标准、行为规范等方面的制度安排和价值导向引导全体员工积极寻找创新点并积极创造条件从事创新活动；员工通过创新活动为企业集团的发展做出贡献来实现个人事业规划、个人素质提升、个人能力提高、个人价值观的实现、个人需要的满足等。通过这种双向激励机制的科学安排，中小企业和员工的双向激励取向的汇合就会导致整个企业内部创新氛围的形成、创新活动的涌现、创新成果的聚集。接着，企业通过对创新成果的阶段性评价和最终评价等并把创新成果与员工的薪酬等激励手段相结合，就会形成激励员工进一步创新的反馈机制，实现企业内部创新激励机制的闭合控制机制和螺旋升级机制。

3. 完善中小企业公司治理机制中的增强自主创新能力的激励约束机制

公司治理机制是公司权力、公司动力、公司能力的集中体现。因此，中小企业增强自主创新能力的激励机制自然成为中小企业公司治理机制中的有机内容。通过这种对企业增强自主创新能力的全面调查，在理清创新点、创新活动、价值创造、自主创新体系、自主创新主体、自主创新能力以及其他自主创新激励机制的基础上，分析中小企业增强自主创新能力对公司治理机制中的权力安排的要求，以便科学地制订适应增强中小企业自主创新能力的激励机制方案。

4. 完善中小企业增强自主创新能力的激励机制的指标体系、组织机构和操作规程

把增强中小企业自主创新能力的激励机制具体化、制度化、规范化、流程化，激励企业全体员工积极提高自己的自主创新能力，积极寻找和挖掘自己工作岗位上的创新点，积极从事创新活动，积极促进创新成果转化为现实的经济效益，使原始创新、集成创新、引进消化吸收再创新在企业内部不断涌流，使中小企业成为充满创新氛围和活力的企业。

第三节　构建中小企业自主创新的风险防范机制

在经济全球化的条件下，自主创新的成败与否，对中小企业的国际和国内竞争地位具有重大影响。风险是中小企业自主创新活动的固有属性之一，风险的存在，限制了中小企业自主创新活动的规模和强度。为了卓有成效地开展自主创新活动并取得预期效果，应该建立和完善中小企业自主创新的风险防范机制。只有这样，中小企业才能够不断地通过自主创新研制出质优价廉的新产品。

一、中小企业自主创新的风险类别

中小企业自主创新风险主要来自自然环境和社会经济环境的变动性、企业经营管理的多变性、技术开发的超前性以及自主创新决策的有限理性。从中小企业本身来看，其自主创新活动涉及的风险种类大致包括技术风险、决策风险、财政风险、制度风险、产品营销风险等。

1. 技术风险

技术风险是自主创新风险中的关键问题。技术风险一方面是指中小企业原有的技术水平相对落后，技术力量相对薄弱，技术信息相对闭塞而给自主创新带来的负面影响；另一方面是指中小企业对关键技术选择的失误，或对配套技术注意不够，这在中小企业自主创新的风险中屡见不鲜。概括起来，中小企业自主创新的技术风险主要包括技术开发风险、技术使用风险和技术取得风险。

2. 决策风险

正确的战略决策是中小企业自主创新成功的先决条件和首要前提。但战略决策的敲定并不是一个简单的环节，创新战略决策是由一系列决策所构成，而这些决策是以决策者在特定时刻对特定环境的把握为基础，是与决策者的信息掌握量紧密相连的。同时，战略决策的制定需要以下三个层面管理人员的协调配合：一是战术管理层面，包括工作流程管理、人才管理、信息管理等；二是项目管理层面，主要是指特定的项目管理，包括项目规划人员安排和使用、技术路线与方案的制订和执行等；三是战略决策层面，主要是战略方向和规划的确定、未来前景的预测以及危机处理等。在整个自主创新过程中，项目管理和战略管理至关重要，这三个层面管理活动的成效都会影响中小企业的自主创新。

3. 财政风险

自主创新尤其是高新自主创新通常投资巨大，前期资金周转太慢，而中小企业往往缺乏持续投资的能力。在项目实施的过程中，如果缺乏足够的资金供应或缺乏有效的财务管理，必然会导致项目的停滞甚至终止，给中小企业造成巨大的损失。自主创新的资金需求是极不确定的，实际的资金需求常常要超过预期的资金需求，因此要求中小企业具有持续的资金投入能力，如果企业缺乏资金持续投入能力，某些创新就可能随时搁浅，甚至导致整个企业一蹶不振。我国金融体制尚未理顺，金融市场对企业融资需求的满足能力及企业市场融资的方便程度尚嫌不足，特别是由于自主创新的高风险性，导致一般金融机构不敢也不愿意借贷资金给中小企业用于自主创新。另外，即便中小企业开发出了新产品，若无持续的投资能力，率先创新的高技术企业也可能在批量生产阶段陷入困境。归纳起来，自主创新的融资风险主要来自两方面：一是资金供给不足，创新所需资金得不到满足，导致自主创新停滞或失败；二是资金供给不及时，创新过程中出现的非预见性资金需求得不到及时满足，导致坐失良机，功败垂成。

4. 制度风险

中小企业作为自主创新的主体，需要组织和发挥企业员工创造性、主观能动性。制度风险指的是中小企业在自主创新过程中，由于组织机构的缺位或者组织机构的职能发挥不完整、不充分而导致企业损失的可能性。在实施自主创新计划时，中小企业既有的组织结构和流程设计有可能与之不相匹配，组织结构臃肿和僵化，职能部门职责模糊，流程设计不合理会使得项目的实施遇到阻碍，而组织制度的缺陷所导致的资源配置不合理、对外部变化缺乏快速反应等问题，往往会使自主创新活动终止或失败。

5. 产品营销风险

产品营销风险指的是中小企业自主创新产品推出或销售时所面临的风险。自主创新最后一个环节就是创新成果商业化，只有推出创新产品，销售创新产品，取得创新收益，自主创新才算是真正完成了使命。但是自主创新成果商业化是一个充满变数的过程，是自主创新冒险的选择，很容易因为外部环境的变化而失败。

二、中小企业自主创新风险的成因分析

（一）中小企业自主创新的技术人员流动率过大

自主创新的技术人员是企业的主要依靠力量。技术人员频繁变动是形成技术创新动态管理风险的主要原因。技术人员的不稳定因素，可以体现在各个方面：管理者受管理能力的影响会使自主创新团队失去凝聚力、战斗力；自主创新是一项非常艰苦的工作，失败与成功伴随于整个自主创新过程，技术人员若缺乏吃苦耐劳精神，就难以各显其能，各尽其职，共同创新；企业分配制度改革不合理造成分配不公平，福利保障不力，使技术人员另外择业或创业等。

（二）技术更新速度加快

受技术开发自身规律的影响，技术创新外部环境具有不确定性，包括国家政策的变化、社会经济环境的改变、技术本身的变革等。企业自身技术基础薄弱，技术人员数量不足，技术能力有限，这往往会使企业创新过程中力不从心，最后难逃失败的厄运。有的企业技术信息闭塞，对技术的发展前沿和最新动态掌握不够、把握不准，使自己陷入被动局面。此外，技术创新延续时间过长，而同类企业的技术突飞猛进也可能致使该技术创新项目大为贬值。

（三）中小企业自主创新的外部环境复杂多变

中小企业自主创新需要一个好的宏观环境。宏观环境又称企业外部环境。宏观环境变化可能为中小企业的自主创新带来某种机会收益，也可能给中小企业自主创新带来风险损失。目前，中小企业自主创新的宏观环境复杂多变是产生企业自主创新风险的重要原因。我们知道，政府政策的变动会带来筹资渠道、税收及利息负担等风险；社会技术的进步会带来创新中的技术中断、增加技术创新成本等风险；市场价值的上涨会带来劳动力报酬上升、筹资成本上升、

原材料进价成本上升等风险；市场竞争的影响会带来技术创新的技术转移、技术创新产品的劣势经营等风险。中小企业虽然可能有其技术方面的专长，但与大企业相比，中小企业在人力、物力、财力等各方面都处于弱势地位，难以形成规模经济效益。宏观环境的变化，时刻会产生自主创新风险。

（四）中小企业自主创新的财务关系应变滞后

中小企业自主创新的财务关系包括与政府自主创新基金的申拨关系、与信贷机构的信贷关系、与消费者的结算关系、与投资者的利益分配关系、与企业内部各部门的经费预决算关系、与企业职工的工资结算关系等。在整个自主创新过程所体现的财务关系中，中小企业需要超前应变、随时调整，稍有滞后，就会造成资金不能及时到位、资金成本增大、存货周转率不高、创新产品成本提高、劳动价值率降低等大量财务风险。

（五）中小企业自主创新的内涵素质偏低

内含素质是企业从事自主创新能力各种因素的综合。其构成要素包括人员素质、技术素质和管理素质。自主创新的内涵素质是中小企业的生命力和活力。自主创新的内涵素质偏低是产生自主创新风险的又一原因。人员素质包括企业的经营管理者和员工的精神状态、技术业务水平、组织管理能力和技术创新工作能力等。技术素质包括企业的物质技术手段的水平和新产品开发的技术能力等。管理素质包括管理思想、管理制度、管理决策、管理方式、管理方法、管理手段及管理人员能力等。趋向偏低的自主创新内含素质，时刻会产生士气低落、技术危机、生产停滞、销售回落和短期行为等风险，甚至会产生中小企业自主创新整体失败的风险。

三、中小企业自主创新的风险防范策略

建立和完善中小企业自主创新的风险防范机制，就是要科学地设计并营造出一套功能完备，能够有效地防范和化解中小企业自主创新风险的预测、评估和控制的组织体系和方法，以期最大限度地减少和避免不必要的创新风险、损失，最大限度地提高中小企业创新成功的概率和经济效益。

（一）中小企业技术创新风险的防范

防范技术创新的风险，首先应不断提高中小企业的技术能力。技术能力是中小企业的核心竞争力之一。中小企业可以通过引进人才、购买专利、技术合作甚至兼并、联合有价值的企业来不断提高自己的生产技术，提高自己的核心竞争力。

1. 重视技术引进或开发

中小企业引进技术或开发技术需要支付成本费用，而这些成本费用只能通过技术的应用才能得到补偿。重视技术应用的决策是防范动态管理风险的首要措施。具体技术创新应用决策的风险可从两个方面来防范：一是组织同行专家对技术的应用前景进行全面的可行性分析；二是对未来以收益为目标的多种方案进行科学预测、比较，选出最佳方案。

2. 充分利用政府的优惠政策

政府从税收、财政、金融等方面，对中小企业的总体发展规划与调控、技术人才的吸引与培养、高新技术的开发与运用，给予了很多优惠政策，企业的经营者和管理者应充分利用政府的这些优惠政策防范技术创新风险。

3. 搞好技术活动的组织工作

技术创新全过程实质上是各项技术活动的组合体。每一项技术活动之前都要先确定目标，拟好计划，制定进度，明确权责。在技术创新的每一项技术活动组合过程中，要做好调整及控制工作，确保技术创新的预期目标得以实现。

4. 加强对高级技术工人的培养，降低技术流失率

中小企业高级技术工人数量的多少、能力的强弱在一定程度上可以反映企业技术能力的高低，影响企业技术创新的成败。因此，

中小企业一定要加强对高级技术工人的培养，减少技术流失的风险，在技术开发和产品开发的同时着手实施一些防范措施。

（二）中小企业自主创新决策风险的防范

1. 建立严格的决策程序和采取科学的决策方法

中小企业自主创新决策集团成员之间要广泛沟通，充分听取各方面意见，客观估价企业自身实力，认真做好可行性论证。目前，编制自主创新项目可行性研究报告是中小企业进行风险识别与风险分析的主要手段，是现阶段企业创新风险管理的重要内容。自主创新是探索性很强的工作，潜藏着许多导致失败的风险因素，准确掌握或了解这些风险因素并采取有效的预防措施至关重要。因此，在制定风险决策时，中小企业获取风险因素的信息数量越多，信息越准确，就越能制定出正确的、有把握的决策，企业就越能减少或消除风险；反之，承担的风险就会增大，所造成的损失可能就会越大。因此，中小企业要采取有效的措施，加强情报信息的搜集，不仅在技术开发阶段，而且在样品研制、商品化和进入市场等阶段，获取信息都是十分重要的。中小企业获取信息应采取多种渠道组合的策略，以便通过多种信息来源进行拼合和相互印证。同时，中小企业应对信息进行进一步处理，如对技术专利情报加工处理，对特定领域的技术动向进行分析等。

2. 加强对技术创新方案的可行性评估和论证，减少技术开发与技术选择的盲目性

中小企业技术创新应注重前期市场调研，从顾客认为重要性程度较高的产品特性入手进行设计；在关注消费者主要需求的同时，研究顾客的相关需求，使研发的产品瞄准和满足这些需求；彻底了解自己的产品，善于发现自己产品的缺陷，采取各种可能的措施弥补这些缺陷；根据企业技术能力的强弱和综合实力的高低来选择合适的技术，在确定技术开发总体方案的基础上，合理设计和开发新产品。

（三）中小企业自主创新财务风险的防范

中小企业可以通过多方面的调查，认真确认客观存在的各种财务风险，通过归类整理，分析各种财务风险产生的各种可能因素。识别财务风险，虽然是一项难度大且识别技术要求高的工作，但一旦识别成功，就可以预先防范和化解未来出现的财务风险，减少财务风险损失。衡量风险可以采用定性衡量法和定量衡量法，具体包括财务杠杆衡量法、敏感性衡量法、财务报表衡量法、盈亏平衡点衡量法、决策树衡量法等。

在市场经济条件下，虽然中小企业自主创新的财务风险客观存在，并贯穿于整个自主创新基金运作过程中，但企业在识别和衡量财务风险的基础上，可以采取风险保险、风险转包等风险分割管理措施来降低财务风险发生的可能性或减少已发生的财务风险损失。

中小企业的经营管理者在选用财务风险分割策略时，一定要权衡得失，注重考虑三个问题：一是要考虑风险分割所付出的代价一定要小于分割的财务风险损失；二是要考虑被分割单位的偿付能力，特别是保险公司支付赔款和给付保险金的能力；三是要考虑风险损失转移到被分割单位后可以被对方收益所弥补或抵消。

（四）中小企业自主创新制度风险的防范

1. 增强战略风险管理意识

中小企业面临多变的外部环境，企业如想获得更强适应外界变化的能力，企业家及全体员工就必须增强自身的风险意识，让企业全体员工在感受到风险压力的同时，能拥有高度警觉性，进而能化压力为动力。中小企业应在职工中引入风险机制，并对职工进行合理的风险配制，如明确职工责任和任务分工、建立合理的职工收入分配制度、考核制度、奖惩制度等。

2. 加强研究开发、生产制造人员与市场营销人员的密切配合，提高企业团队整体抗风险能力

任何产品没有好的营销策略、营销人员的配合，都很难成功打

入市场。这就要求中小企业制定有效的营销策略，加强对营销人员的培训，一方面减少了市场风险，另一方面又提高了市场竞争力和占有率，树立了良好的市场信誉和企业形象。

3. 协调技术、资金、市场之间的相互关系，保持三者之间的良性循环

创新过程中主体是多个的，这多个主体因行为机制、目标、原则的不同就会产生冲突，从而给企业技术创新带来障碍。如技术人员认为自己是专业人员而非商人，追求的是技术的先进性和个人价值的体现；市场人员追求的是市场的成功和利润的实现；财务人员要求资金筹集的成本最低和使用的高效等。这些差异所带来的潜在冲突会影响创新的绩效。因此，应当将各个主体的行为统一到实现创新目标的原则上来，以此为基础协调三者的关系，促进他们的交流和沟通，建立 R&D—营销—财务不同主体间良好的沟通界面，确保三者之间实现良性互动和良性循环。

（四）中小企业自主创新产品营销风险的防范

新产品营销风险调查、预测是认识风险、加强营销风险管理的第一步。营销风险的调查可采用内部调查法，及时了解企业内部的产品制造风险、产品运输风险、产品质量风险；也可采用直接调查法，及时掌握新产品价值增减的趋势；还可以采用抽样调查法，根据概率等数学理论，以较少的费用对新产品营销威胁最大的风险进行重点评估、测定。

新产品营销风险的预测可采用定性预测法和定量预测法，预测新产品营销风险产生的因素和发生的时间、频率、范围。风险管理者对新产品营销风险调查、预测的结果，在经过各方面的分析评估后，可以作为制订风险处理计划和进行风险处理决策的重要依据。新产品营销，事先都应拟订计划，制定制度，分派任务，但管理重点要放在过程管理，即加强对实施计划过程中的动态管理，注重对整过营销过程的规划、指导、调控和平衡。

中小企业要抓住有利因素促进销售以减少营销风险损失。在新产品营销过程中，管理者要善于分析客观环境变化，用自己敏锐的嗅觉发现其中潜在的危机与机会，用自己对行业和市场的熟悉程度来判断、预测销售环境的变化发展趋势，从中发现市场的空间和寻找发展机会并改变自己目前的不佳处境和潜在危机来适应环境的变化。

第四节　构建中小企业自主创新的保障机制

一、中小企业自主创新保障机制的功能

中小企业在经历了创新动力推动、投入各类创新所需的要素、开展市场预测与调查、进行创新项目决策、研究开发、生产制造以及市场营销的整个过程后，就完成了自主创新活动成果向商品的转化。为了确保自主创新活动能够取得预期的效果，中小企业不仅需要风险预测，还需要采取措施从内部知识产权保护以及政府政策、金融市场、技术中介、人才市场等各类外部环境因素对企业的自主创新运行过程加以保障。首先，如上一节对中小企业自主创新的风险类别分析结果所示，中小企业在自主创新的每一个环节都有可能出现意料之外的风险，这就需要中小企业在开展自主创新活动之前及活动过程中树立风险防范意识，建立自主创新保障机制，并对企业自主创新活动进行全程风险预测与防范规避，以保障自主创新活动顺利进行。其次，在企业开展自主创新活动的方式选择上以及研发的过程中，需要注意保护自主创新成果，完成技术积累及知识积累，使企业能够不断提高自主创新的效率，实现自主创新的效益。此外，不要密切关注企业外部环境，尤其是政府政策、技术中介、金融市场以及人才市场等与企业自主创新活动密切相关的重要环境因素，尽量发挥外部环境对企业自主

创新活动的保障作用。综上分析，中小企业构建自主创新保障机制能够发挥确保企业自主创新顺利平稳运行，达成自主创新目标并收获预期效果的保障作用。

二、中小企业自主创新内部知识产权保障机制

中小企业在进行自主创新时，如果通过自身的努力和各项资源的投入，攻破技术难关，实现新技术突破，并在此基础上依靠自身的能力推动创新的后续环节，完成技术的商品化获取商业利润，达到预期目标，则企业就完成了自主技术创新。从层次来看，自主技术创新属于中小企业自主创新活动中的最高层次，成功的自主技术创新是中小企业成为技术领袖和市场先锋的根本标志，对企业而言也具有重要的战略意义。而科技型中小企业的优势很大程度上就是通过自主研究开发，形成并掌握新的核心技术而建立的。

中小企业通过自主创新研发成功的新技术本身存在一定的保护壁垒，模仿跟随者要复制或仿制其新技术成果存在一定的困难并需要一定的时间。但由于宏观环境中科学技术水平不断发展，对复杂技术的解密能力也日益提高，使技术本身的保护壁垒有弱化的趋势。因此要保证中小企业对新技术的独占，仅仅依靠技术壁垒难以实现，还必须求助于知识产权制度的法律保护。就含义而言，知识产权制度是指人类在科学技术、文化等知识形态领域所创造的精神产品为权利客体的一种特殊的依法专有的无形财产权。中小企业的自主创新与知识产权有着密不可分的关系。

一方面，中小企业开展自主技术创新的成果通常表现为拥有知识产权。由于技术具有溢出性，所以即便是原创性的自主创新的成果也将被其他企业共享。而对知识产权的保护是阻止技术溢出的一种有效手段，也是被世界各国政府普遍采用的一种干预市场的手段。有效的知识产权保护环境会对中小企业的创新行为产生显著的影响。英国学者 Taylor 和 Silberston 曾对这一问题专门做过研究，他们考察

了英国企业在没有专利保护的情况下在研发支出上的减少程度，研究发现在缺少专利保护的情况下，企业进行技术创新的动力明显减弱，研发支出平均减少36%。对知识产权的保护能够通过保护创新者的技术免受模仿而提高了模仿的成本，以此降低模仿动力，并增加创新者的收益。实践经验证明，当一个国家或地区对知识产权的保护越严格时，该地的企业在自主技术创新上的平均水平就越高，而企业开展模仿性研发的比率就越低。由此可见，在符合条件的情况下，知识产权保护的力度与企业自主创新的意愿成正比关系。

另一方面，中小企业开展自主科技创新，其根本目的在于掌握核心技术，获得自主知识产权。而在中小企业开展自主创新的全过程中，自主知识产权发挥着重要的先导作用：中小企业可以通过专利许可、技术转让等多种渠道获得其他企业研发的已有技术的知识产权的使用权，但中小企业如果想要保持可持续的竞争优势，就必须通过持续的自主创新以获得更多拥有自主使用权的知识产权。借助自主创新产生以高新技术为核心的更多高质量的自主知识产权，往往也是新创中小企业能够与行业内大企业相抗衡并能占据一席之地的重要原因。所以中小企业尤其是科技型中小企业应该把自主创新与知识产权相联系，从战略高度将企业开展自主创新的过程上升为通过自主创新获得自主知识产权的过程。

中小企业的自主创新和知识产权管理密不可分，且两者相互依存、相互作用、互相影响。首先，自主创新是企业产生知识产权的源泉，企业只有通过自主技术创新，才能产生以新技术为主要内容的自主知识产权；其次，企业通过有效管理自主创新获得的知识产权，实现知识产权的商业价值，可使企业获得经济利益，不仅可激励企业的自主创新行为，还能吸引更多创新主体主动参与并积极投入到自主创新活动中，增加企业的创新投入资源，并进一步扩大企业自主创新活动的范围和领域，从而推动企业的自主创新活动向更高层次发展。企业更高水平的自主创新行为必将产生更高质量的自主知识产权，如此往返循环，就形成了中小企业自主创新与知识产权管理的螺旋进步互动循环机理。

中小企业基于自主创新开展的知识产权管理，应该包括企业知识产权开发、知识产权运营、知识产权控制和知识产权保护四个方面的活动：第一，在知识产权开发阶段，通过企业的自主创新活动创造知识产权资源，实现自主创新成果到知识产权客体的转化；第二，在知识产权的运营阶段，企业通过投资、转让、许可等手段，将企业获得的知识产权资源转化为现实的经济利益；第三，企业对知识产权的控制，主要表现为对已有的知识产权资源进行价值评估和价值实现；第四，贯穿于全过程的知识产权保护，是企业运用知识产权制度合理保护拥有自主知识产权的权益，实现保护企业创新成果和激励企业创新动力的目的。

在中小企业开展知识产权管理的各部分活动中，对知识产权的有效运营和合理保护至关重要。在运营管理本企业已获得的知识产权上，中小企业除了自主使用，还可对该知识产权进行转让。为避免无效行为给企业带来的不良后果，中小企业应注意实现知识产权的合理转让，主要有两个方面：一是知识产权转让的适时性。实践表明，不转让、过早转让或过晚转让自主开发的新技术对中小企业自身发展都是不利的，而适时的技术转让可使中小企业获得较高的经济利益。二是知识产权转让的适度性。全盘托出、毫无保留地转让技术只会让获得转让权的竞争对手威胁加大，不利于企业获得预期利润。反之，企业选择合适的且对技术有需求的竞争者，并对技术进行适当的转让，将有利于培育一批理想的同业竞争者，这些竞争者的出现不仅不会削弱自主创新者在行业中的地位，反而会因动力和压力的双重存在有助于创新者提高在行业内的竞争地位。

在对知识产权的保护上，由于不同的中小企业获得的创新成果各有差异，对其采取的保护策略也不相同。整体而言，中小企业可以选择的知识产权保护模式主要有以下三种：

第一，公开模式。这种模式下，企业作为创新主体将技术成果主动公开，以获取在一定时期内对新技术的独占权。就企业的技术创新而言，主要指获得专利权等知识产权。中小企业选择这种模式可以使权利人的权利在法定期限内处于非常稳定的状态，但也易造成技术服务成果产生超出可控范围的不合理扩张。同时，由于企业取得技术独占权要经过严格的行政审查，权利取得成本也较高。

　　第二，保密模式。这种模式是指企业采用技术秘密方式来保护技术成果，往往为一些知名度较低的中小企业或新创企业所采用。企业获得这种权利无须登记也即无须通过行政审核，可以严格控制技术成果的扩散。但是，由于中小企业享有该权利完全依赖于相应成果的严格保密状态，极有可能不慎泄露或因其他人通过合法途径取得而被公开，新技术的信息一旦进入公共领域，权利人的权利将不复存在。

　　第三，混合模式。采用这种模式，意味着中小企业作为成果拥有主体，将成果的部分内容用公开模式保护，而将其余部分内容用技术秘密方式予以保护。中小企业采用此种模式能够结合公开模式和保密模式的优点，弥补两种模式的不足，即企业作为权利人既能有效地控制成果的扩散和使用，又能获取较长的控制时间。

　　相比而言，上述三种模式在权利的专有性方面，公开模式的效果最好，混合模式次之，保密模式效果最差；在控制技术成果的扩散力度方面，保密模式的效果最好，混合模式次之，公开模式最低，因此各种模式的优劣势各有千秋。中小企业在对自主创新成果的保护上，应根据这一具体创新成果的特性，结合各种保护模式的特点，来选择合理的保护模式。若中小企业获得的自主创新成果较为直观、易于复制，可选择公开模式以获取专利权，但对技术壁垒较高的创新成果，则宜采用保密模式。对于大部分能获得的创新成果中小企业而言，其更适合采用混合模式，这样可取得较长的权利占有时间并有效控制技术扩散。

中小企业选择并采取了某种模式对某项创新成果加以保护后，并不意味着一劳永逸。因为随着时间和环境的变化，技术成果的法律状态也会相应发生改变。以中小科技企业某项采用技术秘密方式保护的技术成果为例，当权利人得知或预测有其他企业可能已掌握或短期内很快会被业内主要竞争对手掌握自己的技术秘密后，如果该技术秘密同时也属于专利的保护范围，则该企业应考虑申请专利保护来代替原来的技术秘密保护，以防止出现他人抢先申请专利而令自己陷入十分被动的情况。同时，中小企业通过申请专利保护，可以利用专利权禁止其他企业对该项成果的非法使用。一般情况下，当一项由新技术开发的新产品上市后，行业内竞争对手或相关利益者总是设法破解新技术。因此，中小企业可选择一开始采用保密模式对新技术保护一段时期后，再转为专利保护的公开模式，不仅可增加对该新技术的保险系数，同时也可有效延长企业对该技术的独占期。

三、中小企业自主创新外部环境保障机制

如前所述，中小企业的自主创新一般受到企业内部和外部两方面因素的影响。就外部环境因素而言，政府政策、技术中介、金融市场以及人才市场等因素是保障中小企业自主创新的重要条件，所以中小企业需要有效地运用这些外部环境因素来确保企业自主创新活动的顺利开展。在自主创新的过程中，中小企业应主动学习、充分利用政府对企业自主创新活动的支持、引导、协调和保护等各类政策，有效借助人才竞争和人才流动带来的优势，在创新的不同的阶段，充分利用技术中介、金融市场和人才市场提供的各类创新资源，并从高科技和高技术产品特有的市场竞争特性出发，处理好企业与顾客、竞争者、供应商等各类微观环境的核心要素的关系，为企业的自主创新营造一个良好的外部环境氛围。

在构成中小企业自主创新的外部环境保障机制的诸要素中，自

主创新活动的特性及对资源的要求，决定了政府政策和技术中介是其中更为重要的两类要素。首先，就政府政策而言，由于中小企业的自主创新过程不可避免会遭遇各种风险，这些风险还会因企业在自主创新的不同阶段而有所差异，所以一个良好宽松的政策环境可以一定程度上降低中小企业自主创新的风险，提高自主创新的成功率。在具体的政策环境上，政府推进企业自主创新主要是通过制定和实施一系列的法律、法规和制度来有效保护自主创新主体的合法利益，维护市场经济运行的公平原则，以此营造一种有利于促进企业自主创新的社会环境，并推进企业自主创新的总体进程。例如国家可以通过出台相应的产业政策，通过选择并确定开展自主创新的重要产业或行业，加大政府对该产业或行业自主创新经费的投入，从而让身处这些产业或行业的企业获得更大的创新资源保障，帮助这些企业早日实现自主创新的重大突破。

其次，在技术中介保障上，作为政府管理和服务职能的延伸，技术中介是中小企业自主技术创新的社会服务体系，它能为中小企业的自主技术创新活动提供包括技术、资本和人才等方面的交流环境，为中小企业在信息传递、产需协调、提高效率和降低成本等方面发挥着桥梁和纽带作用，进而有效保障中小企业自主创新活动的顺利开展。技术中介保障在技术、资本、人才三个方面的作用机制主要表现如下：

在技术方面，技术中介能为中小企业提供包括新技术的选择投标、生产技术的转让、生产经营技术的配套转移、员工技术培训等服务，使科技成果能够成功完成向中小企业的转移并应用于企业的生产，实现科研院所与中小企业之间的技术资源的有效配置，降低中小企业自主创新的成本，分散企业开展自主创新的风险。在中小企业生产过程中，技术中介能够结合不同企业的实际需要，为企业提供产品质量检验、质量问题研究和合格论证等服务，并向企业通报政府方针政策，传递各类市场信息，向企业输送开发新技术、新工艺的经验，不断推动企业的技术革新。

在资本方面，技术中介更多的借助包括风险投资等方式为中小企业提供资本服务，通过灵活地利用多种工具帮助中小企业实现筹融资的目的，优化资源配置，分散资金风险，满足中小企业开展自主创新活动对资金的需求。技术中介的资本服务还能帮助中小企业在开展自主创新从技术研发到商业化转化的过程中拥有优势各异的不同经济主体，这些不同的经济主体以合约关系为纽带紧密相连，以达成各自以及共同的利益目标为诉求密切合作，充分发挥各自的优势，为中小企业的自主创新各尽其责。

在人才方面，技术中介服务可为中小企业提供自主创新所需的人才储备，帮助企业为自主创新的关键岗位寻找到合适的人选。中小企业相对实力雄厚的大企业，在吸引、培训高水平的人才上并不具备优势，而借助技术中介通过"走出去、请进来"的方式，在尽可能地寻找和吸收优秀人才进入中小企业工作的同时将企业内部有潜力的人才送出去学习，积极参与中介组织的各类人才交流活动，充分利用中介为中小企业和人才搭建的桥梁，不断提高企业的人才建设水平和扩大中小企业备用人才的储备量。

第六章　网络经济条件下中小企业自主创新的策略

　　随着互联网时代的到来，网络经济应运而生。网络经济是一种基于网络技术发展的、以多媒体信息为特征而形成的新经济潮流和形态。伴随"互联网+"背景下网络技术日新月异的飞速变化，网络经济的兴起已经对现代企业的研发、生产、经营和管理的各个环节产生了重大的影响。更重要的是，在经济全球化背景下，网络经济的进一步发展正在逐步改变现代企业的基本商业运作模式，动摇在工业时代业已成为经典的战略思想和卓有成效的管理方法。鉴于中小企业在我国国民经济中的地位，中小企业如何应对网络经济具有重要的战略意义。中小企业的自主创新也必须要积极适应网络经济下环境的各种变化趋势，在全面认识和深刻理解网络经济对中小企业产生的各种影响的基础上，结合中小企业自身的条件和特征，拓宽中小企业发展的战略视野，通过战略创新、管理创新、技术创新和文化创新，有效突破中小企业的发展桎梏，走上健康、可持续发展的道路。

第一节　网络经济对中小企业发展的影响

一、网络经济的内涵和特征

（一）网络经济的内涵解读

网络经济的出现，是科学技术和社会发展到一定阶段的必然产物，也正如工业经济一样，是生产力的一次飞跃。任何新生事物从出现、认识、熟悉到利用都会经历一个演变的过程，对网络经济这一概念的认知也不例外。"网络经济"这一概念最早是由约翰·弗劳尔在其著作《网络经济》中提出的，随着更多的研究机构和学者对网络经济的深入研究，这一概念也形成了不同的定义，其中较经典的是美国得克萨斯大学电子商务研究中心对网络经济给出的定义。该定义认为"网络经济就是基于网络尤其是互联网所产生的经济活动的总和。它是在信息网络化时代产生的一种崭新经济现象，表现为经济主体的生产、交换、分配、消费等经济活动，以及金融机构和政府职能部门等主体的经济行为，都越来越多地依赖信息网络，不仅要从网络上获取大量经济信息，依靠网络进行预测和决策，而且许多交易行为直接在信息网络上进行。网络经济是以信息产业为基础的经济，它以知识为核心，以网络信息为依托，采用最直接的方式拉近服务提供者与服务目标的距离。在网络经济形态下，传统经济行为的网络化趋势日益明显，网络成为企业价值链上各环节的主要媒介和实现场所。"

就网络经济的具体内涵而言，目前学术界对网络经济的认识主要从两个层面对其进行了含义解读：第一层含义是指网络经济是由于网络作为一个产业（包括计算机、网络、信息、数字产业等）而形成的经济，特别是它在国民经济中所处的核心地位而表现出来的社会经济形态。与之相对应的经济形态还有农业经济（农业在国民经济中的主导地位）、工业经济（工业在国民经济中的主导地位）等；另一层含义指网络经济是由于整个社会的网络化，从而使得社会经济形式发生根本性的改变，网络渗透到社会经济的各个方面，改变了人们的行为方式，也改变了整个社会的生产方式。这种在网络基础上形成的新的经济形态，即为网络经济。与网络经济这一概念内涵相对应的是单个经济、分散经济等。

从上述两层含义的界定中可以看出，第一层含义侧重说明了网络经济是社会发展到一定时期形成的热门产业，与之类似的名词还有"纳米经济""基因经济""数字经济"等。然而，社会上在一定时期受到高度关注的热门产业不会永远是一成不变的，在环境的变化中随时有可能被一种更新出现的产业所取代。例如，对于美国从2002年开始出现的连续117个月的经济增长，以及"高经济增长、低失业率、低通货膨胀"的经济现象，人们一般认为是网络经济发挥的作用，但究其实质，网络经济是发挥了其作为一种新技术、新产业对经济的推动作用，这在历史上并不罕见，随着时代的发展，将来也还会出现对经济产生巨大推动作用的更新的产业。因此，从这一层面对网络经济内涵的分析虽然对现实经济运行具有意义，但它只是反映了经济运行的表面现象，并没有深入到事物的本质，因而在经济理论研究上的价值极为有限。

从另一个层次对网络经济内涵研究得出的结论是从社会的经济联系方式角度对网络经济形式的认识，因而它更能深入到事物的本质。网络经济的出现不仅改变了人们在经济活动中的联系方式，而且也改变着社会资源的性质、社会生产的方式甚至经济运行的规律，因此，从行业互联的角度来分析网络经济作为一种新经济形态的内涵特征，更能涉及社会经济的本质，是对网络条件下经济运行内在关系和本质特征的整体认识。

（二）网络经济的特征

网络经济是 20 世纪末在以信息技术为主要标志的新技术革命的推动下，迅速发展起来的一种全新的经济形态，它引发了经济社会的产业革命和社会变革，对当今世界的经济与社会生活产生了并且仍在持续产生深刻的影响。作为知识经济的一种具体形态，网络经济这种新的经济形态正以极快的速度影响着社会经济与人们的生活。与传统经济相比，网络经济具有受信息网络种种特点的影响而形成的诸多特性。

1. 网络经济是创新推动型经济

在网络经济中，网络技术的创新蕴藏着无限的潜力。网络经济不仅由网络技术创新所推动，而且在适应新技术的同时，也带来了社会经济各方面的创新。在组织方面，网络技术支持了 BPR、SCM 和 ERP 等企业经营创新；在技术创新转化方面，出现了促进技术创新转化为生产力的风险投资制度和二板市场；在激励方面，管理者期权、员工持股计划等分配制度的创新也极大地促进了创新活动的展开。由此可见，网络经济是由技术、组织、市场、制度创新等共同推进的创新型经济。

2. 网络经济是直接交互型经济

与传统经济相比，网络经济能提供更广范围和更深层次的高效率的双向沟通，使大规模产品定制成为可能，从而在一定程度上缓解了供需矛盾，提高了市场效率。同时，直接交互型的经济形态的出现，改变了传统中间商在产品价值链的地位，传统的中间商不但没有像人们以前预想的那样消失，反而会成为新的后勤保障、财务及信息服务的提供者，通过完成市场角色的转变，进一步提高了网络市场交易的效率。

3. 网络经济是速度快捷型经济

美国经济学家小艾尔弗雷德·钱德勒指出，速度经济是因迅速满足顾客的各种需求，从而带来超额利润的经济。而现代信息网络可用光速传输信息，网络经济以更接近于实时的速度搜集、处理和应用信息，能够提供供需双方的快速高效沟通，同时辅以信息技术改造后的现代生产方式为支撑，能快速满足顾客的各种需求。作为对市场变化发展高度敏感的"即时经济"或"实时运作经济"，网络经济实现了对市场需求的快速响应。此外，网络经济的速度快捷的特性还显著地表现在快速发展变化的技术创新和技术扩散上。

4. 网络经济是虚拟化经济

网络经济中的活动是在信息网络构筑的虚拟空间中进行的。经济的虚拟性源于网络的虚拟性，转移到网上去经营的经济都是虚拟经济，它是与网络外物理空间中的现实经济相并存、相促进的。

5. 网络经济是全球化经济

互联网的延展性和灵活性使地理位置约束化于无形。对企业来讲，互联网可以使市场无限制地延伸到任何时间、任何地方，市场对所有企业完全平等开放，每一个行业的企业都发现它们正面对与以前完全不同的竞争对手和顾客。另外，信息技术的不断发展，使远程管理和远程的协同工作成为可能，也使企业可实时准确地掌握全球各地分公司或者子公司的订单、销售、库存、财务、运营等各方面的情况，从而大大提高企业的运营效率，提升管理者的决策能力，真正做到经营全球一体化。

6. 网络经济是高渗透性经济

迅速发展的信息技术、网络技术，具有极高的渗透性功能，使得信息服务业迅速地向第一、第二产业扩张，使三大产业之间的界限模糊，出现了第一、第二和第三产业相互融合的趋势。对于诸如商业、银行业、传媒业、制造业等传统产业来说，迅速利用信息技术、网络技术，实现产业内部的升级改造，以迎接网络经济带来的机遇和挑战，是一种必然选择。不仅如此，信息技术的高渗透性还催生了一些新兴的"边缘产业"，如光学电子产业、航空电子产业、汽车电子产业等。可以说，在网络信息技术的推动下，产业间的相互融合和发展新产业的速度大大提高。

7. 网络经济是直接无摩擦经济

将网络经济称为直接无摩擦经济是指网络经济能够在很大程度上消除交易成本。由于网络的发展，经济组织结构趋向扁平化，处于网络端点的生产者与消费者可直接联系，降低了传统的中间商层次存在的必要性，从而显著降低了交易成本，提高了经济效益。为解释网络经济带来的诸多传统经济理论不能解释的经济现象，姜奇平先生提出了"直接经济"理论。他认为，如果说物物交换是最原始的直接经济，那么，当今的新经济则是建立在网络上的更高层次的直接经济，而直接经济理论主张网络经济应将工业经济中迂回曲折的各种路径重新拉直，缩短中间环节。信息网络化在发展过程中会不断突破传统流程模式，逐步完成对经济存量的重新分割和增量分配原则的初步构建，并对信息流、物流、资本流之间的关系进行历史性重构，压缩甚至取消不必要的中间环节。

8. 网络经济是标准与规则并存的经济

网络经济是不同信息主体的有序联合，各个主体之间需要建立各种标准，通过网络进行顺畅的信息传递与联合协作，并且实现经济功能。技术标准与高信用程度是网络经济与传统经济相比更为突出的要求，也是其更为突出的特征。

9. 网络经济是竞争与合作并存的经济

信息网络使企业之间的竞争与合作的范围扩大了，也使竞争与合作之间的转化速度加快了。世界已进入了大竞争时代，在竞争中有合作，合作也是为了竞争，在竞争中合作与在合作中竞争的过程中，企业的活力增强了，应变能力也提高了。

10. 网络经济是可持续的经济

网络经济是知识经济的一种具体形态，知识、信息同样是支撑网络经济的主要资源。美国未来学家托夫勒指出，"知识已成为所有创造财富所必需的资源中最为宝贵的要素，……知识正在成为一切有形资源的最终替代"。正是知识与信息的特性使网络经济具有了可持续性。信息与知识具有可分享性，这一特点与实物商品显然不同。一般实物商品交易后，出售者就失去了实物，而信息、知识交易后，出售信息的人并没有失去信息，而是形成出售者和购买者共享信息与知识的局面。在知识产品的生产过程中，作为主要资源的知识与信息具有零消耗的特点，正如托夫勒指出的"土地、劳动、原材料，或许还有资本，可以看作是有限资源，而知识实际上是不可穷尽的""新信息技术把产品多样化的成本推向零，并且降低了曾经是至关重要的规模经济的重要性"。网络经济在很大程度上能有效杜绝因传统工业生产对有形资源的过度消耗而造成环境污染、生态恶化等危害，实现了社会经济的可持续发展。

二、网络经济的运行规律

（一）网络经济的基本原理

网络经济的运行基于以下三个原理：

1. "专家控制"原理

专家的经验之所以越来越重要，是因为信息在网络经济里传播的成本越来越低，与此同时，在信息使用的总成本里，网上检索和处理信息的成本占了越来越大的比重，以致我们通常只是"知道"网上存在着我们需要的某类信息，却不愿意花时间去找到它们。当检索和理解信息的费用超过一定限度时，"专家服务"就成为合理的选择。与传统产业里的专家服务不同的是，网络在原则上可以在全球范围内集结"专家服务"的市场，从而使每一个专家可以变得更加专业化而不至于损失规模经济效益。

显然，随着专业化的深入，专家与普通人（即从事其他专业的人）之间关于该类专门知识的信息将越发不对称，于是需要有人专门从事将这类专业知识与其他类别的专业知识适当整合的工作以应付潜在的大众需求。这样，随着知识的层次渐渐深化，一个专家服务的链条链接着最深层的知识和大众需求，这一链条也可称为"知识价值链"。关于这一知识价值链，普通人感兴趣的仅仅是它所提供的服务的价格，他们早已放弃了启蒙思想家那种对世界做"百科全书"式的追究的态度。

2."纵向整合"原理

那些缺乏纵向整合的知识链条总是产生更高的"总体占用成本"，因为让客户自己钻到知识链条的各个环节里去学会使用深层专业化的知识就等于强迫每一个使用者成为各个环节的专家。而经过纵向整合的知识链条，对使用者来说相当于一个整体商品，只要其售价低于使用价值，使用者就不必担心将来会支付额外的知识链条的维修费用。但是从最深层次的知识到大众需求层次，原则上可以有无数条纵向整合的道路，通过哪一条路径建构知识价值链，这是企业家承担的工作，只有他们才可以敏锐地觉察到潜在的大众需求以及满足这一需求的各种可能的知识整合当中潜在利润率最高的那些知识链条。

3."大规模量身定制"原理

在传统经济里，为特定客户量身定制是很昂贵的，通常意味着特权价格（包含一部分"炫耀性消费"的价格）和超额利润。即便在充分竞争的市场上，量身定制也意味着更高的价格，因为流水线的开通要求最小经济规模的订单。所以，当人们只能以传统方式集结市场需求时，他们只能小批量生产特殊款式的服装，并且支付比大批量生产的服装（意味着规模经济效益）高得多的费用。但是网络彻底改变了这一局面，任何特殊款式的服装都面对着全球范围的潜在市场，而且最重要的是集结这一全球市场所需要的费用正以网络经济的扩展速度迅速下降。而全球范围的市场集结使得每一个本土性的"特殊款式"仅仅对本土的客户而言是"特殊"的款式，对全球的客户而言，则是"批量"的也是"常规"的。商品一旦可以批量生产，就具备了按照相应的规模经济效益降低成本和竞争性价格的技术经济条件。于是这整个事情就可以被定义为"大规模量身定制"。

（二）网络经济运行规律探析

1. 宏观经济运行规律

在宏观层面上，经济运行的基本规律也许并没有发生根本变化，但影响宏观经济运行的基本元素发生了变化，使得通货膨胀、经济波动和社会分工水平都与以前有很大的差异。

（1）通货膨胀。

网络经济中，通货膨胀的可能性仍然存在，只不过导致通货膨胀的因素发生了变化。认为网络经济可以完全避免通货膨胀的观点，是不符合实际的。

在各种经济形态中，对该种经济形态所依赖的稀缺的物资资源的过度利用导致了通货膨胀。工业经济中，各种原材料、能源以及劳动力是支撑其经济增长的稀缺资源，较长时期对其过度利用或外来的供给或需求冲击都会导致通货膨胀。在网络经济中，知识、技术等信息资源的大量投入提高了有形实物资源和人力资源的要素生产率，不仅加速了经济增长，也降低了其所依托的实物资源的需求量和单位产品的物质消耗成本与人工成本，抑制了许多传统原材料、能源的价格上涨。但对支撑信息产业的重要原材料和能源的依赖，使得这些原材料、能源的过度使用或者供给和需求的冲击同样会造成未来的通货膨胀。只不过我们目前对这些原材料和能源的理解还比较模糊。

同时，如果对具有较高知识水平和技能的人才的需求大大地超过了供给也会导致人工成本的上升和通货膨胀。美国近几年之所以能保持其高增长、高就业和低通胀的所谓"新经济"态势，与美国并未受到重大的原材料、能源冲击以及较为开放的移民政策缓解人才的短缺有较直接的联系。

（2）经济波动。

社会的经济波动与社会生产力水平是密切相关的。当人们还处于发展初期、靠天吃饭的时候，太阳黑子等气象运动规律与经济的波动密切相关。而当人类能够大量地进行生产，却不能高效地实施交换和分配时，供给和需求的矛盾运动规律决定了经济的周期性波动，供给和需求的冲击也直接诱发经济波动。出于改善交换效率和分配效率的需要，虚拟经济活动日益增加，虚拟经济的波动成为许多经济波动的直接诱因，现代经济波动常常由金融波动触发。网络经济进一步提高了交换、分配的效率，降低了供求矛盾引发经济波动的可能性，但网络经济扩大了虚拟经济的规模、风险和虚拟经济对实体经济的影响，整体经济波动的风险并没有降低。

网络经济带来了新的流通方式和生产方式，促进了供需快速有效衔接，大大地缓和了供需矛盾，可以较好地避免由于生产过剩和短缺（无论是总量还是结构的）可能引起的经济危机周期性发生，拉伸了经济周期的长度。但与此同时，虚拟经济波动的风险进一步扩大。随着全球网络化，巨额的资金和信息可在几分钟之内被输往地球上的任何地方，一国有限的外汇储备和局部连动机制所起的调控作用相对减弱，而且难以及时发挥作用，金融风险进一步加大。同时，整个世界信息流量大大加快。人们通过 24 小时运转的环球信息资源网络更快、更好地获取有关虚拟市场的信息，也会加剧市场的波动。因为在人们更快地获得市场信息和有效的风险管理手段的同时，却没有办法防止不稳定的市场行为的发生和市场信息出现的急剧的、不可预见的逆转。人们的心理预期会对经济产生越来越重大的影响，今后的经济波动可能更多地以金融危机和信息崩溃为导火索。

（3）社会分工水平。

网络经济从广度和深度两方面促进进一步的社会分工。生产专业化水平的提高无疑会提高生产效率，但同时带来大量中间产品，增加了市场交易的数量，也增加了整个社会的交易费用。目前世界的社会分工状态是由进一步提高生产专业化水平所带来的生产率提高的收益与同时引起的交易费用增加的代价这二者的均衡决定的。

全球互联网的广泛应用导致了交易费用的大幅下降，使得社会进一步分工。提高生产率的收益远远高于由此所带来的增加的交易成本，更深入的社会分工是有利可图的，是必然的。日益明朗的经济全球化趋势具有双重的意义：第一，拓展了社会分工的范围，使在全球范围内的社会分工得以实现，世界各地资源、禀赋的差异得以充分利用；第二，更进一步细化了全球的社会分工，在每个产品的生产上，世界各国也许仅仅负责其中上百道工序中的一道，市场上将会出现大量的中间产品需要交换，而经济的全球化必须依靠全球网络化来实现。因此，网络经济使我们能够在获取高度社会分工所带来的生产率提高的好处的同时，却不为大量的中间产品的交易付出更高的费用，从而提高了经济整体运行效率。

2. 微观经济运行规律

从微观层面上看，网络经济会对商品的性质、定价和市场的结构产生重大的影响。

（1）网络经济中信息技术产品和服务的性质和定价问题。

如图 6-1 所示，网络经济中大部分商品——信息产品、信息技术产品和服务具有特殊的成本结构；不变成本大大高于可变成本，产品的平均成本一直在下降，边际递减甚至到几乎为零的程度，因此没有自然的价格底线。一般说来，这些产品的供给曲线应该和总需求曲线一样也是倾斜向右下方，两条曲线不总是存在有效的交点，因此市场不一定存在供求相等的均衡状态。

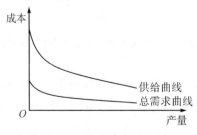

图 6-1　产品和服务的成本特征

供给和需求曲线的相对位置可能有三种情况：第一种情况如图
6-2（a），在任一产量上，供给价格总是高于需求价格，则该种产品
供给者会永远亏损，意味着即使这种产品很先进，人人渴望拥有，
但费用高昂的开发和生产相对需求过于超前了。第二种情况如图
6-2（b），如果某一产品供给总量增加使得价格下降幅度超过了需求
总量增加所要求的价格下降幅度，两条曲线会产生交点，形成了一个
市场均衡点，在这个产量和价格上，供求平衡。但与一般商品市场稳
定均衡不同的是，这个均衡是非稳定的。一旦这个均衡体系在外力的
干扰下离开均衡位置，由于供求两种力量的作用，再不会回到原来的
平衡点，而是双方进一步变动，越来越远离均衡，价格机制难以起到
调节供求、恢复均衡的作用。第三种情况如图 6-2（c），在任一价格
上，需求的数量都大于供给的数量，或者说，在任一产量上，供给的
价格都可以低于需求的价格，这类产业或产品注定是赚钱的。在这种
情况下，也不存在市场的供求均衡，价格更多地取决于需求和市场结
构。在网络经济中，供求难以均衡或即使均衡也不稳定的特点不仅使
市场充满了不稳定性和风险，也使得确定信息产品和服务的价格很困
难，产品的价格更多地由市场的需求曲线和市场结构所决定。

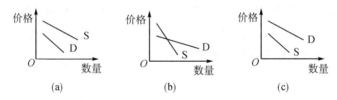

图 6-2　产品和服务的需求和供给曲线

产品、服务定价和收费变得更加困难的另一原因在于，许多无
形产品和服务的消费具有非自然排他性（类似于公共物品），极易产
生搭便车的行为。传统的经济学理论认为在市场失效的领域如公共
物品的提供应由政府承担提供绝大多数产品的责任。除了利用法律

体系进行高成本打击外，私人部门通过提供这些产品赚取利润有两种方法：一是人为地增加一些排他性装置（如口令等），既限制了信息的传播，又增加了成本；二是在免费提供这些产品时售卖其他的产品。经济学家卡尔·夏皮罗对这一问题提出了较好的原则，"应该学习更好地利用新的配置模式而不是对抗它：最大化知识产权的价值和效用，而不是最大化其保护"。应该通过低廉的单位成本促进信息的传播、共享来提高知识产品的需求量以获取收益，而知识产品需求弹性大、边际成本为零的特点也支持以量取胜的策略，这也促进了社会整体效益的提高。

（2）市场结构。

随着社会分工的深化，中间产品日益增多，同时消费者需求的多样化也导致产品差异性的增加，这二者都促进了市场规模的扩大和市场的进一步细分。而在每个细分的市场内，市场常常处于垄断或寡头垄断的状态，呈现出很强的规模经济和范围经济。而且一旦某个细分市场形成垄断，就很难用技术、资金等手段打破。当然，产品差异的扩大、用户偏好的变化和技术标准的更新可能打破原有的垄断，但同时又会形成新的垄断。因此，有效竞争往往不会发生在行业内部（相同产品的市场），更多地发生在行业之间（不能完全替代产品的市场）。

网络经济中的大多数产品，生产的可变成本大量地沉积为固定成本，这种成本结构使得信息产业类似于传统领域中自然垄断产业，具有显著的规模效应，其结果是本地区或本行业只有一个产品提供者。同时，网络存在着外部正效应，导致规模大的网络更能吸引新用户，新用户越多，网络的规模就越大，网络就会良性循环，原来规模小的网络则会恶性循环。再者，产品的换置成本——使用某一商品和服务的用户换用类似替代产品所付出的代价，如技术不兼容导致上下游设备的更换、重新学习的成本等，也加剧了这种垄断程度。另外，知识产权保护也使得高新技术领域的垄断自然合法。

传统经济学理论认为，完全竞争应是市场常态，垄断或寡头垄断是某段时间、个别产业对此的偏离，但垄断或寡头垄断也许是网络经济中的主导产业的产品市场常态，表现为网络经济中的"强者愈强""赢家通吃"等现象。

三、网络经济对中小企业的影响

网络经济已经成为世界经济中越来越重要的一个组成部分，网络经济带来的影响绝不仅仅局限于网络公司，它创造了新的就业机会，促进了企业生产率的提高，正在改变着传统的企业和职业结构。网络经济在给我国中小企业带来机遇的同时，也带来巨大的挑战。网络经济的兴起已经对现代企业的研发、生产、经营和管理的各个环节产生了重大的影响。更为重要的是，经济全球化背景下网络经济的进一步发展完全有可能改变现代企业的基本商业运作模式，动摇在工业时代业已成为经典的战略思想和卓有成效的管理方法。

（一）对组织机构的影响

在传统中小企业中，组织机构管理层次多，管理幅度小，导致机构臃肿庞大，决策缓慢，效率低下。网络经济时代信息高度发达，它促使企业经营管理手段不断创新，以适应不断变化的市场环境，尤其是瞬息万变的外部市场环境，从而使得组织机构决策迅速，反应灵活、快捷，管理效率更高。因此，网络经济对中小企业组织机构的影响主要表现在：从企业内部来说，要直接触及企业的管理层次和管理幅度，使管理层次分明，并不断减少，管理幅度明显变宽，决策更多地向客户靠近，向经济前沿靠近；从企业外部来说，要求企业之间的联系更便捷，互相渗透更容易，让同行企业形成以专业化联合的、共享过程控制和共同目的为基本特征的企业间组织方式。

（二）对生产组织方式的影响

网络经济时代直接冲击着中小企业传统的生产组织方式，并使其解体。高度发达的信息使得中小企业间互通有无成为可能，尤其对同行的中小企业而言，几乎可以说是无"密"而言，无"密"可保，先进设备的运用，尖端技术的采用，企业生产日益明朗化，竞争更激烈、更残酷。在这种情况下，就单个中小企业而言，从产品的设计、生产、包装等环节，无论谁都不可能做到面面俱到，做到最佳。因此，中小企业只有改革现有的生产组织方式，适应网络经济的挑战，才能在未来经济发展中占据一席之地。

（三）对经营方式的影响

以网络化为基础的电子商务将极大地改变中小企业传统的经营方式，摆脱常规的交易模式和市场局限。这不仅要求交易双方和服务部门的商业信用和支付的银行信用高度成熟，而且要求保险机构、金融机构、供应商和客户在电子网络交易系统中的高度整合与兼容，使网上市场成为交易参与者密切关联和利益攸关的集合体，从而改变中小企业传统的经营方式和参与者之间的关系。其间，一些传统的规则和惯例的确在发生变化。因特网可以使企业通过供应链管理（SCM）急剧降低成本，将客户关系管理（CRM）提高到超乎想象的新水平，进入企业原来因为地理条件而被排斥在外的市场，创造新的收入渠道，并最终重新界定它们所经营的业务的本质。网上交易之所以能在很短的时间内得以迅速扩张和普及，就在于它能够在很大程度上降低成本。这是由于一方面每个采购合约中投标企业数量增加，竞争加剧了，导致价格下降；另一方面买方与卖方之间的谈判次数可以大幅度减少，从而降低了交易成本。

（四）对创新机制的影响

在日新月异的网络经济时代，中小企业面临着从未有过的竞争压力和生存危机，唯有创新才有出路。由于社会经济发展速度的加快，中小企业要生存发展就必须适应社会的节奏，企业产品的某项创新发明领先的时间日渐缩短，由"各领风骚三五年"到"各领风骚数百天"，这样的创新也就成为常态。当旧的创新体制已显过时，中小企业的一切都必须不断更新，才能更好地适应生存和发展的需要。

第二节　网络经济下中小企业的战略创新

随着网络经济的到来，中小企业必须应时而变，在竞争观念上从单一的竞争向合作竞争的方向改变，树立基于合作的竞争制胜理念。这种理念的形成来自信息及其网络对物质性资源的封锁，网络的广泛应用必然打破传统的各种竞争壁垒。这既是中小企业的机遇，也是中小企业面临的挑战。通过网络的应用，我国的中小企业可以降低进入国际市场的竞争成本，同样，通过广泛的合作形式，中小企业还能够以一种企业的网络形式存在于国内外的市场中，在各个层次的市场中展开竞争。网络经济所附属的全天候经济和全球化特性，容易导致我国的中小企业受到国外跨国公司的竞争夹击，因此灵活性是中小企业适应网络经济的先决条件。网络经济条件下，中小企业战略创新的主要有以下路径选择：

一、特许经营

特许经营，又称"加盟连锁"，是新经济时代最受欢迎的一种营销方式。特许经营是特许人和受许人（也称加盟商）之间的契约关系，对受许人经营中的既定领域、经营诀窍和培训，特许人提供或有义务保持持续的兴趣；受许人的经营是在由特许人所有和控制下的一个共同标记、经营模式或过程之下进行的，并且受许人从自己的资源中对其业务进行投资。由该定义可以看出，特许经营实际是一种知识产权的总体转让，这里提到的知识产权不仅包括专利、商标等工业产权，也包括计算机软件、版权等著作权，以及技术秘密和商业秘密等专有技术。知识产权是一种无形资产，特许经营就是通过转让将这种无形资产用有形资产体现出来的一种方式。

特许经营作为一种营销方式，具有营销活动的本质特征。美国市场营销协会（AMA）对市场营销作了以下定义：市场营销是满足个人和组织之间的相互需求所发生的交换活动，是对商品和服务的营销构思、定价、促销、分配行为所进行的计划与实施过程。菲利普·科特勒在《市场营销》（亚洲版）一书中定义：市场营销是一个管理过程，在这个过程中，个人和群体通过创造、提供、交换有价值的产品而满足自身的需求和欲望。从以上两个定义中可以看出：一切营销活动都围绕着交换发生、推进、转移和变化，营销的核心就是交换，如图6-3所示。

图6-3　企业基本的营销系统

在图6-3所示的企业基本的营销系统中，卖方与买方之间有三种流动相连。卖方把商品或服务送至市场，传递待售信息，随后在市场上与买方取得信息沟通；买方将货币或其他等值物品交还给卖方，同时反馈信息。这是对市场营销的本质抽象，而把市场营销仅仅看作是以产品或服务为载体的卖方与买方之间的互动关系还不够完整。因为分工所带来的专业化必然会形成各类市场，并日益加大了企业对各类市场特殊资源的需要程度。企业正是通过需要才彼此联系起来。这些联系本身又因为需要的相互制约而转变为某一特定的关系。大量营销活动的实践表明：虽然营销过程的焦点仍然是顾客，但必须扩展视野，从社会营销系统的角度把营销的研究扩大到与分销商、供应商、竞争对手、公共机构、政府部门及企业内部员工等各种交换关系，而不应仅止于分析卖方和买方的互动过程。扩大的社会市场营销系统包括一切从内部和外部寻求资源并愿意以有价物品进行交换的活动，是由供应商、分销商、竞争对手、政策环境和顾客形成的一个开放的系统。系统是由彼此相关的要素组成的，各个要素相互关联形成一个有机的整体。由图6-4可见，特许经营系统是一个开放的系统，这个开放的系统与其所处的环境交换能量、信息和物质，输出具有特定价值的产品和服务，并通过要素的整合，使得各个要素之间的联系不断完善和加强，进而增强系统的功能，不断增大系统的输出值。

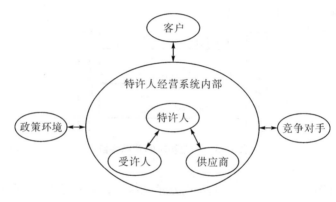

图6-4　企业特许经营营销系统

特许经营系统是以扩展的社会营销系统为基础，使用系统的方法来考察营销组织的所有活动及其相互作用。这个系统中特许人拥有管理经验、专有技术、知识产权、市场推广与组织能力等方面的优势；供应商具有生产能力和资源优势；受许人则熟悉当地的市场需求、资源分布、法律法规，而且和当地的政府机构、社会团体有较好的关系。特许经营系统以契约方式将供应商、特许人、受许人紧密联系起来，形成一个开放的系统。在系统内部通过价值链的重整，对系统的要素加以整合，形成供应商、特许人、受许人三方的协作分工体系，从而实现系统的内部各成员以及系统外界各个要素的信息、货币、产品和服务的交换高效率运行。系统中供应商进行产品生产和原材料的供应，受许人则按照合同规定使用特许人的商标、品牌和经营模式，特许人向受许人提供培训、广告、促销等一系列专业化的支持和服务。一个特许经营系统是期望通过特许人、受许人、供应商之间的合作形成一种产权分配状态，使得特许人、受许人、供应商在系统内资源共享的基础上，围绕产品、顾客、地域为核心形成三维网络体系，进而为消费者创造具有某种特定价值的产品和服务，由此实现利益的最大化和利益的合理分配，达到特许人、受许人、供应商和消费者的"多赢"。

特许经营为一些技术、管理、人才比较缺乏的中小企业提供了一个很好的发展机会，同时也为那些资金比较雄厚的中小企业的迅速扩张提供了一条捷径。当然特许经营并不是万能的，不同的行业有不同的发展方式。实践证明，特许经营在餐饮业、零售业、服务业、租赁业等有着极好的发展前景。

二、企业战略联盟

中小企业扩大规模、提高竞争力的又一条捷径就是多向合作和联合，即以某种方式与其他企业、包括与大企业建立形式不一的联合。这种企业之间的联合不仅有通过相互持股建立的企业间产权的联合，还有管理方面的联合、历史形成的联合、技术方面的联合、销售方面的联合，甚至有经营方面的联合等。无论是否具备一定的组织形式，中小企业与其他企业建立了联合关系，就可能改变其现状，取得对某一产品或市场的控制地位。

1. 战略联盟的形式

当前的竞争已不是单个企业之间的竞争，而是全球范围内整个价值链、供应链之间的系统的竞争。中小企业毕竟是"弱势群体"，如果完全依靠自身的力量来发展壮大，在对抗性竞争的今天是很困难的；当然大型企业亦是如此，如果完全依靠自身的力量去竞争并取得优势也是不太可能的，于是当前许多大型企业把大部分业务外包出去，自己则做自己最擅长的部分业务，同时也为中小企业提供了合作、发展壮大的机会，从而实现"双赢"。

我国中小企业的战略缺口是较为明显的。中小型企业只有选择一个与自己相匹配和相容的联盟结构的联盟伙伴，才能有效弥补自身的战略缺口，有效地实行联盟管理，从而取得竞争优势和实现战略目标。因此，努力构建战略联盟，学习优势企业的长处是我国中小企业所应采取的发展战略。这种联盟不仅包括中国企业和国外跨国公司的联盟，还应包括国内企业间的联盟。与跨国公司联盟可以提高我国企业的管理水平，积累国际经验。而中国企业间的联盟，则不仅可以重新整合企业资源，扩大企业经营外延，而且可以构成跨国公司进入中国的屏障，提高跨国公司的并购成本。

中小企业战略联盟组织的形式可以多种多样，包括合资企业、互相持股、合作企业、R&D合约、合作开发、联合生产和营销、加强与供应商合作、渠道协议以及特许协议等。不同的合作协议不仅取决于合作者的结构偏好，而且主要取决于企业现有的价值资源。联盟的本质是既有竞争又有合作，在合作中，联盟合作者可能会采取非合作行为，以提高母公司的利益，这样，基于信用基础上的战略联盟由于信息的不对称性，就给企业带来了道德风险、信用风险和产生投机行为的风险。因此，选择合适的联盟原则、方式和合作伙伴是联盟构建中极为困难而又最为重要的工作。

2. 战略伙伴的选择

联盟伙伴的合适与否，直接影响到联盟的成败。如果联盟双方不匹配乃至不相容，就容易产生消极的后果。对我国中小企业来说，合适伙伴的基本条件是：能够给企业带来弥补其战略缺口的资源或者新的市场空间。所以，我国中小型企业可选择以下两种类型的联盟伙伴：

第一类联盟伙伴：外商。我国巨大的市场对外商的吸引力是不言而喻的，在中国实行战略联盟是国外企业避开中国商业障碍最为重要的方式。国外企业先进的技术、管理理念和营销技巧正是我国中小企业所需要的，而且，作为东道国企业具有的与政府和相关部门良好的关系也正是外商企业所缺少的，故双方可以优势互补。另外，我国中小企业的东道国企业优势可以弥补其与国外跨国公司的不对等性，消除因此而产生的被动和消极后果。所以选择外商建立合营企业是我国中小企业战略联盟的主要方式。

第二类联盟伙伴：国内知名大企业或跨国公司。国内知名大企业通常具有良好的品牌，跨国公司已经具有了相当的国外市场。中国加入世贸组织后，国外市场给它们带来了巨大的机遇，开发国外市场是它们发展战略的必然选择。中小企业可以以委托-代理协议的联盟形式，跟随进入国外市场。这种联盟的可能性和合理性是：一是根据适度规模理论，国内知名大企业或跨国公司的规模结构不合理性必然导致规模不经济，这就需要代理；二是大型企业相互之间的猜疑，造成它们之间的合作的熵值太高；三是国外当地企业在管理方式和文化上的差异，易造成联盟控制上的困难。所以，选择国内中小型企业作为代理就成为较为合理的选择。

中小企业联盟战略的制定必须要和其发展目标结合起来，中小企业的发展目标是企业生存并取得长久的竞争优势。从我国中小企业自身现有的经营状况和经营目标出发，其在构建战略联盟时应坚持以下三个基本原则：

（1）联盟成员核心能力互补原则。中小企业实行战略联盟最为重要的目标是弥补企业的战略缺口和增强企业的核心能力。当联盟方的核心能力与本企业的核心能力相一致时，往往造成联盟后企业的规模扩大了，但企业的"体质"更弱了，这种缺少互补核心能力和内部整合的联盟是联盟战略失败的主要原因之一。

（2）战略性的互相学习原则。不管企业实行什么样形式的战略联盟，联盟的目标都是暂时的和局部的，企业要获得长期的竞争优势，必须通过学习和经验积累来增强企业的综合实力。

（3）保持灵活战略和独立地位的原则。竞争环境的动态性和不确定性，要求企业要有迅速适应环境变化的战略与之相适应，当企业因为联盟而失去战略的灵活性时，一旦环境改变，就会产生巨大的联盟风险。同时，联盟使企业失去战略的灵活性，也违背了战略联盟的目的。战略联盟是建立在平等互利和相互信任基础上的，一旦某一联盟方失去了独立地位，联盟就变成了兼并，这样，对方的投机就会造成对企业的侵害，而这种风险是中小企业无法承担的。

综上所述，在经济自由化、贸易全球化、市场开放化的今天，市场竞争日趋激烈，企业特别是中小企业面临巨大商机的同时，也面临着巨大的生存压力。当前我国中小企业应善于结合自身资源状况、经营目标等条件，合理选择国内外优势企业进行联盟，并遵循相互平等、优势互补等基本原则，构建高效率组织结构，从而形成有效的战略联盟，以学习优势企业的长处、弥补战略缺口、培育和更新自己的核心能力，取得竞争优势，这样才能在严酷的市场中立于不败之地。此外，我国中小企业在实行战略联盟时，还必须具备科学的联盟管理能力，避免联盟投机风险和道德风险的产生，使联盟长期稳定存续。

三、业务外包

外包是指由内部生产的投入品（有形商品、知识产权、服务等）转变为从外部供应商处购买。外包战略的实质是企业重新确定企业的定位，截取企业价值链中比较窄的部分，缩小经营范围，重新配置企业的各种资源，将资源集中于最能反映企业相对优势的领域，构筑自己的竞争优势，获得使企业持续发展的能力。

1. 外包战略的兴起

根据企业比较优势理论，业务外包可以使企业转向从事它们最擅长的工作，并且让它们外包伙伴做"己所不欲"的事情，从而坐享外包收益。业务外包的流行领域包括信息系统/技术（40%）、不动产和有形工厂（15%）、后勤（15%）以及管理、人力资源、消费者服务、金融、营销、销售和运输（30%）。据美国一家业务外包研究所的研究，业务外包可以使公司实现平均约9%的成本节约和15%的能力与质量增长。

外包的兴起有其深刻的社会经济原因。首先，以IT为标志的新兴技术的兴起，带动了整个社会经济的迅速发展，整个社会经济处于重新整合的时期。新兴技术和经济全球化大规模地侵蚀了人们已经习惯的生产方式和生活方式，商业模式已成为企业创新的主要对象。在这样不确定性的经营环境里，企业的反应速度就成为非常重要的核心能力和竞争优势的源泉，企业只有对环境做出迅速的反应，才能在竞争中立于不败之地。研究表明，企业规模与企业组织的官僚性之间有很大的相关性和必然性，因而，要提高企业的反应速度，在有限时间内赢得竞争优势，就必须尽可能地保持企业的适当规模，确保企业的业务顺利开展，提升企业的竞争能力。而外包战略正好能很好地满足这些要求。其次，相关行业的发展趋于成熟。相关行业主要是指各种零配件或资源的供应商所组成的行业。这些行业的成熟会形成行业内企业较好的竞争格局。交易费用经济学已经证明，上下游企业的资产专用性程度越高，通过市场交易方式的成本就越高。而供应方或需求方的竞争越趋于完全竞争，上下游企业的资产专用程度就越低，进而通过市场交易方式的交易费用就越低，资源配置的效率就越高。随着行业日趋成熟，市场交易成本大大降低，外包的规模在整个行业规模中占比会越来越大。我们注意到，跨国集团外包给中国公司的生产活动主要集中在我国相对比较成熟的行业，如家电业、电脑硬件生产业和服装业等。再次，随着竞争日益国际化，市场范围大规模扩大，这将促使专业化进一步发展。社会专业化发展的过程必定伴随大量的企业经营范围调整（主要是缩小），以便其更好地利用社会分工所带来的好处，从企业战略角度考虑，这个过程就是外包。最后，市场成熟和体制健全也降低了企业之间交易的不确定性，提高了企业间交易的效率，使外包的运营成本大大降低。

2. 外包的优势

（1）利用外包战略，中小企业可以集中有限的资源，建立自己的核心能力，并使其不断得到提升，进而构筑企业所在行业的进入壁垒，从而确保公司能够长期获得高额利润，并引导行业朝着有利于企业自身的方向发展。例如，戴尔公司就把自己非常有限的资源集中于一个特定的领域，即按照客户的特定需求，为客户最快地提供定制系统的解决方案，而把生产、运送和售后服务等业务外包给专业公司去完成，并与他们建立起战略联盟关系。这样，戴尔公司就能利用自己非常有限的资源，不但享有了规模经济的好处，而且在短期内，迅速地成长为全球 PC 市场的最大供应商。

（2）中小企业利用外包战略可以保持公司的规模，并进一步精简公司的组织，从而杜绝由于规模膨胀而造成的组织反应迟钝、缺乏创新精神的问题，使组织更加灵活地进行竞争。同时，规模偏小的企业，管理事务比较简单，更易于企业专注于自己核心能力的培养。依照我们前文已分析到的组织规模与组织官僚性之间的关系，公司要想在不断变化的环境里实现成长，就必须尽量控制公司的规模，以确保公司灵活反应的能力，外包战略在该方面具有非常重要的意义。可以预料，在相当长的时期内，这种为适应竞争而精简企业组织模式的外包会得到很大的发展。

（3）外包战略对于中小企业一项重要优势在于其能降低风险和与合作伙伴分担风险。首先，在迅速变化的市场和技术环境下，通过外包，中小企业可以与相关企业建立起战略联盟，利用其战略伙伴的优势资源，缩短产品从开发、设计、生产到销售的时间，减少在较长的时间里由于技术或市场需求的变化所造成的产品风险。其次，由于战略联盟的各方都可以利用企业原有的技术和设备，因而会从整体上降低整个项目的投资额，从而也就降低了各个中小企业的投资风险。再次，由于战略联盟的各方都利用了各自的优势资源，将有利于提高新的产品或服务的质量，提高新产品开拓市场的成功率。最后，采用外包战略的企业在与其战略伙伴共同开发新产品时，实现了与它们共担风险的目的，从而降低了由于新产品开发失败给企业造成巨大损失的可能性。当中小企业处于资源相对匮乏、实力较弱的发展阶段时，外包对于中小企业更具有实际意义，即中小企业可以通过外包获得供应商的投资以及外包伙伴的创新能力和专业技能，以解决自身难以完成的新产品开发或市场开拓等问题。

第三节　网络经济下中小企业的管理创新

管理创新既可以是管理模式的创新，也可以是具体管理方式的创新。因此，企业管理创新包含两方面的内容：一是随着情况的变化，企业由一种管理模式转变成另一种管理模式，我国国有企业现代企业制度及其相应的企业治理结构的建立就属于这种情况；二是在维持原有管理模式下，改变其具体管理方式。通常，一旦管理模式发生变化，企业具体管理方式也随之改变。但是，企业具体管理方式的变化却可以在原有管理模式下进行。在原有的管理模式下实现管理创新，是企业不断根据条件的变化对管理体制所进行的局部调整。在企业发展过程中，这种情况时常出现。而管理模式的变化的主要原因是企业规模扩大到一定程度，如不进行管理模式的改变，则无法维持企业的正常运转。

网络经济具有高度信用化、虚拟性和个性化的特征，其开放性和平等性使现实的市场环境更逼近于理想的完全竞争市场，传统的经营管理模式已经难以适应开放平等的网络经济，因此，中小企业必须进行管理创新，才可以在这场席卷全球的革命中求得生存和发展。网络经济下的中小企业管理创新主要表现在以下几方面。

一、管理观念的创新

管理观念是管理者在管理活动过程中所持有的思想和判断力。"思路决定出路"，企业的经营管理观念是指导企业生存发展的导航灯。中小企业若想在激烈的市场竞争中生存和发展，并且成为一流企业，首先要在管理理念上进行创新。

（一）经营目标观念创新

许多中小企业虽然提出了"顾客至上，用户满意"的口号，但其真正的经营目标仍是追求短期经济利润的最大化。随着社会的进步，人们越来越重视人、组织、社会和自然的共同协调发展。企业应将其经济效益目标与社会效益目标相统一，且逐步把社会效益目标列在第一位，追求企业管理的最高境界，这是未来企业管理发展的必然趋势。企业作为社会一分子，具有不可推卸的社会责任，因而，其在生产管理中不能只注重眼前利益，应对员工的身心健康和全面发展承担责任，应对消费者的直接利益和间接利益承担责任，对资源利用中生态平衡及经济可持续发展承担社会责任。中小企业应顺应社会发展趋势，根据国家产业政策方向，尤其是那些以资源性产品为主导的企业，更应适时调整自己的产业结构，及时进行产品的升级换代。在生产方面，注意职工保障、社会环保等问题，将我们的企业改造成"绿色"企业，进行清洁生产，做到"顾客满意、员工满意、社会满意"。

（二）产品观念创新

当今社会迅速发展，产品更新换代的周期越来越短，新产品层出不穷。中小企业应发挥自己船小好调头、决策快、反应敏锐等独特优势，在细分市场的基础上采用正确的投资策略，择机开发新产品，而且应以高质量的产品占领市场，实行名牌产品战略，做到"人无我有，人有我优，人优我特，人特我反季"，不要仅停留在物美价廉的传统观念上，要在企业资金允许的条件下，增强企业产品形象塑造、品牌推广、营销整合、售后服务等产品附加值方面的竞争力。中小企业同时应加强风险防范管理，产品时刻保持生产一代、试制一代、储备一代、构思一代。

（三）市场观念创新

只有正确的市场观念才能引导企业进行正确的市场开发。中小企业应根据自身的经济实力、竞争对手强弱等情况选择目标市场。如今人们的消费需求更加多样化、个性化，企业应在细分市场的基础上，依据市场导向合理定位，同时变市场导向为创造市场需求，即营造时尚的消费氛围刺激消费欲望。尤其应重点开发潜力巨大的农村消费市场。有条件的中小企业应开拓国际市场，在更广阔的空间占领更广泛的市场。

（四）信息观念创新

现代社会是信息社会，及时、全面、准确的信息是企业制胜的重要前提。互联网既方便企业获得技术、工艺、产销等多方面的信息，又可开辟网络销售的新市场，是中小企业的信息搜集的重要媒介。中小企业可以借助网络迅速、经济而全面地收集大量信息，解决利用传统手段收集信息成本高的问题。同时，中小企业更应重视信息管理，不仅要关注信息收集的数量，而且更要关注信息消化吸收的质量，促使信息高效转化为企业生产力。另外，中小企业还应加强同大中院校、科研院所及相关行业部门的信息交流，这样既可节约成本，又有利于提升产品竞争力。

（五）人力资源观念创新

人是管理之本，企业应尊重员工，信任员工，最大限度地发挥每位员工的技能、才智和创造力。有的企业对人力资源管理的理解有很大的片面性，只重视物质奖励，却忽略了员工技能培训、人文关怀、员工的价值观与企业形象的塑造。企业竞争最终取决于人才竞争，企业必须不断吸纳和培养人才。学习型企业中每位员工都应接受继续教育，不断获得新知识、新技能，提高自身素质，以更好地胜任本职工作。企业应通过各种培训，使员工加深对企业的认知，深化与企业的感情，促进个人奋斗目标和企业发展目标相结合，从而最大限度地发挥企业人力资源的效能。

二、组织结构的创新

组织结构创新是根据企业内外部环境或条件的变化，打破旧的组织结构，变革组织目标，并重新安排组织成员的责、权、利关系。组织结构创新有利于改善企业的经营管理，激发员工的工作热情，从而发挥企业的最大潜能。

网络经济是伴随着信息技术发展而出现的一种崭新的经济形态。信息网络的快速发展，使整个经济体系的运行方式、企业的生产经营方式、个人的生活方式都发生了极大的转变，正如德鲁克指出的，"信息革命改变着人类社会，同时也改变着企业的组织和机制"。

（一）传统组织结构模式的分析比较（表6-1）

表6-1　传统组织结构模式的分析比较

组织结构类型	组织结构的优点	组织结构的缺陷	适用企业类型
直线结构	1. 命令统一 2. 责权明确 3. 组织稳定	1. 缺乏横向联系 2. 权力过于集中 3. 变化反应慢	小型组织 简单环境
职能结构	1. 专业化管理 2. 过度分权管理 3. 培养选拔人才	1. 多头领导 2. 责权不明	专业化组织
直线-职能结构	1. 政令统一 2. 权责明确 3. 分工清楚 4. 稳定性高 5. 积极参谋	1. 缺乏部门间交流 2. 直线与参谋冲突 3. 系统缺乏灵敏性	大中型组织
事业部结构	1. 有利于回避风险 2. 有利于锻炼人才 3. 有利于内部竞争 4. 有利于加强控制 5. 有利于专业管理	1. 需要大量管理人员 2. 企业内部缺乏沟通 3. 资源利用效率较低	大中型、特大型组织

表6-1（续）

组织结构类型	组织结构的优点	组织结构的缺陷	适用企业类型
分权结构	1. 责权一致 2. 自我管理 3. 适度分权	1. 分权不彻底 2. 沟通效率低 3. 素质要求高	高度规模集中型组织
矩阵结构	1. 密切配合 2. 反应灵敏 3. 节约资源 4. 高效工作	1. 双重性领导 2. 素质要求高 3. 组织不稳定	协调性组织 复杂性组织

目前，我国中小企业的组织结构大都采用直线职能制，即由企业厂长或总经理负责全面工作，并直接领导分管生产、技术、销售、行政等副厂长或副经理，各副厂长或副经理分别领导各职能部门的科长或部长，各科室科长或部长又直接领导和管理科室或部门员工。传统组织的组织结构是以权力和等级制度为基础的复杂结构，控制方法为自上而下，命令层层传递，具有典型的金字塔特征。由于这种组织分工明确，有利于发挥专业优势，因而成为工业化时代普遍采用的企业组织结构形式。

但是，网络经济时代的企业面临着多样化的顾客需求、激烈的市场竞争和动荡多变的经济形势，这就要求中小企业必须做出果断而迅速的反应。而传统金字塔组织结构因层次重叠、反应迟缓、沟通困难、部门协调性差、压抑员工创新等固有的缺陷，显然已不适应新经济时代的要求，这表明企业组织结构正面临着新的重大变革。20 世纪 80 年代末至 90 年代初期美国首先掀起了以"企业重新构建"为核心的组织结构变革，其中尤为突出的是网络化、柔性化的组织结构变革。

（二）网络经济条件下中小企业组织结构的创新

通过对传统组织结构的分析，并结合网络经济对组织结构提出的要求，中小企业的组织结构具有这样的优点：命令统一、责权明确、组织有弹性、企业内部沟通良好、部门间联系紧密、适度分权、反应灵敏、高效工作。能够适应网络经济条件的中小企组织结构必须对传统的金字塔结构进行创新,向饼圈结构进行转变(如图6-5所示)。

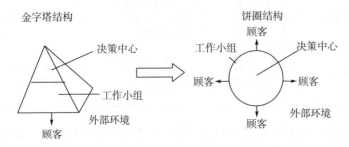

图6-5　网络经济条件下中小企业组织结构的创新

饼圈结构内部是稳定的,而外围则是流动的。饼圈结构规定了组织的内核,由一些业务单元和工作人员组成,而连接外围的是市场环境、供应商、顾客以及与此共生共长的伙伴关系。饼圈结构的决策中心是董事会与总经理,若干部门或工作小组决定饼圈的四周,管理决策或命令由决策中心发散到饼圈的四周,再与市场环境、供应商与顾客进行业务联系。饼圈结构与金字塔结构相比,组织内部价值链(生产、营销等)直接与外部环境(市场、供应商、顾客等)进行业务联系与信息反馈,业务能力可自行复制、再生和扩张,提高了组织的经营灵活性与敏捷性。

(三)网络经济时代新型组织结构的特点

1. 以决策为中心

以决策为中心的组织,必须通过决策分权化来实现。在新的形势下,管理组织发展的一系列动向,包括组织作业流程的转化、经营战略的调整等,从不同的方面激增了决策所需的信息量,加剧了信息分散化,而层级式信息结构无法在此情况下快速有效地集中信息,因此,决策分权化是必然的。决策分散化要求在组织设计上增加决策点,以实行分散决策和现场决策。

2. 扁平化

组织结构是高耸型还是扁平型，主要取决于组织结构中的权力结构特征。组织中管理跨度与管理层次之间构成反比关系，即管理跨度增大，管理层次就相应减少；反之管理层次就增多。以决策为中心的网络化组织，通过增大管理跨度、减少管理层次实现决策分权化，这意味着组织中的决策权力重心下移，或大部分决策权分布在下层而不是在上层。因此，以决策为中心的组织，必须改变传统的权力特征，即由"头重脚轻"式变为"重低"式，企业组织结构将更趋向扁平化。这种层次的扁平化大大提高了组织的效率和应变能力。

3. 柔性化

柔性化组织是指在组织结构上不设置固定和正式的组织，取而代之的是一些临时性的、以任务为导向的团队式的组织。其中最为典型的是项目小组，它是为实现某一特定目标，由不同部门、不同专业人员组建的特殊形式的临时团队，而且各团队并不是固定的，它随项目的改变而调整。该组织形式建立在网络及信息技术基础上，类似于企业网络上的每个节点，具有相当大的灵活性。项目小组可以发挥合作优势，及时推出新产品以适应迅速变化的市场需求。组织重新设计是柔性化组织形式的另一种表现，根据环境的变化适时调整组织结构，以增强组织的弹性和应变能力。例如，对组织划小核算单位，让核算单位有更大自主权和主动权，进而提高组织结构的弹性。

4. 虚拟化

网络经济时代企业间的关系是竞争与合作共存，即在某些方面是合作伙伴，在另一些方面则是竞争对手。所以，网络经济时代企业需要加强与同行的联合与合作，虚拟组织便因此应运而生。虚拟组织是以核心企业为龙头，为实现某种市场机会，将拥有实现该机会所需资源的若干企业集结而成的一种网络化的动态组织。它是多个企业为实现某一功能以契约形式组成的暂时性联盟，一旦目标实现，联盟便自行解体。因此，虚拟组织比传统组织表现出更大的灵活性和松散性。而且虚拟组织打破了传统的组织界限，成员之间完全是一种富有弹性的伙伴关系，它们可以运用先进的高速信息网络进行信息交换，使所有成员企业资源共享、风险共担、优势互补，从而达到功能放大的集成效果。

三、生产经营方式的创新

在传统经济时代，由于没有有效的信息流的交互传递，顾客与商家之间存在信息不对称，商家与商家之间存在信息不畅通，服务的对象和服务提供者之间存在信息鸿沟。对于顾客个性化的需求，商家只能通过市场调查等手段反馈，及时获悉个性化的需求信息是比较困难的，所以其提供的服务和商品仅仅是标准化和单一式的。在网络经济时代，信息的传递成本下降，个人也可以实现大量、快速、准确的信息传递。商品生产者和消费者之间建立了信息沟通渠道，商家可以以较低成本获得个性化的需求。规模经济在工业经济时代显示出了巨大的成本优势，网络经济的到来使得"大规模量身定制"成为可能，传统的生产运作方式已不能满足顾客个性化的需求，必须加以变革。

（一）生产经营模式的创新

随着网络经济时代的到来，人们赖以生存的经济环境发生了深刻的变化，中小企业的经营模式正在发生根本性的转变，主要有以下几方面：

1. 从大规模生产到大规模定制

在农业经济时代，生产者与消费者距离非常近，甚至是合一的，生产者可以制造出非常合乎使用者要求的东西。到了工业经济时代，专业化的生产提高了劳动生产率，降低了单位成本，形成了规模经济。分工越来越细，环节愈来愈多，生产者与消费者的距离越来越远，消费者的需求常常由于过长的生产销售链而不为生产者所知。

从生产观念、产品观念、推销观念到市场营销观念的演变，我们可以看到工业社会为克服生产者和消费者的分离而做出的努力。但由于科技手段的限制，这种分离只能在一定程度上得以缓和，却无法完全消除。

在网络经济时代，信息技术的发展对大规模生产方式产生了革命性的冲击，数字化网络改变了一对多的关系和生产者的统治地位，使用者重新加入生产中。通过因特网提供的企业与顾客即时双向的交流通道，全球各地的顾客可以随时了解一个企业的产品和服务，获得信息，提出反馈意见和发出订单，乃至根据自己的需求参与产品的设计。这样，企业的产品虽然可能由于顾客的个性化定制而各不相同，但由于网络的作用而仍然享有大批量生产的规模经济。生产者和消费者因为工业革命而"离异"，现在却由于网络时代的大规模定制而"破镜重圆"。融合了农业经济时代和工业经济时代生产制作的优点，大规模定制使得网络经济时代的产品凭借信息技术，使生产者把商品和服务的生产链的末端交到消费者手中，不仅享有更低的成本，而且无比贴近顾客需求。正如亨利·福特首倡大规模生产并成为其代表一样，戴尔是大规模定制先驱者和典型，当然这些不是大型企业的专利，而是一种更适合于中小企业运作的一种经营模式。

2. 从产品经济到服务经济

工业经济向网络经济转变，在产业结构调整上表现为经济重心由制造业向服务业转换。服务业的快速增长使得它的产出和就业在整个经济中的比重持续上升，使服务业逐渐取得了主导地位。这是宏观上发生的变化。而从微观上来看，经济的细胞——企业，置于网络经济时代，使企业之间的竞争从产品质量和成本层面的竞争深入到服务质量上。IBM 公司认为，该公司不是在从事电脑制造，而是在提供满足顾客需求的服务。比尔·盖茨认为，今后微软 80%的利润将来自产品销售后的各种升级换代和维修咨询等服务，只有20%的利润来自产品销售本身。企业的服务水平和质量成为推动企业经济增长的"引擎"。

3. 从实体经营到虚拟经营

虚拟企业这一崭新的企业组织和经营方式，正在为世界经济提供一个全新的拓展空间。网络经济从两个方面引发了虚拟化经营的出现。首先，国际互联网给虚拟化经营提供了物质基础，使得企业在有限的资源条件下，为取得竞争中的最大优势，可以仅保留最为关键的功能，而将其他功能通过各种方式如联合、委托、外包等，借助外部的资源力量进行整合来实现。其次，市场变化和竞争方式的改变，形成了对虚拟化经营的内在需求。瞬息万变的市场和以服务取胜的竞争方式，要求企业必须具备灵敏的反应能力和富有弹性的动态组织结构，即需要建立虚拟企业。虚拟企业有如下优势：有利于技术开发，有利于资源优化组合，有利于拓展市场，有利于共同筹资，有利于精简机构，有利于专业化生产，有利于多元化经营，有利于降低企业成本。

4. 从互相竞争到共赢合作

在工业经济向网络经济转变过程中，中小企业从竞争到合作，从"互斗"到"共赢"，成为中小企业经营战略的一种基本思路。其合作方式多种多样：兼并、收购、上下游整合、合资、技术转让以及各种各样形式的战略联盟，其合作对象也各色各样：客户、供应商乃至竞争对手。以合作代替竞争作为企业经营的新思路，源于知识经济时代信息商品不同于工业经济时代物质商品的特性：首先，信息商品具有可重复使用性，信息商品的使用并不像物质商品的使用那样会被消耗掉；其次，信息商品具有不完全排他性。所有物质商品都具有排他性，但你拥有一种信息，不排除他人同时拥有此信息；另外，网络技术为中小企业实施该战略提供了良好的信息交流条件，通过因特网，中小企业与合作伙伴之间可以应用 EDI 等信息系统实现彼此的资料互换、信息共享，联合进行产品开发、生产、营销以及售后服务等。

（二）生产运作方法的创新

1. 敏捷制造（agile manufacturing，AM）

传统制造模式是建立在规模经济之上的，靠企业规模、生产批量和产品结构标准化来获得竞争优势，但却不能适应网络经济下小批量、个性化服务的需要。为了适应这种需求的变化，敏捷制造也就应运而生了。敏捷制造是将柔性生产技术、熟练掌握生产技能的劳动力与促进企业内部和企业间合作的灵活管理集成一起，通过建立共同的基础结构，对迅速改变或者难以预见的消费者需求和市场机遇做出快速反应。敏捷制造模式从以技术为中心向以人、组织管理为中心转变；以新的信息技术特别是网络技术为基础，从传统的顺序工作方式向并行工作方式转变，使企业的生产效率大大提高。

2. 精益生产（lean product，LP）

精益生产是美国麻省理工学院提出的新型内部生产运作模式。精益生产的最终目标是要以最优质量和最低成本的产品，对市场需求做出最迅速的反应，其基本原则是消灭浪费和不断改善。在网络经济下，企业利用技术可以对生产流程进行全面、实时性的控制，以达到消灭浪费的目的；还可以利用互联网在全球范围内迅速得到信息资源并做出反应，因此精益生产方式在网络经济下得到了极大推广。现在，世界许多大公司不仅纷纷进入国际互联网，而且也建立起自己的内联网，实行精益生产，以达到提高竞争能力的目的。比如福特汽车公司通过建立内联网，实行精益生产，每年节省了10亿美元。

3. 即时生产（just in time，JIT）

即时生产就是企业接到用户订单后，根据用户不同的需求，及时进行装配生产。这种模式显示了生产的很大的灵活性。即时生产的精髓是把必要的零部件，在必需的时刻准确地送到必需的地方，这种方式以小批量生产代替大批量生产，使企业的生产能力根据市场的需求进行快速调整。从管理角度上讲，即时生产使人从"活的工具""机械的附庸"转变为机器的主人和灵魂，使面向知识经济的管理得以在企业范围内展开。

四、营销管理的创新

与传统企业营销管理相比，网络经济时代中小企业的营销管理具有鲜明的特色，主要表现在以下几个方面：

1. 网络互动式营销管理

网络互动的特性使客户能够真正参与到中小企业整个营销过程中来，客户在中小企业营销中的地位得到提高，客户参与的主动性和选择的主动性也得到加强，在这种网络互动式营销中，卖方和买方可以随时随地进行互动式双向（而非传统企业营销中的单向）交流，因而可帮助中小企业同时考虑客户需求和企业利润，寻求能实现中小企业利益的最大化和满足客户需求最大化的营销决策。

2. 网络整合营销管理

利用信息网络进行电子营销，使中小企业和客户的关系变得非常紧密，甚至牢不可破，这就形成了"一对一"的营销关系。这种营销框架称为网络整合营销，它体现了以客户为出发点及企业和客户不断交互的特点，它的营销管理决策过程是一个双向的链。

3. 网络定制营销生产

因特网给改善中小企业和客户的关系提供了极大的便利，随着中小企业和客户相互了解的增多，销售信息将变得更加定制化。网络经济下，中小企业营销的发展趋向是由大量销售转为定制销售。一些跨国公司通过建立企业内部网专门提供这一服务。例如通用汽车公司别克牌汽车制造厂提供一种服务系统，让客户在汽车销售商的陈列厅里的计算机终端前自己设计所喜欢的汽车结构，现在大约有5%的新车买主真正地填写自己设计的汽车订单，这不但提高了客户对产品的满意度，促进了企业的销售，而且还大大降低了企业的库存成本。

中小企业的管理创新是一项系统工程，观念创新、组织创新和体制创新是密切联系的几个方面。在中小企业进行管理创新的过程中，应当特别注意以下几个问题：第一，中小企业的管理创新是一种手段、方式，而不是最终目的。市场变化莫测，中小企业只有通过持续创新才能有效配置资源，才能适应环境，不断发展。创新是用来保持企业生存和发展的有效手段，而不是为了创新而创新。第二，中小企业的管理创新是个持续过程，而非一朝一夕便能达成的。中小企业创新的目的是适应新环境，环境变化不尽，管理创新不止。第三，中小企业的管理创新贵在新，贵在超越，而不是生搬硬套。在科学技术日新月异的今天，中小企业应成为学习型的组织，切忌"夜郎自大，故步自封"，并且要超越过去所学，创造出自己的特色模式。第四，中小企业管理创新的主体是全体员工，而不仅限于企业家。企业的所有员工都是管理创新的主体，都是企业管理创新的谋划者和实践者。

第四节　网络经济下中小企业的技术创新

随着经济的不断发展和科学技术的不断进步，网络经济时代下技术变革的加速和全球化信息网络的形成，围绕新技术和新产品的市场竞争日趋激烈。技术进步和需求的多元化又使得产品的生命周期不断被缩短，中小企业面临着缩短交货期、提高产品质量、降低成本和改进服务的竞争压力，所以围绕新技术和新产品开发的技术创新受到更多中小企业的关注和重视。不仅是科技型中小企业将自主技术创新作为企业发展的战略重心，身处餐饮、日用品制造等传统行业的中小企业也在借助网络的日渐普及和互联网技术的不断提高，在新品开发、外卖服务、售后服务等各方面进行创新，尤其是制造行业的中小企业在以云计算、大数据、人工智能为关键词的第四次工业革命的推动下，加快了技术创新的速度，推动企业实现转型升级。对于网络经济环境下尤其是"互联网+"时代的中小企业在技术创新上出现的新趋势——云创新,本书将在下一章进行专门的讨论,本节重在对网络经济下中小企业基于电子商务、用户参与和动态联盟三个方面的技术创新进行分析。

一、基于电子商务的生产运作技术创新

在网络经济时代,由于企业的信息化水平已成为企业有效应对市场变化和参与市场竞争的关键,所以中小企业在进行技术创新时,需要借助信息技术的最新成果,建立先进的管理机制,改善企业的运营管理,走信息集成化的道路。为了通过现代管理模式与计算机管理信息系统支持企业合理、系统地经营管理,最大程度地发挥现有设备、资源、人和技术的作用,近年来,国内越来越多的中小企业在生产运作中采用了 MRPⅡ/ERP,但是应用成功率一直不高。在系统实施效果还不理想时,传统的 MRPⅡ/ERP 又面临着新的挑战,随着信息技术尤其是网络技术的迅猛发展和电子商务应用的逐渐成熟,MRPⅡ/ERP 的内容、技术平台和概念也由此发生了微妙而深刻的变化。因此研究适应当前信息技术发展趋势,具有实用价值的中小企业管理信息系统方案和实施技术,成为中小企业打破传统竞争格局、争取竞争优势的良机和成败的关键。

(一)支持电子商务的中小企业运作系统的特征

网络经济时代下互联网、物联网技术的飞速发展,推动着电子商务技术水平的不断提升,中小企业在生产管理的核心也从注重企业内部资源,以生产制造为中心,以提高生产率、降低单件成本和提高产量为目标的 MRPⅡ/ERP,转向以供应链管理为核心和以满足客户需求为目标的 MRPⅡ/ERP,其中客户服务成为生产运作管理中最重要的系统。同时,MRPⅡ/ERP 软件的技术平台也发生了变化,原有的 F/S(File/Server)计算模式和 C/S(Client/Server)体系结构与当今客户端的发展趋势不符,存在着很多弊端,成为 MRPⅡ/ERP 软件的瓶颈,制

约着 MRPⅡ/ERP 的应用。随着 Internet/Intranet/Extranet 技术的不断发展，导致了整个 MRPⅡ/ERP 应用系统的体系结构从 C/S 的主从结构向基于电子商务的、灵活的多级分布结构的重大演变，中小企业管理软件系统的网络体系结构跨入了浏览器服务器体系（Browser/Server，B/S）结构阶段，这一结构将 MRPⅡ/ERP、Internet 和电子商务有效地联系起来，其具体构成如图 6-6 所示：最外层是网络平台，是信息传送的载体和用户接入的手段，它包括各种各样的物理传送平台和传送方式；中间层是电子商务基础平台，包括 CA（Certificate Authority）认证中心、支付网关（Payment Gateway）、客户服务中心、供应链管理和 B2B 以及 B2C；第三层就是建立在电子商务基础平台上的各种各样的应用系统，其中的核心应用即为 MRPⅡ/ERP。

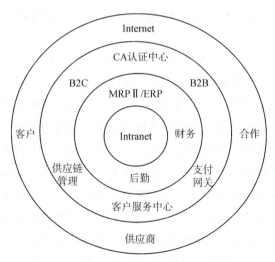

图 6-6　基于电子商务的 MRPⅡ/ERP 结构

（二）满足电子商务要求的中小企业 MRPⅡ/ERP 实施方案

　　根据上述支持电子商务的 MRPⅡ/ERP 的技术原理，中小企业可以设计适合本企业的满足电子商务要求的 MRPⅡ/ERP 的实施方案，其结构如图 6-7 所示。整个系统涉及企业内部管理系统、Internet 和电子商务平台三大部分，其中标于图中虚线框内的就是电子商务基础平台。

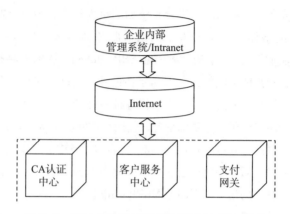

图 6-7   满足电子商务要求的 MRP Ⅱ/ERP 结构

在这一结构中，CA 认证中心负责整个交易过程中身份的确认，给个人、企事业单位和政府机构签发数字证书——"网上身份证"，用来确认电子商务活动中各自的身份，并通过加解密方法实现网上安全的信息交换与安全交易。支付网关是信息网与金融网连接的中介，负责双方的支付信息转换的工作，让传统的封闭的金融网络能够通过网关面向的广大用户，提供安全方便的网上支付功能。客户服务中心也称为呼叫中心，与传统的呼叫中心的区别在于不但支持电话接入的方式，也能够支持浏览、传真等多种接入方式，使用户的任何疑问都能很快获得响应与帮助，能够让企业更好地、更有效地与客户沟通，了解客户的需求和市场的变化，从而在销售和服务等方面提高企业服务水平和整体形象。

（三）网络经济时代中小企业开展电子商务的途径

电子商务一般指用电子方式在上开展的商务活动，是通过信息技术将企业、用户、供应商及其他商贸活动涉及的职能机构结合起来的应用，是完成信息流、物流和资金流转移的一种行之有效的方法。一个完善的电子商务系统应该包含的构成部分，目前还没有权威的论述。根据物资和资金的转移方向，电子商务活动主要涉及三种类型的对象，即客户、厂商和职能机构。这三类对象中，客户作为真正的消费者，既可以是单个的消费者，也可以是群体（例如需要原料的企业等），在电子商务活动中，客户通常是物资的接受者和资金的付出者。厂商是供货者，包括物资的制造者和销售商，在电子商务活动中，通常是物资的付出者和资金的接受者。在现实的供应链中，一个中小企业或者个体可能根据不同的对象或者贸易伙伴同时扮演客户和厂商两种角色。职能机构在商务活动过程中主要起着管理和辅助作用，如金融、海关、税务、商检等。

中小企业开展电子商务活动一般遵循以下的流程：首先，参与交易的客户、厂商和银行在认证中心注册，以获取唯一的身份。然后客户根据产品信息，向厂商提出请求，说明想购买的商品；厂商回答该商品相关信息规格型号、品种、质量和价格等；客户提交购买商品订单，同时出具有效账号和数字签名；厂商向银行发出审核请求，在得到银行确认后，向客户发出发货通知，说明产品配送公司、发货地点、运输设备、包装等信息，同时由专业物流配送中心完成配送；客户向厂商发回收货通知，报告收货信息，完成全部交易。

二、基于用户参与的中小企业技术创新

中小企业的技术创新存在多种形式的外部创新源，网络经济时代顾客的需求趋于个性化、多元化，因此网络经济时代必然是以用户为主导的经济时代，用户已经被证明是中小企业重要的创新源之一。对用户创新现象的揭示与广泛认可，为实现中小企业与用户之间创新资源的优化配置提供了新思路和新方法。随着对用户创新领域研究的不断深入，中小企业将能以更为科学的方式将用户有价值的创新信息纳入产品创新的进程中，使创新过程的理论分析更加切

合中小企业的实际情况。而在中小企业的经营管理实践中，通过强调用户的参与，可以使中小企业和用户之间的信息更加对称，提高产品创新与市场需求的一致性，进而提高创新成功的概率。因此，中小企业可以以用户创新理论为指导，根据自身的实际情况，对创新用户的行为采取一定措施进行识别、引导和获取，将有价值的创新及时吸收并进行完善，使企业的技术创新实现更大的价值和利润。

（一）网络经济环境下中小企业吸收用户参与企业创新的作用和意义

1. 网络经济环境下让用户参与创新是中小企业获得市场地位的重要方式

随着互联网的高速发展，网络经济持续发展壮大。网络经济的进一步发展在为中小企业带来新的发展机遇的同时，也对中小企业的创新提出了新的要求，在这种背景下，企业创新的新理念、新思路和新方法不断涌现，这其中，开放式创新、用户创新等有代表性的观点得到了研究者的关注，而面向行业企业的实证研究也揭示了用户在中小企业的技术创新中具有至关重要的作用。首先，创新来源于实践，而用户就是实践者，历史上很多重大创新的设想最初都是用户在实践过程中产生的灵感；其次，中小企业普遍规模和实力有限，内部研发人员的数量和研发资源有限，因而中小企业创新的知识和技能也有限，而用户数量是可以无限增长的，那么用户掌握的知识和技能涉及的高度和范围就有无限的可能；此外，用户掌握着大量的需求信息，而且随着社会的发展，用户的需求变得越来越个性化，信息黏性不断加强，中小企业越来越难捕捉。更重要的是，随着市场进入了买方市场，用户可选择的产品越来越多，用户也就拥有了更大的选择权和话语权。所以，中小企业的技术创新不能脱离用户闭门造车。

用户在实践过程中产生的创意、掌握的具有无限潜能的知识和技能、产生的大量需求信息等，对于中小企业的技术创新来说都有很重要的借鉴和指导意义。中小企业可以通过与用户的不断沟通，收集用户需求信息，挖掘和预测用户潜在需求、提前占领市场；也可以利用用户的创意和知识解决研发中遇到的瓶颈和问题，这样既可以节省中小企业的研发费用，还可以提高产品创新效率，避免盲目开发，从而精准把控市场。

2. 网络技术的发展需要用户更深、更广、更快地参与到中小企业技术创新中

中小企业一切生产活动的目的都是为了满足用户的需求，从而产生利润，因此，每个中小企业都必须密切关注用户的需求，只是由于企业在过去和用户沟通的途径和方式有局限性，所以中小企业与用户主动沟通的积极性也很小。传统环境下，中小企业一般通过客户回访或者问卷调查的方式对用户进行跟踪调研，了解用户需求，再把调查结果和预测的市场趋势逐层反馈给研发部门，技术人员很少有机会与用户直接接触，对传递过来的用户需求的准确性和完整性无法控制和把握。而在网络经济时代，随着互联网应用的快速发展和社会化媒体的兴起，微博、微信、QQ、网络社区等各类即时沟通工具让中小企业和用户之间的沟通越来越简单、频繁，用户能够随时将自己的个性化需求反馈给企业，中小企业中的研发人员可以直接接触用户，精准地了解用户需求，借鉴用户创意。

随着科技的进步和网络的普及，用户可以更为便捷快速地获得更多有关产品开发的知识和技能，也对产品的升级换代有了更迫切的创新渴望，对新产品和新技术的要求也越来越严苛，用户的需求结构和需求层次都在发生着巨大的变化，这给中小企业带来挑战的同时也带来了机遇。中小企业要实现更好、更快的发展很大程度上取决于是否能够有效利用网络充分挖掘用户创新资源。网络为用户参与中小企业技术创新提供了有效的支撑，中小企业只有为用户搭建参与创新的平台，对用户创新需求做出快速的反应，进而加速产品研发，才能拥有竞争优势。创新用户化、创新全民化已经成为当

今的发展趋势，随着网络经济时代不断发展，创新不再是少数技术人员参与的事，社会生活中的每一个人都可以成为创新的主体。网络的开放性、互动性也需要用户更深、更广、更快地参与到中小企业的产品开发和创新中。

（二）基于用户参与的中小企业技术创新的不同模式及对比分析

在网络经济时代，随着网络信息技术的高速发展及社会化媒体的普及，中小企业和用户可以借助网络消除空间上的隔阂，具有潜在创新能力的用户之间以及中小企业与用户之间有很多便捷的方式和渠道进行交流、互动。用户在信息生产、共享和传播中获得了更多的主动权，用户可以随时随地表达需求、反馈意见和贡献创意，中小企业也可以通过网络中的各种渠道聚集大量的用户，从这些用户资源中挖掘潜在的巨大的商业价值。互联网的发展衍生了各种基于用户参与的技术创新模式，本节的分析中主要对如下几类模式进行分析和对比：已经比较普遍的基于社会化媒体和在线主题竞赛的用户创新模式；处于发展阶段的基于众包和创客的创新模式；代表未来趋势的基于大数据等先进技术的用户创新资源挖掘和分析模式。

1. 基于用户参与的中小企业技术创新的不同模式

（1）基于社会化媒体的创新模式。

社会化媒体（social media），又称社交媒体，是人们通过文字、视频、图片等形式彼此之间分享经验、观点、见解等所见、所感的沟通工具和交流平台。常见的社会化媒体包括社交网站、论坛、播客、微博、博客、IM 等。社会化媒体的出现改变了传统媒体一对多的传播模式，是一种人人参与和多对多的传播模式。在社会化媒体上，任何人都可以是发布者，也可以是传播者，参与性极强。社会化媒体给每个用户极大的参与空间，用户能实现高效的互动，具有参与、公开、互动、对话、社区化、连通性等特点。社会化媒体的出现打破了中小企业的组织结构，促进了中小企业与用户之间的交流、协作和互助，聚集了用户资源，把用户直接内化到中小企业的产品或服务的创新过程中，丰富了中小企业的产品创意、技术知识和需求信息，推动了企业技术创新，这一过程如图6-8所示。基于社会化媒体的用户创新模式是目前最为中小企业普遍采用的用户创新模式。

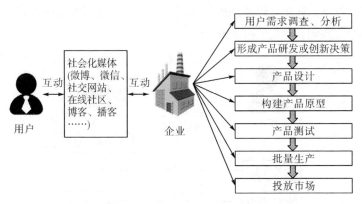

图6-8　基于社会化媒体的用户参与的创新模式

（2）基于在线主题竞赛的用户参与的创新模式。

基于在线主题竞赛的用户参与的创新模式是指中小企业可以通过网络发起、征集关于某一主题的创意或设计，通过设立奖励尽可能地吸引更多的用户参与，从用户提交的成果中筛选符合标准的创意和设计，以用于中小企业产品的开发和创新，这一模式如图6-9所示。在这方面，美国无线公司是成功运行基于在线主题竞赛的商业模式的典范，公司不仅让用户自由提交T恤样式，而且让用户对T恤的设计进行评比然后决定产量，同时让用户进一步负责和参与T恤的市场推广。在无线公司的这种用户创新模式中，提交T恤样式的用户通过贡献自己的创意参与产品设计，进行T恤展示和打分讨论的用户通过贡献自己的时间、精力和想法参与了产品的决策，负责推广的用户通过共享自己的人脉参与了产品的销售。在国内常见的基于在线主题竞赛的用户参与的创新模式中，用户参与的深度更多的仅限于创意的提交和评价这个产品研发的初始阶段，而美国无线公司模糊了企业和用户之间的界限，让用户创新的地位得到了提升，不仅让用户参与了产品设计，而且让用户起到了主要的作用，产品设计、决策、产量以及营销都由用户主导完成。这种创新模式的流程虽然简单，但整体操作并不容易，在一定程度上代表着未来用户主导创新时代的商业模式。

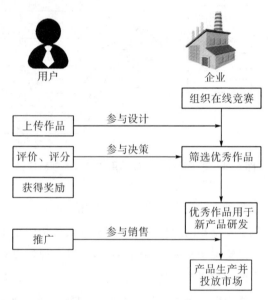

图 6-9　基于在线主题竞赛的用户参与的创新模式

（3）基于众包的用户参与的创新模式。

众包（Crowdsourcing）一词最早是由美国记者杰夫豪（Jeff Howe）于 2006 年在《Wired》杂志首次提出，这一概念是指企业通过互联网络在某个平台上提出问题或者发布任务，任何参与者都可以借助这个网络平台接受任务、提供创意或者解决问题的方案，并获取相应酬金。虽然与众包相关的研究在学术界出现较晚，数量也比较有限，但在商业领域，国外企业早在众包这个概念被提出之前，已经有了很多实践，因此众包在被明确概念和定义后，很快就得到了广泛的关注，其在实践中的应用对企业的研发、设计等创新活动产生了深远的影响。在众包平台的实践中，命名为"创新中心"（Innocentive）的研发网站是其中的一个典型。这个平台上聚集了来自不同国家的 9 万多名科研人才，各个国家的公司都可以在这里提出其所需解决的科学问题，等待世界各地的高手前来破译和解决。有数据显示，创新中心平台上的疑难问题有 30%会被破解，跟雇用专业研发技术人员相比，效率要高出 30%，另外，目前很多大型跨国公司也都设立了自己的众包网络平台，吸引大众群体通过网络参与解决企业面临的各种技术难题，参与设计新产品和提出新创意。例如星巴克打造的"My Starbucks Idea"平台，在启动后的 14 个月内就收到了超过 1.7 万条关于咖啡的提案；宝洁公司通过网络众包模式聚集的全球科技人员超过 200 万人，研发生产力提高了近60%，35%新产品来源于公司外部，创新成功率提高两倍多，创新成本下降了 20%，五年来销售收入年均增长 14%。网络众包创新模式日益成为企业技术创新体系的重要补充。

众包模式引入中国后很快得到了国内企业和创业者的关注，并由此衍生了另一个名词——威客（Witkeywit），即凭借自己的创造能力在互联网上帮助别人来获得报酬的人。目前国内已有很多典型的威客网站，如任务中国、猪八戒网、威客中国等，其运营的基本流程是：企业或者个人作为任务发布者提出问题或发布任务，同时提交任务报酬到威客网站交易担保平台托管，威客挑选自己擅长的任务提交作品或者答案，任务发布者筛选符合自己要求的作品或者答案，并同意交易托管平台支付酬金。基于威客的用户参与的创新模式如图 6-10 所示。国内威客网站借鉴的是众包模式，但任务的内容以创意设计、策划方案、网站及软件开发等工作分包为主，深层次的产品研发和创新的专业技术难题还很少见。

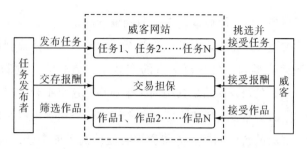

图 6-10　基于威客（众包）的用户参与的创新模式

随着市场竞争的加剧，中小企业在采用新技术和研发新产品上面临着更高标准的要求，企业必须持续地开展创新活动才能取得并保持竞争优势。产品研发和技术创新的复杂性在不断增加，企业在研发上面临的一个技术问题总是需要很多不同专业和背景的人通力合作才能解决。众包模式不仅展示出集体智慧和大众的力量，更展示出了专业融合的力量，通过汇集用户以及社会大众尤其是专家的知识、技能、信息和技巧来解决各种复杂的问题。因为"用人而不养人"，众包这种为企业源源不断输送外部创新智慧的动力源，不仅为中小企业解决研发难题提供了一个新的途径，而且有效降低了中小企业的创新成本。所以，中小企业在技术创新时，可以依靠自由、开放、融合的众包创新模式来提升企业研发行为质量和技术创新模式。

（4）基于创客的用户参与的创新模式。

"创客"这一概念源于英文单词 Maker，指的是努力把各种创意转变为现实的人。创客通过互联网和创新工具将自己的创意变成产品，是创意加科技的制造派。创客们通过互联网相识，然后讨论共同感兴趣的话题，分享交流知识和经验，再到一起发起项目。《创客：新工业革命》的作者克里斯·安德森指出，第三次工业革命就是创客运动的工业化，即产品自制造和个人自生产。当每个人都有了制造的能力，生产制造就从大型、复杂、昂贵的传统工业过程中分离出来，不再完全依赖工厂流水线。这不仅是一种趋势，更是一场新的伟大变革的开端。英国《卫报》的分析认为，创客运动将给制造业等传统行业带来自下而上的创新革命。虽然创客脱离企业的生产线自己制造产品原型，但产品的批量生产还是要依赖企业，企业可以直接吸收创客的产品，与创客合作并批量生产，将产品投放市场，这一模式如图6-11所示。

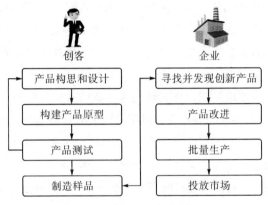

图 6-11　基于创客的用户参与的创新模式

随着创客在大城市里的不断聚集，"线上"走到"线下"的需求应运而生，"创客空间"随之出现。创客空间给创客提供用于制作数字模型的数控机床、3D打印机、激光切割机、开源硬件平台等基本的原型开发设备，具有不同经验和背景的创客聚集到这里，共享资源和知识，合作进行发明创造，将自己的创意变为现实。创客空间作为一种新型的"社会企业"，随着在国内的不断发展，已形成一些有代表性的成果，例如北京的创客空间、上海的新车间、深圳的柴火空间、杭州的洋葱胶囊等。前富士康CEO程天纵曾表示，"今后的产品创新大部分将来自创客群体"。国内很多企业已经意识到这一点，联想、海尔等企业已建立了自己的创客平台，以吸引众多创客围绕其产业核心进行创新。

（5）基于大数据的用户参与的创新模式。

在网络经济时代，用户资源对中小企业技术创新的关键影响力已成为不争的事实。为了更贴近用户，传统企业正在加速向互联网企业转型。随着用户数量的不断增加，导致了用户知识、行为、身份、喜好、社会关系等信息的爆炸性增长，这些信息构成的大数据对于任何中小企业来说都是宝贵的信息财富。庞大的用户信息在网络上处于分散和无序状态，大量关于用户需求、用户体验、用户创意、用户知识等资源有待挖掘。很多中小企业已经意识到这一点，开始运用大数据技术和软件对这些海量的、碎片化的信息进行收集和分析，识别领先用户，筛选出有价值的信息，从信息或数据中寻求真知灼见、萃取知识，将其转化为企业的智能化活动，其创新模式如图6-12所示。以中小企业对用户需求的分析为例，用户的网络行为信息是对用户偏好的真实反映，企业要做到比用户自己更加了解自己的需求，就需要运用大数据分析技术，提高用户需求调研的范围和准确度，挖掘出潜在的需求，指导并帮助企业进行精准创新。

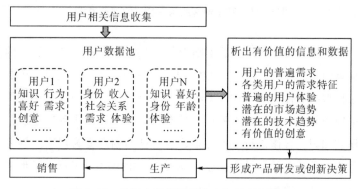

图 6-12　基于大数据的用户参与的创新模式

中小企业基于大数据分析技术的用户参与的创新模式与其他用户参与的创新模式不同，它是以中小企业作为行为主体，用户完全处于被动状态，没有直接参与，但它对企业的技术创新影响力是深远的。大数据正在改变各个行业，数据将成为中小企业重要的生产资料，谁掌握了数据，谁就掌握了竞争优势，用户数据的挖掘、分析和处理将成为中小企业创新行为的重要组成部分。随着大数据技术和应用的日臻成熟，大数据分析还将被应用到中小企业经营管理的各个方面。

2. 基于用户参与的中小企业技术创新的不同模式的对比分析

前述分析的五种创新模式是网络经济时代中小企业最为典型和常见的基于用户参与的技术创新模式，尽管都是建立在用户参与的基础上，但每种创新模式都有自身的特点，以下从企业创新行为、用户创新行为、用户参与方式、创新模式主要特征四个维度对这五种模式进行对比分析，对比分析结果如表 6-2 所示。

表 6-2　中小企业基于用户参与的技术创新模式的对比分析

	企业创新行为	用户创新行为	用户参与方式	创新模式主要特征
基于社会化媒体的用户参与的创新模式	了解用户需求，收集创意，管理并吸收用户为己所用	贡献需求、建议、创意、使用体验等，主动向企业反馈产品问题、交流产品功能	通过与企业的互动参与产品研发和测试	创新主体是产品使用者，以用户的主动参与和贡献为主，以满足自身的使用需求为主要目的
基于在线主题竞赛的用户参与的创新模式	预设竞赛规则、流程和主题；竞赛平台的维护和管理；吸收优秀作品	按要求参赛，提交创意或者作品；参与产品评测、推广	提供创意和作品，并在一定程度上主导创新	创新主体包括用户以及业余爱好者，以满足自身修改化需求和获取报酬为主要目的
基于众包的用户参考的创新模式	提出问题或发布任务，寻求解决方案	寻找自己能够解决的问题或任务	以用户专业知识和技能的交易为主	创新主体以专业及科研人员为主，以获取报酬为主要目的

表6-2(续)

	企业创新行为	用户创新行为	用户参与方式	创新模式主要特征
基于创客的用户参与的创新模式	通过支持和创办创客活动寻找优秀创意和产品	根据自己的创意自主研发产品,寻求商业化	利用自身的创意和技能开展自主创新	创新主体以业余爱好者及专业人员为主,以满足兴趣爱好和创业为主要目的
基于大数据用户参与的创新模式	利用先进技术收集和分析用户信息,预测市场需求和趋势,挖掘用户知识资源	用户在网络上自由表达	没有直接参与企业创新	企业是行为主体,用户作为分析对象被动参与企业技术创新

三、基于动态联盟的中小企业技术创新

在网络经济时代,市场趋于多样化、个性化,经济趋向全球化、信息化。面对动态、快速、多变的市场环境,中小企业必须采用新的技术创新模式,才能使自己更好地生存和发展,动态联盟就是其中一种较优的选择。随着我国促进中小企业发展的社会化服务体系不断健全,我国中小企业组建动态联盟已具备了较好的基础,众多中小企业在生产制造、品牌管理和市场营销等领域拥有各不相同的资源和核心能力,中小企业之间资源的异质性和核心能力的独特性为中小企业组建各类形式的动态联盟开辟了广阔的空间,也为中小企业开展基于动态联盟的技术创新提供了必需的资源和条件。

(一)动态联盟模式下中小企业技术创新的内涵和特点

1.动态联盟模式下中小企业技术创新的内涵

中小企业基于动态联盟模式的技术创新,是指若干中小企业为共同获得某一市场优势,依靠信息手段,以最快捷的速度进行组合,形成没有企业边界、超越空间约束的临时性动态联盟,通过这种动态联盟开展技术创新,在市场机遇消失或目的达成后临时联盟即宣告解散。

动态联盟模式下的中小企业技术创新属于"组织间协调"的类

型之一。按照新制度经济学的观点，市场和企业是组织进行交易的两种主要的形式。在市场中，价格机制是实现组织间交易的依据；在企业中，企业家的行政命令是实现组织内管理交易的依据。市场和企业之间具有连续性，是连续协调机制中的两个端点，组织间协调则是介于二者之间的另一种制度安排形式。这种形式适用于非替代性但却是互补性的经济活动。由此我们可以推论，中小企业在动态联盟模式下的技术创新，由于各创新主体依靠契约进行连接，具有企业一体化性质；同时，动态联盟模式中的各创新主体又各自存在独立性，而且它们结成的联盟也会随着市场机遇的变化而迅速建立或分离，因此又具有市场交易的特性。所以，基于动态联盟模式的技术创新是中小企业和市场的中间地带。中小企业把自己不擅长的创新环节通过与其他主体的合作来完成，而非将其内部化，采用的正是处于市场和企业之间的第三种方式，即"组织间协调"的方式。

2. 动态联盟模式下中小企业技术创新的特点

中小企业基于动态联盟的技术创新是在企业间相互信任、理解和支持的基础上，通过虚拟化组织，利用成员企业的创新技术、能力、资源、人才等的互补性，建立的一种风险共担、利益共享的机制。与传统技术创新模式相比，这种创新模式呈现出如下特点：

（1）通过信息网络整合创新资源。

在市场变化出现新的机遇时，由最先认识到市场机会的中小企业牵头，将拥有开发产品优势的各企业联合起来，组建一个暂时的开发同盟，借助信息网络开展企业间的交流与合作，实现创新资源、技术的共享和互补。创新联盟实质上是一个不同的中小企业基于产品、项目、服务开展合作的组织利益共同体，并随着市场和产品的变化动态调整，任务完成后即解散。另外，加入动态联盟的创新企业可以利用先进的网络扩大市场，减少交易成本，并吸收最具核心优势的企业加入联盟，这样就实现了创新的人员、资金、设备、市场等资源的优化组合，提高了资源配置效率。

（2）联盟企业创新职能的虚拟化。

参与动态联盟的中小企业表面上有着生产、营销、设计、财务等职能，但其内部没有执行这些职能的组织，在中小企业资源有限的情况下，为取得竞争中的优势地位，中小企业只能掌握核心职能，即把企业知识和技术依赖性的高增长部分掌握在自己手里，而把其他低增值职能虚拟化。这样其就可以借助外部力量进行组合，在创新中最大效率地利用企业资源，例如苹果利用品牌和设计，可口可乐利用配方，二者均把生产外包出去的战略就是典型的例子。

（3）能快速响应市场环境的变化。

在动态联盟模式下，中小企业面对急剧变化的市场，针对市场和消费者的需求，进行业务重组，与此相适应，创新组织就从传统的职能型组织转向以项目、市场为导向的网络化组织，实现了组织结构的扁平化和信息化。成员企业以战略为中心，全面考虑消费者满意度和自身核心竞争力的提高，不断进行动态演化，以快速对市场变化做出响应。

（4）建立学习型组织，培育核心技术。

创新企业基于项目、技术、服务建立一种学习型组织，引导组织学习，鼓励成员试错，打破常规；根据技术创新自身特点，建立一种创新型文化，在创新型组织引导下，通过成员企业的合作达成一种双向式学习或创新式学习。这种学习包括构思、设计、方案以及反馈观察式学习四个循环环节，通过这种循环，组织的创新知识逐渐积累起来，成员也很快接受并适应组织的新愿景、新规范。通过组织的学习，能够有效地提高中小企业的创新能力，培育中小企业的核心技术，增强其在市场上的核心竞争力。

（5）实现创新的双赢结果。

中小企业的技术创新通过动态联盟模式，能够利用成员企业的创新技术、能力、资源、人才等的互补性，建立一种利益共享、风险共担的机制，有利于技术创新的有序、高效进行；有利于各成员企业利用自身的核心能力，取得合理的利益；有利于成员各方的相互信任、理解和支持。这些对于建立长期的动态的联盟，增强各成员企业市场竞争优势以达到双赢的目的，是很有促进意义的，也为以后合作式竞争奠定了基础。

（二）中小企业技术创新过程中构建动态联盟的原则和运作中应注意的问题

1. 中小企业技术创新过程中构建动态联盟的原则

中小企业在基于动态联盟的技术创新运作过程中，必须要考虑企业在合作对象上的选择，同时还要考虑形成的动态联盟将会对本企业产品和服务带来的影响，各成员企业需要处理的彼此之间的资源组合、价值转移、风险分担、利益分配、组织管理接口和企业间物流均衡、信息沟通等各要点工作。因此，中小企业技术创新中构建动态联盟应遵循一定的原则。

（1）为共同目标而联盟的原则。

中小企业成立动态联盟，最根本的目标是抓住机遇，提高企业在市场中的竞争力，以取得和保持领先地位。根据这一目标要求，应优先对提高企业的产品技术含量的资源进行整合，获得生产的有效形式，最终实现共同追求的目标。

（2）联盟成员理念共享原则。

从动态联盟的长远发展来讲，最重要的是如何利用联盟的优势，通过有效利用现有资源和联盟形成的新的资源，不断地为联盟成员挖掘并获取新的市场机遇，达到成立联盟的目标，推动联盟成员企业的可持续发展。因此参与联盟的各中小企业要有共享理念，要建立良好的合作机制，避免联盟成员间因内讧或互斗而影响动态联盟的有效合作。

（3）加盟各方供需约束原则。

加盟动态联盟的各中小企业只有在一定的利益平衡和过程约束

条件下，才能顺利完成对某项产品的研发以及之后的制造和销售，因此在动态联盟模式下，中小企业对资源的整合利用必须建立与之相应的约束机制。

（4）联盟成员讲求信誉原则。

在动态联盟运行的过程中，联盟应特别注意加盟各方的信誉，若成员企业的信誉等级高，则这家企业以后将会获得更多参与联盟的机会，反之则会处于孤立状态，失去更多的市场机会。

（5）创造性及协调性原则。

动态联盟是一种网络组织，能根据具体市场变化而不断创新联盟结构，因此基于动态联盟的技术创新必须有利于组织内各成员之间的协调工作和信息交流。同时，良好的沟通环境也有利于成员企业在动态联盟内完成对资源快速的重组。

（6）知识产权保护原则。

基于动态联盟的技术创新成果多为技术含量较高的产品，在其设计开发、生产制造的过程中，包含着大量的技术传播及技术转移的业务。为了保护技术所有者的权益，参与动态联盟的中小企业成员无论在组织设计还是组织运行中，均要注意知识产权保护。

2. 中小企业技术创新过程中运作动态联盟应注意的问题

中小企业以动态联盟的模式开展技术创新的动力主要源于市场分析后所发现的机遇，并以此机遇为基础组建动态联盟。在动态联盟的运作中必须解决联盟内成员企业异地研发设计及之后的生产、供应、销售等一系列的管理问题，这就要强调成员企业的相关职能部门协同工作、默契配合。因此在动态联盟运作过程中主要应注意以下问题：

（1）处于动态联盟主导位置的企业应具有较高的信誉度。

由于有多个不同的中小企业参与动态联盟，这就需要在动态联盟的运作过程中有主导企业，该主导企业通常最先抓住市场机遇，并对整个产品的概念和关键技术有所创新，在成员内部优先获得领导权。而在技术创新合作过程中，如何把成员企业紧紧地团结在主导企业的周围，使各成员企业的要素有效耦合，使资源得以最有效利用，这就对主导企业的信誉度提出了很高的要求。因此，为了让每个联盟成员企业能对合作充满信心，就必须让具有较高信誉度的企业来做动态联盟的盟主或核心企业。

（2）动态联盟对企业信息处理的能力要求较高。

中小企业形成的动态联盟在网络经济时代离不开现代信息技术的应用，在技术创新的过程中，动态联盟利用宽带数字通讯网、因特网、企业内联网和企业外联网，实现信息流的自动化。对信息处理技术的应用应贯穿于客户需求采集到产品设计以及功能分解，再到生产信息和装配指令的下达，甚至贯穿于定制产品的生产全过程。所以在动态联盟中最好有信息技术类的中小企业参与进来，并且成员企业均应有一定的信息处理能力。

（3）保证联盟企业间的信息流与物流畅通。

畅通的信息流与物流是参与动态联盟的中小企业进行良好合作的重要保证。在技术创新过程中，各成员企业之间需要迅速交换技术信息、实物资源，并进行新产品研发，实现技术创新的效率和效益，因此信息流和物流必须顺畅。

（三）中小企业技术创新过程中构建动态联盟的过程

中小企业技术创新过程中构建动态联盟模式的实施过程包括选择合作伙伴、整合关键资源、实现技术创新、扩散技术创新成果、分配技术创新利益五个阶段。在每一阶段中还有具体的步骤和相应的影响因素会对技术创新的过程和结果产生影响，因此形成了一个复杂的相互作用的过程，如图6-13所示。我们将以这一过程的五个阶段为主线，具体描述各阶段包含的基本步骤、涉及的关键因素以及组织需要开展的管理任务。

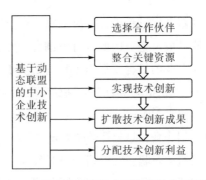

图 6-13　中小企业基于动态联盟的技术创新过程

第一阶段：选择合作伙伴。

这一阶段主要分为四个步骤：第一，制定联盟目标及评价体系。联盟企业的发起人（核心企业）对市场机遇进行系统分析，从而确定联盟企业的总体目标，再对总体目标进行分解，把总体目标分解为若干子任务，再确定选择完成子任务的合作伙伴评价指标体系。第二，确定合作伙伴初选对象。按照已明确的合作伙伴选择原则，从潜在合作伙伴中选择合适的初选对象，根据联盟目标进一步精简候选合作伙伴的数目。第三，评价初选对象核心竞争能力。对初选合格的潜在合作伙伴的核心竞争能力进行评价，从中选出核心竞争力较强的几个候选合作伙伴。评价核心竞争能力的方法有很多种，既有定性评价法，也有定量评价法，如模糊综合评价法、AHP 法等，要根据具体情况和联盟的要求确定合适的评价方法。第四，综合评价，确定最佳合作伙伴。有时具有很强的核心竞争力的企业并不一定就是最适合的合作伙伴，所以中小企业在选择合作伙伴时，要对候选合作伙伴的信誉度、品牌价值、市场发展潜力等各方面进行综合评价，通过确定评价指标体系和采用多目标规划或其他方法，最终选择确定组建动态联盟的最佳的合作伙伴。

选择合作伙伴在动态联盟战略中至关重要，合作伙伴选择适当与否直接关系到中小企业合作经营战略目标的实现，因此慎重选择合作伙伴是中小企业有效降低动态联盟风险最基本的途径。中小企业选择构建动态联盟的合作伙伴时，可遵循如下基本原则：一是核心能力原则。核心能力原则要求参加动态联盟的伙伴必须具有联盟需要的核心能力。对于中小企业的技术创新来说，最重要的核心能力是技术能力和协作能力，参加联盟的各个中小企业应该拥有动态联盟所需要的核心资源，而且互补资源之间能够匹配。二是总成本核算原则。总成本核算原则，即中小企业动态联盟总的实际运作成本（含联合成本）应不大于个体独立完成的全部所有内部费用，同时要求盟员企业之间建立有良好的信任关系、良好的通讯连通性和跨组织参与性。三是敏捷性原则。敏捷性原则即中小企业动态联盟各个企业之间具有较高的敏捷性，各个成员企业对来自联盟外部或联盟伙伴之间的服务请求具有快速的反应能力。四是风险最小化原则。这一原则要求中小企业应在最大程度上回避或减少动态联盟整体的运行风险。在选择企业合作伙伴阶段时就应该考虑各合作企业是否有能力进行良好的沟通和协作，以尽可能地规避合作中的风险。

第二阶段：整合关键资源。

组织的资源包括资金、知识、人力、物资、信息等组织可以控制的所有一切。在中小企业的技术创新中，知识资源最为重要，因为技术的获得是以知识的获得与运用为前提的，而创新的实现也是知识的转化与提升的结果，相对于那些使用价值保持相对不变的物质性资源，如厂房、设备等，知识资源是有可创性、可把握性强的战略性资源，知识资源对中小企业的技术创新贡献最大，增值能力最强。资源作用的有效发挥和价值的实现需要组织充分利用和整合资源，所以对知识资源进行组织和整合的能力就关系到动态联盟模式下中小企业技术创新的成败。

知识以显性知识和隐性知识的方式存在于企业中。显性知识是企业中易于传播和共享的知识，可以用正规语言或文字表达出来。隐性知识指那些没有形成文字或不易于编码，只能意会、不可言传的知识。显性知识具有外溢性，很容易被模仿和学习，而隐性知识大多是经验性的，流动性弱，因而独占性强。无论是显性知识还是隐性知识，中小企业在技术创新的过程中都需要对它们进行整合，以形成企业的群体知识。中小企业对知识的整合，是指中小企业在学习过程中，通过知识在整个组织中的流动和扩散，对所学知识进行评价、选择和重构，使不同主体、多种来源和功用的知识相互结合并综合成为组织的知识，最终使其成为企业创新能力和竞争优势的基础。一方面，动态联盟成员企业要整合企业内部的知识。各企业要把员工个人的知识整合为企业共享的知识，通过开展团队学习，实现个人学习到企业学习的飞跃。另一方面，实现成员企业内部知识与合作伙伴知识的整合。企业成员共同努力，协调配合，将自身的能力、合作伙伴的能力和知识充分联系起来，特别是将有利于增强企业整体核心竞争力的知识汇集在一起，经过团队的专业整合，形成新的知识资源。

在知识整合的过程中，对知识资源的整合起关键作用的组织因素包括中小企业吸收知识的能力和企业知识获取过程制度化的能力。中小企业吸收知识的能力是企业认识、消化外部新的知识，并融合在技术创新过程中的能力。中小企业在知识整合的过程中，又有很多因素发挥作用，例如企业是否拥有健全的学习机制、企业中原有的知识类型是否和新知识相匹配等。

第三阶段：实现技术创新。

在中小企业基于动态联盟模式的技术创新过程中，实现技术创新这一阶段受到外界变量的影响最大。经过资源整合后产生的成果，如新产品的改进和开发、技术的实现、销售额的增加等，都需要企业生产能力、市场营销能力、组织管理能力等诸多因素来保证和巩固。此处主要选择从组织机制保障的角度来分析，而把其他影响因素作为外界变量来对待。组织机制对实现中小企业的技术创新的保障作用主要表现在以下几个方面。

一是建立信息沟通渠道。充分有效的信息交流是盟员企业发展的关键之一。信息流通渠道的建立在成员组织内部是一件必要和紧迫的事情，在动态联盟模式下更是相当重要，因为动态联盟模式下企业人员更为松散，人员固定接触和传递信息的机会更少，人员间知识结构的差异更大，信息来源更为广泛。所以建立通畅的信息、知识流通渠道，对动态联盟模式下中小企业组织的学习、任务的完成、效率的提高都有积极的意义。

二是建立过程反馈机制。过程反馈机制的建立是目标导向的需要，是外围组织的职责所在，通过从顾客、市场反馈得来的信息调整方法和思路，可以更快更好地实现既定目标，同时，反馈机制的存在也是应对外部环境急剧变化的本能反应。一般而言，中小企业中的核心组织（由全企业范围内挑选的实际从事工程的组织成员组成）与外围组织（由客户、市场、生产等部门的代表组成的反馈市场信息、明确工程目标的成员组成）的信息沟通是有显著差异的，核心组织中成员之间的沟通更频繁，沟通内容的层次更高，而外围组织沟通的对象主要是核心组织，其内部的沟通反而较少，因此，中小企业首先要确保核心组织的沟通渠道的顺畅和外围组织向核心组织传递信息渠道的完善。有效的信息交流系统要以组织内部结构的灵活性和开放性为前提，需要有技术"看门人""接受器"小组、内部知识团队这三个层次的有机结合。技术"看门人"是中小企业中的技术核心人物，有较强的跟踪环境变化的能力和吸收外部技术信息的能力，"接受器"小组则起到翻译和转换的作用，内部知识团队可以实现内部技术的交流，促成新信息和新知识的产生。

三是加强与外部环境的联系。外部环境对企业施加的影响越来越大，从宏观环境中的法律政策、经济发展水平到微观环境中的供应商、顾客、竞争对手等，每个外部环境因素都能对中小企业产生直接或间接的影响，所以中小企业必须和外部环境建立起动态的联系，才能抓住时机，领先潮流。动态联盟本来就是多个企业的联合体，相对单个中小企业而言，动态联盟和外部环境的接触更多，所以动态联盟中的中小企业要充分利用这个优势，加强自身与外部环境的联系。

第四阶段：扩散技术创新的成果。

中小企业一旦联合成立动态创新联盟，一方面其技术创新能力、创新投入能力、研发能力都将大大提高，而且一旦把握住市场机会就可以率先创新，赢得超额利润。同时，动态创新联盟作为创新扩散源，可以有选择地将创新成果向外扩散，并且根据反馈的信息，进一步开发新技术。与一般的创新扩散过程相比，由于中小企业间成立了动态创新联盟，因而这个扩散过程在扩散的速度和效率上都会有所提高。

另一方面，当其他非联盟企业率先开发出新技术时，创新联盟可以利用成员企业的核心能力和资源，快速地对新技术进行模仿改进，使新技术在联盟企业中及时扩散，在一定程度上减少了技术壁垒引起的扩散障碍。联盟内的成员企业可以共享创新成果，并且由于联盟内的中小企业的技术水平相近，任何一方对另一方的新技术更容易接受和吸收，这种联盟内创新扩散模式与内部扩散模式相同。动态联盟内部的企业由于是建立在各成员企业之间相互信任、密切合作的基础之上，成员企业之间的创新扩散不需要任何中间扩散媒介，降低了甚至没有技术扩散费用，提高了技术转移速度与效益。这种扩散模式不仅加快了中小企业技术创新成果扩散的速度和效率，而且更容易实现集群式创新，产生集群经济效应，推动整个社会的经济发展。

另外，中小企业借助这种动态联盟模式可以实现成员企业核心能力和其他资源的优势互补，在某一专业领域形成强大的竞争能力，从而抓住机会进入仅靠单个中小企业的能力难以进入的市场，实现仅靠单个成员的能力难以实现的目标。动态联盟模式可以提高各成员企业资源存量的利用效率，在总体上降低创新的费用，分散创新的风险。动态联盟内各成员企业间可以相互学习，加速技术积累，并进一步提高各成员企业自身的核心能力。同时，多个企业的同步运作，可以加快新产品开发、制造和市场开拓的速度，有效助推各联盟成员从技术创新成果在联盟内扩散中获得更多的收益。

第五阶段：分配技术创新的利益。

从动态联盟的性质来看，以目标为导向的联盟企业在完成了某项技术创新后，会解散动态联盟，也有可能开始新一轮的联盟合作，因此技术创新利益的分配是结束合作、解散动态联盟或开启新一轮联盟合作的关键工作。动态联盟利益分配就是动态联盟将在其组建期间内实现的利益，依据一定的比例在合作伙伴之间进行分割和分配的过程。动态联盟中各联盟企业的利益分配不应仅是对企业所得经济物资的分配，还应该包括根据动态联盟在完成项目期间所得到的诸如无形资产、专利权、营销渠道以及顾客忠诚度等其他资源的分配。

在任何领域谈到利益分配问题时，首先都要确定利益分配的要素问题。所谓利益分配的要素应该是能对利益的产生起贡献作用的因素。影响中小企业动态联盟利益分配的主要因素有以下几类：一是联盟的总收益的大小，这是联盟利益分配的基础。没有收益就没有利益分配。二是合作伙伴所投入的资本。这里的资本包括资金、人力资源、时间以及品牌知名度等，即既有实物资本也有无形资产等形成的资本。三是合作伙伴企业在联盟中所承担的风险。这里的风险包括联盟目标达成的风险、市场的风险以及合作的风险、技术风险等。四是在联盟中各联盟企业的工作成效，这也是利益分配的一个重要因素。这里的工作成效可以量化为各成员企业为联盟目标的达成所付出的有效时间（能对联盟的发展或收益产生影响的有效工作时间）。还有其他一些因素也会影响利益分配，例如伙伴企业之间的关系问题、各企业在联盟中的地位问题等都会对利益分配问题产生影响。

此外，中小企业基于动态联盟模式开展的技术创新成果如果获得了知识产权，其在联盟成员的收益分配中也会至关重要，它关系到组织中各成员的利益问题，而且企业联盟的目标之一就是知识产权的获取，因此，知识产权的界定就极其关键。组织中涉及的知识产权分为已有的知识产权和新获得的知识产权。已有的知识产权的界定关键是对它的保护，以防止机会主义行为的发生；在新的知识产权界定时要依据动态联盟中各联盟企业贡献的大小，对知识产权进行合理分配，尽量避免因产权分割而引发各联盟企业的矛盾。

第五节　网络经济下中小企业的文化创新

企业文化是推动一个行业和企业发展的强大精神支柱和动力源泉，文化建设对提高中小企业的发展能力和管理水平，增强内部凝聚力，提高技术创新水平和打造核心竞争力，以及推动中小企业实现又好又快发展和建设社会主义先进文化等都具有非常重要的意义。在网络经济时代，中小企业必须走自主创新的生存发展之路，而企业文化创新是中小企业自主创新的重要组成部分，是企业创新的基础和条件。经济技术范式的变革已开创了网络经济时代新纪元，市场需求、管理理念的变迁以及虚拟技术（VT）与信息技术（IT）的广泛应用和迅速发展，无不要求中小企业文化和思想政治工作与时俱进，将与企业发展相匹配的文化和思想作为中小企业可持续的竞争优势之一。但也应当看到，中小企业文化创新不是企业创新的决定因素，也不是一劳永逸、一蹴而就的。中小企业文化创新是一项系统的工程，必须与中小企业的观念、制度、组织、营销、技术等创新因素相结合，才能帮助企业应对网络经济环境带来的新变化。

一、网络经济下中小企业文化创新的特征

随着网络经济时代的来临，中小企业需要相应的文化与之匹配，这既为中小企业的文化创新提供了契机，也突出了它的紧迫性。在网络经济环境下，中小企业的文化创新主要体现在以下几个方面：

1. 诚信与民主的企业文化

诚信是中小企业同外界环境建立联系的基石，而网络交往对中小企业的诚信提出了更高的要求。网络使中小企业更为开放，也加强了它与外界环境之间的相互依存。因网络交往具有自主性、虚拟性和匿名性等特点，它既为说真话提供了巨大的方便，也为制造欺诈提供了便利的条件，这就使中小企业坚持诚信的企业文化在虚拟网络环境下更显得必不可少。

诚信是现代中小企业安身立命的根本。中小企业要在企业内部营造诚信的文化氛围，必须对企业员工坚持教育与处罚相结合、自律与他律相结合的管理方法，提高员工的职业道德素质和法律意识，充分发挥企业文化的导向、约束和激励功能，规范和指引企业与员工的行为。网络不仅是中小企业与内外环境之间进行信息交流的纽带，更是互信互利的桥梁。网络交往具有虚拟平等的特点，带有民主色彩。企业要为员工的民主管理创造自由、宽容、平等的文化氛围。中小企业的领导要认识到员工是企业的能动因素，有权直接参与企业的管理，因此企业领导者必须自觉地接受职工的监督，忠实地代表职工的利益。

2. 学习与创新的企业文化

企业文化作为知识信息，制约着中小企业的创新能力和发展规模。文化本身具有开放性、社会性的特点，网络也是各种文化聚集交汇、彼此学习的场所，借助网络进行学习具有信息量大、传输快捷和交流成本低等优点。中小企业不应只是生产与流通的商业组织，还应是有着浓厚文化氛围的学习型组织。只有交流才能发展，中小

企业之间通过相互学习实现取长补短是适应网络时代的应时之举。中小企业员工的学习能力越强，文化水平越高，综合素质越好，则企业的生存力、创造力和竞争力就越高，也就越能适应环境不断变化而出现的各种新的要求。因此，学习是中小企业在网络经济环境下生存和发展的内在要求。

中小企业要在竞争中获胜，就必须有较强的创新能力。中小企业应充分利用网络的便利，根据自身的特点对引进的先进技术和管理方法进行消化吸收，提高自己的创造能力和生产能力。这个过程实质上就是中小企业完成技术创新、管理创新的过程。因此，中小企业打造学习型的企业文化能培养员工的创新思维和创新能力，不断激发和提高他们的学习兴趣，让企业成为学习型企业。

3. 竞争与协作的企业文化

竞争与协作是商品经济的产物，也是社会化大生产的要求，它是社会经济发展中不以人的意志为转移的客观经济规律。中小企业间的竞争也是中小企业优胜劣汰的过程，它可以降低企业的生产成本，提高经济效益。而中小企业间的协作不仅可以解决中小企业实力薄弱、不具备先天资源优势的问题，还能解决中小企业之间、中小企业与大企业之间相互依存的问题，有效的竞争与协作可以为中小企业创造新的生产力。

竞争与协作相辅相成，不可分割。在网络经济时代，网络平台既为各类中小企业的竞争与合作提供了舞台，又促进了它们之间的竞争与协作，还对它们之间的竞争与协作提出了新的要求。网络经济时代的竞争是建立在公平、公正、公开基础上的竞争，而且，伴随网络经济时代社会分工越来越细，生产专业化程度越来越高，中小企业之间、中小企业与大企业之间的相互依存关系日益加强。中小企业为了赢得竞争就必须协作，必须实现资源共享、优势互补，进而在协作中求得竞争优势，培养核心竞争力。所以，中小企业需要塑造竞争与协作的文化，激发员工的竞争意识，培养员工的协作精神。

4. 开放与民族的企业文化

网络的自由性、开放性使中小企业面临的不稳定、不确定性因素增多，对外界环境的依赖性增强，这既给中小企业带来了无限的商机，也增加了额外的风险。中小企业构建开放性的企业文化能引导员工秉持一种开放的、包容的、吸纳的心态，利用便捷的网络学习平台，广泛接触、学习和利用各种有用的商业信息和知识信息，促使他们形成世界眼光和全球思维，以此捕捉全球性机会。中小企业文化的民族性则是企业文化的根基。因依附于某一特定的地域，中小企业的成长与发展往往带有强烈的地域性和民族性，中小企业的文化创新若放弃这种扎实的根基而一味强调企业文化的开放性，这不仅不能带来中小企业的发展，而且极大可能给中小企业带来灭顶之灾。

二、网络经济时代对中小企业文化建设的新要求

毋庸置疑的是，网络经济的发展对中小企业文化的推进和发展既有正面影响，也会带来一些负面因素，尤其是后者更值得中小企业关注。所以，在中小企业的企业文化建设与管理中，中小企业要根据网络经济时代的环境特征，结合本企业的实际情况，创建有利于员工积极性发挥、有利于资源共享的企业文化氛围，形成与网络化组织和管理相适应的价值观。企业文化的构建一般包括物质层面的构建、制度层面的构建和精神层面的构建三项内容，在网络经济条件下，中小企业在这三个层面的企业文化构建应有新的方法和新的要求。

1. 网络经济对中小企业构建物质层面的企业文化的要求

中小企业文化的物质层面是企业的外显事物，是公众对一家中小企业的文化所能直接感知的有形和可视部分。物质层面是中小企业文化体系中的最基本内容，也是公众对中小企业文化评价的主要依据之一。在网络经济时代，中小企业构建物质层面的企业文化应注意三点：一是中小企业要全面规划、合理布局。中小企业若开展

了虚拟经营或购并运作，还要做好对虚拟合作或被购并企业的一些相关外观布置，以利于外部公众形成一致的预期印象和认知结果。二是中小企业要对物质层面的企业文化准确定位、不断提升。企业文化的可视部分需要精心策划并准确定位，不能凭创始人或部分人的想法随意而为之，更不能朝令夕改。三是中小企业要完善物质层面的企业文化的载体，精心设计形象并进行合理的包装。除建筑环境、标记标牌、饰物包装等传统载体外，企业还应重视企业网站、企业微信公号、企业微博号、电子商务平台等网络载体的建设，以吸引在线顾客的眼球。

2. 网络经济对中小企业构建制度层面的企业文化的要求

设计合理的制度文化对中小企业员工的行为有着重要的指导、规范和激励作用，网络经济下中小企业构建制度层面的企业文化主要注意三个方面的要求：一是要区别对待，有规可依。网络经济条件下，创造性劳动人员和重复性劳动人员、内勤人员和外勤人员、全日制职工和非全日制职工等各类不同的员工所适用的规章制度应是有差别的，例如重复性劳动人员可以定员定岗考核，创造性劳动人员则需要柔性制度引导，内勤人员适合权责对等、分工明确，外勤人员则要因顾客需要、市场互动而灵活应变，需要一定程度的自由授权，而全日制职工可用员工手册予以过程控制等，中小企业在设计规章制度时必须要关注这些新变化。二是制度文化设计必须遵循闭环反馈而不是开环控制的原则。一些中小企业的厂规厂纪、行为手册之类的行为规范在实践中效果差强人意就说明了仅有制度的开环控制还是远远不够的，还必须辅助之以闭环反馈，把制度的执行情况、职工的意见和建议、下级对上级的反制约等反馈机制也引入制度设计之中。三是制度文化要与战略目标和战略环境相匹配。当中小企业的战略目标发生变化时，企业的规章制度也应相应发生变化。而且中小企业身处的环境不同，其在具体的规章制度和行为规范上也应有所区别。例如职级分明的强权文化对员工有较强的约束与控制能力，相对而言比较适合身处技术含量低、市场变化不大的一些传统行业的中小企业，但并不适合从事租赁、策划等员工需要较大自由度的中小企业，特别是身处 IT 行业的中小企业通常更适合民主开放的企业文化。

3. 网络经济对中小企业构建精神层面的企业文化的要求

精神层面的企业文化是中小企业文化的最高层次，也最能反映一个中小企业的价值观和经营理念。中小企业若不满足于获得一时一地的竞争优势而期望打造可持续的竞争优势，不满足于顾客对本企业产品的随机购买而欲实现顾客忠诚甚至形成顾客粉丝，则还需要进一步做好精神层面的企业文化建设。企业文化的精神层面是构成中小企业商誉与形象的核心和灵魂，主要包括中小企业的经营宗旨、经营特色、工作人员的精神风貌、企业道德、遵循的社会伦理等内容。网络经济时代中小企业构建文化精神层面的企业文化应注意两点。一是要树立以顾客为导向的经营理念。以顾客为导向要求中小企业从管理高层、中层干部、一线员工到后勤人员的全体员工，从市场调研、研发、生产、销售到售后服务的全部价值链活动都要围绕顾客需求的满足而运作，决定中小企业对价值链的哪一个部分的价值应该事必躬亲，而其他部分的价值应该采取活动合作等，都要取决于创造顾客价值所需。二是要培养员工满意度和忠诚度。人才匮乏往往是制约中小企业发展的一大症结，所以中小企业的文化必须以人为本，让员工满意、员工忠诚是实现顾客满意、顾客忠诚的先决条件。在网络经济时代，员工的积极性与创造性很大程度上受企业文化的影响，构建精神层面的企业文化对中小企业的成功而言比以往任何时代都更重要。

三、网络经济下开展中小企业文化创新的思路和对策

（一）网络时代开展中小企业文化创新的思路

中小企业自主创新体系中的文化创新的目标是建立创新型文化，

只有在中小企业自主创新体系中建立创新型文化，牢固树立中小企业的自主创新理念，才能从根本上解决目前中小企业在自主创新体系建设上面临的困难。因此，本书对于中小企业文化创新探索的着眼点在于建立创新型文化。

在确立了创新型文化为目标后，对于如何有效建立创新型文化，本书主要从企业文化的精神层面着眼。创新型文化精神层面的塑造主要从企业精神、企业价值观、企业经营理念三方面展开，而文化创新氛围也是不可或缺的一部分。基于此思路，并根据文化创新与技术创新、战略创新和管理创新关系，我们可以构建一个针对中小企业自主创新体系的文化创新模型，如图6-14所示。

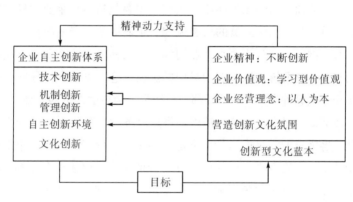

图6-14　面向中小企业自主创新要求的文化创新模型

（二）网络时代开展中小企业文化创新的对策

1. 确立"不断创新"的企业精神，推进自主创新体系的完善

企业精神作为中小企业内部员工群体心理定式的主导意识，是中小企业的经营宗旨、价值准则、管理信条的集中体现，它构成了企业文化的基石。确立一种什么样的企业精神，对集合中小企业的向心力、调动员工积极性起着决定性作用。创新是现代企业生存和发展之本，在这个飞速发展的现代社会，知识更新换代迅速，如果

不能不断地学习和创新，中小企业很快就会被淘汰。"不断创新"的企业精神是创新型企业文化的核心，它给予中小企业自主创新体系源源不断的精神动力和智力支持，有利于中小企业提高自主创新效率和取得创新成果。如美国硅谷是世界公认的创新典范，硅谷的成功很大程度上归功于它的"崇尚创新、鼓励创业"的"社会风气"，归功于"失败了没有关系"等不断创新的企业精神的支撑。网络经济环境下，中小企业树立不断创新的企业精神应做到以下几点：

（1）要创新企业主体意识。

中小企业的主体既是指广大员工，也是指企业作为一个法人的整体。中小企业的创新主体意识就是要让中小企业保持一种危机意识，正如微软总裁比尔·盖茨所说，"我们的公司离破产只有十八个月"。在这种生存危机的刺激下，企业的员工会有一种"不创新则灭亡"的危机感，从而激励员工不断创新。从管理者的角度来说，要创新中小企业的主体意识，管理者首先必须对创新的重要性有正确的认识，树立"不创新就灭亡"的观念；其次，要树立"尝试越多，机会就越多"的观念；最后，要树立"失败是成功之母"的观念，管理者对于创新过程中的失败应采取宽宏大量的态度。从员工的角度来说，观念的转变集中表现在树立"我也能创新"的自信心上。正如福特汽车公司前总裁亨利福特曾说的"如果你认为自己行或不行，你总是行的"。

（2）要以顾客为中心。

被誉为"现代管理之父"的彼得·德鲁克曾经提出过一个他对企业的独特见解：要知道企业是什么，必须从理解企业为什么而存在开始。作为企业家，无论他创办企业的初衷是什么，他在创办什么性质、规模和从事什么产品生产或服务的问题上，始终都是围绕着如何生产能够满足社会需求的产品和服务的基础上做出决策的。事实上，所有企业的目的只有一个：创造顾客，提供服务。因此，中小企业在创新发展过程中，一定要树立"以顾客为中心"的企业精神，根据顾客的个性需求不断创新产品和服务。

2. 培养"终身学习"的价值观，促进技术创新

网络经济时代加速了知识传播的广泛性和快捷性，知识正成为与人力、资金并列的企业第三大战略资源，因此学习能力是构成中小企业核心竞争力越来越重要的组成部分。从创新和学习过程的视角来看，中小企业的持续技术创新本质上是一项生产新知识或者重新组合现有知识的活动。换而言之，中小企业开展持续技术创新就是一个企业组织不断学习的过程。因而，中小企业要想把技术创新活动持续下去，就要不断地进行学习，努力培养"终身学习"的价值观，以加速技术知识的流动，提高创新能力与速度，促进吸收与转化能力的提高，从而增强企业自创新的延续性。由此可见，树立"终身学习"的价值观是中小企业文化创新的重要内容。

中小企业要真正的培养"终身学习"的价值观，首先要使全体成员达成学海无涯的共识，把建设学习型组织作为企业的价值追求，使学习成为每一位员工的自觉行为和习惯。同时，中小企业要通过各种手段，将"终身学习"的价值观与企业技术创新能力的提高相结合，引导企业的学习紧紧围绕提高企业技术创新能力，整合企业的学习资源和组织资源，积极促进企业的自主创新。具体来讲可以采取如下措施：

（1）加强企业对员工的培训，鼓励员工进行个体学习。

彼得·圣吉认为，只有通过个体学习，组织才能学习。所谓个体学习就是组织成员个人完全自觉的不依赖个体所在组织或群体的激励、帮助而进行的学习活动。通过自主学习，个体可以自我完善、自我发展、自我超越。同时，在鼓励员工自主加强个体学习的基础上，中小企业应定期开展企业培训，通过开展学习和训导来提高员工的工作能力和知识水平，最大限度地使员工的个人素质与工作需要相结合，从而提高员工的工作绩效。中小企业开展培训的目的是为了改善企业成员的心智模式，为企业发展成为学习型企业奠定基

础。改善员工的心智模式培训是中小企业由个体学习发展为团队学习的重要环节。

（2）引导职工的团队学习，建立学习型组织。

建立在个人远景基础上的个体学习是一种相对原始的学习，建立在共同愿景基础上的团队学习则是一种高层次的学习，它把学习型个体组织起来，进行系统思考，以解决企业面临的各种技术创新问题。为使团队学习更为有效，中小企业首先应建立团队共同目标，并实现目标共享，这样能够使组织成员在同一目标的引导下形成学习和知识创造的共享意识，使团队成员形成向心力和凝聚力。其次，现代技术尤其是互联网技术的飞速发展，为建立学习型团队提供了技术支持，企业应充分运用这一有利条件促进企业的团队学习。

（3）鼓励企业全员学习，形成学习型企业。

网络经济推动了全球经济的一体化，这使得中小企业面临的生产经营环境变得更加动荡。变化日趋迅速的外部环境要求中小企业需要不断提升企业学习能力，为形成企业的自主创新能力做好知识积累和能力储备，所以建立学习型企业是中小企业自主创新体系发展和完善的巨大推动力。学习型企业的本质特征是全体员工都在学习，企业家在学习，管理人员在学习，职工在学习，技术人员在学习，四位一体，形成良性互动。中小企业要将自己打造为学习型企业，就应该营造"人人是学习之人，处处是学习之处"的企业文化氛围，鼓励企业全员学习，不断提升员工的学习意识和学习能力。

3. 树立"以人为本"企业经营理念，促进人力资源管理创新

面向企业的人力资源管理，中小企业的企业文化应该倡导以人为中心的人本管理哲学，反对"见物不见人"的理性主义管理思想。"以人为本"的企业文化的突出优势之一就在于它不再只把企业中的人看成是单纯的"经济人""决策人""理性人"或"社会人"，而是将人看成"全面发展的自由人"和"善于创新的文化人"。"以人为本"的文化理念视人才为中小企业最重要的资源，强调人是企业

中最活跃的因素。钢铁大王卡内斯有句名言："将我所有的工厂、设备、资金全部夺去，只要保留我的组织、人员，四年后我将仍是一个钢铁大王。"由此可看出，尊重人、发展人是"以人为本"的出发点和归宿。

中小企业通过树立"以人为本"的价值观，来推动企业的技术创新和管理创新，可以采取以下三个步骤：

第一，更新人才观念。管理是一门研究人之行为的艺术，企业管理的主体和对象都是人。树立"以人为本"的企业价值观，要求中小企业尊重、关心、爱护每一位员工，充分满足他们的物质和精神需要，调动他们的积极性和创造性。惠普文化常常被人称为"HP Way"（惠普之道），就是相信、尊重个人，尊重员工，将员工放到首要位置。联想集团内部有一条规定：在企业内部不准称呼老总，不准称呼职务，要直呼名字。这条规定看似小题大做，实则深刻反映了联想文化的内涵，即在企业内部，人人都是员工，人人平等，都是主人翁。正如中国古代思想家孟子所说："得人心者得天下。"企业只有抓住了"人"，才能更顺利地开展管理创新，从而推动企业自主创新。因此，树立"全面的用才观、敏锐的识才观、紧迫的惜才观、科学的用人观、宽宏的容人观"的全新人才观念，做到"事业留人、待遇留人、感情留人、环境留人"，在人才的引进、培养、使用等方面真正做到以人为本，才是中小企业的发展之道。

第二，蓄才育才。蓄才，即适应中小企业经营管理的需要，加大人才培养与引进；育才，即对人才进行教育培训，提高其各方面素质。在衡量人才上坚持德才兼备原则，把品德、知识、能力和业绩作为主要标准，不唯学历、不唯职称、不唯资历、不唯身份，不拘一格选人才。中小企业要坚持以人为本，把促进人才的健康成长和充分发挥人才的作用放在首要位置，努力营造鼓励人才干事业、支持人才干成事业、帮助人才干好事业的氛围，充分鼓励企业员工求进步、做贡献。日本松下于1964年就在大阪建起了占地14.2万平方米的大型培训中心，公司每年有 1/3 的人来这里接受培训。相较之下，我国的企业尤其是中小企业对员工培训的投入偏小。建立在科技进步基础上的自主创新，需要大量德才兼备的创新型人才。科技人才尤其是一流科技人才，往往决定着研究机构的水平和实力，使企业能获得更多具有开创性的科技成果。中小企业首先应立足企业内部科技人才资源进行开发，坚持自力更生培养科技人才，其次还要采取多种方式引进人才，尤其是高层次人才和企业自主创新的紧缺人才。

第三，留才。中小企业为什么总是面临人才缺乏的问题？主要原因之一就在于不能很好地留住人才。当务之急是必须确立"以人为本"的理念，为人才的脱颖而出创造良好环境，让科技人才的创造性劳动、技术、管理等参与分配，并获得应有的报酬。因此，中小企业应坚持物质奖励与精神奖励并重的原则，加大对做出突出贡献的科技人才予以奖励。中小企业若只有创新的价值观和创新精神，而缺乏必要的机制安排和落实，那么企业的创新只能停留于观念上。在大多数日本企业中，就设有鼓励企业员工在各岗位上努力创新的机制。这种机制使员工的创新意识及创新行为习惯化并成为企业文化创新的一个重要内容。因此，要深化人才激励机制的创新，中小企业就必须创造有利于优秀人才脱颖而出、充分施展才能的人才环境。在用人标准上，中小企业应坚持德才兼备原则，任人唯贤，同时，通过制定收入、住房等政策最大限度地留住人才、发挥各类人才的潜能，例如可实行优秀技术人员困难补助制度；为大中专学历的员工参加社会考试提供方便；对于在关键岗位但不具备相应学历、资历的骨干实行特定的考评制度，真正将感情留人、事业留人的理念落到实处。

4. 营造有利于创新的文化氛围

一个健全的创新文化环境是中小企业自主创新体系有效、健康运行的根本保证。如同阳光、空气和水分之于植物生长一样，中小企业自主创新体系也需要有适宜的环境和营养的氛围，这就需要中小企业的管理者敢于突破陈规陋习，大胆创新。对中小企业而言，营造创新文化环境主要是营造企业自主创新的微观文化环境。微观文化环境的建设主要包括外显文化环境建设和内在文化环境建设两个方面。外显文化环境主要是指自主创新工作赖以进行的各种物质文化环境条件，如自主创新所需厂家设备、信息等。营造创新的外显环境，关键是资金投入。内在文化环境主要是指企业内部的创新文化氛围，内部创新文化氛围的营造，关键在于中小企业领导者和各级管理人员对于创新的积极参与，以发挥其在创新过程中的示范带动作用，并运用一切可能利用的方式和手段为员工创造进行发散性思维、敢于突破旧的规范和行为模式的文化氛围。

企业家是创新文化氛围的营造者，这就意味着中小企业的领导者应把主要的时间和精力花在创造良好的内外环境与发展条件上，为企业营造良好的创新文化氛围，以激发出企业新的创意，促进企业自主创新能力不断提高，具体措施可从以下方面着手：

第一，保护和培育员工的好奇心。好奇是对未知事物奥妙的追求，是对了解未知事物的渴望。爱护和培养职工的好奇心、求知欲，保护他们的探索精神、创新意识和创新思维，构造不断学习、善于思考、崇尚真知的氛围，引导、支持职工勇敢地开拓荒芜领域，敢于思前人未思之题、解前人未解之谜、创前人未创之业，是营造中小企业创新文化氛围的先决条件。

第二，鼓励和支持拔尖创新人才。鼓励和支持拔尖人才，是合乎人才成长规律的必然要求。企业对于在创新活动中有突出贡献者，应予以重奖，让其"先富"起来，这样就可以促进员工共同进步。对于具有创造性的员工，要让他们获得赞赏、声誉和成就感，要使他们的事迹广为其他员工所知，成为全体员工学习和效仿的楷模。

第三，树立宽容失败的意识。创新意味着没有现成的道路可走，更没有一定成功的把握，创新的收益往往与风险并存，因此中小企业开展自主创新，需要形成一股大胆摸索、反复试验以及失败了再来的劲头。而中小企业的管理者要树立宽容的意识，这种宽容一是对创新思路的"奇谈怪论"的宽容，因为一项新产品的创意往往可能是从"不应该""不可能"甚至是"天方夜谭"中的想法中发展而来；二是宽容创新中"非理性"的行为，某些时候企业的创新是凭直觉去干，可能需要摸着石头过河；三是宽容某些"无组织""无纪律""钻制度上的空子"之类的行为，因为创新在起始阶段往往没有成功的把握，要努力为他们营造一个干事创业的良好环境，以鼓励探索和创新；四是宽容创新过程中所犯的错误和失败，大胆试错、细心纠正是中小企业创新中必经的过程，而完成一项创新往往获得成功的概率很小，如若不能允许失败，就等于取消创新。

第六节　网络经济下中小企业的协同创新

一、网络经济下中小企业开展协同创新的重要意义

传统生产方式中，由于中小企业过度依赖自身资源并受制于资源与能力的有限、技术创新人才的短缺和技术信息的匮乏，因而其在自主创新方面受到很大限制。当中小企业所处环境的日益动态化及技术创新速度的不断加快，特别是随着开放、互通成为发展主题的网络经济时代的到来，中小企业必须充分依靠外部技术及其他社会资源的支持进行协同创新，让中小企业的创新不再是单个企业的内部行为，而是在相关组织构成的协同网络基础上，借助网络内单元间的相互作用来完成。

协同创新使中小企业的自主创新突破传统边界，动态地集成和利用社会其他行为主体的信息和资源，在更广阔的范围内有效地使用、调配、协同和管理各主体的行为活动，培育自身独特的竞争优势。归纳来看，协同创新能为中小企业带来如下竞争优势：

1. 知识溢出效应

罗默最早用外部性解释了溢出效应对经济增长的作用。他认为新投资具有溢出效应，投资的厂商可以通过积累生产经验提高生产率，其他厂商也可以通过学习提高生产率。罗默指出知识不同于普通商品之处在于知识具有溢出效应。知识管理理论将知识分为显性知识与隐性知识两大类。隐性知识作为中小企业尤其是科技型中小企业实现创新的基础，由于其与个人的经验紧密相关，往往不易用语言表达、传播与学习，因此知识溢出在空间范围上受到很大限制。协同创新使创新伙伴之间能够高效地实现工作技能和技术诀窍等无形资源的自由交换，优化资源配置，提高资源使用效率。

2. 降低创新成本与风险

为了发展的需要，中小企业渴望吸收并利用新知识，但由于相对于大企业而言，中小企业自身没有能力进行大规模研发活动。协同创新不仅使中小企业能够方便快捷地共享创新系统内不同主体的创新资源，并有效吸收整合行业内外技术、资金、人才、信息等资源为其创新活动服务，而且创新的高成本也由各行为主体共同承担。创新网络承担了一定的创新组织功能，通过创新各主体间的分工合作，减少了中小企业个体创新的不确定性，降低了中小企业参与创新过程的风险。

3. 营造良好的集体学习氛围

协同创新的根本优势是集体学习——一种动态的、开放式的学习过程。在协同创新网络中，创新主体间的互补性使每个主体从其他主体那里学到很多知识，从而产生网络学习效应。同时，中小企业可以利用知识溢出效应获得个体难以得到的知识，并通过相互的沟通建立起互利互惠的思维方式与交易规则，增加彼此的信任与默契，为中小企业的创新发展营造良好的学习氛围。

二、中小企业协同创新的作用机制

借助于产业集群网络，中小企业通过与高等院校、科研机构、政府和其他中小企业、大企业等开展协同创新，促进了信息的共享、知识技术的流动和能力的提升，最终形成"1+1>2"的协同效应，能够弥补单个中小企业的创新劣势。因此，中小企业结合自身的实际情况，构建适宜的协同创新机制对提高创新效率和成功率非常重要。通常而言，中小企业开展协同创新的作用机制由以下几个方面组成：

1. 利益驱动机制

任何一种形式的合作原动力都是个体对于实现自身利益最大化的追求。没有利益的驱动，合作不可能深入，也不可能长久，利益驱动机制作为中小企业与其他行为主体形成的协同经济体的一种内在增长机制，主要表现为资源互补、知识共享、外部经济、规模经济、网络创新等。在协同状态下，中小企业与其他行为主体之间进行物质与信息的交流由外部市场的不稳定交易变为内部或半内部化的交流，交易费用因此得到大幅度降低，中小企业从而享受到范围经济效应，这对提升中小企业竞争优势具有重要意义。

2. 制度运行机制

协同创新系统有着复杂的技术界面和组织界面，在其形成与发展过程中，存在功能锁定、技术锁定和区域锁定等潜在危险，导致协同创新系统内部向无序状态发展。制度运行机制的目的就是提高系统的有序度。协同创新系统内组织间的信任及共同的价值观作为制度运行的基础，将协同创新网络中日益增加的节点有机地联系在一起，保证新进入企业及新知识快速融入创新系统内，并减少系统内部机会主义行为，为协同创新系统的有序运行提供了重要保障。

3. 内部平衡机制

协同创新系统的平衡意味着协同创新系统内部关系协调，系统结构合理，系统功能优化，是一种所有组织所追求的状态。该机制来源于生态系统，具备自动调节、自动适应的能力，在能量流动与物质循环过程中，系统具有自我保护和平衡的特征，整个系统在物质与能量积累到一定程度后进入相对稳定的状态。中小企业通过建立内部平衡机制可以进一步稳定协同创新系统。

4. 网络连接机制

网络连接机制是指协同创新系统内各主体在交换物质、传递信息、共享知识的过程中所建立的各种网络关系的总和。网络连接机制包括正式网络连接机制与非正式网络连接机制，正式网络连接机制用于显性知识的传播，非正式网络连接机制用于传播隐性知识。隐性知识是企业进行创新的重要资源，网络连接机制使网络节点间可以更加方便地、低成本地进行隐性知识交流，同时，中小企业自身所具备的一些优势也可以通过网络连接机制得以充分发挥，从而丰富了自身的知识资源。

三、中小企业协同创新的实现方式

（一）中小企业与高等院校、科研机构之间的协同创新

中小企业与高等院校、科研机构之间的协同创新主要表现在其对中小企业技术创新的各种创新资源供给。高等院长及科研机构是技术、人才的战略高地，对于技术、人才等资源相对匮乏的中小企业而言，能够以通过其获得既包括人才供给，也包括高新技术、研究成果等创新资源的供给。中小企业可以逐步实现从单项技术引进向依据高等院校及科研机构的人才、技术、管理方法进行共同科研项目研究等开展技术合作创新的改变，从此形成相对稳定的长期合作关系，提高中小企业的技术创新能力。

（二）中小企业与政府之间的协同创新

政府在与中小企业协同创新中扮演着服务者的角色，政府主要通过发挥宏观调控、资金支持、协调促进等职能为中小企业创造健全、统一、开放及有序的市场环境，完善宏观调控的政策法律环境，

健全中小企业技术创新发展的产业配套环境，从而为中小企业提供一个良好的创新平台。

（三）中小企业与社会服务体系之间的协同创新

社会服务体系主要包括管理咨询机构、中介机构、金融机构等。在后金融时代，很多中小企业出现资金链断裂的情况，从江浙等地出现的"企业家逃跑"与"民间融资诈骗案"等现象可以看出，中小企业无论是通过正式渠道融资还是通过非正式渠道（即地下或民间融资），都面临着很大困难。"融资难"已经成为制约其技术创新甚至发展的"老大难"问题，这一点在本书第一章中已详细分析过。通过协同创新体系，中小企业可以与金融机构建立合作伙伴关系，金融机构可以针对中小企业建立完善的、多层次的融资体系及融资保障体系。

中小企业不仅面临"融资难"的问题，同时还面临信息缺乏、管理落后等问题，管理咨询机构与中介机构通过与中小企业的协同创新，可以积极为中小企业提供服务供给，如提供技术创新信息、技术咨询、指导与培训等，从而提高中小企业的技术创新效率。

综上，如图 6-15 所示，中小企业在协同机制的驱动下，与协同创新系统中各主体开展良性互动的协同创新活动，最终能为中小企业带来明显的竞争优势。

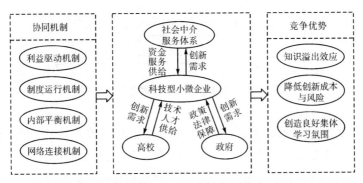

图 6-15　协同创新对中小企业的作用过程

四、中小企业协同创新的实施流程

中小企业之间开展协同创新，归根结底在于降低风险和成本，提高创新效率和成功率。要保证中小企业的协同创新能够快速对市场变化做出反应，并且迅速研发生产出适销对路的产品，关键在于协同创新系统中拥有协作高效的研发队伍和简洁顺畅的研发流程，在分工合作的基础上，中小企业与各主体齐头并进，各司其职，最后整合形成创新成果。中小企业开展协同创新的流程如图 6-16 所示。

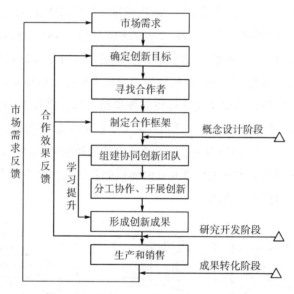

图 6-16　中小企业开展协同创新的流程

从图 6-16 可以看出，中小企业开展协同创新要经历九个环节和步骤：先是基于市场需求，产生协同创新的意愿和动力，并进行市场调研，仔细分析市场的发展趋势，把握市场的发展方向。在对市场充分调研的基础上，根据技术的发展规律以及企业自身情况，制定初步的创新目标，并据此寻找合适的合作伙伴。此处的"合适"既要求双/多方资源互补，也要求双/多方能力匹配，在资源和能力上能够形成适宜的高低搭配。确定合作伙伴之后，需要就创新的具体细节进行商讨，并制定出书面的合作协议，以规定双/多方的投入和收益份额，内容要清晰明确、全面周到，至此，概念设计阶段结束。

合作双/多方签署合作协议之后进入正式的研究开发阶段，在这个阶段先是合作双/多方组建研发团队，并各自分工，陆续展开创新活动，在这个过程中要协调好各方研究进度并及时调整，提高创新的效率，保证创新目标顺利完成，形成创新成果。这个阶段是企业学习和提升的重要阶段，也是创新能否成功的关键阶段。

在研究开发阶段结束后，下一个阶段就是成果转化阶段，主要是将创新成果尽快转化为产品并推向市场，在这个阶段协同创新过程并没有结束，可能仍需要合作伙伴对新产品在市场中出现的问题进行处理。中小企业整个协同创新流程有两个反馈回路：一个是市场需求的反馈回路，另一个是协同创新效果的反馈回路。这两个反馈回路为企业进行下一次的协同创新提供了指导，比如市场调研、创新目标的设定以及合作伙伴的选择等。

第七章 "互联网+"时代中小企业自主创新的新趋势——云创新

　　随着互联网及信息技术的高速发展，以及第四次工业革命的到来，知识与信息的传播更为迅速，互联网的应用范围逐步扩展到社会经济的各行各业，互联网与各行业的结合也日益受到了更多的关注和重视。2015 年的政府工作报告首次提出将"互联网+"提升至国家战略层面，希望通过"互联网+"推动全产业的改造和升级，同年 7 月 5 日国家出台的《国务院关于积极推进"互联网+"行动的指导意见》进一步明确了"互联网+"的内涵，即把互联网的创新成果与经济社会各领域深度融合，推动技术进步、效率提升和组织变革，提升实体经济创新力和生产力，形成更广泛的以互联网为基础设施和创新要素的经济社会发展新形态。从这一内涵界定不难看出，"互联网+"作为一种新的经济形态，其本质就是要利用信息通信技术以及互联网平台，让互联网与社会经济的各个行业进行深度融合，推动各行业的技术进步、效率提升和组织变革，创造新的发展生态。在这一背景下，传统的发展模式显然已经不能满足"互联网+"时代中小企业尤其是科技型中小企业的发展要求，与之相适应的是能将互联网与中小企业深度融合发展的"互联网+中小企业"模式，即"中小企业互联网化"，这种发展模式要求中小企业主动与互联网深度融合，通过运用互联网思维实现中小企业经营模式、商业模式的创新和变革，利用互联网、云计算、大数据、物联网等新技术，降低成本，提高效率，创新产品和服务，增加顾客满意度，实现企业健康、可持续的发展。

在"互联网+"的时代背景下，随着云计算等技术的不断成熟，由云计算引发的"云创新"模式也成为学术界和企业界研究的热点。云创新作为一种全新的创新模式，将企业创新系统嵌入云技术当中，以云技术为依托实现科技型企业创新的高效性。通过云计算平台（全球性的、极易扩展的计算机基础设施），云创新将世界范围内各种技术、知识、人才联系在一起，将各类充分体现云计算智慧的规范化的创新资源聚合起来，为一切致力于通过创新实现可持续发展的企业或个人提供"营养源"。随着云创新的各项条件日臻成熟，云创新模式正在成为包括科技型中小企业在内的各类中小企业创新的重要选择，也将成为我国中小企业在未来完成颠覆性创新的最优选择。

本章从云创新的基础理论出发，在对云创新的概念界定和特征分析的基础上，详细解构中小企业云创新系统的构成和实施运作的流程；同时，针对中小企业"融资难、融资贵"这一老大难问题，从云创新的视角出发，分析"互联网+"环境下中小企业云融资模式的构建，旨在为广大的中小企业在"互联网+"时代寻求突破桎梏的发展之道上，提供更多有益的理论借鉴和经验参考。

第一节　云创新的概念界定及特征分析

一、云创新的概念界定

"云"的提法源于云计算，原意是指云计算外部资源整合模式，后将这种云资源的转化模式引入创新领域，为创业公司提供资金、推广、支付、物流等一整套服务，进而形成一种"云创新"模式。

云创新作为一种利用云计算进行管理创新或商业模式创新的方式，到目前为止还未形成统一概念。百度百科对云创新的定义为：云创新（cloud innovation）是一种全球范围内的创新活动，是大众智慧的体现，通过云计算平台和全球性的、极易扩展的计算基础设施，将世界范围内的各种技术、知识、人才连接到一起，构建一个充分体现云计算智慧的、规范化的创新服务模式，将分散的、自发的、海量的创新资源聚合起来，为各类致力于通过创新实现可持续发展的企业提供"营养源"，帮助这些创新型组织提升创新管理能力、建立创新管理体系、改善创新管理绩效，成为所在行业市场的领导者。任丽梅、黄斌（2010）认为，云创新的概念可以分为广义的云创新、相对广义的云创新和狭义的云创新，其中对狭义云创新的定义是：充分利用现代网络技术、基础设施和管理方法，将散落在世界各地创新资源和创新能力以各种有效的管理机制聚合在一起，形成超越一般企业的群体规模，突破一般组织与地域的边界，并以统一的接口为大量的用户开放使用的一种新的创新模式。胡钰（2010）指出，云创新是通过互联网、现代通信等新兴技术把组织内外部分散的、巨大的、自发的创新资源有机整合起来，运用科学的管理方式、运作流程以及合作机制，超越组织边界和地域限制，由众多利益相关方共同参与的开放式创新模式。冯旭、罗霞（2011）通过对国内外先进企业实施云创新案例进行分析得出结论，云创新是一种具有极强生命力、巨大创造力、超越空间限制的全新创新模式。

综合上述各种观点，我们可以对云创新做如下定义：云创新是组织或个人以创新为目的，通过互联网、现代通信等新兴技术把组织内外部分散的、巨大的、自发的创新资源有机整合起来，运用科学的管理方式、运作流程以及合作机制，超越组织边界和地域限制，由众多利益相关方共同参与的开放、民主、分散的创新模式。

二、云创新的基本特征

在对云创新的特征的探究上，任丽梅、黄斌（2010）认为，云创新作为一个特殊领域的事物，具有一些特殊性质，包括离不开创新共同体及其活动的作用，具有活跃而有效的创新扩散能力，云创新的过程是超越传统协同开发的大协作。冯旭和罗霞（2011）提出了云创新的主体具有大众化特征。张玉明（2013）指出，云创新具有开放性、社会性、低投入、高效率、低消耗、价值多元化、产权形式灵活等特征。借鉴这些观点并参考云创新实践案例，以及对比传统的创新模式，我们认为云创新是一种知识密集服务的创新模式，也是一种服务过程中的创新，其具有一些有别于传统服务创新的鲜明特征，主要表现在以下几个方面：

1. 参与主体大众化

云创新作为一种面向大众的创新模式，参与的创新主体不再局限于企业内部员工，而是分布在不同区域、不同行业的在线大众，特别是数量众多的云端参与者，例如 IBM 创新"果酱"计划的活跃云端达到 37 000 万个，参与苹果云创新的活跃云端更是高达 50 000 万个。这些云端参与者除了组织，更多的是以个体为单位的大众，他们之间不一定有共同的利益，并且各个个体之间可能存在一定的竞争关系。这决定了云创新模式是一个松散的联合体，它是为特定的任务而组建和存在的，组织性不是很强。同时，大众化特征也决定了云创新模式与一般的开放式创新模式在合作方式上存在差异：一是资源共享程度不同。在一般的开放式创新模式中资源共享是有限度的，参与创新的合作各方只是在需要的时候才拿出各自的资源以完成一项工作，而云创新模式下参与者众多，他们之间不仅分配共享创新的利益，还分享创新的动机等，所以云创新模式下参与者之间的资源共享程度较高。二是任务分配的方式不同。在一般的开放式创新模式中，创新活动一开始就有明确的任务分工，而在云创新模式中，不存在统一的任务分配，而是参与者根据自己的兴趣及专长，由个人决定自己承担的工作及工作量。因此，云创新参与主体的大众化既能为企业带来海量的创新资源，同时也对云创新的管理提出了新的挑战。

2. 组织边界模糊化

由于云创新是一种超越传统，在更大范围内进行的协作过程，众多以个体为单位的云端参与者是实施云创新模式的关键，他们可以为了某个感兴趣的议题或任务随时聚集，而云创新对参与创新的主体通常没有设置太多的限制条件，这些云端参与者进入或退出云创新的障碍是很低的，这种特性使得云创新的组织边界十分模糊，云创新超越了传统意义上的企业边界。例如海尔的"人单合一"模式打破了传统企业的组织架构，使原来80 000多名员工变成了现在2 000多个自主经营体，而所有的自主经营体以市场和客户需求为导向，执行按"单"聚散的政策。另外，参与云创新模式的主体身份也是模糊的，各创新主体在参与云创新之前可能是顾客或员工，而在云创新模式中这些主体同时兼具员工、顾客和供应商的身份。云创新这种模糊化的边界和主体身份也会给云创新的管理带来一定的难度。

3. 交互网络社区化

由于参与云创新的主体众多，且组织性相较正式组织较弱，为了有效发挥众多创新主体集聚的作用，云创新围绕创新的特定领域搭建网络社区，同一网络社区内集聚爱好相同的创新主体。在网络社区的运行上，由网络社区管理者提出专业的创新问题，引导社区内的创新主体群策群力，对讨论交流形成的解决方案在网络社区内进行互评。所以网络社区在云创新中发挥着重要的作用，借助网络社区将具有相同兴趣、爱好或工作方式的创新主体集聚到一个以创新为根本目的，兼顾学习、交流、工作、娱乐为一体的小社会系统中。这种社区化特征不仅有助于创新构想的产生，也有助于创新构想的实施及扩散。

4. 交互场所虚拟化

云创新在实施过程中，依托互联网将位于办公室、会议室等办公场所以及家庭、酒店等私人场所具有相同兴趣、爱好及工作方式的人集聚在一起，在一个虚拟化的社区内进行创新活动，并借助无边界的创新参与者的智力资源，通过实时快速的交流、分享等互动方式，将个性化、碎片化的用户需求、创意集聚起来，从而达到创新的目的。

5. 交互方式多样化

从资源利用的角度来看，云创新整合了企业内部云、外部云等资源；从交互工具的角度来看，云创新利用了搜索引擎、邮件系统、社交媒体等多种云工具；从信息交互载体的角度来看，云创新将包括个人电脑、手机、平板电脑等各种移动终端在内的多种智能设备整合到一起。云创新整合了互联网终端背后的人和相关各类资源，交互方式得到了最大程度的丰富化和多样化。

6. 创新边界动态化

相对于一般的开放式创新模式，云创新更加动态多变，这表现在云创新的边界是动态变化的，众多云端创新参与者也随着技术、需求发生着快速变化。云创新的边界和规模随时都在发生变化，伴随这一变化，云创新中参与创新的主体在云创新的过程中创新动机、创新技能、专业技能也发生相应的变化，这种实时、持续的动态变化对云创新的创新能力和创新结果都将产生巨大的影响。

第二节　中小企业云创新系统的构成

一、云创新对中小企业创新的作用

第三次全球化浪潮的到来改变了世界经济的格局，也打破了原有的"中央研究院式创新",使得产业链分布在不同的国家和公司中。这种变化以专门的研发型的公司为起点,以创业模式的变革为落脚点,专业授权、技术专业和工业分包使企业走出封闭环境,开始走向开放式创新。企业从自主研发转变成合作研发,引发了技术创新上"创造性的破坏"。

与此同时,"互联网+"时代的到来,对中小企业提出了适应网络环境发展要求的挑战,中小企业在自主创新的过程中日益认识到云环境下创建构造新的创新模式的重要性。借助云创新,中小企业可以通过构建有效的、优质的创新系统将整个系统内部的各个要素有机结合起来,在创新过程中充分发挥各要素的比较优势,并使其在各自主创新的阶段进行有效衔接,从而为整个企业的发展服务。

作为一种"全方位、全流程、全角色"的全新创新模式,云创新是对创新本身的一种创新,所以中小企业通过实施云创新提升企业创新能力,对中小企业在互联网技术日新月异、科学技术迅猛发展的背景中实现可持续的发展,无疑具有十分重要的意义。云创新能够为中小企业创新活动的开展提供更丰富和更广范围的创新资源,并通过网络社区平台将这些资源集聚到企业创新的过程中。由于云创新模式通过集聚共同兴趣、爱好及工作方式的创新主体形成了特定的社会网络环境,借助这一社会网络,云创新活动能够超越空间的制约对创新技术及成果进行快速而有效的扩散,所以中小企业可以通过搭建和利用云平台最大限度地集聚创新资源,同时也可以通过云创新模式实现有效快速的创新扩散,以更快的速度将企业的新产品推向更广阔的市场。随着外部环境中企业实施云创新的条件已经成熟,云创新模式正在成为广大中小企业尤其是科技型中小企业塑造核心竞争力的重要选择。

二、云创新对中小企业管理的影响

云创新作为一种动态、开放的创新过程,因创新主体、创新需求、创新开放度、创新成员参与度等不同而导致云创新有不同的模式，如企业主导型模式和大众自治型模式等。但不论何种模式，云创新所具有的超大规模、动态开放、网络化社区等基本模式特征，决定了其作为一种全新的创新模式，与传统的合作创新以及一般的开放式创新模式截然不同。随着云创新模式逐步推广到更多的企业和行业，它的应用及实践将会给中小企业在组织结构、决策模式和内部控制等管理的各方面带来深刻的影响。

1. 中小企业传统的组织结构被颠覆

科斯及萨缪尔森的交易成本经济学理论认为，企业之所以存在是因为市场交易中存在交易成本，当交易成本高于企业内部协调成本时，企业组织就会以一种更经济的结构形式出现。根据这一理论，云创新模式的出现通过改变市场和企业的交易成本，将对包括中小企业在内的所有企业的组织结构带来颠覆式的变革。海尔实施的"人单合一"的云创新模式彻底改变了企业的组织结构就是最好的例证。"人单合一"模式摒弃了以企业为主导、层级特征明显的传统模式，使组织中的领导由原来的发号施令者变为资源提供者，合作方由原来的博弈关系转为合作参与创新的关系，企业员工也不再是在领导组织下开展工作，而是在有效服务用户需求、创造用户价值这一统一的全员契约下进行工作。可见，"人单合一"模式很好地实现了员工内部、企业与外部用户的零距离协同，很大程度上降低了企业管理和交易成本，实现了企业、员工与用户的多赢，从而能够帮助企业成功实现全球品牌战略转型。

2. 中小企业传统的决策模式被改变

按照欧洲著名管理学家费雷德蒙德·马利克的观点，企业的决策包括交通警察、信号灯式和环岛模式三种模式。在马利克看来，交通警察和信号灯式这两种决策模式属于传统的决策模式，而环岛模式则是根据外部环境和信息变化而进行决策的先进模式。云创新的一个重要体现就是参与创新的企业必须满足用户不断变化的多样化和个性化需求，这需要中小企业在决策模式上树立创新的观点，将传统的交通警察和信号灯式决策模式转变为先进的环岛式决策模式，提升决策的速度和效率，避免决策盲目性，同时通过引入多元化和大众化的云创新主体的参与，丰富决策主体，不断提高决策的质量，从而实现企业在不断变化的环境中以变治变，真正满足"互联网+"时代对企业发展速度和效率的要求。

3. 中小企业内部控制范围得到拓展

内部控制作为中小企业管理中的一个重要环节，在中小企业管理中占据着十分重要的位置。云创新源于云计算，云计算的发展不断推动着新一代互联网、物联网发展，在为中小企业实现创新、确保企业内外资源共享和协同的同时，也对中小企业的内部控制提出了新的挑战。云创新模式下，中小企业的运营环境发生了极大的变化，由于企业对信息资源的采集、存储、交互等均以"云"+"端"的形式存在，使得中小企业的员工、用户、合作方等可以在任何时间和任何地点，利用手中的"端"设备，例如电脑、手机等，通过浏览器或其他"云"工具，便捷地访问位于"云"中的各类资源，实现创意交流和信息交互。这一新范式实现了中小企业与用户、服务商以及合作伙伴之间的互联互通，大大拓展了企业安全的管理边界，使得传统 IT 环境下的区域划分、网络边界防护等内部控制机制难以满足中小企业在云创新模式下的安全需求。因此，云创新使中小企业的内部控制比以往更为复杂，范围更加广泛，这需要实施云创新的中小企业高度重视并采取相应的对策，否则将会给企业的安全管理带来很大困难。

三、云创新在中小企业应用中的基本要求

云创新为中小企业在"互联网+"时代的自主创新带来了新的发展机遇，但也对企业的创新提出了巨大的挑战，在确定将实施云创新战略作为本企业未来的创新发展之路以前，中小企业应明确在企

业实践中应用云创新的准则要求。

首先，中小企业需要根据实际情况构建适合本企业的云创新模式。云创新具有与传统的合作创新以及一般的开放式创新截然不同的特征，说明了中小企业不能够将原有的创新管理方式沿用到云创新的管理中，而是需要根据云创新的特点构建新型的管理方式。例如，在如何解决云创新的驱动机制问题上，中小企业不能仅依靠传统解决方法中强调物质、精神等各种激励手段的应用，而是要从内在动机、专业知识和创新技能是个体创造力的主要构成因素的观点出发，充分考虑个体创造力的特点，在此基础上形成合理的云创新驱动机制，以促使数量广大的创新云端参与者能够持续地为企业的创新提供创造力。

其次，中小企业需要根据云创新的运作过程为参与者搭建平台。在云创新的运作过程中，中小企业需要根据云创新的参与度、开放度、动态性，对云创新活动进行平衡，并为云端创新参与者构建相应的创新平台。参与度是从纵向角度衡量参与创新的程度，创新者参与不同企业的云创新，其参与程度会有较大的区别。例如在 IBM 的云创新模式中，大众仅仅承担了创意来源的角色；而在苹果的云创新模式中，创新参与者不仅承担创新构想的产生，还在云中心企业的协助下完成了创新构想的实施及扩散的工作。因此，中小企业应该根据创新的需求、创新者的特征、创新的难易程度等因素确定创新者在云创新模式中的参与程度并构建相应的创新参与平台。开放度是从横向角度衡量创新的开放程度，为便于大众创新云中心企业通常为创新者提供辅助创新工具（如创新工具箱、顾客需求调查系统等），这些辅助创新工具能够帮助创新者进行创新，但是这些辅助工具也可能会抑制大众的创造力。因此，中小企业需要考虑为云创新模式的开放程度设置相应阈值，并根据创新的开发程度构建创新工具箱。与此同时，中小企业还需要在云创新的动态性和稳态性之间进行平衡，对云创新的动态性加以适当的控制，使其尽量在可控范围内发展。

四、中小企业云创新系统的要素构成

中小企业构建云创新系统的总体目标是形成一个宽广而多元化的创新系统，使企业在进行技术创新的过程中能够拥有更多的选择，并与提供选择的主体建立良好的合作关系，通过各主体间的资源的有效整合与各主体组织网络系统功能的发挥，实现资源共享、优势互补、合作创新。

中小企业在云创新系统的构建过程当中，应全面考虑各主体在整个云创新系统中的功能，设定相关主体在云创新系统中的位置，最大程度上发挥各主体在云创新系统中的作用；要本着以政府为主导、中小企业为核心的原则，建立各主体与中小企业的联系，同时，实施有效的保障措施，保证云创新系统的顺利运行；要以技术创新为核心，各项措施为保障，形成信息社会下的多元化方式相融合的有效的新型创新系统。

（一）中小企业云创新系统的基本要素构成

中小企业云创新系统的运行过程是一个复杂的系统间各主体相互作用的活动过程。在整个活动过程中，不仅要求相关主体实现各自功能、建立联系，也需要在整个云创新系统中添加资金、人力等硬性要素和机制、平台等软要素。此处，我们主要把中小企业云创新系统的要素分为资金和人才等两个方面。

第一，资金。在中小企业进行创新的过程中，资金的重要性是可想而知的，特别中小企业在进行技术创新的过程中，所需要的资金量更是高于普通企业。与此同时，云创新系统的构建也是需要靠大量资金来完成，因此资金的充足程度对于中小企业云创新系统而言显得尤为重要。

第二，人才。从中小企业自身角度来说，云创新系统的构建可以缓解企业对人才需求的压力。在中小企业云创新系统中，企业能从组织、个人、科研机构、高校等各领域获得创新源，在整个生产过程中也可以借助云创新系统的力量实现自身加工、生产、销售流程。但对于整个系统来说，云创新系统需要多领域人才为其服务，这样才能更好地实现相关主体的功能。中小企业云创新系统可以将人才汇集到一起，形成大的创新网络，进而来实现人才的效用最大化。

（二）中小企业云创新系统的各主体及功能

中小企业可以将 IT 产业所提出并已经得到很好应用的云技术原理，运用到创新系统之中，实现创新系统中各要素与云端的密切联系，以各主体为基础，云端为载体，实现创新过程的共享性、弥漫性和同步性。云创新系统可以解除传统线性创新系统的范式限制，可以通过云端寻求创新源实现科研成果的产品化和市场化。中小企业云创新系统通过云端的大载体实现了创新来源的多样性，解决了传统创新模式和区域创新模式创新来源相对单一的问题。中小企业云创新系统的构建，可以满足中小企业在技术创新中的需求，主要功能就是能够使企业在技术创新的过程中从多个创新源、产品加工源、产品转化源和市场推广源中更迅速地选择与自己实际情况相匹配的云创新提供者，并作为云创新的实现者来完成整个云创新的过程。

我们认为，一个拥有完整功能的云创新系统应该包含以下几个主体：

1. 政府

政府作为权力机构和执法部门，是整个创新系统中的主要主体，拥有其他企业或机构所没有的权力。政府的促进是连接各主体之间联系的主要手段，云创新平台的区域拓展也只能依靠政府的推动来实现。因此政府的主要功能就是承担云平台的建设，促进各主体之间的联系，通过建立相关的制度，对整个创新系统中的各主体行为进行监管，保证中小企业云创新系统的顺利运行。

2. 中小企业

中小企业是整个云创新系统的核心主体，中小企业云创新系统的构建就是为了实现企业能够从云端高效获取创新源，然后通过不同的云端实现科研成果、创新源的产品转化和市场推广，从而最终获得利益来带动经济发展。在整个云创新的系统中，每个要素都要和中小企业建立对应的联系，从中小企业获取创新源开始，就要建立中小企业业务流程的共享，将自身业务流程分成若干段，从而完成对不同云端的"外包"，实现云创新系统的同步性。同时，相关企业也可以成为在产品生产和销售过程中与其他企业所对应的云端企业，通过云端的共享和比较优势来实现自身优势业务的进一步发展。

3. 高校及科研院所

高校和科研院所拥有大量的科研成果及大批的优秀人才，因此高校及科研院所是中小企业创新源的孵化中心。高校和科研院所的研发能力可以为中小企业提供优质的科研成果，而高校也可以通过与中小企业的合作来促进学生就业。高校和科研院所在为中小企业提供创新源的同时，也可以在创新源转化为产品的过程中协助进行产品的可行性实验等技术工作。

4. 平台供应商

由于中小企业云创新系统需要进行大量的数据处理，同时在云端的处理中还涉及知识产权的保护，因此云创新系统中要有专业的云平台服务商来进行云端技术平台的构建。平台的构建要符合大容量、高速度、安全性高、稳定性强的原则，同时应依靠政府的相关制度进行安全监管，以构建一个安全的云创新环境。

5. 金融机构

中小企业在进行技术创新时需要大量的资金，在中小企业云创新系统中，金融机构也扮演着重要的角色，其主要功能就是通过与需要资金的中小企业建立联系，在政府的第三方指导下，提供中小企业技术创新所需的资金。

综合以上对云创新系统各主体的分析，此处将各主体之间按企业从技术创新源获取—创新源转化产品—产品生产—市场推广—实现最终利益的过程中各主体之间的关系以图7-1表示。

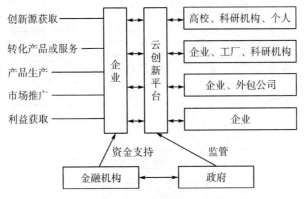

图7-1 中小企业云创新系统中各主体间的关系

第三节 中小企业云创新的运作流程

根据云创新的内涵和云创新系统的要素构成，中小企业的云创新流程大致分为以下几个步骤：通过创新需求者收集来自市场和自身的信息并在此基础上界定问题；选择合适的云平台发布问题、征集问题的解决方案；对问题感兴趣的参与者通过互联网平台提供创新方案；创新需求者组织专家小组根据有关标准及需求筛选创新方案；需求者和参与者互动、反馈和优化满意方案；需求者对筛选出来的满意方案实施云创新。中小企业云创新的流程如图7-2所示。

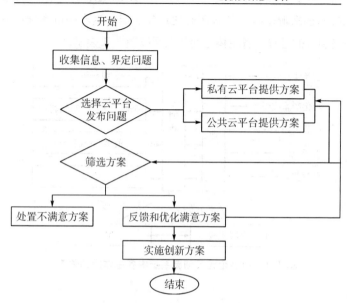

图 7-2 中小企业云创新的流程

一、中小企业云创新运作的流程

（一）收集信息并界定问题

当前，多数产品处于供过于求、竞争异常激烈的局面，消费者的产品需求也越来越个性化，服务诉求越来越专业化，中小企业须根据变化的环境和客户的需求变化，及时研究市场行情，把握消费者的需求方向和特点，积极主动地整合全球的资源进行创新，满足客户在产品和服务方面的需求。因此，开展创新研究最基础的环节是信息收集并据此确定研究问题。如 IBM 公司可以说是云创新最著名的实践者，每年一度的网络创新大讨论，即 Innovation Jam，集中了世界各地的参与者研讨 IBM 最先进的科研技术成果，并提出解决方案。这种脑力激荡虽然表面看起来是"混乱"的，但是在实际的交互讨论过程中都有中心议题，并且都会有副总裁以上级别的高管担当主持人，确认讨论主题，引导大家进行深入讨论。而这些议题都是 IBM 公司从实际发展出发，从海量的信息中提炼出的问题。

1. 收集信息

信息是各种数据、资料的集合。虽然当前大家面临的信息是海量的、宽泛的，但对于不同的组织，需要掌握的侧重点不同，对于中小企业来讲，消费者的反馈意见、竞争对手的经营情况等是非常重要的信息。信息收集的过程就是通过正确的原则和方法从海量、处于云端的原始的信息中筛选出有价值的、关键的信息。云创新的原理是云计算，而云计算是对各种数据、资料的整合，因此数据、资料等信息的收集质量决定了云创新的效果。为了保证信息收集的质量，应注重信息的准确性、广泛性和及时性。再者，收集信息方法的正确与否，也决定着信息收集的质量，从而制约了云创新的效果。信息收集的方法主要有调查法、观察法、实验法和网络信息收集法。对于云创新的应用，网络信息收集法是很有帮助的方法，它是互联网时代的产物，人们可以很轻松地利用各种搜索引擎了解某件事情的来龙去脉。其过程是按照信息收集者指定的信息需求或主题，调用各种搜索引擎进行网页搜索和数据挖掘，将搜索到的信息进一步过滤、筛选并提炼出有价值的信息。

2. 界定问题

收集信息的目的是为了界定问题、解决问题。找出云创新需求者期望解决的问题是云创新过程最为关键的环节。对问题的界定，一般要经过比较、分析的过程。首先，云创新方案的需求者对收集到的有价值的信息进行对照比较，找出差距和瓶颈问题，对于中小企业来讲，不仅要与同行业同等规模企业对比，与标杆企业对比，还要与以前的历史记录对比，通过各种数据的变化对比，找出问题的根本所在。其次，云创新需求者应该清晰地掌握问题的性质、表现和产生的原因。最后，通过收集到的信息发现的问题可能类型众多、重要性大小不一，所有问题无论是从时间上还是从成本上通过云创新来解决是不现实的，因此需要采用一定的标准对问题进行筛查，以界定出关键问题。这些标准包括：①目标性，即所解决的问题是否能够实现中小企业的创新目标；②适合性，即界定出来的问题是否适合云创新；③关键性，即界定的问题是否为关键核心问题。

（二）选择平台和征集问题的解决方案

云创新的特点是在全球范围内通过互联网整合资源、创意，寻求问题的解决方案，决定采用公共云服务平台还是私有云平台，或者采用何种公共云平台是云创新过程中的一个重要环节。不同的云平台，其影响力是不一样的，带来的效果大不相同，创新需求者可根据自身的需求特点，利用私有云平台或公共云平台发布有关问题方案的征集。如 Work（沃客）2.0 通过互联网把全世界各地的创新工作者放在同一平台上，创建了一种基于互联网应用基础之上云创新工作模式。人们可以根据自己的实际需要，发布设计图标征集解决方案，以有偿任务招标的形式广泛征集创意和产品。国内的代表网站诸如 K68、猪八戒网站等也可提供文化创新方面的解决方案。

1. 选择云平台

云平台是载体，云创新参与主体只有通过平台才能发挥作用。平台包括私有云平台和公共云平台，两种平台各有自己的优势和劣势。

（1）私有云平台。私有云平台是企业自建的或者有第三方托管的企业自有的数据中心。其优势是：私有云平台能让企业对云服务流程中的系列环节有严格的控制，可以按照自己的需求对设计或部件进行非标准网络化灵活配置；在虚拟化基础上构建的私有云可以将技术基础架构转化为资源池，资源池可以随需配置，并且将人为干预降到最低；所有数据及运行位于组织的防火墙内，所以安全性能好。但是私有云平台建设费用成本相当高，且需要经验丰富、技术娴熟的云管理技术人才。

（2）公共云平台。公共云平台由多家企业或组织共享，并由第三方托管。公共云平台的客户必须要接受服务供应商的标准。其优势是：公有云平台要求用户只对他们所使用的资源付费，可节约前期费用投入；目前的公共技术已经趋于成熟；由于公共云多租用户架构可以让多个用户共享硬件和软件资源，能够提高资源的利用率。但是公共云平台安全性能相对差，因为数据资料置于组织的防火墙之外。

根据上述两种云平台的优缺点，实力雄厚的中型企业可以考虑建立自己的私有云平台，但是中国的大多数中小企业资金实力薄弱，利用公共云平台、第三方平台比较现实。

2. 征集问题的解决方案

当问题界定清楚后，中小企业就可以根据问题的特点和自身的能力选择合适的云平台后在此平台上发布任务，寻求问题的解决方案。这本身也是一个通过互联网有偿任务招标的过程。招标的方案要注意以下事项：发布的任务必须明确具体，不能模棱两可，含糊不清；明确对满意方案的利益分配和激励措施；征集方案要有一定的时间限制，可操作性强。

（三）参与主体提供方案

云创新是利用现代信息化工具，在全球范围内整合创新资源，征集问题的解决方案，从而实现组织目标的创新方式。InnoCentive的实践表明，利用云创新方式可以使世界一流的科学家及基于科学研究与应用的公司在全球范围进行协作，并为复杂的挑战找到创新性解决方案，它为"方案的需求者"和"参与者"架起了一道桥梁。世界知名的宝洁公司本身没有多少研发人才，但是它的创新产品却层出不穷，并一直占领着洗化行业的制高点，原因就在于公司都是利用 InnoCentive 等类似的网站寻求技术解决方案。因此，参与主体通过云平台提供方案阶段主要包括以下过程：

（1）需求者提供必要的信息。创新方案提供者通过云平台发布任务后，还要通过云平台提供参与者创新所需要的信息，以便更好地实现创新。

（2）参与者介入方案的创新过程。方案的参与者来自五湖四海，他们首先应对所界定的问题解决有兴趣、有激情，并对该问题有专业化或独特的见解，所提供的方案也应该是新颖的，这样才能够更加高效地解决需求者的问题。

（3）参与主体之间的互动过程。云创新体现的是开放和共享。人们最初提供的设想、创意、设计经过需求者开发团队和方案提供者之间，以及提供者之间的互动讨论，在相互碰撞中激起脑海的创造性风暴，才能产生更加优化的解决方案。

（4）参与者提供创意方案。参与者经过与创新方案的需求者互动后，自己的创新方案得到了进一步的升华，经过认真的梳理过程，在一定的利益激励机制下通过安全的网上递交程序来递交解决方案。

（四）筛选创新方案

鉴于云创新是在全球范围内整合创新方案，所提供的方案必然会多而杂乱、质量参差不齐，因此方案需求者应成立专门的团队，并按照合理的标准遴选出最佳创新方案。例如，IBM 公司的 Innovation Jam 过程，通常都会在讨论结束之后形成数万个方案、想法，这些讨论结果将会被 IBM 的专家小组接手，他们会依据一定的标准遴选出符合实际的创新解决方案，剔除与当前的技术发展水平不符的想法。具体过程需要以下步骤来完成：

（1）成立专家小组。专家小组是一个临时团队组织，该组织应体现云创新的低成本、高效率的特征，组成人员应是组织中的"高、精、尖"人才，应该通晓整个云创新的运作流程，具有比较全面的计算机及互联网知识、财务知识等。

（2）确立遴选方案的标准。遴选方案标准决定了最后满意创新方案的确定，因此必须要慎重考虑。方案标准应体现新颖性、可操作性、社会价值和目标导向性。

（3）方案的评估及选择。专家小组成员根据期望的目标，确认出最满意的方案或者创意。所提供的方案首先要符合总目标，这是利用云创新解决问题的根本意图。在符合总目标的具体方案中，其社会价值、经济价值和科学价值还有许多不同的表现，要用科学的指标体系进行测度。另外，方案潜在的风险性、局限性、应变性等也是进行方案评估及选择时应注意的指标。

（五）反馈和优化满意方案

满意方案经过专家小组的筛选后并不代表能够立即应用，需求者还要与中标方案提供者进一步互动、沟通，使创新方案更加完善和具有可操作性。这个阶段包括反馈、互动和优化过程，而且三者之间通过云平台互相关联、互相促进，形成了一个反复优化的"环"。例如，成立仅3年的小米公司在智能手机行业逆势上涨，成为手机行业中的佼佼者，原因在于小米公司只做技术含量高、附加值高的研发和市场，占领微笑曲线的两端。在研发阶段，让"发烧友"参与者介入手机系统的开发是该公司的创新之举，小米公司的设计人员与参与者通过MIUI手机操作系统平台的互动，不断地根据手机发烧友的反馈意见进行优化，满足了消费者的需求。因此，中小企业在该阶段需要做好如下方面的工作：

（1）反馈过程。由于时间限制，提供者初步通过互联网提供的信息、资料毕竟是有限的，是不完整的，是不具备实施条件的，同时需求者对创新方案也有很多的不满意和不理解的地方。此时需求者需要把自己的疑问反馈给中标方案的提供者进行新的一轮深度沟通和探讨。

（2）互动阶段。创新方案的参与主体进入新的一轮深度沟通后，需求者从"一对多"的互动状态过渡到"一对一"的交流。在这种情况下，暴露出的问题会更加清楚，更加有深度，双方应对暴露出的问题以及不完善的细节问题逐一讨论解决，进行可行性分析，并制定具有可操作性的实施细则，使创新方案更加完善。

（3）优化过程。通过参与主体之间的互动后，双方更加明白对方的意图，创新参与主体可通过脑力激荡等方法在互动交流中出台更加创新的方案。云创新方案集合了众人的智慧，不仅包括创新方案的中标者，还包括需求者组织的研发团队。需求者可借助现代化的交流工具，如 E-mail、电话或视频会议就有关问题与满意方案的提供者进行探讨，在这种互动反馈过程中，人们的思想、创意、设计得到了进一步的升华，最终的云创新方案也会得到优化。

（六）实施云创新方案

实施云创新方案是整个运作过程中思想、设计、创新方案输出的过程，也是整个环节中云创新参与主体的创新价值产生效果的过程，方案的社会价值、经济价值在此得以彰显。方案需要创新方案的需求者按照计划、组织、领导、控制的管理要素全面实施。云创新方案实施包含制订详细的计划、人员组织与任务分解、实施、反馈与优化等过程。

（1）制订详细计划。具体来讲，根据云创新方案预先决定做什么（What），讨论为什么做（Why），确定何时做、何时完成（When），何地做（Where），何人去完成（Who），以及如何做（How），也就是我们通常所说的5W1H。制订详细计划后，云创新方案的实施人员能够全面详尽了解和掌握实施细则，在具体执行过程中，不背离创新的初衷，更好地完成云创新的任务。

（2）人员组织和任务分解。人员组织和任务分解是指创新参与主体把具体云创新方案细化后的任务运用目标管理法层层分解，落实到具体的执行单位或个人，使之任务明确，责任到位。同时，制定详细的考核细则，以便对整个方案的完成情况进行考核；制定具体的奖惩机制，激励实施人员更好地完成创新任务。

（3）方案的实施。方案的实施是组织的执行人员把云创新方案的具体计划落实到位。在此过程中创新参与主体要加强领导与控制，使执行过程不偏离云创新的目标和计划；同时，要充分利用互联网和计算机现代信息技术，在保证创新的效果前提下，减少运作时间，使云创新早日产生社会价值或经济价值。

（4）反馈与优化。在实施过程中，执行人员要建立重要的报告制度，及时了解方案执行的进展情况，对不合理、不具操作性的部分及时反馈。云创新的研发团队与方案的设计者应保持密切的沟通，共同对不合理的具体执行计划或人员组织和任务分解进行修正和完善，使创新效果得到进一步优化。

二、中小企业实施云创新应注意的问题

上述的研究表明，中小企业云创新的过程要经过收集信息并界定问题、选择云平台和征集方案、参与者提供方案、筛选创新方案、反馈和优化满意方案，以及实施云创新方案等步骤。中小企业在实施云创新中，还须注意下列问题：

（1）充分注重互动环节。中小企业的云创新是多主体参与的过程，集合了众人的智慧。这些微观主体之间的互动、学习所产生的知识溢出，可以进一步提升创新效果。

（2）合理利用第三方平台。中小企业资金实力薄弱，可以积极利用公共云平台、第三方平台，借助"外脑"来完成自身的研发和创新。开放的云服务平台为中小企业提供了低成本、高效率的创新舞台。

（3）积极捕捉富有价值的市场信息。市场信息是云创新的起点，中小企业要有对信息的敏感性，消费者的诉求、市场的需求取向是其创新的焦点。中小企业中小企业要从千变万化的环境、丰富而杂乱的海量信息中挖掘出有价值的信息。

（4）大力打造云创新专业团队。云创新流程顺利开展离不开专业人员与方案提供者的互动以及对创新方案的筛选。中小企业的云创新不仅需要富有冒险的创新、创意人才，也需要精通信息技术、云计算的专业人才。

第四节 中小企业的云融资模式

一、中小企业构建云融资模式的必要性

中小企业发展对国家的科技进步、经济结构调整、低碳社会建设起着至关重要的作用。但是由于这类企业的技术创新尤其是在种子期、初创期具有高风险、高失败率以及未来收益不确定等特点，加上与金融机构存在着严重信息不对称的原因，银行借贷现象严重。科技型企业融资困难成为世界各国面临的共同难题。特别是我国科技类中小企业技术创新资融资渠道更为单一，在持续健康发展中面临巨大的资金缺口。与此同时，我国民间资金供应充足。截至 2013 年 10 月，我国居民储蓄存款余额已超过 44 万亿元，由此看出，我国缺乏高效利用资金的机制。另外，随着互联网与信息技术发展的突飞猛进，互联网对传统金融服务业带来新的冲击和变化：众筹融资把公司的股权通过互联网的模式向社会公众出售；P2P 模式不断替代传统的存贷款业务，如"人人贷"互联网平台可在 18 分钟融资 500 万元；阿里云贷凭借阿里巴巴建立起的中小企业数据库和信用记录成立 3 年半就累计网络放贷 65 万户，为中小企业放贷超亿元，年利息所得数亿元，创造了互联网金融背景下依据大数据金融的另类信贷模式。

这些"高效率、低成本"的融资创新形式为互联网背景下化解中小企业融资难提供了思路。本节旨在从云创新的视角提出互联网金融背景下的中小企业新型融资模式，构建其理论模型，并在此基础上，揭示该模式的内在运行机理。中小企业云融资模式的提出，对丰富和完善中小企业融资理论具有一定的价值，同时对解决我国小企业融资难题有较好的借鉴作用。

二、中小企业云融资模式的内涵

中小企业与资金提供主体存在着信息不对称、风险收益不匹配等融资障碍，在互联网平台经济时代，云创新所具有的开放性和民主性、低成本和高效率、低风险和多元收益等时代特征可以缓解其融资障碍。以下将探讨中小企业云融资模式的概念，并通过分析其适用性进一步认识中小企业云融资模式的内涵。

（一）中小企业融资障碍分析

中小企业存在着以下融资障碍：首先，技术创新是中小企业的灵魂，而中小企业在成立的初期，创新人才、技术、知识等资源匮乏，自身研发能力不强，在种子期存在着极大的技术风险，技术创新失败的概率极高。中小企业所开发的产品只有具备"新、奇、特"才能吸引市场眼球，但由于对产品市场信息、消费者心理了解不深，开发的产品可能与市场脱节，存在着比较严重的产品经营风险。其次，中小企业与资金供给方信息不对称程度更大，银行等金融机构给企业贷款看重的是企业的实物资产规模、产品销售盈利情况、企业的发展前景等，而中小企业的可抵押实物资产少，尤其是企业的种子期和初创期尚不能形成客观的销售收入，对技术研发能力又难以量化。最后，中小企业在技术创新、产品开发上存在着极高的失败率，也在一定程度上加大了未来收益的不确定性。

（二）中小企业云融资模式的概念界定

基于云创新的视角，笔者认为中小企业云融资模式就是充分用互联网的"自由、民主、平等、合作、共享"的特征，根据中小企业发展的不同阶段资金需求特点和风险程度，在一定的金融生态环境下，整合政府扶持资金、传统金融机构、天使投资、风险资金、资本市场资金、民间社会等资金，按照特有的运行机制为中小企业提供动态、低成本、高效率以及风险程度较低的资金需求。它是一种适应互联网发展阶段的"参与民主、能力开放、资源共享、动态交互、边界模糊"的云创新方式，形成了由政府、金融机构、民间机构、个人、中介服务机构等众多利益相关方参与的创新系统，能使融资风险得以分担，中小企业融资风险大的问题得以破解。

（三）中小企业云融资模式的适用性分析

中小企业云融资是云创新在融资领域的具体体现，为解决企业融资难提供了化解思路，其适用性表现在以下几个方面：

1. 融资主体之间的信息不对称状况得以缓解

中小企业云融资是在全球范围内通过互联网整合信息、资金以及知识等资源，中小企业产品开发者可以通过云创新平台征集技术难题的解决方案，与广大消费者互动交流，开发出具有市场前景、有技术含量的产品，可以解决生产技术与市场之间的信息不对称问题。云融资平台能使银行等金融机构通过云平台大数据的挖掘和分析实现信息的共享，于是，融资方与银行等金融机构之间的信息不对称程度会大大降低。

2. 资金提供主体范围扩大

云融资模式打破了传统创新的封闭结构，是面向全球范围的个人以及组织资源的整合配置，作为企业成长发展"血液"的资金是其中的重要组成部分。随着人们理财意识以及财富创造意识的提高，更多处于云端的个人、机构参与到借贷活动中，作为互联网金融重要实现方式的众筹和P2P网络借贷，已经在全世界范围内风起云涌。根据中国网贷之家的数据，2013年全国主要90家P2P平台总成交量490亿元。而众筹和P2P网络借贷融资方一般是中小企业，尤其是众筹融资主要面对的是具有科学技术含量的中小企业，这样中小企业资金提供主体不仅包括政府扶持性资金、创业者投资、金融机构信贷、风险投资等，还包括处于云端的个人，资金提供主体的范围扩大。

3. 融资主体之间的风险收益不匹配现象得以化解

一方面，资金提供主体范围的扩大无形之中使各融资主体共担风险,使每个主体所承受的风险程度降低。另一方面,银行等金融机构惜贷是因为中小企业在种子期、初创期存在着一系列的技术风险、产品市场风险,云创新的实施使创新主体全球范围内整合资源,技术创新、产品开发的风险大大降低。再者,云创新活动的顺利实施还包括担保公司、会计师事务所、法律服务机构、科研院校等中介服务机构的参与,它们能够对优质科研产品的开发起到筛选和保障作用,从而一定程度上化解了风险。

4. 实现了低成本、高效率融资活动

在云创新理念的驱动下,云融资模式正在从传统的"高接触、高成本、低效率"向"低接触、低成本、高效率"转变,云融资模式的开放性和民主性,是对传统融资模式的颠覆,也给中小企业持续健康发展带来了机遇。从成本和收益角度看,由于云融资是在全球范围内对所有传统金融机构、民间资本、个人投资者等提供者开放的融资平台,企业通过融资平台提供即时真实可靠的信息,中介服务机构对这些信息进行审查、认证,解决了资金需求方与提供方的信息不对称问题,一定程度上化解了风险。众多的资金提供主体之间的竞争使中小企业有更多选择,从而可得到低成本的资金,同时信息不对称现象的化解降低了资金提供主体的运行成本。如云计算、大数据等信息技术以及互联网的开发和利用,使云融资的参与主体可以从海量的信息中即时获得有价值的信息并迅速做出决策。与此同时,云融资参与主体之间的互动、非线性作用资源配置能力提高,从而使云融资的效率得到极大提升。

5. 云融资活动契合了中小企业动态发展性

一方面,中小企业云融资面临的宏观经济、法律制度、创新文化、合作环境等是动态变化的,只有随着这些不断变化进行自身调整,才能做出符合现实的融资决策。另一方面,中小企业的不同发展阶段有其不同的资金需求特点、风险种类以及风险程度,同时资金提供主体风险偏好也有所不同,只有在不同的阶段动态地整合不同的资金资源，才能使企业获得低成本的资金，资金提供方得到与其风险偏好匹配的收益。在种子期，企业资金规模需求少，技术风险大，其资金来源主要是自筹资金和政府投资。当企业发展到创建期，来自科研人员、创业人员等私人资本的资金已不能满足企业的融资需求，其技术风险仍然较大。创建期的企业缺乏有形资产和充足的现金流作为借贷支撑，但仍能够得到一定的债务融资。一方面，创建的企业已拥有一定的知识产权，可通过质押方式得到传统金融机构的债务贷款；另一方面，创业者已对产品的开发有一定的信心，可通过 P2P、众筹或小贷公司融资。在成长期，企业步入正常生产，风险程度较低，企业可通过向传统金融机构债务融资解决资金问题。当企业进入到成熟期，风险程度一般，该阶段融资主要依靠债务融资，但企业为了进一步做强做大，首次公开募股融资和股东个人追加投资也是云融资的重要融资方式。

三、中小企业云融资模式的构建

根据前面的中小企业的云融资的概念，我们可以看出其融资活动是由众多主体和要素参与的创新活动，因此可以通过分析其主体和构成要素等来构建其理论模型。

（一）中小企业云融资模式的主体分析

云融资模式牵涉众多的机构、个人，是一个复杂系统。具体来讲，云融资包括以下四类主体：中小企业作为资金需求主体是第一类主体；以政府为代表的政策性资金提供主体是第二类主体；第三类主体是主要包含银行、小贷公司、天使投资、风险投资、私募资金、个人关系、P2P、众筹、创业板上市等商业资金提供主体；第四类主体为以融资平台、担保机构、保险机构、评估机构等为代表的资金中介服务机构。

各主体在参与融资的过程中具有多种不同身份，其发挥的作用并不单一：第一，就资金需求主体而言，企业作为云融资活动最直接的参与者和资金需求方是云融资的受益者。同时它为了获得低成本的资金，需要向云融资平台提供即时、真实可靠的生产、技术、市场及财务信息，并与其他云融资主体互动、交流，消除之间的信息不对称现象。第二，从政策性资金提供主体的角度来看，政府是云融资活动的支持者和监督者。政府作为产业政策的制定者和执行者，其科技规划、经济结构调整与升级改造直接对中小企业的发展起着导向作用，与此同时，政府为了促进当地经济发展，配套有相当规模的扶持性资金，或掌握着一部分贴息或低息贷款资源，可对中小企业种子期或初创期的发展起到关键作用。第三，从商业资金提供主体的角度来看，银行、小贷公司、天使投资、风险投资、私募资金、个人关系、P2P、众筹、创业板上市等系列主体是云融资活动的资金提供者和云融资收益的分享者。它们分别在中小企业的不同发展阶段由于其资金需求特点、参与主体风险偏好的不同扮演关键性的角色。第四，融资平台、担保机构、保险机构、评估机构等资金中介服务机构是云融资的联络者、促进者、审查者。这类主体的良好运作可助推云融资活动的持续健康进行。

（二）中小企业云融资模式要素分析

中小企业云融资活动的顺利进行除了由多主体共同参与外，还需要一些创新要素的介入，例如外部环境、资金以及信息等。

1. 外部环境分析

科技云融资模式的参与主体在一定的融资环境中开展活动。融资环境随着时间和空间的推移而变化，这种不确定性增加了云融资的复杂性。云融资的环境包括以下因素：

（1）宏观经济环境。宏观经济环境是企业发展的基础，良好的宏观经济环境将助推中小企业的健康发展，同时也又有利于云融资活动的顺利进行。

（2）法律制度环境。监管政策对传统金融机构以及民间资本等非传统金融机构的资金提供起着关键的导向作用，健全的法律制度能够使云融资活动在一个"有法必依、执法必严"的法治环境中进行，云融资的参与主体都能够得到应得利益。

（3）创新文化环境。云融资是一种创新模式，创新离不开活跃的思维和个性的突破，鼓励创新、尊重个性的创新文化氛围有利于提高社会成员的创新能力，从而对云融资起到推动作用。

（4）合作环境。云融资的复杂性和困难性意味着各主体之间需要通力协作，而各主体之间的互动离不开相互合作的氛围、设备、网络以及平台。合作环境为云融资主体提供了交流的机会，为建立开放、互动、共享的创新模式奠定了基础。

2. 资金要素分析

中小企业的经营活动离不开资金的支持，就像人不能没有血液一样，资金是中小企业云融资的核心所在。资金提供主体根据各自不同的依据向中小企业提供资金，中小企业利用这些资金进行技术创新、开发产品以及生产经营等，中小企业的产品收入形成的现金流偿还借款及利息，又回流到资金提供主体。同时，资金在企业和资金提供主体之间的频繁良性流动为双方之间的进一步合作奠定了基础。

3. 信息要素分析

在互联网信息经济时代，信息能够创造价值，信息就是生产力，中小企业云融资模式的资金的流动固然重要，但是它是建立在信息的挖掘、筛选、互动和共享基础之上的。

资金提供主体之所以愿意提供资金是基于对中小企业的信用记录、企业产品前景、企业的生产经营记录等信息的综合判断分析。互联网金融背景下，中小企业面临更多的融资渠道和方式，它需要对不同主体提供资金的服务信息进行比较，从而选择低成本、高效率的资金。中介服务机构所提供的服务也是建立在数据等信息挖掘和共享基础之上的。信息促进了中小企业云融资多主体之间的互动和融合，保障了云融资活动正常运行。

（三）中小企业云融资模式的理论模型

　　根据中小企业云融资模式的概念以及主体、要素分析，可以初步构建中小企业云融资模式理论模型。如图 7-3 所示，中小企业云融资模式涉及多个创新主体，包括政府、企业、资金提供机构、中介服务机构等。资金、信息等创新资源和创新环境构成了科技云融资新模式的要素，各主体都参与到对创新资源的投入中，包括对资金、技术和知识的投入。创新环境既离不开各主体的维护，又对主体活动形成了制约和保障，宏观经济环境、法律制度环境、创新文化环境和合作共赢环境，推动了资金、信息等资源的流动与共享，为融资创新活动的开展提供了服务平台和沟通渠道。云融资活动实现离不开创新机制的推动，动力运行机制、利益导向制、组织协调机制和合作共赢机制既保障了各主体参与融资创新的动力，又使得松散的组织合作有条不紊地进行。融资创新的最终目的是通过云融资创新平台化解信息不对称现象，共担市场风险，共获创新收益。中小企业在纵向发展的不同阶段得到低成本、高效率的资金，可以通过自筹资金、员工集资、股东投资方式形成内部云融资，通过小贷投资、天使投资、风险投资、众筹资金、银行信贷、上市融资等方式形成外部云融资，其他参与主体也得到了与风险相匹配的收益，科技云融资活动形成了一个多方共赢的生态圈，对中小企业的持续健康发展起到保驾护航的作用。

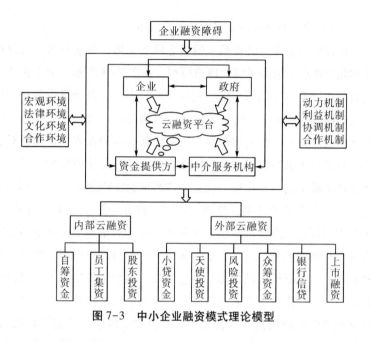

图7-3　中小企业融资模式理论模型

四、中小企业云融资的运行机制

中小企业云融资模式更加强调多主体参与，注重参与主体的民主化、动态化，与此相对应，云融资模式与传统模式在运行机制上存在显著差异。因此，深入解析云融资运行机制在保障云融资模式的实施等方面变得十分关键，动力运行机制、利益导向机制、组织协调机制、合作共赢机制是科技云融资模式的主要运行机制。

（一）动力运行机制

不管哪种类型的组织都有发展要求，但就其动力而言会因组织性质不同而存在差异。对资金需求主体——中小企业来讲，企业作为营利性组织，追求利润是其基本目标，面对激烈的市场竞争，根据企业发展的不同阶段实时地取得"低成本、高效率"的资金才能保持其持续健康发展的竞争优势。尤其是中小企业具有"高风险、高失败率"的先天不足，在种子期、初创期融资压力更大，很多中小企业因为资金筹措不足中途夭折。云融资服务平台在全球范围内整合资金、信息，一定程度上满足了企业的需求。对于政府来讲，融资瓶颈的解决能够促进当地中小企业的发展壮大，它们的良性健康发展对当地经济结构调整、劳动就业、产业升级改造、低碳文明发展起着关键作用，因此，政府有非常强的动力来参与云融资。云融资服务平台能够消除企业与资金提供主体之间的信息不对称现象，化解了一定的风险，传统金融机构扩大了信贷的对象和范围，同时由于云融资的民主性和开放性，民间资本有了健康、合法的出口，也提高了社会大众的收入。对于中介服务机构来讲，云融资的"共享、低成本、高效率"可以使它们的运作成本降低，专业能力得到发挥。

（二）利益导向机制

在云融资的运作机制中，利益机制也是一个非常重要的内容。云融资利益机制是指影响云融资活动参与者利益实现的各方面因素，如利益实现的基础、特征、实现方式等。风险与收益是任何经济活动均具有的彼此之间存在着本质联系的两重属性。风险是未来收益的不确定性，收益则是对承担当期风险的补偿。预期获得未来收益是活动主体承担风险的动力基础，而承担风险则是实现未来收益的前提条件，风险与收益彼此相关、不可分割，获取云融资活动的高额收益是创新主体的目标，而且参与主体的利益是连贯一起的。企业能够在云融资创新模式中实时地获得低成本、高效率的资金，不断发展壮大，它们的发展壮大能够为当地政府带来较多的财政收入，促进当地经济的发展。资金提供主体能够得到与它们承担的风险程度相匹配的收益；中介服务机构能够在这一系列活动中取得维持活动的费用和一定的利润。

（三）组织协调机制

云融资是由多种主体共同参与的融资创新模式，不同类型主体间相互关系的有效协调是其成功实施的前提，因而建立组织协调机制就显得十分必要。组织协调机制是云融资运行机制的重要组成部分，其作用主要是调整规范云融资不同参与主体之间的相互关系。资金提供主体间存在竞争与合作两种关系。它们由于风险偏好程度不同所期望的收益不同，对同一个中小企业项目的融资存在着竞争关系；同时由于提供的资金规模不同，在不能满足项目的需要时也存在着合作的关系。云融资服务平台需要对这些参与主体统一整合和协调，通过共享、交流互动，发挥每个主体的最大效用，从而使融资活动顺利进行。

（四）合作共赢机制

互联网快速发展为云融资模式的产生提供了社会文化基础。平等、自由、合作、共享是云创新模式的重要理念，各参与主体间的相互合作是关系到云融资活动能否成功的关键因素。在云融资过程中，参与主体之间主要通过共享信息、联盟贷款、利益分配等方式实现有效合作。中小企业的优越的创新能力、良好的管理基础以及具有市场前景的产品是融资成功关键条件，只有这些真实可靠的信息通过云融资平台的互动、评估、共享才能使资金提供主体了解企业的现状，从而避免风险，取得收益的最大化。当中小企业资金需求较大时，风险资本以及金融机构等联合向中小企业贷款，可以在一定程度上减少风险。因此，只有云融资主体开展有效合作，提高云融资的运作效率，方能保证各自的利益最大化。

第八章 优化中小企业自主创新政策环境的对策建议

　　大量的理论研究和实践经验证明了中小企业的自主创新与所处的政策环境有着相互影响相互促进的紧密联系：一方面，中小企业自主创新的政策促进了中小企业的创新发展；另一方面，中小企业在发展的过程中对于创新政策的诉求又促进了政府对中小企业自主创新和产业升级政策的反思及调整。近年来，党中央、国务院高度重视中小企业发展，国务院各部委也围绕税收、融资、创新、创业以及完善公共服务等方面，出台了一系列新政策和新举措，我国现已形成了由一部法律（2003 年颁布并于 2017 年新修订、2018 年实施的《中小企业促进法》）、一个协调机制（2009 年成立的国务院促进中小企业发展工作领导小组）、一个标准（2011 年颁布的《中小企业划型标准规定》）和一系列相关重要文件组成的促进中小企业创新创业的政策法律体系。这一系列政策文件和措施的出台，进一步优化了中小企业创新创业发展的环境，推动了中小企业的蓬勃发展。总体而言，我国中小企业自主创新的政策环境在不断得到优化和改善，为下一步中小企业的转型升级和可持续发展奠定了良好的环境基础。

　　与此同时，我们也要清醒地看到，目前我国中小企业的政策环境还存在明显的短板。如本书第一章的分析所示，目前在政策制定层面，着眼中小企业未来发展的法律法规、信贷政策等方面有待进一步补充、修订和完善；在政策执行层面，中小企业的法规和政策未得到充分落实，中小企业主特别是小微企业主普遍表示，尽管国家出台了一系列针对小微企业的优惠政策，但是企业并未能完全享受到政策对中小企业的普惠效应。政策的执行不到位也是优化中小企业政策环境的一个关键问题。因此，现阶段要推进我国中小企业的自主创新，必须充分考虑政策环境的作用及其中存在的问题。政策的制定者必须对现有的政策的效果进行评估，科学分析和判断各项政策的实施是否有助于中小企业应对国内外新的形势和新的变化，并对政策有待完善之处进行相应的调整；同时，要研究分析国内外经济形势所呈现的新特点，制定出更有时效性的政策，通过对政策不断修正、实施、评估以及再修正，并加大政策的落实力度，使中小企业自主创新的政策环境能更好地契合中小企业的发展要求，帮助中小企业突破发展瓶颈，充分释放中小企业创新动力和潜能，在更大范围、更高层次、更深层度上推动中小企业的自主创新。

第一节　我国中小企业自主创新政策的演进历程及经验教训

一、我国中小企业自主创新政策的演进历程

要充分了解我国中小企业的自主创新的政策背景，就必须对其政策的演进历程有深入的了解。本节主要以我国改革开放及 20 世纪末为分界点，梳理我国中小企业自主创新政策在这两个时间节点前后的演进历程，并归纳列举其中有代表性的政策。

（一）第一阶段：20 世纪 80 年代改革开放初期——20 世纪末

改革开放前，我国实行的是计划经济体制，在这一背景下，政府主要考虑大企业的发展，实行的是"抓大放小"的方针，所以中

小企业尤其是民营中小企业并没有得到应有的重视。改革开放以后，国家鼓励民营经济及中小企业的发展。1982 年，中华人民共和国第五届全国人民代表大会第五次会议通过的《中华人民共和国宪法》规定：在法律规定范围内的城乡劳动者个体经济是社会主义公有制经济的补充。1988 年，第七届全国人民代表大会第一次会议通过的《中华人民共和国宪法修正案》第十一条增加规定："国家允许私营经济在法律规定的范围内存在和发展，私营经济是社会主义公有制经济的补充。"同年 6 月 3 日国务院第 4 号令发布的《中华人民共和国私营企业暂行条例》明确指出，"私营企业规定范围内的个体经济、私营经济等非公有制经济是社会主义市场经济的重要组成部分"。中华人民共和第九届全国人民代表大会第三次会议的宪法修正案规定：对各种经济成分一视同仁，平等对待，努力创造公平竞争、共同发展的社会及市场环境。要鼓励、支持企业以市场导向和需求自主决定企业经营和发展。中华人民共和国第十届全国人民代表大会第二次会议上宪法修正案明确规定公民的合法的私有财产不受侵犯。这些法律规定为中国经济发展营造了一个宽松的宏观环境，而中国中小企业正是市场经济中的重要组成力量，也是这些宏观政策的最大受益者。除了以上法律外，1996 年通过的《中华人民共和国乡镇企业法》对中小企业的发展起着至关重要的作用。这些法律的制定为中小企业的发展提供了法律依据。

改革开放初期，有关中小企业自主创新方面的政策并没有被单独提出，中小企业的创新只是依据相关的科技政策。如国务院于 1978 年出台的《关于进一步推进科技体制改革的若干规定》指明了科技体制改革的方向，为中小企业的创新提供了良好的外部环境；1991 年国务院出台的《国务院关于批准国家高新技术产业开发区的有关政策的通知》为高科技企业及中小企业集聚创造了条件，促进了中小自主创新的扩散及产业升级；1993 年通过的《中华人民共和国科学技术进步法》促进了中小企业的创新；1994 年税制改革，通过不断完善税制，消除了一些不利于中小企业发展的税收制度因素。

1995年，党中央和国务院颁布的《关于加速科学技术进步的决定》确立了国家创新体系以企业为主体的理念，在这之后中小企业自主创新政策才开始单独被提出。随着国家创新体系的不断改革，围绕解决中小企业的创新及产业升级能力差的问题，政府不仅从政策方面进行引导，而且逐步从财政资金扶持、税收优惠及政府采购等几个方面对中小企业进行支持。1996年，财政部、税务总局出台了《关于促进企业技术进步有关财务税收问题的通知》，对开发新产品、新技术、新工艺的费用给予税收优惠规定。1998年，国家经贸委为了帮助中小企业融资颁布了《关于建立中小企业信用担保体系试点的指导意见》，并在全国18个省、市、区开展中小企业信用担保体系试点工作。

1998年7月，政府提出建立科技型中小企业技术创新基金，并于1999年6月25日正式启动科技型中小企业技术长信基金。该基金的设立主要是用于支持中小企业科技创新活动，采取两种支持方式：一种是无偿资助，主要是为具有科研成果准备成立公司的科研人员提供启动资金，以及中小企业进行长信产品研发初试阶段的补助；另一种是针对企业已经具有一定规模的中小企业进行的创新项目，采取贴息的形式鼓励其为扩大生产规模和提高产品竞争力而向商业银行贷款。1999年颁布的《关于国家经贸委管理的10个国家局所属科研机构管理体制改革意见的通知》推动了科研机构改革，并为中小企业与科研机构合作提供了契机。同年颁布的《关于促进民营科技企业发展的若干意见》也为中小企业的创新提供了良好的外部环境。

（二）第二阶段：21世纪初期——至今

2002年6月29日，第九届全国人民代表大会常务委员会第二十八次会议审议通过了《中小企业促进法》，这是我国在国家层面制定的第一部扶持和促进中小企业发展的专门法律。《中小企业促进法》

针对设计中小企业各个方面的生产经营活动都进行了指导，促进了中小企业的发展。同年，科学技术部出台了《关于大力发展科技中介机构的意见》的通知，促进了良好的中小企业社会化服务环境的形成；国家经贸委制定颁布了《关于鼓励和促进中小企业发展的若干政策意见》；中国人民银行、国家经贸委、财政部等相继发布了中小企业信用担保体系方面的扶持政策；财政部和外贸部制定了《中小企业国际市场开拓资金管理（试行）办法》等，这些法律文件和政策举措的陆续出台，进一步优化了中小企业的自主创新发展的政策环境。

2006—2008 年，政府及相关部门主要从融资及担保等方面解决中小企业在生产经营及创新过程之中所面临的资金难题。围绕这一任务要求，国家在这段时间内出台了一系列相关的政策措施：国务院办公厅于 2006 年 11 月 23 日颁布了《关于加强中小企业信用担保体系建设意见》；财政部、国家税务总局于 2007 年 12 月 19 日联合发布了《关于中小企业信用担保机构有关准备金税前扣除问题的通知》；工业和信息化部在 2008 年 11 月 28 日下发了《关于支持引导中小企业信用担保机构加大服务力度缓解中小企业生产经营困难的通知》；财政部、工业和信息化部在 2008 年 9 月 3 日联合出台了《中小企业发展专项资金管理办法》。

金融危机爆发后，面对企业在金融危机后的创新的新需求及新特点，国务院在 2009 年 3 月出台了《关于发挥科技支撑作用促进经济平稳较快发展的意见》，推出加快实施重大专项、为重点产业振兴提供科技支撑、支持企业提高自主创新能力等六项科技支撑，实施加大财政收入、加强科技人力资源建设等四项保障政策。2009 年 5 月 13 日，中央财政预算计划 2009 年安排 328 亿元，2010 年安排 300 亿元左右，带动企业投资，主要推动高档数控机床与基础制造装备、大型飞机等 11 个科技重大专项的实施。同时启动实施一批自主创新产品规模化应用示范工程，加快实施技术创新工程，培育新的经济增长点。2009 年 6 月 5 日,《国务院办公厅关于印发促进生物产业加快发展的若干政策》公布,为了加快生物产业的发展,国家将生物产业培育成为高技术领域的支柱产业和国家级战略性新兴产业,提出了"加大财税政策支持力度"等 33 条措施。2010 年,国家相继出台了一系列促进科技发展的政策,如《科学技术部关于进一步推进创新型城市试点工作的指导意见》《国家科技重大专项知识产权管理暂行规定》《关于选择一批产业技术创新战略联盟开展试点工作的通知》等。

2009 年 5 月 5 日,科技部和银监会为了加强科技资源和金融资源的结合,进一步加大对科技型中小企业信贷支持力度,缓解科技型中小企业融资困难,促进科技产业的全面可持续发展,建设创新型国家,颁布了《关于进一步加大对科技型中小企业信贷支持的指导意见》。2009 年 8 月 21 日,财政部、国家税务总局出台了《关于金融企业涉农贷款和中小企业贷款损失准备金税前扣除有关政策的公告》,用以促进金融机构对农村企业及中小企业进行贷款融资。

2009 年 9 月 19 日,国务院颁布了《国务院关于进一步促进中小企业发展的若干意见》,从 8 个方面提出 29 条具体而具有突破性的意见,为中小企业迎战金融危机提振信心。其中明确指出要实施结构性减税,落实支持中小微企业税收优惠政策,继续实施稳健的货币政策,支持符合产业政策的中小企业发展。同年,银监会制定了《银监会关于支持商业银行进一步改进小企业金融服务的通知》,针对单户金额 500 万元(含)以下的小企业贷款出台了 10 项优惠政策,包括贷款类型划分、存贷比考核、不良率等各项考核指标,并与银行网点扩张相挂钩,部分解决了中小企业融资难问题。

为深入贯彻落实《国务院关于进一步促进中小企业发展的若干意见》,进一步改进和完善中小企业金融服务,拓宽融资渠道,着力缓解中小企业(尤其是小企业)的融资困难,支持和促进中小企业自主创新,中国人民银行、银监会、证监会和保监会于 2010 年 6 月

21 日发布了《关于进一步做好中小企业金融服务工作的若干意见》。为进一步推动中小企业信用担保机构健康发展，切实缓解中小企业融资难，促进中小企业又好又快发展，工业和信息化部于 2010 年 4 月 30 日发布了《关于加强中小企业信用担保体系建设工作的意见》，财政部、工业和信息化部于 2011 年 12 月 31 日联合发布了《政府采购促进中小企业发展暂行办法》。

针对中小企业发展面临的新情况和新问题，国务院于 2012 年出台了《关于进一步支持小微型企业健康发展的意见》（国发〔2012〕14 号，以下简称《国发 14 号文件》），以前所未有的力度从 8 个方面提出了 29 条政策措施。为贯彻落实《国发 14 号文件》，我国在 2012 年还相继出台了多项扶持中小企业发展的专项政策措施：在 2012 年 6 月 1 日出台了《国家发展改革委、财政部关于安排政府性资金对民间投资主体同等对待的通知》；在 2012 年 6 月 18 日出台了《科技部关于印发进一步鼓励和引导民间资本进入科技创新领域意见的通知》；在 2012 年 7 月 12 日联合出台了《工业和信息化部、财政部、国家工商行政管理总局三部委关于大力支持小型微型企业创业兴业的实施意见》。上述政策从鼓励民资、创新创业、专项资金、产业政策等领域进一步加大了对中小企业特别是小微企业的扶持力度，有利于创造中小微企业发展的良好环境。

2013 年以来，国务院及相关部委陆续出台了一系列措施，加大对中小企业差异化政策支持力度，引导金融机构持续强化面向中小微企业的融资服务。2015 年 3 月 31 日，财政部、国家税务总局《关于小型微利企业所得税优惠政策的通知》要求，自 2015 年 1 月 1 日自 2017 年 12 月 31 日，对年应纳税所得额低于 20 万元（含 20 万元）的小型微利企业，其所得税按 50% 计入应纳税所得额，并按 20% 的税率缴纳企业所得税。2017 年 4 月 19 日，国务院常务会议规定，对年应纳税额所得额低于 50 万元（含 50 万元）的小型微利企业，其所得减 50% 计入应纳税所得额，并按 20% 的税率缴纳企业所得税。

2017 年 9 月 1 日，新修订的《中小企业促进法》正式颁布。关于"融资促进"部分的修订是此次法律修订的一大亮点。新修订的促进法不仅就"融资促进"增加了专门的一章，而且制定了 11 条具体条款，使其成为本法律中条款数量最多的一章。新增的这一章中拟定的各条款明确要求金融机构应当发挥服务实体经济功能，高效公平地服务中小企业，并从货币政策工具运用和差异化监督、推进普惠金融体系和专业化经营机构建设、创新金融服务和担保方式、发展多层次资本市场、建立中小企业政策性信用担保体系、完善中小企业信用体系等方面做出一系列具体规定，加强对中小企业特别是小微企业的融资支持。

二、我国中小企业自主创新政策实践的经验与教训

（一）我国中小企业自主创新政策实践成功的经验总结

纵观我国中小企业自主创新政策的实践结果，从中不难看出，改革开放之前在计划经济体制下并没有专门针对中小企业的政策。随着改革开放的不断深入，尤其是 1995 年党中央和国务院颁布的《关于加速科学技术进步的决定》确立了国家创新体系以企业为主体的理念后，面向中小企业自主创新的一系列政策的陆续出台充分发挥了其对中小企业自主创新的促进作用。梳理和回顾我国中小企业自主创新政策的演进历程，我们可以获得很多宝贵的经验。

1. 政府充分重视中小企业的作用，力求从法规、政策上不断完善

从国家创新体系改革之后面向中小企业自主创新政策的制定和实施过程中，大家充分意识到以企业为主体的创新扶持政策的重要性。在此阶段出台的中小企业创新政策主要是以政策为导向，对中小企业进行引导，从而使中小企业依靠自律而进行自主创新。但这些政策只是在一定程度上促进了中小企业的创新，即这些政策只是起到了指明方向的作用，却并不能使政策的要求落实到所有的中小

企业。中小企业因其在国民经济之中的地位及自身的特点所决定，使得在国家创新体系改革过程中的政策导向亦由最初的引导转向财政资金投入、税收优惠及政府采购等几方面对中小企业的扶持。尤其是国务院于 2006 年 2 月 16 日公布的《关于实施〈国家中长期科学和技术发展规划纲要（2006—2020）〉若干配套政策的通知》充分体现了对中小企业开展技术创新的重视。这一通知要求借鉴欧美等发达国家的经验，以政府采购的形式促进中小企业自主创新，反映了政策制定过程中政府对促进中小企业自主创新的决心。同时这些政策在实施过程中也充分体现了以中小企业为核心、依据行业特点制定适合的中小企业自主创新政策、促进企业的发展的必要性。

2. 中小企业扶持政策中突出自主创新，以创新促进中小企业发展

在政府制定各类政策措施支持中小企业创新的过程中，最早发布实施的火炬计划的主要内容就是从 1999 年开始建立科技型中小企业技术创新基金，这是用于支持科技型中小企业技术创新的政府专项基金。其目的是通过贷款贴息、拨款资助和资本金投入等方式扶持和引导科技型中小企业技术创新活动，促进科技成果的转化，培育一批具有中国特色的科技型中小企业，加快中小企业的高新技术产业化进程。科技型中小企业技术创新基金作为政府的专项基金，按照市场经济的方式进行运作，扶持各种所有制类型的科技型中小企业，并有效地吸引地方政府、企业、风险投资机构和金融机构对科技型中小企业进行投资，推动建立起符合市场经济客观规律的高新技术产业化投资机制，进一步优化科技投资资源，营造有利于科技型中小企业创新和发展的良好环境。经过二十年多的发展，科技型中小企业技术创新基金取得的辉煌的成绩充分体现了以创新促进中小企业发展的重大作用。随着时间的推移，中小企业自主创新也不断演进，但这一过程中都离不开以创新为核心促进中小企业发展之路。因此，一系列行之有效的中小企业自主创新政策培育、壮大

了中小企业群体，催生了新兴产业和高技术产业的快速成长，为调整产业结构、转变经济增长方式、创造高端人才就业、实现经济社会又好又快发展做出了重要贡献。

3. 政府制定中小企业创新政策过程中强调政策的可操作性

由于早期与中小企业创新相关的政策是以国家政策为主体，为确保政策落实和执行到位，就要求对国家宏观层面的指导性政策进行细化，突出政策执行过程之中的可操作性。为此，中央政府各部委及各级政府部门从推出具有"一致性"和"合理性"的政策配套措施方面做出了不懈的努力。首先，保持相关政策与配套措施与中央政策的一致性。由于各部委及地方政府作为资深服务群体的利益代表，在制定中小企业政策时承载着促进中小企业发展的重任，必须从部门职能的角度出发考虑自己所实现的目标以及它所能选择的政策工具，因此会在制定政策的时候，充分考虑在中央政府的政策框架内成功确立与中央政策不相违背的中小企业政策。其次，保障中小企业创新政策目标的合理性。由于各部委及各级政府部门推出的专项或区域性政策多是以自身职权范围内的工作为核心，而不是以满足中小企业全部需求为目标，因此在政策制定的过程中，部委及各级政府部门既充分了结合了中央政策的要求，又围绕部门的服务目标有针对性地制定了合理的政策，以进一步促进中小企业的创新。最后，保障中小企业创新和产业升级政策内容的合理性。在政策可操作性方面，各部委及地方各级政府会充分考虑其服务对象的独立的利益，因此在制定政策的过程中也会充分考虑政策绩效的内部性从而使政策更合理有效地促进中小企业发展。

（二）我国中小企业自主创新政策实践中的教训分析

伴随着中小企业自主创新及产业升级政策不断深入和完善，广大中小企业不仅获得了发展必需的动力及资金，而且以此打造了企业自身的核心竞争力，在先天不足的情况下建立起自己的竞争优势。但在政策的发展和演进的过程之中我们也有很多教训，主要有如下几方面：

1. 缺少包容鼓励企业家创新的社会氛围

尽管随着"大众创新，万众创业"热潮的推动，民众对企业创新创业的接受和认可程度不断提高，但整个社会仍然缺少鼓励企业家进行创新的社会氛围。企业家是提高中小企业创新能力的重要因素，在中小企业经营管理中，企业家的行为除了要获得利益外，还需要体现其存在的社会价值，如果有一个鼓励创业、宽容失败的社会氛围，企业家劳动价值能够得到社会的认可和尊重，那么这个社会会涌现更多的企业家。在江苏、浙江、广东等经济发达省份，中小企业的自主创新能力相对较强，一个重要原因就是在这些省份，企业家创新创业的社会氛围更加浓厚，企业家的创新精神得以弘扬。反观国内一些较为欠缺浓厚的企业家创新创业氛围的省份和地区，其环境特征主要是两方面的原因导致：一方面这些省份和地区国有企业众多，相当一部分企业机制不活、负担重，导致经营管理者思想保守、观念落后，缺乏敢冒风险、锐意创新的企业家精神。另一方面，这些省份或地区仍受制于我国传统文化中"重义轻利"和"尊官抑商"等传统观念和价值取向，更多的人愿意到政府机构、国有企业、高校院所和大型外资企业工作，特别对高校毕业生而言，往往将自主创业视为找不到工作而做出的无奈选择。这些现象的产生在一定程度上都与当地缺少企业自主创新的社会氛围不无关系。

2. 对中小企业知识产权的保护力度不够

虽然我国早在 1985 年就引入了专利制度，而且为了加大对专利技术成果的保护力度，国家专门出台了《中华人民共和国专利法》，但现有制度政策对中小企业发挥的作用优劣势并存。根据《中华人民共和国专利法》对企业申请专利的流程要求，企业获得一项专利授权往往要等上一到两年，有的专利授权需要等待更长的时间。而中小企业随时面对市场竞争的考验，市场竞争变幻莫测且瞬息万变，尤其是实用新型专利技术随时面临变化调整，其变化快、保护周期短的特点，对比专利申报、审批、授权的漫长等待过程，足以使弱势的中小企业望而却步。目前中小企业申报专利时，在启动申报程序和收费标准上面临和大企业一样的要求，这就使得部分中小企业遭遇即使申报得起也维护不起的尴尬境况，甚至部分小微企业由于资金困难，不得不放弃对自己专利技术的维护。在侵权可以获取巨额利润这一因素的驱使下，大量对中小企业研发的原创产品的仿制、假冒、伪造的现象层出不穷，中小企业为了保护自有专利启动维权诉讼程序时，法院审理程序最多达到6级，无形之中也会给企业带来很大负担。同时，由于大部分中小企业没有管理知识产权的专业化人才，往往只能把与知识产权管理、维护等方面的业务委托给专利代理机构完成。但因为中小企业资金紧张，其所能支付的代理费用较低，加上涉及专利案件复杂、审理时间长等因素，又使得专利代理机构、律师事务所往往不愿意受理中小企业专利纠纷案，因此，中小企业一旦发生专利侵权诉讼案件，往往陷入被动无奈的境地，而侵权企业并没有受到法律的严惩，中小企业却为之付出了很大的维权成本。上述这些因素都会大大挫伤中小企业新品开发、技术发明、申报专利的积极性，导致企业通过创新实现可持续发展的目标落空。

3. 中小企业产学研合作机制还需进一步健全

随着我国科技、教育体系日渐完善，能够为中小企业提供社会化科技服务的资源逐渐丰富，但由于科研机构、高校与中小企业尚未形成良好的技术转移关系，科技资源优势尚未完全转化为中小企业的创新源泉乃至推动中小企业产业升级和跨越发展的优势。在产学研合作体制上还存在一些问题，特别是针对中小企业的产学研合作在地方各级政府的落实过程中还没有达到预想的效果。目前产学研三方在各省市都有各自的政府主管部门：中小企业由中小企业相关的管理部门管理（如经信委的中小企业处或中小企业局），科研院所由科委或主管部门的科技处管，高校由教委管。政府的各个职能部门都希望推进产学研合作，但都会优先考虑自己所属基层单位的利益。而且产学研的各主体运行机制不一样，目标也不一样，例如高校的科研机构以教书育人为主要目标，科研院所的目标则是完成国家和地方政府下达的任务和指标，而为中小企业开展科技服务并非他们的主业，所以在产学研合作中，高校及科研院所往往对中小企业的需求缺乏了解，导致管理体制、机构设置、人员配置等都不能满足为中小企业提供科技服务的要求。目前虽然各省市都成立了开展产学研工作的指导小组，但面向更多的是国有企业的重大科技项目，对于科技成果的推广、应用、选择合作伙伴、沟通信息等价于企业、高校和科研院所之间的协调管理，则缺乏有效的制度和机制。同时与产学研合作相关的机制如管理机构、管理程序、管理政策等尚不完善，对中小企业而言还谈不上具有实质意义。

4. 围绕中小企业的社会化服务整合效果有待加强

随着《中小企业促进法》等一系列面向中小企业的法规政策的颁布，全国中小企业服务体系有了较大的发展，各个省及直辖市专门开通了中小企业网站，创办了中小企业服务大厅。但总体上看，为中小企业提供社会化服务的资源仍然比较分散，政府、行业协会、中介组织在为中小企业提供服务的进程中职责没有完全理顺。属于政府公益类的社会化服务机构有待进一步加强和整合，属于营利性的社会化服务机构有待于政府大力扶持、管理、监督。现有的服务机构以政府机关下属事业单位为主，大量的民间服务中介机构还没有建立起来。很多政府机构下属的围绕中小企业发展的社会化服务机构服务内容单一，业务覆盖不全，其中介服务大多都局限在一些比较传统领域和项目，而提供企业融资、企业管理咨询、科技信息咨询服务、知识产权相关服务、高级人才引进、国际合作交流等中介服务还远不适应中小企业自主创新及发展的需要。尽管多年来政府就科技咨询、中介服务等方面制定了很多优惠政策和鼓励措施，但是依然难以满足科技型中小企业的需求。一方面，针对科技型中小企业的服务要求从业人员具有较高的专业素质及职业道德；另一方面，政府缺乏对科技咨询及中介服务市场的扶持与规范。此外，国内的技术市场还没有完全对企业放开。一个缺少竞争力的技术市场，是不完善的技术市场，其服务行为难以规范，其服务水平难以提高，其服务功能也难以细化，因此也无法提供优质的服务质量。

5. 中小企业的外部融资环境有待改善

虽然政府及各级相关部门颁布了一系列金融政策以扶持中小企业的自主创新活动，但目前融资问题仍是制约中小企业发展的最大问题，特别是在国内经济发展面临转型升级、国际贸易战加剧等各种不稳定因素增加的背景下，融资难已经成为阻碍中小企业发展的最大障碍。从债权融资渠道看，多数中小企业生产经营资金短缺，自身又缺乏抵押品，基本无法从金融机构获得抵押贷款，同时，中小企业信用度较低，无法像大企业那样获得信用贷款，担保公司也因害怕风险不愿为中小企业担保。另外，中小企业的股权融资渠道也不畅通，出于利益驱动和风险考虑，风险投资机构目前仅注重对成熟期企业的投资，很少投资于发展期的中小企业。由于征信体系缺失，我国尚未建立全国性的中小企业信用信息系统。就银行的贷款融资而言，目前商业银行的授信审批体制并不利于中小企业获得贷款，主要因为几个方面的因素：首先，由于银行和中小企业之间存在严重的信息不对称问题，商业银行不能了解中小企业的真实信用状况。其次，目前银行现行的信用评级指标体系更加重视定量分析，评分范围和加权系数都十分刻板，无法凸显中小企业的特点和重要性。再次，商业银行要求贷款的安全性有充分保障，因此通过严格的审贷分离制度、贷款审批制度来控制风险。但中小企业具有点多、面广、量大、分散的特点，分头开户现象普遍，使银行贷款管理的难度加大，工作效率降低。最后，商业银行强调风险责任追究，缺乏奖励机制，也在一定程度上影响了基层信贷人员的工作积极性，制约了商业银行对中小企业信贷业务的开展。

就债权融资而言，担保机构不够市场化和专业化，没有分散风险的机制，制约了中小企业的债权融资。担保机构应自主经营，依照规定程序对担保项目自主进行评估和做出决策。但在实际工作中，担保公司往往与政府部门有着千丝万缕的联系，或多或少受到行政干预，既要执行政府的产业发展政策，扶持中小企业发展，又要实行市场化运作，保证资本金的保值增值，这种双重任务导致担保公司在开展业务时往往处于尴尬的两难境地。而中小企业没有足够资信等级的第三方企业的担保，使其在融资担保系统缺位的情况下，难以获得银行贷款。同时，中小企业信用担保机构的实力和专业人才都有限，业务风险大于回报，而且没有渠道分散风险，政府政策和资金的引导力度不大，社会各方没有形成合力。

在信贷政策上，国家对中小企业的信贷政策过于简单，指导性和针对性不够强，难以适应中小企业在地域、行业、产品、经营管理方式等方面对融资的不同需求。政府的引导资金从无偿划拨转为股权投资，要考虑项目的回报，没有起到放大的杠杆效应，不利于动员银行、担保机构、社会资金参与中小企业的融资业务。中小企业的融资产品和融资渠道都十分欠缺。很多对中小企业有帮助的金融产品没有推出，对中小企业生产经营有巨大帮助的金融工具如融资租赁业务没有得到扶持和推广。中小企业发债和改制上市也一直受到现行金融制度较强的约束，渠道非常狭窄。目前的股权交易所对投资方的法律保障不够，道德风险无法规避，难以起到为中小企业有效融资的作用。很多投资方都担心对中小企业注资后无法收回投资，尤其是当获得资金的中小企业如果没有规范经营和用于业务发展，可能会给投资方造成惨重的损失，因而面向中小企业的投资会更加谨慎，这对中小企业有效融资极为不利。

6. 对中小企业扶持过度易产生垄断

在执行中小企业扶持政策的过程中，相关部门应结合不同的企业或行业而采取不同的扶持政策，不能因为某个中小企业在行业内市场份额大、创新能力强而一味对其进行扶持，要充分意识到对中小企业扶持过度而产生的垄断问题。从中小企业发展的实际经验来看，中小企业形成垄断主要有以下几方面的原因：

（1）中小企业进入某特定的细分市场。随着经济的不断发展，消费者的需求越来越多样化。为了迎合消费者日益多样化的需求，企业要对市场在地理、人口、心理和行为上进行研究并开发适合市场需求的产品。通过对市场的细分就将消费品市场分割成许多独立的单元。随着市场的不断细分，大企业不可能独占整个市场，必定有中小企业进入某个细分市场。中小企业通过对某个细分市场的深耕，将有限的资源投入到某个产品或者产品线逐步形成自己独特的核心竞争力。由于进入细分市场的企业实力相对较弱，市场竞争强度不大，某个企业从这个细分市场脱颖而出就可能很快形成垄断地位并占据整个细分市场，而且可以在较长时间内保持在这个市场的垄断地位。

（2）市场缺少明显的规模经济。规模经济指随着企业生产规模的不断扩大，单位生产成本逐渐下降，其利润随之增加。因此，大企业在规模经济显著的行业利用自己在人才、资金及行政等方面的优势，往往会扩大生产规模以降低生产成本，以更低的价格向市场供应产品并逐步形成竞争优势。而与大企业相比在各个方面处于劣势的中小企业，由于受自身规模的限制，无法通过大规模生产降低生产成本，因而，中小企业并不会在具有规模经济的市场内与大企业进行竞争。中小企业只会出现在规模经济不显著的市场，这样中小企业不需要将有限的资金投入到大规模生产之中，只需要在生产技术及产品方面进行创新。同时通过产品质量及产品异化程度不断提高，建立特定的消费群体，逐步确立竞争优势。

（3）利用中小企业特性阻止新进入者。中小企业在行业内占据垄断地位后，虽然具有骄人的战绩，但它们一般不会像大企业那样引人注目，一般都会兢兢业业、默默无闻地做好自己的产品。同时中小企业由于行业规模一般比较小或是行业分工具有隐蔽性，所以并不会引起人们的注意。虽然这样的行为会导致企业在诸如吸引人才，争取外部优惠时失去优势，同时在一定程度上影响企业信息的传播，但是这样却可以带来如下好处：减少竞争对手，避免更多其他企业进入该行业，从而降低市场竞争强度。在竞争对手减少的情况下，产品更新换代的压力减少，产品的生命周期延长，从而会减少企业的研发费用。但多数情况下，中小企业会通过不断创新，降低生产成本，提高产品的技术含量，设置更高的行业壁垒，增加其他企业进入的难度，从而使其市场垄断地位得以长期保持。

（4）产品高度专业化。中小企业由于规模限制，不能通过生产多种产品以分散风险，只能将资源集中于某几种产品以获得相对竞争优势。因此，中小企业在产品选择方面只专注于某种产品、某个零部件甚至某道工序的生产，通过不断的技术创新，精心服务于市场的某一细小部分，从而能够占据有利的市场位置。并且中小企业一旦选择了这个市场，就会高度依赖这个市场，并将所有的精力和力量投入到这个领域，从而使自己在这个市场上获得专业化优势。

（5）具有独特的竞争优势。中小企业的生存状况导致其要想谋求发展必须具有自己的竞争优势，因此中小企业具备以下独特优势：它们注重"心理市场领先地位"，即勇夺世界第一、追求世界最佳的精神，正是在这种精神的刺激下，使得它们在日益激烈的市场竞争中勇于进行技术、市场、制度等各方面的创新，以长期保持其在产品质量、价格和服务、与客户交往的等方面的优势。因此，要避免中小企业政策执行过度而使中小企业产生垄断必须从其产生的根源抓起，彻底避免过度扶持导致的垄断而降低行业内其他企业的竞争活力。

综上所述，为了推动中小企业的自主创新，政策制定者不能只看到政策对当下环境的适应性，而应当以发展的战略眼光看待政策实施以后可能会产生的效果，科学设计、合理制定行之有效的政策来促进中小企业的自主创新。同时，政策要尽量避免盲目或过度扶持中小企业的可能性。因此，在政策研究的过程中，政策制定者应当充分考虑各方面的因素，制定出有针对性的切实可行的政策，从而使中小企业更好地服务于我国经济的发展。

第二节 各国扶持中小企业发展的政策做法和经验启示

在以美国、欧盟为代表的世界发达经济体中，中小企业对其社会经济发展都起到了重要的作用，在其国民经济中占据了显著的位置。在美国，中小企业是国家自主创新的主体，美国企业创新产品中82%来自中小企业。美国学者曾对某阶段进入市场的635项创新项目进行研究后发现，相较大企业而言，中小企业在创新数量上是大企业的2.5倍，创新产品市场化速度较大企业快27%，而高新技术项目也多出自中小企业。与其类似的是在欧洲，中小企业一直是其经济发展的主体力量。已公布数据显示，欧盟共有2 000多万家中小企业，占欧盟企业总数的99.8%。其中92.2%是雇员少于10人的微型企业，6.5%左右的是雇员人数在10人到49人之间的小企业，雇员人数在50人到249人之间的中型企业则占1.1%。超过250个雇员的大型企业仅占企业总数的0.2%。2012年中小企业吸收了8 700万就业人口，约占欧盟总就业的67.4%，创造的增加值则占到欧盟国内生产总值（GDP）的58.1%，可以说中小企业在上述地区已经取得了令人瞩目的发展成果，其在地区经济中积累的发展实力不容小觑。

本节选取了在政府扶植中小企业发展上已取得一定成功经验积累的美国、德国、英国、法国等欧美国家以及亚洲的日本、韩国和印度作为研究范本，梳理和归纳这些国家政府在扶植本国中小企业的发展、鼓励中小企业自主创新上的政策举措和成功经验，旨在为我国进一步优化中小企业发展的政策环境提供更多的借鉴。

一、各国扶持中小企业发展的政策做法

（一）美国扶持中小企业发展的政策做法

1. 完善法律环境

纵观世界经济发达国家支持和保护中小企业的通行做法，是通过建设法律环境，明确中小企业的法律地位，进而维护中小企业的经营安全与权益，最终为中小企业提供自由竞争的市场环境。通过立法使地方和联邦或中央政府对中小企业的支持具有法律效力。立法也使各种支持政策具有法律约束力，规范政府的行为，避免其他因素的干扰。所以立法是支持中小企业发展的根基，同时也在各国扶持中小企业发展的过程中扮演着重要的角色。在立法方面，美国到现在已经制定颁布了一整套关于中小企业的法律。

美国关于中小企业的立法始于 1953 年美国国会颁布的《小企业法》，作为美国支持小企业的根本大法，《小企业法》在美国经济发展中具有重要的作用，它指出中小企业在美国经济发展中举足轻重的地位，并以支持中小企业的发展为基本方针。在这之后，美国相继制定出台的扶持中小企业发展的法律，如《小企业经济政策法》《小企业担保信贷增强法》等都是以《小企业法》中面向中小企业确立的宗旨和原则为基础。

20 世纪 80 年代以来，随着中小企业的不断发展，美国政府逐步认识到中小企业技术创新对中小企业及社会经济发挥的重大作用，因此出台了一系列支持中小企业创新的法律、法规，例如 1980 年出台了《史蒂文森-威德勒技术创新法》，1982 年颁布了《中小企业创新发展法》，2000 年对这部《中小企业创新发展法》进行了修正，延长了法律失效时间。这些法律在明确中小企业的权利和义务的同时，强调了中小企业的重要作用，明确了政府需要制定合理的法律、法规，以创造良好的法律环境，从而保障中小企业的健康成长。

1958 年，美国推出了"小企业投资公司计划"，鼓励小型成长型企业通过风险投资方式获得自己成长发展所需要的资金。计划的主要内容是由联邦小企业管理局牵头，号召经过认证的创业投资经理人募集 500 万~1000 万美元私人资本成立风险投资基金。小企业管理局对其进行担保，通过杠杆作用，经理人可以将初始自有资本放大三倍后投资给目标中小企业。中小企业经营获得成功后，创业投资经理人需与小企业管理局分享部分利润。通过这样的方式小企业管理局为成长型中小企业找到了合适的融资渠道。

　　联邦政府对中小企业支持的另外一项政策是通过在采购上的政策倾斜为中小企业提供支持。1953 年颁布的《小企业法》中明确规定，政府在各种采购中应给予中小企业一定的照顾，即中小企业在采购总量之中必须不少于 23%的份额。同时，政府机构也必须确定中小企业采购份额的年度目标，并随时接受小企业管理局的审查。按照《美国产品购买法》规定，在政府需要向外国厂商进行采购项目中，如果本国的供货商为中小企业，其报价只要不超过外国厂商报价的 12%，就必须优先考虑采用本国的中小供货商的产品。

　　1997 年，《纳税人税收减免法》在美国颁布，此法使美国的中小企业在其后十年中得到了数十亿美元的税收减免。同时美国还采取不同的减税政策针对中小企业的研发活动进行鼓励。为了挽救处于困境的中小企业，美国的《经济复苏税法》将与中小企业密切相关的个人所得税税率降低至 25%，而资本收益税的税率也降低至 20%。另外，针对中小企业政府还提出了科技税收优惠，即以科研经费投入的增长额度来抵免税收。

　　2. 建立健全金融体系

　　自主创新尤其是技术创新活动通常具有高投入、高风险的特征，这意味着中小企业尤其是科技型中小企业开展自主创新活动需要大量的资金投入，受企业自身资源所限，企业内部的资金往往难以满足创新活动的需要，融资成为中小企业的必然选择。在破解中小企业普遍面临的"融资难""融资贵"的困境上，美国通过建立健全为中小企业有效融资的金融体系，从以下几个方面有效缓解了中小企业的融资问题。

第一，搭建中小企业的直接融资市场。在美国，中小企业的直接融资市场有小企业投资公司和二板市场。小企业投资公司是专门为援助中小企业而设立，其通过直接为中小企业提供资金支持，以解决中小企业因其自身特点很难从银行和商业机构获得发展所需资金的问题。因为小企业投资公司是由私人进行经营管理，为了确保其经营管理的合法性和规范性，美国小企业管理局要对其经营的过程进行合理的监管，所有的小企业投资公司要获得小企业管理局的审批授权以后方能开展业务。同时，美国政府通过给予税收优惠、政府补贴资金等措施大力资助小企业投资公司，小企业投资公司则可利用自有资金以及上述优惠资助对有发展潜力的中小企业进行投资，使它们获得发展，并从中获得投资收益。二板市场也称纳斯达克市场，交易主体为小企业。作为主板市场的补充，建立二板市场最初的目的是规范主板之外的市场，随着二板市场的发展，许多小企业逐渐成长为规模较大的企业，因此如今为人熟知的纳斯达克市场也已不再仅是为小企业开放的交易市场，其按照交易主体规模分成了全国市场和小型资本市场两个部分。

第二，为中小企业提供信用担保。作为美国联邦政府独立的工作机构之一，成立于 1953 年的小企业管理局是帮助中小企业提供担保的主体。小企业管理局提供担保的常见方式是在符合条件的中小企业向金融机构申请贷款时，由小企业管理局提供一定比例的贷款担保，贷款风险由小企业管理局和金融机构共同承担，金融机构自主决定是否提供贷款计划。贷款期限根据其用途确定，营运资金一般为 7 年，不动产和设备贷款的上限为 25 年。担保比例根据贷款不同的规模来确定，贷款的上限为 200 万美元，15 万美元以下贷款可担保 85%，15 万美元以上贷款最多可担保 75%。除此贷款计划外，小企业管理局还为中小企业提供包括为进行国际贸易的中小企业提供贷款担保，为出口型的生产企业提供贷款担保，同时为了支持中小企业减少污染计划担保等多种形式的贷款担保服务。

第三，为中小企业提供政府贷款。小企业管理局不仅为全美的中小企业提供信用担保，而且还为具有发展潜力且资质良好的中小企业提供直接贷款。小企业管理局为中小企业提供的贷款种类丰富，且贷款的程序比较灵活，并不限制于传统商业贷款的法律条文和烦琐手续。如果中小企业需要紧急贷款，小企业管理局审核通过后则可免去企业申请贷款烦琐的手续，为其提供快速贷款。同时，为了促进中小企业的出口贸易，小企业管理局为中小企业提供出口信贷优惠，并在一定程度上承担相应出口风险。由于获得政府的支持，中小企业可以在出口贸易中很快获得迅猛发展。中小企业的出口贸易额在美国的出口贸易总额中占了绝大部分比例，极大地促进了美国的出口贸易发展。由此可见，政府向中小企业提供贷款在极大程度上满足了中小企业的融资需求，有利于促进中小企业提高自主创新能力，形成核心竞争力。

3. 建设培育人才环境

在人才环境建设方面，美国主要通过三个负责管理中小企业的机构来落实开展相应的人才管理和人才培养工作，这三个机构分别是小企业管理局、白宫小企业委员会和国会小企业委员会。其中，小企业管理局是美国中小企业的核心管理机构，其在美国经济发展中具有举足轻重的地位，在美国政府中也占据十分重要的地位，对美国中小企业的发展有着重要的影响。小企业管理局的机构遍布于美国各个州，除了为中小企业发展提供所需的资金，保证中小企业的资金需求之外，还能为中小企业提供人才管理和人才培训的服务，通过其开展的各类人才培训服务提升中小企业的人才水平，解决中小企业管理中常见的人才不足方面的问题，为中小企业提供了良好的人才环境。

同时，美国政府还大力发展各类高科技园，凭借灵活的机制、完善的政策和宽松的环境等多种优势，为企业的发展吸引了来自全球各地的技术人才，为中小企业开展自主创新活动提供了人才保障。在美国的高科技园中，硅谷是其中典型的代表。作为美国的电子科技和电子工业集中地，硅谷四周环绕斯坦福等世界一流大学，拥有世界顶级的科学研究实力，硅谷同时拥有以英特尔、苹果、谷歌为代表的世界顶尖的高科技公司从事新产品和新技术的原始创新研发生产活动。高科技园对科技型中小企业的孕育和滋养，使得一大批有潜力的高科技中小企业在硅谷诞生并茁壮成长。以硅谷为范本，探究其与中小企业成长发展的关系，我们可以总结出四个方面的特征：一是由于硅谷内拥有世界一流的大学和世界知名的大型科技企业，能为科技型中小企业提供成长和发展所需的资金、技术和人才；二是由于硅谷内的产业集于高新技术为主的微电子、计算机网络和生物医药等产业，每个产业都有诸如英特尔、思科之类的大型领军企业，因此这些产业都已形成了规模效应，不仅创新创业的技术障碍较少，也降低了产业内企业经营运行的成本，这就吸引了大批有志于进入这些产业的创业者加入此领域进行创业发展；三是硅谷拥有发达的风险投资机制，在硅谷有很多风险投资成功的先例，而风投机构也会更为关注这一区域的新创企业，这些都能够帮助在硅谷的中小企业获得风投的青睐及注资，从而有效解决中小企业常见的资金不足的问题；四是硅谷经济的发展市场这一要素充分发挥了调节的作用，硅谷因为培育了资金、人才和技术等各方面的优势，所以吸引集聚了大量的中小企业，市场发挥了调节作用使得硅谷的市场竞争更为激烈，中小企业要想存活下来并实现良性发展，只能凭借自己的竞争优势，所以硅谷为中小企业的创新创业提供了更多的资源供给，也对中小企业通过自主创新打造核心竞争力提出了更高的要求。

4. 建设优化技术创新环境

长期以来，历届美国政府都十分关注中小企业的创新活动，并采取多项政策措施推动中小企业的技术创新。在政策制定上，美国出台了小企业创新研究计划，旨在充分发挥中小企业的研发实力，提高国家整体创新能力。这一计划使得中小企业能够参与到政府最新的科学研究中，并且有机会分享最新的研究成果，有效增强中小企业的研发实力，同时此创新计划也使中小企业有机会和大企业在一个平台上合作，有利于中小企业取长补短，获得大企业的帮助。此外，美国设立了小企业技术创新奖励项目（SBTR）和小企业技术转让奖励项目（STTR）来鼓励中小企业开展技术创新和技术转让。SBTR 项目对中小企业研发的各个阶段提供政府资助：在研发初期，中小企业的研发计划若获得政府部门审核通过，则可获得 10 万美元的补贴资金；在研发过程中，如中小企业的研发进程和研发成果符合审核通过的研发计划和相应的规定，政府可按实际情况向中小企业追加资金补助；在市场推广阶段，中小企业还可获得政府的相应补贴和进入市场的资金补助。STTR 项目则重在对中小企业技术转让的不同阶段提供资金支持，对审核机构确认了市场价值的中小企业，提供不超过 50 万美元的补助，并且帮助中小企业进行技术的推广。SBTR 和 STTR 两个项目的成功实施，极大地激发了中小企业的创新热情，有效促进了中小企业技术的研发和转让，并增强了国家创新的市场活力。

在社会服务体系上，一方面，小企业管理局负责指导中小企业的创新发展，中小企业在技术研发中出现任何问题，都可联系小企业管理局进行指导，小企业管理局也可引进政府最新的研究成果，为中小企业解决创新问题提供帮助。另一方面，美国政府还设立了专门为中小企业的发展提供服务的中介机构，这些中介机构的类型不一，主要包括以下几类：一是小企业发展研究中心，它包含了来自各个领域精通法律、金融、财务等各类专门知识的人才，能够为中小企业从创业到发展的各方面提供企业所需要的帮助；二是小企业信息中心，通过其及时公开各类市场的需求等信息，使中小企业能够更便捷地获取有关市场需求等重要的信息资源，并以此研发新产品和新技术，确保新产品的开发符合市场的需求，从而使新产品获得更多消费者的青睐并提高中小企业的盈利能力；三是组织经营服务队，其主要职责是负责将国家最新的技术传递给科技类中小企业，以帮助这类中小企业从外部获取和积累更多的技术资源，使中小企业的自主创新能力得以极大提升，从而推动中小企业的创新发展。

此外，美国政府还非常注重充分发挥企业孵化器的作用来促进中小企业的研发活动。企业孵化器具有优秀的管理体系，能为中小企业的发展提供合适的场所、先进的设备和科学的管理。进入孵化器的中小企业之间除了相互竞争外，还能互利合作，使孵化器在运作过程中能够保持良好的创新氛围。随着美国对企业孵化器建设步伐的加快，其对中小企业的作用愈发明显，尤其是在为中小企业吸引和集聚企业发展所需的资金资源上具有明显的优势：因孵化器吸引了为数不少的风险投资机构的进入，孵化器能够将社会闲置的资金有效加以利用，注资急需资金的中小企业。政府对孵化器和风险投资机构的严格管理，也确保其能够为中小企业的发展做出进一步的贡献。

（二）德国扶持中小企业发展的政策做法

德国在金融危机之前的中小企业扶持政策主要呈现以下几方面特点：

1. 立法支持中小企业发展

德国政府针对中小企业的立法主要是为了保护中小企业在与大企业的竞争之中取得竞争优势，保证中小企业具有良好的竞争环境，因此德国政府注重从多个方面建立健全相应的支持中小企业的法律体系：在维护市场秩序、保证合同自由方面，有《民法典》《商法典》；通过出台《反限制竞争法》《标准化法》《中小企业促进法》，用于确定经济制度和规范市场运行；在减轻中小企业的税收、经济、社会负担方面，有《关于提高中小企业效率的行动计划》等；而对于工业联合会、自由职业者等方面，也有专门的法律予以保护。

20世纪70年代两次世界性的经济危机，使德国联邦政府清楚地认识到中小企业在不利的经济环境中所表现出来的活力以及中小企业在技术创新与技术进步方面的巨大优势。所以政府在此期间为了促进中小企业的发展出台了一系列政策措施，这些政策措施的中心思想及主要意图是通过采取自由的经济政策，为中小企业提供自由竞争的市场环境，以培养中小企业可以打破大企业垄断的竞争能力。为使中小企业获得发展所需要的资金，政府努力调整信贷政策，向中小企业提供低息贷款。为了使中小企业适应竞争的需要，联邦政府还制定了中小企业发展规模策略，从而引导中小企业建立合理的企业规模结构，提高中小企业的管理能力。为了提高中小企业的竞争力，联邦政府还从满足中小企业的创新需求出发，制定了一系列的扶持政策，以促使中小企业进行产业升级。

20世纪90年代，为鼓励新企业的建立和促进小型企业的发展，德国实施了税收制度改革，这一改革惠及了80%以上的中小企业，大大减少了中小企业的负担，有效促进了这些中小企业的发展。2003年年底至2004年年初，德国接连出台了两项法律，对工业规定（HWO）进行了根本的改革，重点是促进手工业行业的就业和培训，方便新企业的成立和企业收购，以消除工业中存在的结构危机。

2008年以后，德国在现有的中小企业扶持政策基础上，从创新创业、金融服务、技术人才、开拓海外市场以及减少官僚主义等方面出台了相应的扶持政策及法律法规，其主要目的是通过加强对具有较强创新能力的中小企业的扶持，提升这些企业的竞争力。如针对中小企业的中央创新计划（Central Innovation Program for SMEs）就是其中有代表性的政策，这一计划主要通过促进创新企业之间的相互合作以及合作网络的建立来促进中小企业的创新研发活动。在金融服务政策上，德国主要面向能源开发、农业耕种和环境保护这三个行业出台了相应的政策措施，主要包括由国家投资大力发展复兴银行等政策性银行，专门向中小企业提供贷款，促进中小企业的自主创新与发展。

由于德国是欧盟的重要组成国家，欧盟的法律对德国而言具有同样的约束力，所以欧盟为保护和支持中小企业制定的相关法律对德国的中小企业具有同样的保护作用。这些法律为德国中小企业的成长和发展创造了良好的法律环境，使中小企业能够在市场竞争中保护自己的权益，帮助中小企业打造可以与大企业匹敌的核心竞争力。

2. 为中小企业优化融资环境

和国内的中小企业一样，融资难一直是制约德国中小企业发展的主要问题，因此德国政府将以不同的方式和渠道帮助中小企业融资以及对中小企业进行资金扶持作为中小企业政策的重点，通过在政府补助、银行贷款、政府贷款等多种融资渠道以及直接融资、间接融资等多种融资方式上出台实施具体的政策，不断改善和优化中小企业的融资环境。

德国政府对中小企业发放的补助主要有三种形式：一是为开展产品革新和技术创新的中小企业提供奖励补助，企业最高可获得 20 万马克的补助，有效保证了中小企业产品创新的顺利进行；二是对进行技术创新的中小企业提供一定的资金支持；三是政府对拥有已成形的创新想法的中小企业提供咨询帮助并视创新想法的实际情况予以相应的扶持。另外，德国政府专门成立了复兴银行、结算银行等机构，为科技型中小企业的创业及新产品研发提供资金支持。如复兴银行可以为科技型中小企业提供贷款利息较低的创新资金，而且允许能够提供担保的中小企业在两年之内暂缓缴纳利息，不需要提供担保的中小企业在七年之内暂缓缴纳利息。这些资金支持和利息优惠都在一定程度上减轻了中小企业的贷款负担，降低了经营成本，有利于中小企业的成长与发展。

在银行贷款方面，为了促进中小企业的发展，德国政府的政策规定中小企业如扩大生产、进行合理化调整或转产都可以从银行获得融资贷款。为了解决中小企业的贷款困难，政府还出资在不少地方建立了信用保证协会，为中小企业向银行贷款时提供信用担保。为保证新产品的生产，减少投资风险，中小企业可以从银行得到150万马克①到200万马克的投资担保资金，特殊情况额度可达到500万马克。为促进中小企业开拓国际市场，联邦和各州政府为中小企业提供短期和中长期优惠出口信贷和信贷担保，并在税收方面为以出口为导向的中小企业提供多项优惠措施。

在提供政府贷款方面，德国政府主要通过财政拨款以及以政府担保的方式扶持复兴信贷联邦中小企业银行等政策性银行等方式，为中小企业提供资金支持。复兴信贷联邦中小企业银行是德国政府为了促进中小企业信贷服务的发展，在合并了中小企业银行和复兴信贷银行的基础上成立的。这家重新组建的银行的贷款对象主要是中小企业以及为其提供服务及帮助的科研机构等，该银行自2003年9月1日起为中小企业创办者及中小企业经营者提供"企业家信贷"这一专项贷款项目。另外，为了提高金融机构为中小企业融资的意愿和动力，德国联邦政府还向中小企业提供贷款的银行提供2%~3%利息补贴。除了大力扶持政策性银行和金融机构，加大对中小企业的信贷力度以外，德国政府还对符合政府行业规定的中小企业提供直接资助，对非特定行业的中小企业提供间接资助，并对进行产品开发和工艺改进的中小企业提供信用担保，以帮助企业顺利获得银行贷款。

在直接融资方面，德国建立了比较完善的风险投资制度，并设有大量的风险投资公司，通过这些风险投资公司吸收社会的闲散资金，并投向急需资金的中小企业，有助于解决中小企业常见的融资难的问题。同时风投公司向中小企业的注资，也可以分散银行的融

---

① 马克：原德国货币单位，2002年7月1日起停止流通，被欧元取代。

资风险，风投公司更为灵活的投资方式也有利于中小企业获得足够的资金开展自主创新，极大促进了德国中小企业核心竞争力的提高。

在间接融资方面，德国政府为促进中小企业的创新活动发展，实行了"创新信贷计划"。这一计划以年销售收入为依据，为中小企业提供分类资助。该计划对年销售收入不高于5亿马克的中小企业开展研发创新活动提供低息贷款支持，为年销售收入不高于4 000万马克的中小企业的自主研发活动提供创新资助以及新产品上市专项资金支持。这一计划极大地促进了中小企业自主创新活动的开展，提高了中小企业的自主创新能力。

3. 推动中小企业技术创新

德国政府一般采用委托研究资助、合同研究资助和科技咨询等方式推动中小企业的技术创新和改造。1982年，德国政府根据本国实际情况，结合硅谷经验，制定了新技术创业企业的促进规划。在联邦政府、州政府、国家银行以及工商会的合作下，建立了60个具有自己的特点、不同定位的德国高科技园，也被称为德国"硅谷"。这些德国"硅谷"的创建不仅促进了园区内企业高技术的发展，而且使园区内的科研成果高效地转化为生产力，促进了传统的技术及工艺的改造，改变了传统的经济结构，为本国提供了有益的发展模式。

在技术创新过程中，受营业额和资源实力的限制，德国多数中小企业的研究开发投入能力有限，创新能力也受到制约。因此，德国的中小企业积极与研究机构、高等院校进行合作寻求合适的技术成果，同时这些机构也为中小企业提供咨询与信息服务。德国政府也积极资助建立技术开发中心和科技成果转化中心，帮助中小企业开发新的技术和产品。另外，为了促进技术创新，德国政府还建立了技术传播网络。首先，在国家层面，成立了"德国研究、技术和创新委员会"，其任务是针对全世界和本国的最新技术情况，为中小企业提供建议，使其更好地在该领域内采取行动。同时运用本国丰富的教育资源把高等院校和科研机构联成一个高速运转的网络，使最新的信息可以迅速得以传播和共享。其次，整合技术转让中心和创新中心。通过整合各种工业团体和地区性技术转让中心与创新中心，组成快捷有效的技术传播系统，可使创新成果被急需的企业直接获得，使企业获得和使用信息的成本大大降低。

为了促进中小企业进行产品开发，不断进行产业升级，同时也为了使最新的技术能够迅速在中小企业之中得以实施，德国国内建立了 160 个技术研究协会。联邦科技部为参加高精尖技术研究及新产品开发的中小企业提供贷款，而且资助研究人员去中小企业工作一段时间，设立了"小型技术企业参与基金"。为了扩大资助范围，促进更多的成果转化，1978 年德国联邦政府出台了专门资助中小企业科技进步的方案，迄今为止已经有两万多家企业从中受益。为了促使各院校及科研机构的成果向中小企业转移，使技术开发具有更强的市场针对性，提高科研成果转化的效率，德国联邦政府采取了一系列旨在促进校企合作的措施来弥补中小企业在研发方面的投入及人才不足，通过合作，研究机构也获得了更多的项目来源，使得研究更具有实际意义。

进入 21 世纪以来，尤其是制定了高科技战略之后，德国政府不断提高研发投入，以科技带动经济发展的思路更加明确。联邦政府在 2005—2007 年两年内的投入由 90 亿欧元增长至 101 亿欧元，2008 年和 2009 年两年内分别投入 111 亿欧元和 120 亿欧元。2006—2009 年，仅是联邦经济部用于研发的资金就以每年 6.5%的速度递增。其目的是加强德国作为全球重要研发基地的国际吸引力，提高研发体系的效率，并加快科研成果向生产实践的转化①。

4. 重视高科技人才的培养

人才是制约中小企业发展的重要因素之一，因此各国在对中小

---

① 中国驻德大使馆：http://de.mofcom.gov.cn/aarticle/ztdy/201005/20100506922277.html。

企业扶植的过程中都将人才培养提升到重要位置。同时企业自主创新活动的实质是人才的创新，因此德国将促进中小企业人才创新视为推动中小企业发展中的重要任务。德国政府在各州都设有跨行业的培训中心，采取脱产、半脱产和业余培训等多种方式，为中小企业培养各类专门人才。政府制定了《职工技术培训法》，规定年轻人必须参加技术培训，企业有义务提供年轻人技术培训的岗位。对开设徒工培训的中小企业，政府还给予专门资助。同时，德国的手工业和行业协会在政府的资助下，也采取多种形式对中小企业的员工进行培训和考核，帮助企业不断提高员工的理论知识和管理水平。同时，德国闻名于世的职业教育体系也为德国各行各业的中小企业源源不断输送专业人才提供了保障。

随着世界经济一体化进程的加快，德国的高科技人才日益成为美国等经济发达国家公司抢夺的目标，人才的流失使得越来越多的新创中小企业难以吸引到适合企业的人才，而人才的缺失也给社会福利造成大量损失。对此，德国政府采取了一系列措施吸引优秀的德国人才回流，同时鼓励外国专家来德国就业，其中包含了以下主要措施：一是通过制定培训协定确保技术人才的供应。德国联邦政府于 2010 年年底通过了新的技术人才培训协定，这一协定主要是为了确保年轻人能够获得接受职业教育的权利，提高年轻移民的综合能力，让更多具有潜力的年轻人进入公司进行职业培训。二是为企业寻找合适的培训生。德国经济部通过与短缺培训生的企业建立直接联系代替企业进行面试，为企业推荐合适的培训生。三是减轻公司培训的负担。德国政府为培训机构提供一定补助以促进其为技术型中小企业新员工提供培训服务，减少企业由于自身培训员工而产生的负担。四是欢迎接受德国高等教育的外国人就业。德国经济部通过政策引导在德接受完整的高等教育的外国人在德国境内就业。五是促进高技术人才到德国就业。为了增加德国的竞争力，德国政府采取更加开明的政策来吸引外国技术人才。

5. 建立健全社会化服务体系

中小企业作为社会有机体的重要组成部分，它的生存和发展自然离不开社会力量的支持。德国在面向中小企业的社会化服务体系上，已经逐步形成了以政府部门为龙头，半官方服务机构为骨架，各类商会、协会为桥梁，社会服务中介为依托的全方位构架，为中小企业在社会服务的各个方面提供全面的服务①。

在对中小企业创新的扶持上，德国联邦经济部引入了创新抵用券的帮扶方式，即中小企业一旦获得政府发放的抵用券，则可以极低的价格获得行业内专家的研发建议。这种方式有助于中小企业扩大其对产品以及创新过程的了解，对中小企业的系统化创新具有极大的促进作用。同时，为了协助中小企业发现创新的目标，开展了ERP创新项目，这一项目为中小企业提供长期低利率的贷款，用以促进中小企业开展贴近市场的创新。

在协助中小企业开拓海外市场方面，德国政府不遗余力，积极采取各种措施帮助中小企业减少国际贸易阻碍、提高贸易信用保障，并不断拓展海外市场。德国政府制定了一系列针对中小企业的贸易促进政策以支持中小企业走出去，同时争取欧盟的贸易支持以改善德国中小企业在海外经营的状况。为了增加服务业在国际市场上的机会，德国政府积极为知识密集型商务服务提供商寻找国外合作伙伴。为给中小企业提供出口信用保证和投资保障，联邦政府为中小企业的国际交易过程提供出口信用保险，如在2011年年初，德国政府就提供了500万欧元的出口信用保险。此外，德国政府于2011年开始致力于修正促进国际贸易和海外投资的支持政策，通过整合国家的出口促进政策，使其运行更加高效、透明。

（三）英国扶持中小企业发展的政策做法

英国前首相布莱尔曾明确指出，作为英国经济中私营部门重要

---

① 胡荣昌，王磊. 美国、日本、法国中小企业政策比较研究 [J]. 商业研究，2006（18）：194-196.

组成部分的中小企业为英国社会创造着财富、就业以及新的创意产品。在英国，中小企业的数量企业总数的99%，大企业只占1%（只有600多家），中小企业对 GDP 的贡献达 1.44 万亿英镑。因此，为了给中小企业的成长及发展创造一个良好的环境，英国政府提出了"使英国成为世界上企业创业及发展最有利场所"的理念，围绕这一理念制定了一系列支持中小企业发展的政策和措施。这些政策措施主要是从宏观层面为中小企业的发展提供引导和服务，要求各个政府部门共同努力，为中小企业创造和维持一个更为稳定的、长期的社会经济环境，鼓励投入和提高生产率，帮助中小企业掌握本行业的新知识和新技能。其做法主要有以下几方面：

1. 改善政策环境，支持中小企业发展

为了改善中小企业的政策环境，减少中小企业的行政负担，英国政府在 2002 年出台了《小企业影响测试》，让中小企业可以通过 SBS 网站对政府正在拟订的法规或政策发表意见、提出建议，以便中小企业可以更为便捷地反映对政策的诉求。同时，政府通过采取各种措施提高对中小企业的服务范围及质量，例如通过建立网络服务平台"商业链接"网（www. businesslink. gov. uk），使中小企业可以获取法规、融资、培训等政府所提供的全部服务信息；英国税务署等部门开设电话服务热线，设立由相关部门共同参与的"商业咨询公开日"，向中小企业提供一站式服务；制订"跨部门工程"方案，并实施"单一传输计划"，保持政府对企业支持政策的连贯性和统一性。在提升中小企业的社会地位上，政府通过与公共部门签署《小企业采购协定》，增加小企业竞标公共部门采购合同的机会，以尽力消除或减少社会及行政人员对中小企业的歧视。

2. 设立资金支持项目，改善中小企业融资难困境

针对中小企业融资能力差、防范风险能力弱的实际情况，英国政府联合私营部门制订了一系列专项支持中小企业的商业融资计划。这些计划主要包括制订小企业贷款担保方案，设立风险资本信托基

金、区域风险资本基金、英国高技术基金、早期成长基金、商业孵化基金等资金支持项目。此外，政府还通过削减公司税和提高公司税起征点等办法，进一步减轻中小企业的财务负担。在金融危机爆发后，为了缓解中小企业在资金和融资上的压力，英国政府出台了名目众多的中小企业资金支持项目，如为企业交易资金提供信贷保险，允许企业延期支付所得税，为小企业贷款额的 75% 提供担保，甚至直接为企业提供资金补助等。这其中，英国政府针对小企业专门实行了一种救济制度，通过实行税收优惠、降低其所得税税率来帮助实力较弱的中小企业应对资金上的困难。同时，英国政府推迟了提高对中小企业适用的优惠税率，对年利润不足 1 万英镑的小公司实行 10% 的优惠税率。在税收优惠政策上，英国政府还出台了"企业投资者计划"，旨在通过运用税收优惠，鼓励投资者向未上市的中小企业投资，以促进中小企业技术创新。该计划规定凡投资创办中小企业者，其投资额的 60% 可以免税，每年免税的最高投资限额为 4 万英镑。为了吸引私人投资，政府允许非挂牌证券市场的投资者在保持 5 年股权的条件下，可以申请免税优惠。

3. 鼓励中小企业进行自主研发和创业，有效营造社会创业氛围

在支持中小企业进行自主研发及创新、改善研发过程管理及成果转换的目标下，政府通过实施《管理及领导方案》、提供"雇主培训向导"和"研发津贴"等资金支持，鼓励中小企业加强技术创新和人员培训，从而提高其生产力和竞争力。此外，为鼓励中小企业开拓国际市场，英国贸易及投资署（UKTI）联同地区发展署及海外使领馆制订了"通行证方案"和"全球企业家方案"，向企业提供必要的支持和服务。在营造社会创业氛围上，政府大力鼓励和提倡大众创业：首先是在创业意识的培育上，注重在中学宣传及教育学生的创业理念，英国政府在中学开设"企业教育"课程并出资 6 000 万英镑，使每个高中学生在企业实习时间不低于 5 天，同时结合青少年的兴趣组织知识竞赛，从小培养孩子创业的兴趣和意识。同时，

在政府资助下，公共部门、非营利性机构（NGO）等社会团体举办各种活动鼓励创新及宣扬创业精神，并在全英国范围内开展企业周活动。其次，政府积极为创业者提供各种便利的创业条件，例如创业者申请新办企业可以进行网上注册登记，目前英国74%的有限责任公司实现了网上注册，费用仅为20英镑。同时通过各种咨询机构及信托基金等向创业者提供免费咨询及部门资金支持。为了积极鼓励毕业生进入商业机构，政府还策划成立了"毕业生企业协会"，出台了"毕业生创业方案"。此外，政府意识到妇女、少数族裔等群体或落后地区兴办企业的弱势，通过设立"凤凰基金""新企业家奖学金"等各种基金，向少数族裔、妇女及落后地区的企业提供创业或培训资金支持。

（四）法国扶持中小企业发展的政策做法

进入20世纪80年代，法国中小企业取得了蓬勃的发展。截至2009年年底，法国中小企业约有280万家，占全部企业总数的99.7%。数量众多的中小企业解决了法国全国88%的就业，在法国的国民经济中发挥了举足轻重的作用。但相较德、英、美等其他国家的中小企业，法国的中小企业规模小、实力弱、国际竞争力较差，有鉴于此，法国政府十分重视扶持中小企业发展，从政策制定、资金支持和社会服务等各个方面开展了面向中小企业的扶持和帮助。

1. 设立专门的管理机构，简化中小企业创建程序

在对中小企业的管理上，法国政府首先以《企业法》的形式确立了政府对中小企业的管理职能范围，以控制行政部门制造不必要的麻烦，保护中小企业的切身利益。法国主管中小企业的部门主要有法国国家中小企业商业和手工业秘书处以及法国中小企业联合会。其中，法国国家中小企业商业和手工业秘书处隶属于法国政府财经与工业部，是法国政府为管理和服务中小企业而设立的一个综合部门，它主要是负责协调解决中小企业出现的实际问题，并以此为依据为政府制定发展策略提供必要的指导和建议。该机构的另外一个

重要职能就是为中小企业谋求利益，在政府制定有关国民经济发展的规划与政策时，使国家政策与法规不会阻碍中小企业的发展。法国中小企业联合会成立于1954年，是一个自发组织的专为保护中小企业行业利益的民间机构。其主要职能是为了应对复杂的市场环境，联合组织内的中小企业抵御风险并避免彼此间的过度竞争。中小企业的联合组织还为企业与政府间建立起一个相互沟通的桥梁，起到向上传达民意向下传达政策的作用。

针对中小企业创办程序过于烦琐的状况，法国政府在1997年成立了"企业手续中心"，与其他负责小企业事务的部门进行联合办公，以提高办事效率，减少中小企业创办的程序。同时"创建企业信息中心"，在互联网上及时发布有关中小企业的最新信息。政府的另外一个职能是为企业创办者提供相关的咨询、分析项目的可行性、提供资金支持、帮助寻找合作伙伴等。为了彻底简化中小企业创建的章程，法国政府于2002年开始采取一系列举措，首先从中小企业创立的程序入手，包括企业可自由决定公司注册资本；企业主可以自由决定注册地点，可将公司设于家中但不得扣押企业创办者作为注册地点的主要居所；企业创办者可采取网上申报手续以缩短注册的时间；企业第一年的社会保险可延缓至5年后缴纳以减轻企业的资金压力，同时也避免了企业过早遭受社会保险支出的重压导致流动资金不足。以上系列措施极大地促进了中小企业的创建及发展，仅2004年，法国在建筑、贸易和为企业服务等行业的中小企业数目就增长了12.5%。其后，法国又出台了面向特小型企业辅助就业支票的支付政策，以方便中小企业主在最短时间内注册招聘，拟订工作合同，建立工资明细表以及接受社会保险的结算。

2. 出台专项扶持政策，优化社会服务体系

为了促进中小企业的发展，法国在减免税费负担、刺激吸纳就业等方面制定了一系列针对性的措施。如在减免税费负担的政策上，法国对中小企业税收的优惠政策有如下几个方面：①自1992年起对

中小企业转为公司时所确认的资产增值暂缓征税，并允许原有企业的亏损结算转到新公司。②法国税务局规定，小企业的税务检查时间最长不得超过 3 个月，否则企业的纳税义务将自动得到免除。③自1996 年起，中小企业如用部分所得作为追缴投资，该部分所得将按照 19％的低税率征收公司所得税。④在法国新建小企业一般可获得 80％的税额减免。如 1989 年通过的《财政法》规定，对新建小企业可免除所得税和法人税，最初的两年免除应纳税的 100％，第三年免除应纳税的 75％。同时对于大量投资研发的企业可以减免雇主交付的社会保险。⑤2005 年法国政府申请议会表决通过关于减免企业赠予的财产移交税法案，减免幅度达到移交总财产的 50％~75％，同时为了保证企业的顺利交接，制定了鼓励原有雇主在企业内停留一段时间不课税的政策。

此外，法国政府还采取了一系列有别于其他国家的独特的中小企业扶持政策，主要包含以下几个方面：一是通过法国的"国家创建企业委员会"，对意欲创建小企业的个人的能力、物力和财力进行评估，并提供创业方案。二是对存在各方面困难的中小企业进行重点资金支持以及政策优惠。为帮助小企业进行融资，银行制定了"企业储蓄存折"的优惠政策，对小额存款免征服务费，企业到期还可以获得一笔投资所需的优惠贷款，贷款所获利润减税。三是法国规定对于企业在提高产品质量、改进技术工艺等进行咨询的费用，由政府负责承担 80％。同时，政府还积极负责向中小企业推荐合适的人才，并对中小企业雇用科技和专业人才给予一定的资助。在技术交流转让方面，法国政府还于 1985 年设立了风险资本联合基金用以吸引更多的私人资本向具有潜力的未上市科技型中小企业投资。法国规定，公司出让技术获得符合条件的技术或专利转让收入，按19％的税率纳税（标准税率为 33.33％）；个人的技术或专利转让所得，按 16％的低税率纳税。四是法国每年支付 10 亿法郎用以培训中小企业管理和技术人才。

3. 提供各类资金支持，健全完善金融体系

为了帮助资金实力不够雄厚的中小企业获得资金支持，法国政府除了通过中小企业发展银行等专门的政策性银行加大面向中小企业的信贷服务力度以外，还通过 OSEO（创新集团）积极发挥对中小企业的融资服务作用。由法国科技成果推广署与国家中小企业发展银行合并于 2005 年成立的 OSEO，其主要任务是针对中小企业的建立、发展和创新过程中不同的需求提供相应的支持。金融危机爆发后法国政府出台的一系列救助方案中，重要的措施之一就是由 OSEO 负责为中小企业提供资金支持，由此自 2008 年 10 月以来，按照政府出台的刺激经济计划的要求，OSEO 先后向员工总数超过 5 万人的 1 万余家中小企业发放了总金额高达 19 亿欧元的救助贷款，接受上述贷款的中小企业主要是从事公共工程等基础设施建设的企业，其次是商业零售、商业批发、汽车销售以及餐饮行业的中小企业。

除了发挥金融机构的作用，法国政府还出台了一系列扶持措施以不断完善面向中小企业的金融体系，主要有以下几个方面：一是中小企业可以通过政府设立的免费绿色电话获得所有关于贷款或额外担保的相应的信息。二是为使中小企业顺利解决借贷、担保和其他发展方面的问题，法国政府推出了"中小企业教父"的计划，由法国经济部与法国所有地区的工业、研究及环境局共同签署了一份通函，让中小企业在每个局里都可以找到一位"教父"或"教母"以对其进行企业经营方面的指导。三是促成欧洲投资银行在四年中为欧洲中小企业专项拨款的 300 亿欧元中 10%用于法国。在巴黎国民银行启动了欧洲第一笔金额为 3 亿欧元的中小企业扶持资金后，为防范国际金融危机引发的信贷枯竭，尤其是针对中小企业的信贷减少的风险，法国政府制订了 220 亿欧元的中小企业筹资扶持计划。四是法国颁布实施《经济现代化法》，强调企业要进行结构性改革，重点是促进市场竞争、提高企业生产积极性，增强企业的国际竞争力，促进就业。五是为了鼓励地方政府实施的减税行为，原法国总

统萨科齐承诺，中央政府将补齐因减免税费给地方政府造成的收入损失。

（五）日本扶持中小企业发展的政策做法

根据日本学者黑濑直宏教授的观点，日本中小企业政策的演变过程分为以下三个阶段：第一阶段是从1948年到20世纪60年代末期，以"经济民主化型"作为中小企业政策的主要特征。第二阶段为20世纪60年代末期到1999年，中小企业政策的特征是"产业结构政策型"。《中小企业基本法》的公布标志着日本中小企业政策进入第三阶段，中小企业政策的特征是"竞争政策型"。[①]

进入21世纪以来，受金融危机蔓延和泡沫经济破灭的影响，日本经济陷入了长时期的低迷状态，为此，日本政府以缓和金融、促进就业、提振经济为核心目标，针对中小企业的实际情况，对已有的中小企业政策进行了补充和完善，主要采取了以下几个方面的措施：

1. 不断扩大资金供给，解决中小企业融资问题

金融危机爆发后，日本国内的金融机构财务状况日益恶化，自有资本匮乏，对中小企业的资金供给更是无暇顾及。鉴于上述情况，日本政府在2018年12月通过了《金融机能强化法》修正案，《金融机能强化法》修正案放宽了对金融机构经营责任的追究，完善了注资机制，放宽了注资条件，调高了注资限额。对于因自身经营原因使自有资本受损而难以贷款的情况，该修正案通过对其资本进行充实以防止惜贷现象的出现[②]。因此，此修正案的通过更好地保障了中小企业融资渠道的顺畅。

---

① 国务院发展研究中心，《日本中小企业政策的理论转变及其启示》，http://www.drcnet.com.cn/DR-CNet.Common.Web/Doc Viewsunnary.aspx?docid=93261&leafid=80。

② 《金融机能强化法》修正案把政府向民间企业参与资本的规模由原定的2万亿日元增加到12万亿日元，一旦紧急需要，立即对主要金融机构追加10万亿日元的公共资金投入。

2018 年 10 月，中小企业金融公库、国民生活金融公库、农林渔业金融公库和国际协力银行的国际金融部门四家政府性金融机构合并组成了日本政策金融公库。日本政策金融公库是由政府全额出资成立的金融机构，其主要目的是促进民间金融，为中小企业提供融资，以解决中小企业在金融危机后日益凸显的资金短缺的问题。其主要做法是集中日本政府的金融资源为中小企业提供贷款担保，当中小企业经营不善破产或无力偿还贷款时，由信用保证协会代为偿还，日本政策金融公库将为这种代偿行为进行补偿。政府将 2012 年后设立的冲绳振兴开发金融公库也并入日本政策金融公库。日本政策金融公库成立后，已经在日本国内开设 152 家分支机构以及在国外开设了 19 个分点。

同时，日本政府出台了应用紧急担保制度以有效扩大中小企业贷款额度。紧急担保制度是专门面向符合一定条件的中小企业提供资金的制度。通过这项紧急担保制度政府为中小企业的信贷提供 100% 的担保。据日本中小企业厅统计，截至 2009 年 3 月底，政府已经发放了共9 万亿日元，实现贷款大约 44 万件。另外，从 2008 年 10 月 31 日开始，日本政府将安全保障网贷计划进行了调整，贷款的对象达到 760 个，金额增加到 20 万亿日元。同时针对没有达到信用保证协会要求的中小企业，政府给予 8 000 万日元的一般保证，并可附加 8 000 万日元。

2. 改善中小企业的交易条件，稳定中小企业的经营

为了改善本国中小企业的生存现状，日本政府采取了以政府采购来提振本国中小企业生产经营活动的措施，通过推出"与中小企业相关的国家契约方针"，将政府采购面向中小企业的比例提高到51%。日本政府积极采取措施强化企业间的承包法，仅 2008 年 4-12月，中小企业就累计从本行业内的大企业获得 29 亿日元的承包费。同时为了维护中小企业权益，日本政府还采取发放《承包公平交易指导手册》，推广替代性争议解决方式（ADR），设立解决承包纠纷的会所等一系列措施。为了防止中小企业破产给社会带来的连锁反

应，日本政府于 1997 年颁布了《中小企业防止破产共济法》以保证中小企业的稳定经营。金融危机爆发后，以系列化经营为主要特点的日本中小企业受其供货的大企业影响很大，为防止采购商破产引起中小企业连锁破产，日本中小企业基础整备机构增加了救助中小企业的防止破产救济金的支付额度，到 2008 年 12 月共新增救济金 365 亿日元，大大缓解了中小企业资金困难的现状。此外，为了使企业能够应对突发事件且快速恢复关键业务，日本政府积极推广中小企业业务持续计划（BCP）。通过这个计划，日本的中小企业在遇到如金融危机这样的突发事件时可以保持持续经营，从而避免了中小企业因不可抗力而破产，保证了社会的稳定。

3. 完善社会服务体系，提升中小企业的经营能力

针对中小企业生存能力相对较弱、抵御金融危机的能力不强等诸多劣势，日本政府依据《产业活力再生特别措施法》设立了 47 家"中小企业再生支援协议会"。"中小企业再生支援协议会"由地方政府、金融机构、注册会计师及认证的中小企业诊断人员共同组建。它的主要目的是为中小企业提供专家咨询，帮助中小企业渡过难关，并在中小企业的重组过程之中提供资金支持。日本各地方金融机构和中小企业基础整备机构合资设立了"地方中小企业再生基金"，为中小企业提供更多的融资渠道。同时该机构还向中小企业提供财务方面的援助，如帮助重组的企业压缩债务。在中小企业的自主创新活动上，日本政府鼓励中小企业通过创新来开发符合市场需求的产品和服务。中小企业的创新不仅包括通过研究开发实现的技术创新，而且包括在生产过程中的经营管理创新。为支持中小企业创新，日本政府在制造业与服务业的融合、农商工协作、开拓海外市场、推进信息化、加强知识产权保护、培养技能人才等诸多领域都制定了切实可行的鼓励性政策和措施。

（六）韩国扶持中小企业发展的政策做法

韩国政府一直大力支持中小企业的发展，通过在财政支持、人

员聘用、技术指导等方面出台一系列扶持政策，让韩国中小企业在发展生产、增加就业、扩大出口、增加财政收入、均衡地区工业布局、缩小城乡和地区之间差距等方面都发挥了不可忽视的作用。具体而言，韩国对中小企业的扶持政策主要有以下几个方面：

1. 实施税收优惠，提供财政支持解决资金问题

由韩国财经经济部面向中小企业推出的税收优惠政策主要有两个方面：一是为了加大中小企业的生产性投入和节约经费，扩大税制扶持。二是为了对中小企业开展有效的税制扶持，放宽行业要求以及创业条件，包括将中小企业追加为税收减免对象，在中小企业所从事的行业增加了广告业和贸易展示行业。如果中小企业在以前经营的企业资产当中，购买一定比率以下（比如30%）的资产，然后再经营同行业时则定为创业享有与新创业相同的优惠措施①。

为了解决韩国中小企业融资难的问题，韩国政府一方面对中小企业提供技术信贷担保专案服务，即为了使具有优秀技术但资金不足的中小企业快速获得融资，一旦中小企业得到中小企业管理局局长的举荐，那么它们在申请韩国技术信贷担保基金的贷款时将作为专案得到优先办理；另一方面，韩国政府采取"官民合作"的措施以加大融资支持力度。为了不影响现有金融机构对中小企业的融资及扶持，政府采取支持及与之合作的态度。截至2008年7月末，在政府的支持下，民间金融机构已经投入3 000亿韩元扶持技术创新型中小企业，这为中小企业尤其是具有独特技术的中小企业提供了新的融资渠道。此外，为了解决韩国中小企业囿于资金匮乏而难于开展技术创新的问题，韩国政府还对中小企业开发新产品及产品改进提供企业研发成本75%最高1.5亿韩元的补助。

2. 鼓励产学研合作，通过"大小合作"推动技术创新

由于中小企业在人才上的匮乏，以及在生产上存在很多技术障

---

① 梁佑荣. 韩国中小企业推进政策研究［J］. 商业时代，2006（32）：29-30，81.

碍和薄弱环节，因此韩国政府鼓励企业联合行业、大学和公立研究所中的专家开展产学研合作，以帮助企业解决技术研发和新品开发中遇到的难题。在政府的支持下，韩国中小企业振兴公团（SMIPC）专门为中小企业改善生产经营环境及更新技术开设了培训学院。政府对地区中小企业在解决瓶颈技术而进行的合作研究和联合开发提供财政资助，企业要获得该项财政资助，必须成立一个由一所大学和该地区内不少于10家中小企业组成的联合体，该联合体的研究开发活动由中央政府（50%）、相关地方政府（25%）和参与的中小企业（25%）共同出资。

政府积极鼓励中小企业与大企业开展技术创新合作。自2002年开始，韩国政府与三星、LG等大企业及公共机构签订了"MOU"计划，该计划的目的是为了促进"以购买为前提的新技术开发事业"，即当中小企业的技术创新成功取得应用并揉入市场后，大企业就要购买该企业所研制的产品。通过这项措施韩国政府促进了中小企业的技术创新，激发了中小企业进行技术创新的潜能。据了解，目前参与该计划的企业数已近70家[1]。同时，政府鼓励分属不同部门的中小企业之间的交流。在业务活动中，中小企业的技术、组织和管理能力存在很多薄弱的环节，但由于同行业相互竞争的原因，分属同一行业的企业很少相互合作交流。因此韩国政府推动的这一项措施对促进不同行业的企业之间相互进行技术和信息交流，并通过相互交流共享技术，对提高中小企业的竞争力很有帮助。

3. 制定和实施多方面措施，不断优化社会服务体系

为了从根源上解决韩国中小企业的竞争能力差的问题，韩国中小企业局制定和实施了多种旨在提高中小企业创新能力的措施。这些创新措施主要是以促进韩国中小企业体系内不同角色间的合作与

---

① 秩名. 韩国中小企业"技术融资"经验借鉴［EB/OL］. （2010-02-09）［2021-05-30］. http://capital.cyzone.cn/article/98343/.

交流从而激发中小企业创新潜能为目的。

在人员聘用方面，由于中小企业的规模及资金劣势使中小企业成立的研发部门与其他大公司或研究所相比在人员聘用方面产生明显的差距。针对这种现状，韩国中小企业局实施了帮助中小企业聘用研究人员和技术人员的计划。该计划规定凡在中小企业工作满三年的工业技术人员及私营研究所工作满五年的研究人员可以免服兵役。这项计划使得韩国中小企业在研发方面的人才聘任问题得到很大程度上的解决。

在政府采购方面，政府优先采购中小企业开发的产品。该措施一方面可以激发中小企业进行技术开发的潜能，另一方面可以促进中小企业的生产发展。政府通过订购中小企业开发的产品确保中小企业在新产品开发上的投资回报。为了有效地为中小企业新产品拓展销路及市场，韩国政府要求公立机构和政府事业组织优先采购中小企业开发并经中小企业管理局局长认可的产品。

在新办企业支持方面，政府主要通过三种手段对新办企业提供财政上的支持：第一种是针对创办新企业的人群和成立不满三年的中小企业，中小企业管理局委托韩国技术信贷担保基金提供资金支持；第二种是新办企业的人群和创建不满七年的中小企业可以通过中小企业振兴公团获得贷款；第三种是中小企业管理局通过风险资本资助新办企业。

除了上述这些措施，为了优化和完善助推中小企业发展的社会服务体系，中小企业管理局还制定了多种制度措施：首先是企业孵化器中心计划，让那些拥有潜在商品化技术但在融资、设施和管理能力上有困难的人群可以进驻中心两年；其次是技术企业孵化器中心计划。根据该计划，拥有新技术的教授、研究人员和专家可以进驻技术企业孵化器中心。

4. 充分发挥振兴公社作用，大力推动中小企业拓展海外市场

韩国的大企业在经济中的主导性非常强，但中小企业作为韩国

社会不可缺少的一部分，其作用也是不可忽视的。为了保证中小企业的利益，韩国政府不仅在法律上设立了《反垄断法》，防止大企业形成垄断，并在资金上给中小企业以支持。政府成立了专项基金补贴中小企业的创新费用，并且在税收方面给予减免。虽然韩国政府的支持使韩国中小企业在国内得到了很好发展，但是由于韩国本国市场的限制，很多中小企业更愿意走出国门寻找更广阔的市场。为了使更多的韩国中小企业进入国际市场，参与国际分工，提高自身的竞争力，韩国政府专门设立了促进中小企业国际的政府机构——中小企业署，这一机构除了负责制定和实施中小企业发展规划和政策，还通过为中小企业提供"海外创业基金"等方式为中小企业的国际化提供具体的支持。韩国政府还通过"民间海外支持中心"的形式建立海外营销支持网络，来帮助中小企业进行海外市场推广，同时协助中小企业进行海外销售，调查海外投资的可行性及相关的技术合作[1]。

除了上述举措，韩国政府为了支持中小企业开拓海外市场，还专门成立了大韩贸易投资振兴公社（简称 KOTRA）。大韩贸易投资振兴公社成立于 1962 年，其主要职责是负责搜集海外市场信息，帮助中小企业进行人才招聘，扶持中小企业进行海外投资建设，帮助其了解当地市场的文化，以便更好地适应国外市场。目前大韩贸易投资振兴公社已经在全球 72 个国家设立了 99 个贸易馆。大韩贸易投资振兴公社还帮助中小企业解决进出口过程的手续问题及中小企业海外扩张中遇到的其他细小问题。

（七）印度扶持中小企业发展的政策做法

印度和中国同为金砖国家，也同样拥有庞大规模的人口数量，在很多方面与中国有相似之处。从 20 世纪 80 年代开始，印度政府开始重视对科技研发的投入。20 世纪 90 年代开始的第三次工业革命带

---

① 邢宝星. 韩国支持中小企业融资启示录 [J]. 当代金融家，2009（12）：11-13.

动了信息产业的飞速发展，印度政府抓住这一契机，大力发展本国的信息产业，从而带动了产业上下游企业的进步，也加速了信息产业及相关产业内的中小企业的发展。印度中小企业能够取得令人瞩目的发展成就，与印度政府在法律政策制定及人才环境建设上取得的长足进展密不可分。

1. 建设和完善中小企业法律体系

印度政府积极建设和完善法律体系，通过制定相应的法律鼓励中小企业开展研发。1986 年，印度政府出台了《征收研究与开发税的条例》，明确规定对引进的技术加征 5% 的税，并将这部分税收资金用于国内技术的开发和吸收。在面向中小企业开展自主研发可获得的税收优惠上，主要有以下规定：一是信息技术企业研发投入的物料、人工、税费等支出当年可以在税前全部抵扣，并加计扣除 25%，另外属于国家规定的科研机构也可以获得研发支出的扣除，并且对承担国家专项研究计划或应用国家实验室提供设施的研发支出还允许作 125% 的超额扣除；二是对利用研发成果进行生产的各类企业实行税收优惠，允许企业支付给科研机构的各项支出在税前全部扣除，对企业因生产所需购买国内或国外的技术而生产出的产品，3 年内免收商品税，另外利用本国的技术生产的产品可以加速 40% 计提折旧。

为了配合国家科技政策，印度政府小工业及乡村工业部制定了《小工业政策》，重在对中小企业提供财税支持、信贷支持和技术支持等。在对中小企业的财税支持上，印度实行的所得税法案允许新的小型工业企业在计算应税所得时可以享受 30% 的扣除，减税期为 10 年，如对应税所得作 25% 的扣除，则减税期延长至 12 年。法案同时规定，对工业园区内的中小企业，如果在 1997 年 4 月 1 日到 2002 年 3 月 31 日之间开始营业，企业前 5 年可享受全部所得税的扣除，在其后的 5 年内允许对应税所得作 25% 的扣除，而从事非商业性质的工业研究的中小企业，均可获得 5 年的免税期。同时，印度政府对生产特定产品和在特定区域的中小企业实行税收优惠政策，主要包括：一是对中小企业生产的信息产品免征销售税。从 2000 年开始，印度就实行对信息产品 3 至 5 年内不征收销售税的政策，同时在全国范围内加强网络建设，以促进中小企业尤其是科技型中小企业的发展。二是对某些特定区域实行免税政策，如在自由贸易区新成立的工业企业、软件技术园区或电子硬件技术园区的中小企业可获得连续 5 年的免税期。一系列的税收利好政策极大地减轻了中小企业的税收负担，有效促进了中小企业的发展。

2. 培育优化中小企业人才环境

在培育优化中小企业的人才环境方面，印度政府在打造被誉为印度"科技之都"的班加罗尔上的做法很有代表性。通过对班加罗尔在环境、教育等方面的持续大力的投入，班加罗尔现已发展成为举世公认的全球第五大信息科技中心，其在信息科技上具有的实力和美国硅谷不相上下。班加罗尔不仅为广大投身信息科技领域的中小企业提供了合适的成长基地和丰富的发展资源，更为它们营造了发展氛围，为中小企业的自主创新提供了良好的培育土壤，推动了中小企业不断通过自主创新提高企业竞争力，使一批又一批中小企业在班加罗尔成长壮大。与此同时，中小企业自主创新取得的成就也不断提升了班加罗尔作为"科技之都"的含金量。具体而言，印度政府对班加罗尔在面向中小企业的人才环境培育和优化上主要采取了以下三个方面的举措。

一是充分考虑自然环境因素，打造舒适的宜居环境。班加罗尔之所以被政府选中，成为信息科技企业发展的集中地，主要源于其优良的自然环境。班加罗尔在印度一直因其四季气候宜人、风景秀丽而闻名，印度政府在此具备先天优势的自然环境基础上，着力将班加罗尔打造为印度的宜居之地，以便吸引大批海内外优秀的人才前来工作、定居。此举也为班加罗尔吸引了大批高科技企业的进驻，这些企业涉及信息通讯、飞机制造、航天航空等各个高科技领域，奠定了班加罗尔成为"科技之都"的基础，也为其后大量科技型中小企业的自主创新提供了人才储备。

二是充分借助当地教育资源，大力开展高科技人才培训。班加罗尔所在的卡邦是印度全国教育水平最高的地区，尤其在印度政府实施教育改革之后，当地接受高等教育的人口比例不断上升。此外，卡邦地区拥有的高等学府的数量也位居印度之首，印度理工学院等一批世界知名的顶尖名校聚集于此，这些都为班加罗尔在营造良好的教育环境上提供了丰富的教育资源。借助卡邦地区的教育资源，印度政府不遗余力地组织各类面向中小企业的高科技人才培训，并鼓励学校与企业通过产学研合作，进一步提升中小企业的研发能力。

三是充分借力政府出台的政策，大力扶持信息产业发展。印度于1999年成立了IT产业部，这一举措充分体现了印度政府对信息产业的重视，也使印度信息产业的发展更加规范化。2000年，印度出台了IT法案，这一法案为印度信息产业的发展提供了法律保障，更为印度的高新技术产业开创了立法保护的先例，极大地提升了印度本国尤其是班加罗尔地区对信息科技领域世界顶尖企业的吸引力。借助相继出台的各项支持政策，印度国家及地方政府大力扶持加罗尔的建设，在班加罗尔建设初期，由于设备较落后、基础设施不完善等原因，数据传输不畅成为阻碍当地信息产业发展的一大问题。为了支持软件企业的发展，印度政府投资建造了用于数据传输的微波通讯网络，有效解决了软件企业面临的难题，极大程度地促进了印度信息产业的发展。

二、各国扶持中小企业自主创新的政策经验

综合上述不同国家对中小企业的扶持上的做法，我们可以从中发现，无论经济发达国家还是发展中国家的政府，在推进中小企业的发展，尤其是在促进中小企业的自主创新方面，都采取了多种方式予以支持。综合起来，各国政府在建立中小企业的扶持体系的政

策做法上有如下可供参考借鉴的经验。

（一）在立法上制定有利于中小企业自主创新的法律，为中小企业自主创新提供法律保障

立法在各国支持中小企业发展的过程中扮演了重要角色，为中小企业的发展奠定了坚实基础。发达国家不仅有完善的中小企业法规体系，而且对促进中小企业自主创新进行了专门的规定，保障了中小企业自主创新的需要。例如，美国政府以《小企业法》（1953）作为其指导中小企业工作的主要依据，先后颁布了《小企业投资法》《机会均等法》《小企业发展创新法》《加强小企业研究与发展法》等一系列法律，为中小企业自主创新奠定了基础。日本政府制定了由宪法、科学技术基本法、技术创新服务单行法、行政法规、部门规章、地方法规等组成的完备的科技型中小企业法律支持体系，并专门出台了《小企业基本法》《中小企业现代化促进法》《加强中小企业技术创新减税法》等十几项法律支持中小企业技术创新。韩国近10年来，已形成一套从宪法的有关条款到《中小企业基本法》，再到各特别法的较为健全的中小企业法律体系，规范和促进了中小企业的技术开发与创新。

（二）在组织上建立健全对中小企业创新管理和指导的机构，为中小企业自主创新提供组织保障

发达国家普遍建立了支持中小企业创新活动的组织机构，这些机构主要按照税收、金融、科技、教育培训等方面进行组织设计，为中小企业提供各种指导、咨询服务。同时，充分各种发挥各种行业协会、商会等民间机构的积极作用。例如，美国从20世纪40年代起就开始设立扶持小企业发展的官方机构；日本政府采取主动干预中小企业政策，早在1948年就在通产省设立中小企业厅，作为管理中小企业的最高机构，指导和扶植中小企业的技术创新，在中小企业厅内成立技术科，具体负责中小企业的技术指导、技术开发、技术人员的培训等工作。

（三）在财政、税收、金融上为中小企业提供充分的税收优惠和金融支持，为中小企业自主创新提供资金支持

在资金资助方面，如德国政府规定，新建的高新开发与应用的中小企业可向所在地区财政部门提出申请，经政府或受委托的投资咨询公司进行评估通过后，可获得经济部中小企业管理局不超过50%的资金资助；日本专门制定了技术开发补助金制度和促进技术改造的措施，对中小企业技术创新提供50%的资助，资助金额最高可达2 000万日元；法国政府规定，中小企业遇到技术开发难题时，可向国家科研推广局申请最高不超过总投资额70%的资金补助。

在税收优惠方面，如法国政府规定将对小企业征收的利润税从33.3%降到19%，对实行新技术的企业给予50%的税收减免；美国对中小企业的R&D投资采取减免税收的优惠政策，对中小企业实行特别的科技税收优惠，中小企业可按科研经费增长额抵免税收，地方政府对新兴的中小高新技术企业，减免一定比例的地方税；日本制定了一系列促进企业研究开发的税收制度，包括增加试验研究经费税额抵扣制度、促进基础研究开发税制、中小企业技术基础强化税制、特别试验研究费税额抵扣制度等。

在金融支持方面，发达国家通常从以下几方面进行支持：一是成立政策性贷款机构，二是创新资本市场，三是建立政策性担保机构，四是成立风险投资公司。例如，日本政府主要通过三条渠道为中小企业提供融资服务：一是由5家政府系统金融机构（国民金融公库、中小企业金融公库、中央公库、环境卫生金融公库、冲绳振兴开发金融公库）向中小企业提供低息贷款；二是政府全资或部分出资成立专为中小企业申请贷款提供保险和担保机构；三是政府认购中小企业为充实资本而发行的股票和公司债券等。德国政府出资或与各州政府合股创办专门为中小企业提供资金或融资服务的政策性银行，为向中小企业提供贷款的银行提供2%~3%的利息补贴；出资建立信用保证协会，为中小企业向银行贷款时提供信用担保，以

解决中小企业的贷款困难。

（四）在人才开发上为中小企业自主创新提供培训和指导，为中小企业自主创新提供人才支持

中小企业开展自主创新，从本质而言是企业人才尤其是高技术人才开展的创新，因此，发达国家在对中小企业的扶持举措中都将人才开发与建设视为重点。例如，法国政府采取多种手段帮助中小企业进行人才开发和培训，主要包括：政府大力鼓励中小企业雇用高科技人才；与中小企业签署"工业研究培训协议"，这是由政府每年资助中小企业结合企业本身提出的课题并招聘年轻大学生开展博士论文研究工作而设置的培训项目；签署"高级技术员研究培训协议"，即由政府每年资助企业培训数十名高级技术员。同时，政府支持设立合同研究社团，即各地在工商会、工业集团以及银行部门的协助下成立地区技术创新与转移中心，从人才培训、科技支持、设备共享以及加工利用等方面支持本地中小企业的创新活动。又如，日本政府出资创办中小企业大学。中小企业大学实行非学历教育，其服务对象是中小企业经营管理者、各地政府机关的中小企业指导员、中小企业团体的成员及创业者等。中小企业大学旨在利用各种社会力量，如中小企业政策审议会、中小企业事业团、商工会、中小企业协会等为中小企业培养人才。

（五）在政策环境上建设完善创新服务体系，为中小企业自主创新营造良好氛围

国外发达国家支持中小企业创新发展的一条重要经验，就是都有一个较为完善的中小企业自主创新服务体系。例如，日本政府围绕为中小企业服务的官方、半官方、民间服务机构，建立了一套比较完善的社会服务体系。除中小企业厅外，还有大量的民间中小企业服务机构，包括全国中小企业团体中央会、各都道府的中小企业公会、事业合作社、联合会等，这些机构在政策咨询、诊断、建议、技术开发等方面细致入微地为中小企业提供服务。德国的中小企

社会化服务体系逐步形成了以政府部门为龙头，半官方服务机构为骨架，各类商会、协会为桥梁，社会服务中介为依托的全方位构架，为中小企业在法律事务、评估、会计、审计、招标、人才市场、人员培训、企业咨询等方面提供全面的服务。

第三节　优化我国中小企业自主创新政策环境的对策建议

一、优化我国中小企业自主创新政策环境的指导思路

（一）抓住经济转型发展契机，努力推进中小企业转型升级

我国现已进入"十四五"发展时期，展望未来，中小企业将面临更为紧迫的转型升级压力。国际经济形势虽然整体向好，但对企业产品质量和技术含量要求越来越高，单纯依靠成本优势的发展模式无以为继，必须走自主创新、增强核心竞争力之路。因此，我国必须充分利用各类政策资源，引导和支持中小企业技术改造、技术创新和管理提升，促进中小企业提高劳动生产率，提高中小企业运用新一代信息技术优化生产工艺、管理流程的能力，加快产业转移步伐。引导中小企业持续加大研发投入，通过引进技术、消化再吸收、集成创新等方式提升自身技术水平，打造核心竞争力。引导中小企业加快调整产品结构，优化产品线配置，形成优势互补、要素需求互补、产品市场互补的产品格局，确保企业利润空间。鼓励中小企业培育自主品牌，培养自主知识产权，鼓励企业到国外设立分支机构，把握最新技术国际发展趋势，利用国际资源、国外市场增强企业自身经营活力，提升产品出口质量、档次和附加值，力争拥有稳定的国际市场。

（二）完善各项扶持政策，缓解中小企业成本压力

针对当前我国中小企业特别是小微企业税费负担过重、用工成本大幅上升等问题，我国亟须完善扶持政策，抓好落实。继续减少行政审批，降低税费负担，扩大税收优惠政策的适用主体范围。清理不合理收费，切实减轻企业负担。完善企业社会保障扶持政策，降低企业用工负担。可以借鉴美国以社会保险法抵扣企业所得税政策，按当年缴纳的员工社会保险额中 20% 抵免企业所得税，并在未来三年内逐步提高抵免比例。对于产品有市场、发展有前景但暂时无盈利的中小企业比照上述抵免所得税政策给予相应财政补贴。同时，加大税费减免政策执行力度。落实国家出口退税政策，协助劳动密集型中小企业准确及时退税，提高增值税起征点。同时，政府应积极引导中小企业有序从东部地区向中西部和东北地区转移，充分发挥中西部、东北地区土地、劳动力、原料、能源等比较优势，降低生产经营成本，提高产品市场竞争力。

（三）大力发展民间金融，切实缓解中小企业融资压力

我国可将严厉打击非法融资与强化监管机制、规范民间金融发展结合起来，发挥政府导向作用，引导民间资本进入实体经济领域，促进中小企业健康快速发展。鼓励民间金融创新经营方式，赋予其合法身份，纳入金融体系监管。便利各种基金会、私人钱庄、企业集资等民间金融形势取得合法形式，鼓励民间资本以股份合作等方式进入正规金融机构。鼓励民间资本成立地方中小金融机构，专门为中小企业融资服务。对农村信用社进行股份制改造，吸纳民间资本成立农村合作银行或农村商业银行，充分挖掘社会资本潜力，增强中小企业融资服务能力。建立个人和企业征信报告制度，充分挖掘和利用民间融资备案信息，完善个人和企业征信报告内容，为民间金融机构和银行体系提供完备数据材料。建立和完善民间金融行业自律协会，制定同业公约，加强行业管理，协调与监管机构、金融机构之间的关系。探索民间金融保险制度，采取适当方式建立政

策性存款保险机构，对民间金融机构的自愿投保行为负责，对呆账、坏账给予一定比例的赔付，增强民间金融机构的相对竞争优势，提高金融资源配置效率，促进社会资本良性循环。改善中小企业金融环境，形成民间金融与中小企业共同发展局面。完善中小企业金融扶持政策，创新金融产品和融资模式，强化配套服务，创造有利于中小企业转型成长的金融环境，引导民间金融在支持实体经济发展的同时，实现自身快速发展壮大。

（四）健全中小企业资本市场融资渠道

在当前中小企业缺乏抵质押物、信贷渠道不畅、中小金融系统尚不完善的背景下，大力发展多层次的资本市场是拓宽中小企业融资渠道的必要途径。建立并完善中小企业专有的直接融资法律、法规体系，明确相关主体的权、责、利，严格监督和惩罚。坚持严进严出，择优选取上市企业，建立健全股份转让系统，完善退市制度。引导中小企业建立现代企业制度，完善财务管理，将解决企业融资难问题和促进中小企业资本市场健康发展结合起来。将"新四板"作为满足本地区中小企业直接融资需求的主要工具，稳步发展，逐步完善相关制度，提高市场容量。利用"新四板"聚集本区域内有潜力、有技术、自主创新能力强的优质企业，帮助企业实现区域内挂牌融资，增强企业实力。扩大"新四板"试点地区范围，探索区域间股权交易互融互通机制，形成风险互补、相辅相成的"新四板"发展格局。促进主板、中小企业板、创业板、"新三板"和"新四板"等各层次资本市场各司其职、良性互动、协调发展。按准入门槛高低，中小企业资本市场从主板以下呈金字塔结构，主板作为塔尖供全国的优质企业上市融资，中小板、创业板作为中间层为主板输送后备企业，"新三板"和"新四板"作为基层市场应满足大多数企业融资需求，为中小板、创业板培育优质企业资源。要完善转板和退市制度，既为优质企业提供绿色通道，又要杜绝不良企业的投机行为，形成可上可下、有机互动的中小企业资本市场体系。

（五）完善中小企业公共服务体系

以促进中小企业转变发展方式为重点，按照社会化、专业化、市场化发展方向，着力构建骨干服务队伍和公共服务平台，健全服务网络，优化资源配置，培育试点示范，提高服务的质量和有效性，为中小企业的持续健康发展提供强有力的支撑。不断加大投融资服务，创新投融资服务产品，促进银保企合作。引导担保机构为小企业提供担保服务，帮助中小企业完善信用管理，提高融资能力。加快公共服务平台建设，为中小企业提供工业设计、研发、质量检验检测、仪器设备共享等服务。开展产学研对接活动，帮助中小企业解决共性技术难题，推动科研成果的产业化。帮助中小企业应用节能减排新技术、新工艺。引导中小企业运用现代管理方法，提高管理水平。推广先进的质量管理方法和产品标准，帮助中小企业提高产品质量，加快品牌建设。通过组织开展各类展览、展会活动，帮助中小企业寻求新的市场空间。帮助小企业运用电子商务技术，开拓国内外市场，完善营销网络。

二、优化和完善我国中小企业自主创新政策扶持体系的决策原则

为了满足中小企业未来发展和自主创新实践的需要，我国中小企业相关政策必须随之不断完善。由于在政策的制定过程中会呈现出三种相对应的类型，即保护型政策与竞争型政策、附属型政策与独立型政策、整体型政策与部门型政策，政府在确定采取何种政策时先要针对不同的情况选择不同类型的政策，因此政策选择的原则显得尤为重要①。以下结合国内现有的中小企业自主创新政策，对未来优化和完善我国中小企业自主创新政策扶持体系的原则加以分析。

（一）选择保护竞争型政策，继续强化对中小企业的扶持导向

在第一类相对应的两种政策中，保护型政策主要是针对中小企

① 卢东斌. 中小企业自主创新与产业升级研究：基于北京市中小企业的视角 [M]. 北京：经济管理出版社，2011：270-273.

业在自主创新上与大企业的比较劣势，而把中小企业视为落后和低效率的"问题企业""弱势企业"。因此在政策制定上，大目标定位在产业结构的高度化和增强产业的国际竞争力上，具体目标定位在缩小中小企业与大企业在生产率的差距上；在政策措施上，主要是从中小企业在自主创新的过程中可能面临的人才、资金等各方面问题入手。如早期的《关于促进民营科技企业发展的若干意见》曾在积极引导企业进行创新方面起了较大作用，随着我国创新体系的不断完善，政府发现这样的政策并不能很好地促进中小企业自主创新，因此政府采取税收优惠和资金支持的政策，制定了《国务院关于进一步促进中小企业发展的若干意见》《关于科技型中小企业技术创新基金的暂行规定》《关于支持商业银行进一步改进小企业金融服务的通知》等。

竞争型政策则是把中小企业视为担负着创造产业发展、提供就业机会、推动市场竞争、振兴区域经济等重任的主体。所以在政策制定上，把大目标定位在新产业的形成和通过产业创新来维持和强化经济的活力，具体目标定位在"独立的中小企业的多样化且富于活力的成长和发展"上。在政策手段上与保护性政策没有太多区别，主要的变化在于两类政策所着眼的重点目标群体不同。保护性政策着眼的主要目标群体是符合优化经济结构和经济转型方向的中小企业，竞争性政策的主要目标群体则是创新型企业、新创业企业和风险企业。

结合当下我国中小企业面临的内外环境，未来我国在中小企业自主创新政策扶持体系上应选择保护竞争型政策，继续明确并强化对中小企业的政策扶持导向，其具体内涵主要有三个方面：

第一，对中小企业的扶持目的在于保障中小企业的竞争活力。改革开放以来我国一直以建设社会主义市场经济体制为发展目标。竞争同市场相伴而生，是市场不可缺少的因素。不仅如此，竞争还是市场经济的核心动力，发挥着独特的功能。有学者认为，"市场经济可以创造最有效的竞争条件，而竞争使市场经济成为迄今为止人类社会发展史上最有效率的经济制度"①。因此，建设社会主义市场经济体系的第一目标是确保竞争，中小企业作为我国国民经济的重要组成部分，如何保障中小企业具有足够的竞争活力是中小企业扶持政策需要解决的首要问题。在政策制定过程中应当充分考虑现有的市场结构，努力发挥政策的促进作用，强化中小企业的创新能力，使中小企业形成足以与大企业相抗衡或相补充的核心竞争力，充分发挥中小企业的"鲶鱼效应"。但我国现阶段以《中小企业促进法》为代表的中小企业的立法及政策并没有充分体现保障中小企业的竞争力。《中小企业促进法》仅在第七条涉及对中小企业的公平竞争权利的维护，而这也只是从限制行政垄断的角度来保护中小企业。因此，中小企业自主创新政策应当充分考虑中小企业的特性，对其进行充分引导以及政策扶持，为其创造更好的外部环境，以增加其自主创新的动力，从而使中小企业更具有竞争活力。

第二，对中小企业扶持的内容要取决于是否有利于保持或激发中小企业的竞争活力。中小企业自主创新政策应当以扶持中小企业的自主创新，为中小企业创造良好的外部环境为主要目标，以使中小企业通过不断的创新增强其竞争力，因此政策的内容也应该以是否有助于保持或激发中小企业的竞争活力为核心。

第三，对中小企业的扶持上限定于防止垄断。目前我国虽然出台了《中华人民共和国反垄断法》，但反垄断的意义并没有得到足够的重视，而出台的这部法律也主要将目标指向大型企业，对中小企业垄断的重视程度不够。这样的社会环境难免会造成一些行业内个别中小企业形成足够的垄断势力。而在扶持中小企业自主创新的过程中政策执行者出于风险规避目的，无论是在人力、财力、物力方面都向行业内具有优势的中小企业倾斜，这就会导致扶持过度。这

---

① 白树强. 全球竞争论：经济全球化下国际竞争理论与政策研究 [M]. 北京：中国社会科学出版社，2000：143.

样的后果可能是垄断势力逐渐加强，市场逐渐被一两家中小企业控制，降低了其他中小企业的竞争活力。

因此，政府在制定中小企业自主创新政策时应当充分考虑政策的绩效及操作过程中带来的影响，在保障中小企业竞争活力的前提之下对中小企业的创新活动进行扶持。

（二）选择独立型政策，不断提升中小企业社会地位

在第二类相对应的两种政策中，附属型政策主要是在以国家整体的创新体系为对象的政策基础之上提出的，并涉及中小企业自主创新政策，政策着眼点是把中小企业看成是大企业的补充。附属型政策制定的目标主要是将中小企业自主创新视为整个政策体系中不可或缺的部分，且需要在中小企业自主创新方面进行加强。一般有两种形式，一种是包含在整个政策里面，除了适用于中小企业，同时也适用于其他的企业，如 1985 年出台的《中华人民共和国专利法》，引入专利制度，对技术成果进行保护；1987 年实施《中华人民共和国技术合同法》，规范技术市场的运作；1990 年推出《科技成果重点推广计划》，推进科技成果扩散。这些相关的法律适用于任何企业的科技创新而不仅仅局限于中小企业。另一种是以法律或者法规的配套文件或政策出现，如《关于加强技术创新、发展高科技、实现产业化的决定》，以及同时出台的与之相配套的 8 个文件，即《关于国家经济贸易委员会管理的 10 个国家局所属科研机构管理体制改革的决定》《国家经济贸易委员会所属科研机构改革实施意见》《关于促进科技成果转化的若干规定》《国家科技奖励改革方案》《关于科技型中小企业技术创新基金的暂行规定》等。

独立型政策主要是把中小企业看成是与大企业具有相同地位的经济主体，肩负着与大企业相同的创新与创造就业岗位的重任。政策的主要目标是对中小企业呈现的有别于大企业的新情况、新特点进行有针对性的扶持。2002 年 6 月首次颁布并于 2017 年 9 月重新修订的《中小企业促进法》标志着中小企业在国民经济之中的作用已

经得到政府的重视，中小企业政策由附属型政策开始向独立型政策转变。金融危机之后，由于受资金、人才等多方面因素的制约，中小企业的生产经营活动受到很大的冲击，中小企业的创新行为更是受到打击。面对这种情况，国家出台了一系列中小企业扶持政策，如《国务院关于进一步促进中小企业发展的若干意见》等，在税收等方面对中小企业进行扶持，以促进中小企业抓住金融危机这个机遇自主创新。

随着我国经济的不断发展以及进入新世纪以后中小企业在新的环境中暴露出的新问题，未来我国在中小企业自主创新政策扶持体系上应当采取的是独立型政策。其主要原因在于：第一，我国早期的中小企业自主创新政策都是以附属型政策出现的，很多政策是针对所有的企业制定，现实中泛指的企业往往具体所指的是大型企业，而中小企业与大型企业区别明显，其在资源实力和竞争能力等方面均不及大型企业，这就造成中小企业在争取政策扶持的时候受到很大歧视。而且，部分大企业的政府背景更加剧了竞争的不公平性。中小企业在争取政策扶持时成为政府眼中的"鸡肋"。要想更好地执行中小企业政策，更好地促进中小企业的自主创新，必须把中小企业放到合理的位置，为中小企业制定专门的独立政策。第二，已经执行的专门针对中小企业政策针对性强、效果好。《中小企业促进法》颁布之后，旨在解决中小企业困境及扶持中小企业自主创新的一系列政策使中小企业得到了较快发展，使很多中小企业在金融危机之中对自身存在的问题进行了反思并及时进行了纠正，增强了企业的核心竞争力，促进了整个产业的升级。

（三）兼顾整体型政策与部门型政策，确保政策的扎实落地和有效执行

在第三类相对应的两种政策中，整体型政策主要是在国家层面对中小企业的行为进行政策性引导，其主要目的是对中小企业的各种行为进行系统指导，但具体的执行细则要在部门政策之中进行细

化。整体型政策主要目标是指明中小企业的扶持政策行为方向，从国家的战略规划角度促进中小企业的自主创新。如《中小企业促进法》就是从资金支持、创业扶持、技术创新、市场开拓、社会服务等几个方面来促进中小企业发展的。

部门型政策主要是在部委、省市以及其他级别的行政区域内在整体政策的框架下制定对中小企业扶持的具体执行政策。部门型政策的目标是使整体型政策在具体实施的过程之中与具体行业、具体区域的中小企业的发展特点相适应，从而更好地促进中小企业的发展。如银监会印发的《关于支持商业银行进一步改进小企业金融服务的通知》就是为了响应《国务院关于进一步促进中小企业发展的若干意见》提出的中小企业金融扶持政策。而《北京市人民政府关于鼓励支持和引导个体私营等非公有制经济发展的意见》则是地方政府为构建中小企业自主创新的外部环境，根据《国务院关于鼓励支持和引导个体私营等非公有制经济发展的若干意见》而制定的。

因此，政府在制定具体的政策的时候应当充分考虑不同政策的目的及指导意义，形成整体型和部门型政策融为一体的真正的配套政策，从而有效保障国家层面的政策能够在具体执行层面得到细化和落实，更好地促进中小企业创新发展和产业升级。具体来说，第一，不能只从原则上考虑政策而要从落实角度考虑，要有细则可循。在政策制定的过程中，政府首先要从宏观层面对政策的方向进行把握，为下属部门的政策制定留有更大的空间，使其通过对现实状况的研究制定出与整体型政策匹配的配套政策，以更好地契合中小企业自主创新的需要。因此，部门型政策是在整体型政策的框架之后针对现实的状况制定出的更具有可操作性的政策。第二，相关国家部门和地方政府要相互配合，保证政策实施畅通无阻。在中小企业自主创新政策制定过程中，国家相关部门和地方政府应当充分沟通，充分考虑各部门之间的利益，以避免政策在实施过程之中产生的不同部门之间的冲突，同时各个部门在执行过程之中也应当充分沟通以对政策的绩效进行反馈，为技能型政策调整或制定其他政策提供更多的建议。

三、优化我国中小企业自主创新政策环境的具体举措建议

（一）进一步加强中小企业财政扶持力度

除了延续中小企业的财政扶持政策以外，我国还应进一步扩大财政政策的支持力度、扶持范围。为确保近年来尤其是 2017 年以来，在新的社会经济背景下出台的各项财政扶持政策的有效落实，工业和信息化部、财政部、国家发展和改革委员会等国家主管部门应重点监督检查政策的执行情况。同时，还应针对中小企业发展面临的新问题、新情况，及时出台新的财政扶持政策，并组织地方各级主管部门积极落实。因此，中小企业各级主管部门也应进一步加大对中小企业的扶持资金投入，进一步扩大中小企业相关领域的扶持资金规模，解决中小企业在转型升级过程中面临的重难点问题，鼓励中小企业实现创新发展。

综合考虑各方面因素，未来一段时间内，针对我国中小企业的财政扶持政策，本书建议围绕以下几个方面展开：

第一，充分利用财政政策的导向性功能，促进中小企业健康发展。在中小企业转型升级的关键环节上，应进一步加大财政政策资金的扶持力度，完善支持小微企业发展的长期性的财政扶持政策，帮助中小企业实现技术升级，转变发展方式。

第二，加大专项资金的扶持力度。在现有中央财政设立的科技型中小企业技术创新基金、中小企业发展专项基金、中小企业国际市场开拓基金等专项财政基金的基础上，可进一步扩大资金规模，在中小企业创新、技术升级和科技成果转化等转型升级的关键环节，加大财政政策的扶持力度。

第三，完善中小企业信用担保的财政政策体系。积极运用财政手段加大对服务中小企业担保机构的财政性扶持力度，引导担保机

构加大对中小企业的担保支持，对担保机构为中小企业担保出现的损失给予财政补贴，通过采取业务奖励或者保费补贴等方式，引导担保机构扩大针对中小企业的融资担保业务规模，同时降低对中小企业担保的收费标准。

第四，落实政府采购政策，扩大中小企业的市场空间。通过在政府采购中为中小企业预留采购份额、给予评审优惠等措施，引导鼓励广大中小企业尤其是小微企业参与政府采购。

第五，促进就业政策的落实，鼓励吸纳就业。对中小企业吸纳新增就业给予社保费用财政补贴，对中小企业进行的职业培训给予政策性补贴。

（二）进一步完善中小企业的金融扶持政策及细则

结合目前已出台的对中小企业的金融扶持政策，本书建议着重从以下几个方面完善我国中小企业的金融扶持政策：

第一，继续扩大对中小企业的信贷规模。各级主管部门应积极推动银行等金融机构加大对中小企业的信贷支持，确保对中小企业的贷款增速不低于各项贷款平均水平、增量不低于上年同期水平；对金融机构开展的中小企业融资服务提高风险容忍度，实行差异化监管，引导金融机构加大中小企业贷款投放。

第二，加大对小微企业金融服务的政策性扶持。对金融机构开展的小微企业金融服务给予政策性扶持，在总体风险可控的前提下，引导各类金融机构重点针对小微企业开展工作，对符合条件的银行发行小微企业债券给予政策支持，完善针对担保机构的扶持政策，引导并鼓励担保机构加大对中小企业的支持力度，完善小微企业贷款的风险补偿机制。

第三，丰富中小微企业的金融服务方式。在中小企业现有金融服务模式的基础上，积极探索新的中小企业金融服务模式，大力发展中小企业支持产权融资、订单质押、产业链融资、产业集群融资、股权质押，针对网络融资日益成为中小企业融资新模式的发展现状，建立相应的新的监督机制，保证网络融资等新的融资模式健康发展。

（三）持续完善中小企业减免税费政策

为了确保国务院对各级政府部门转变政府职能的要求的落实，财政部将会同工业和信息化部、国家税务总局等部门进一步全面落实现有针对中小企业的各项减免税费措施，有望再清理、规范、取消一批不合规的涉企行政事业性收费，在涉及中小企业转型升级、技术研发成果转化等关键环节，进一步加大税收减免力度，切实降低中小企业的经营负担，优化中小企业尤其是小微企业发展的税收环境，促进中小企业健康发展。

结合上述政策发展趋势，本书建议重点从以下几个方面完善我国中小企业减免税费政策：

第一，完善产业导向功能的税收政策。对于从事环境保护、节能减排以及农林牧渔等领域的中小企业给予更大程度的税收优惠；对于在国家重点扶持领域进行经营的中小企业，以及能够综合利用符合国家产业政策导向的产品进行生产活动的中小企业，进一步加大其获得的税费减免的力度。

第二，减免金融机构小微企业贷款业务相关税费。建议减免金融机构对小微企业进行贷款环节的相关税费；对于专门从事"三农"领域小微企业贷款的金融机构，税收优惠政策执行期限可以延长；延长金融机构对小微企业贷款损失准备金税前扣除的优惠政策有效期。

第三，优化中小企业融资性担保机构的税收环境。建议对于政策性中小企业信用担保机构、再担保机构从事小微企业担保贷款业务取得的收入，凡符合条件的都可以享受税收优惠政策，同时指导地方税收主管部门认真履行职责，全面优化担保机构发展的税收环境，为我国中小企业担保行业的快速发展打下良好的制度基础。

（四）日益完善中小企业服务体系相关政策

随着中小企业的财政、税收、金融等优惠政策日益完善细化，中小企业服务体系相关政策将会成为政府出台中小企业扶持政策的重点领域。由此，本书建议在完善中小企业的服务体系上，着力采取以下几个方面的措施：

第一，让国家中小企业公共服务示范平台享受到更多的优惠政策。目前国家中小企业公共服务示范平台中只有技术类服务平台能够享受到较大力度的税收优惠政策，其他类型的示范平台在为中小企业提供服务中所能享受的优惠政策则极为有限，应让这种情况力争在短时间内得到显著改善。

第二，重点打造服务体系建设中的云计算服务。随着云计算服务中小企业获得越来越多的认可，以及云计算服务提供商提供云计算服务的能力日趋成熟，应确保云计算服务成为服务体系相关优惠政策的重要着力点。

第三，进一步细化完善中小企业公共服务平台网络建设标准。由于当前平台网络建设项目存在前期准备不够充分，方案分解和细化不够深入，运营管理制度跟不上等问题，统一平台网络的建设标准，规范提供服务的内容，明确平台在整合资源、实现互联互通上的制度安排应成为服务体系政策的重要内容。

（五）不断创新中小企业专项资金政策落实方式

在中小企业专项资金的支持方式上，我们应进一步探索创投引导基金的模式，通过引导和撬动社会资本流向中小企业领域，通过杠杆效应扩大中小企业的可用资本规模，建议具体可采取以下措施：

第一，扩大科技型中小企业创业投资引导基金运作模式的运用范围，撬动更多创业投资资本向科技型中小企业转移。鉴于科技部设立的国家首只创业投资引导基金——科技型中小企业创业投资引导基金，2012 年年底第一批六家引导基金阶段参股项目的资金退出工作都已经顺利完成，标志着引导基金阶段参股的运作模式已经成功。因此建议在未来应进一步扩大以该模式运作中小企业专项资金的比例。

第二，在战略性新兴产业领域通过新兴产业创投计划参股创投基金促进中小企业发展。新兴产业创投基金工作是由国家发展和改革委员会同财政部于 2009 年正式启动的，截至 2012 年年底，中央政府已参股了 102 支创投基金，财政资金运作效果好①。建议未来在面向战略新兴产业领域中小企业专项资金的使用上，增加以此方式运作的中小企业的数量。

第三，推进国家中小企业发展基金市场化的运作方式的全面实施。根据 2012 年出台的《国务院关于进一步支持小型企业健康发展的意见》(国发〔2012〕14 号)要求，国家中小企业发展基金（150亿元）将采用市场化方式运作。因此必须大力推进该基金进入市场化运作的全面实施，帮助我国初创期的小微企业从中获益。

(六) 制定出台差异化的中小企业扶持政策

在承接历年中小企业扶持政策的基础上，应进一步深化和细化现有的各项扶持政策，更加聚焦于小微企业，并在现有中小企业普适性的扶持政策基础上，根据不同类型中小企业的不同特征，不断出台更具体、更具差异化的扶持政策，确保政策的针对性和着力点更加具体有效。这不仅是量大面广的中小企业的客观需求，也是政府经济调控能力日益提高的具体表现。基于中小企业在国民经济中的不可替代的重要作用，建议政府以"差别对待、分类扶持"作为下一阶段企业扶持政策的指导思路，进一步倾向于扶持中小企业，不断完善相关政策。

因此，在"差别对待、分类扶持"的指导思路下，政府应结合不同类型的中小企业的发展特点和条件差异，出台更具针对性的差异化扶持政策。具体来看，中小企业可以根据自身不同的资本结构、发展阶段等特征划分为创新型中小企业、创业型中小企业、劳动密

---

① 中国电子信息产业发展研究院，张春生，2013—2014 年中国中小企业发展蓝皮书 [M]. 北京：人民出版社，2014.

集型中小企业等。创新型中小企业最为需要的是鼓励研发、加速创新成果转化类的优惠政策，政策着力点应为鼓励创新、提供技术类的资金补助或信息服务；创业型中小企业需要的优惠政策更多侧重于优化创业环境、减少创业的制度阻力、加快创业审批以及创业启动资金优惠等政策；劳动密集型中小企业需要的是降低劳动力成本、优化生存环境等优惠政策。

第九章 中小企业自主创新的实践
范例及经验解剖

　　中小企业的创新贵在实践，自主创新的理论、策略和方法只有
在中小企业的创新实践中加以应用才具有现实意义。从实证研究的
角度出发，本章选择了在自主创新实践领域有代表性的一些中小企
业作为案例分析对象，旨在通过归纳总结这些中小企业自主创新的
成功经验，为广大中小企业寻求适合自己的自主创新之路提供经验
借鉴。本章中的案例主要来源于两个方面：一是根据中小企业自主
创新策略的类别，结合现有的文献资料的研究成果或对企业最新的
宣传报道，选择行业中在技术创新、管理创新、文化创新等方面具
有突出成就或典型示范经验的代表性中小企业进行实证研究，通过
梳理其创新的实践，总结其成功的经验，揭示其成功的奥秘；
二是依托作者参与的重庆、成都等地中小企业或中小企业产业集群
的课题研究，向读者揭示身处西部地区传统制造行业中的中小企业
在自主创新上的探索与实践。

第一节 技术创新助推中小企业转型升级

——北京凯腾精工制版有限公司自主技术创新实践经验剖析

一、公司发展概况

北京凯腾精工制版有限公司（以下简称"凯腾精工"）的前身系北京市精工凹印制版厂，成立于 1991 年。现拥有北京、天津、山东、固安、南京、黄山、广东鹤山、深圳、汕头、长沙和重庆等地设立的 13 个子公司，其中有 10 个制版公司、1 个特种版公司、1 个设备制造公司、1 个设计创意公司。凯腾精工以凹印制版为基础产业，在多年的发展中，公司始终坚持"以提高产品质量、为客户提供优质服务为核心；以推进工艺技术、创新发展为导向，以做大、做强为最终奋斗目标"，不断加强管理，吸引各类人才，引进先进技术，积极参与市场竞争，现已发展成为国内颇具影响力的凹印版生产企业。

以激光雕刻机为代表的高技术制版与印刷设备制造业，是凯腾精工长期发展的最重要成长点，是公司实现持续快速发展的希望所在。公司目前拥有四项激光加工设备的专利技术，并以此为基础，积极探索技术应用的新领域，致力于开发制造新型激光加工设备，使公司成为中国制造激光加工设备的重要企业。

凯腾精工在基础产业实现规模化经营的基础上，实行谨慎的相关多元化发展战略，探索以设计创意、品牌营销为核心竞争力的经营新模式，在设备研制、开发方面谋发展。凯腾精工坚定地完善以制度化为基础的管理体制，全面提高公司的经营能力，把公司发展为一个基础牢固、经营稳健、发展有序、效益良好的企业集团。

凯腾精工的发展战略是：以目前所经营的凹印制版、模切机械和高技术制版与印刷设备的制造为基础，大力获取并积聚优势资源，不断实施技术创新，优化、强化管理，积极开拓国内外市场，将公司发展为跨国经营的、以制版业为基础、以高技术设备的研发和制造为主体的国际领先企业和高科技公司①。

二、公司自主技术创新实践

（一）以产品创新为基础推动核心产品升级

凯腾精工的发展史就是凯腾精工的一部自主技术创新史，在公司初创阶段，凯腾精工的创新与大多数中小企业一样采取引进消化吸收的形式，重在学习借鉴。从凯腾精工制造出国内第一个香烟凹印版到磨切机、刮墨刀具、模联合机床以及正在研制的激光直雕机，一步一步走出了企业的自主技术创新之路，为企业的发展打下了坚实的基础。

金融危机爆发以后，中小企业都在积极寻找自己的突围之路：一些企业选择改进产品或者服务质量取得了很大效果，一些企业选择增加产品或服务的种类范围，还有一些企业则选择进入新的市场或增加市场份额。而凯腾精工面对金融危机爆发后恶化的环境，仍然保持自己不断创新的传统，把更多的精力投入到具有核心竞争力的产品上，从而推动企业的产品不断升级，并让企业在市场上立于不败之地。具体而言，凯腾精工的产品创新主要是以下列几种产品的创新带动整个企业核心产品的升级，进而促进产业升级的。

1. 圆压圆模切机的产品创新

随着凹印技术的不断普及，大规模高速连续印刷已成为一种趋势，这必定带来印刷品的印后处理的革命。公司创始人、董事长李

①　来源：北京凯腾精工制版股份有限公司网站，http://www.ktjg.com.cn/cn/about.aspx

文田看中了印后处理的巨大商机，决定研发模切机。此时，国内的圆压圆模切机应用处于刚起步阶段，而对于圆压圆模切机的生产更是处于空白。李文田决定从模仿开始入手，进行最初的设计。李文田确定了这个思路以后与国外多家生产模切机的厂家联系，希望能去参观他们的生产车间。厂家只答应李文田以较低的价格出售产品，但每次要求去参观厂家的生产过程都被厂家以各种理由拒绝。最终，李文田选择了自主创新之路。

与精工制版厂一直有合作的宜化印刷厂知道了李文田要进行模切机研发的消息之后，直接把两台设备从宜化运到北京供李文田仿制。当时宜化印刷厂的生产也受到从国外引进圆压圆模切机的制约，曾经因为一个配件出了问题而导致整个印后设备停产一个月。宜化印刷厂看到了圆压圆模切机国产后对于促进整个产业的发展的前景，便积极支持李文田的创新。有了可时刻进行参照的设备，李文田更加积极地投入到前期的设计工作之中，经过不断地对方案进行否定—改进—再否定—再改进的过程，三个月之后他拿出了令自己满意的设计方案。之后，他又聘请了两名研发人员负责机械和控制方面的设计，以李文田最初的设计方案为指导思想进行细化设计。1998年，可以正式进行产业化生产的圆压圆模切机终于在凯腾精工诞生。为了尽快地把自己的设备应用到整个印刷行业，解决行业受禁锢之苦，李文田在山东莱州举办了产品推介会，参与推介会的包括烟草行业的主要领导以及200多家印刷厂家，如此高级别和大规模的推荐会在全国尚属首次，引起了很大的轰动，为设备的推广奠定了坚实的基础。2000年，李文田成立了专门生产制造模切设备的公司，公司产品涵盖了模切、轧凸、轧凹以及烫金等印后的设备。公司于2001年与山西运城制版有限公司合资成立了模切设备公司，使公司的设备制造方面在行业内占据了一席之地。

2. 油墨刮刀的产品创新

20世纪90年代，国内的凹版印刷行业尚处于起步阶段，凹版印刷配套设备主要依靠进口。油墨刮刀作为凹版印刷供墨系统的重要组成部分，也完全依靠进口。当时市场上只有瑞士 MAX Daetwyler 公司生产的 MDC 一个品牌可以选择。李文田认为，如果刮墨刀的生产工艺研制成功，不但可以提高我国印刷行业的自主化水平，改变刮墨刀的生产受制于人的窘迫处境，而且可以获得巨大的利润，也能为我国节约大量外汇。怀着改变我国油墨刮刀制造受制于人的处境的想法和决心，李文田开始组织人员专注于刮墨刀的研制，经过多次实验，他总结出了生产的难点主要在于材料的选择和刀片的刃口磨制。在材料选择方面，李文田从瑞典进口钢材自己制造刀片。但在刃口磨制方面，经过长期的试验却一直没有找到合适的方式。

为了解决刃口磨制的问题，李文田决定去瑞士考察 MAX Daetwyler 公司的油墨刮刀工厂，希望从这家公司获得关键的信息以突破自己的难题。他迅速联系到这家公司，并赶赴瑞士。到达瑞士以后，瑞士人热情地接待了他，并安排他在总部考察，给他讲解油墨刮刀的诸多优点，俨然把他当作自己的大客户来对待。但当李文田提出要去参观刮墨刀的生产工厂的时候，瑞士人却委婉谢绝了李文田这一要求。在朋友的大力帮助下，李文田再次去瑞士寻求刮墨刀的生产之道，这次瑞士公司将他带到了一个离总部有两个多小时盘山路的刮墨刀生产工厂参观。但是李文田到达之后，负责人只是让他在办公区域查看了一番，却一直没有让他参观生产车间的意思。李文田万般焦急下，多次向公司提出要去参观刮墨刀的生产线，经过翻译的多次交涉，李文田还是未能如愿。但在这次参观过程中，他以学机械制造专业特有的敏感性察觉到生产车间传出来的声音是金属磨削加工工艺所特有的声音。根据这一线索，李文田回国后结合自己的经验，指导工程师做出了第一台刮墨刀生产设备并顺利磨出刮墨刀的刃口。其后，又经过工程师四五年反复试验，终于彻底解决了刮墨刀的刃口的平整度、耐用度问题。经过多年的坚持和努力，李文田带领的团队彻底打破了 MAX Daetwyler 公司在刮墨刀的垄断地位，并在瑞典成立了公司，专门生产自有"AM"品牌刮墨刀产品，涵盖了高、中、低档各种层次，产品远销新加坡、越南以及非洲部分国家。

3. 车模联合机的产品创新

20世纪90年代，国内制版企业的车模联合机床都是从国外整机进口，只有瑞士MAX Daetwyler公司能够生产车模联合机，一台车模联合机的价格达到数百万元。李文田觉得作为版辊镀铜过程的必要设备，车模联合机也在一定程度上制约了制版业的发展。因此，他积极投入到车模联合机研究开发之中。在当时外国技术完全对他们封锁的情况下，李文田带领一名工程师对机器进行整体研究改进，对车模联合机的动力部分也进行了全面的改进。当时国内进口的瑞士MAX Daetwyler公司生产车模联合机动力系统是靠水压轴承提供，优点是零磨损，但是却产生大量的水污染。李文田的团队结合国内技术发展的水平，在保证动力的前提下把水压轴承改为空气动力轴承。这样完全解决了水污染的问题，同时也保证了车模联合机的动力供应。目前，精工集团的车模联合机已经完全实现了国产化，打破了MAX Daetwyler公司对车模联合机生产的垄断促进了整个制版行业的发展。

4. 激光雕刻机的产品创新

随着凹印制版的不断发展，国内对凹印制版设备的需求也不断增大。国内凹印电子雕刻设备生产以每年100台的数量迅速增长，但对激光雕刻制版设备的研究及应用较少。李文田认为随着凹印制版的不断发展，激光雕刻设备必将成为制版设备的主力。而且李文田认为，我国的激光技术已经具有一定的实力，在激光器研究方面具有很雄厚的人才储备，只是缺少在企业的应用实践，突破激光雕刻设备的技术壁垒只是时间问题。因此，从2000年开始，李文田着手激光雕刻机的研发并申请了当时国家经贸委的资金支持。在研发过程中，李文田充分意识到自己公司的技术弱势，所以让公司的王总工程师负责整个项目的电控部分的开发，而其他部分采取和研究所合作的方式进行联合开发，充分弥补了自己的技术劣势。经过多年的研究，终于开发出拥有完全知识产权的激光雕刻机。他认为国内的激光制版设备与国外在硬件上并没有太大的差距，相差的只是软件部分。因此，他花费 274 万欧元购进激光雕刻机对其进行研究，从而提升了研发人员的开发思路，使得公司自有的激光雕刻机能够达到世界先进水平。

（二）创新人才机制保障企业自主技术创新

在人才方面，由于深感人才匮乏造成的研发弱势，李文田对人才求贤若渴，并采取了一系列措施来强化企业人才队伍建设。经过多年的发展，凯腾精工已经形成了自己独特的创新人才机制：在机械设备创新方面，由兼职技术顾问吴明根教授全面把控；电器控制方面，由研发部来统筹；软件方面，大部分采取外包的形式，这样既节约了企业的研发经费，又可以利用合同来保证公司对创新成果的拥有权。

聘请专家教授作为企业的兼职技术顾问无疑为凯腾精工弥补本企业的技术弱势发挥了重要的作用，这一过程也充分体现了李文田尊重人才的理念。在商讨如何解决进口设备问题时，李文田认识后来被公司聘为兼职技术顾问的吴明根教授。彼时，公司从瑞士引进的电雕机机械部分出现了问题，坚信国内技术水平的李文田决定找国内专家来解决这个问题。经朋友的介绍，李文田联系到了吴明根教授。得知了李文田对国内技术水平的肯定，作为航天工业部 303 研究所超精密大型设备研究室主任的吴教授亲自接待了李文田。吴教授带着他参观了航天工业部的大型设备研究室，并介绍了国内大型设备的研究现状。李文田参观完吴教授所在的实验室后，对国内的技术水平有了更深入的了解。在吴教授的指导下，电雕机的机械问题也迎刃而解。经过数次的合作，李文田对吴教授的技术水平和为人也有了更深入的了解，也多次和吴教授探讨开发激光机的可行性。经过数月的酝酿，李文田决定开始着手进行激光雕刻机的开发。李文田认为吴教授是整个项目的"统军人物"，必须争取到吴教授的加盟。经过多次的努力，李文田以改变国内激光雕刻机技术落后、不能受制于人的决心争取到吴教授的支持。吴教授又先后介绍了自己的学生耿博士和他的同事林老师加入研发团队，李文田又调来了研发部的王总工程师，组建成了一支研发的"精锐部队"。吴教授负责整体方案设计以及机械部分，耿博士和王总工程师负责电器控制部分，林老师负责软件部分。经过共同努力，吴教授团队终于攻破了激光雕刻机的技术难题，顺利生产出完全自主创新的激光雕刻机。

（三）创新观念推动企业自主技术创新

企业要创新发展，企业经营管理者理念也要与时俱进，这是李文田及其管理团队一直坚持的观点。在凯腾精工多年坚持的自主技术创新过程中，公司在技术创新合作模式、知识产权保护、资金使用、人才培养等各方面不断更新发展理念，有效推动了企业的自主技术创新水平的不断提升。

在创新模式方面，李文田认为中小企业的发展应当不拘泥于某一特定的具体形式。就备受推崇的产学研合作模式而言，李文田结合公司与航天工业部 303 研究所的合作经历，认为传统的产学研合作模式往往因为参与人员众多、开发时间过长而不可避免地产生一定的资源浪费，也会因为没有具体的合同约束导致部分知识产权的流失。因此，凯腾精工在技术创新上的合作没有照搬"产学研"的合作模式，而是根据自己的实际情况，在充分依靠本企业研发资源的基础上，适当借助外力，用最适合企业的方式来组建企业的创新团队，严格做好核心技术的保护，避免知识产权的流失。公司在确定了创新的产品方向以后，安排一至两名创新团队的核心人员来主持工作，具体的开发事务由公司内部全权负责。在通过与外部合作进行技术开发的项目上，对于属于公司的优势项目或具有专利权的部分完全由公司自己的研发人员来负责，如由公司的王总工程师负责电控部分，其他部分则完全通过外包的方式进行。这样，凯腾精工借由具备合同约束的合作模式的技术创新，既保证了企业技术创新的质量，也保证了企业对创新的产品拥有完整的知识产权。

（四）科学化管理提升企业自主创新能力

在自主创新的过程中，凯腾精工不但注重产品和技术的创新，在企业管理方面也勇于改革，通过不断革新管理机制、管理方法和管理手段，推动企业管理逐步科学化、规范化，为企业自主创新提供了管理制度和管理能力保障。其中凯腾精工全面推行预算管理模式的改革具有突出的代表性。

作为凯腾精工下属的合资公司总经理的李建军在合资的外方企业——德国 VAW 集团实施预算管理的过程中，一接触到这一先进的管理方法便对其产生了浓厚的兴趣，并进行了系统的学习。借助在合资公司的管理实践，李建军对预算管理以及全面预算管理的含义、作用、流程以及企业实施全面预算管理的条件、要求等各方面进行了全面而深入的了解，并把这一管理方法介绍给了李文田。李文田经过多次的参观学习，认识到凯腾精工作为一家集团化的公司，有效推行全面预算管理将会给公司带来具体可行的发展目标，并能为全体员工建立共同遵守的行为规范，以有效提高企业管理的科学性和规范性，所以他决定在凯腾精工内部逐步推行全面预算管理。凯腾精工首先在企业下属的黄山精工进行全面预算管理工作的试点，但一开始黄山精工的员工对这一管理方法采取抵制的态度，下达预算与实际执行的结果出入很大。在这种情况下，李文田并没有妥协放弃，而是对黄山精工的高管团队和全体员工强调推行全面预算管理的价值和意义。经过了一年多的努力，全面预算管理终于得以在黄山精工全面实施。在李文田和李建军及其他凯腾精工高管成员的共同努力下，继黄山精工之后，长沙精工也试行了全面预算管理并取得了初步成效，实现了在行业内率先推行以每平方厘米的标准进行产品成本核算。在此基础上，凯腾精工正逐步实现集团内部全面实行预算管理，做到下属公司的所有运作都在集团科学的管理之下，并将预算管理落实到公司的每一名员工，切实为企业提升管理水平和自主创新水平提供了制度保障。

三、公司自主技术创新的经验启示

（一）企业家精神是中小企业自主技术创新的前提

自主技术创新是一个系统工程，而企业家是自主技术创新的推动者。自主技术创新既涉及构思、研发和转化等一系列实施的过程，又涉及技术、人力和资金等一系列相互配合的过程。要确保整个创新过程顺利进行，必须要有创新意识的企业家来驾驭。中小企业由于先天条件不足和资源有限等原因，在自主技术创新的过程会遇到如部门协调矛盾、资金困难、技术人才困难、原材料困难以及设备实验困难等各种矛盾和困难。这就需要由企业家统筹协调，积极进行相关部门的沟通，联系政府、金融机构和市场来解决企业遇到的问题。所以，中小企业的自主技术创新是以企业家的创新精神为前提的。

从凯腾精工的案例中我们不难看出，作为董事长的李文田在整个创新过程中起到了重要作用，从提出企业技术创新的构思开始，到筹集创新所需的资金，都是由他一人所主导。具体而言，李文田身上突出表现了以下企业家精神：

第一，具有创新的冒险精神。创新活动存在的风险是不可避免的，因此，冒险精神是企业家精神的天性，也是创新的基石。从山西回北京创立凯腾精工集团，直到投入大量的经费进行创新，面对诸多的不确定因素，李文田都坚定不移地走创新之路，这一点充分体现了他的冒险精神。同时，在每次启动创新之前，李文田都要先评估企业内部的实力以及其他可以动用的外部力量，并且在创新模式的选择上是以模仿创新为主，这种严格控制风险的科学冒险精神值得中小企业家在创新的决策过程中学习借鉴。由此可见，中小企业的企业家自我修炼的冒险精神不应只是在逆境之中爆发的认知冒险精神，而更应当是转化为科学的冒险精神，也即在控制风险的前提下，不断地进行冒险尝试，对企业的现状不断进行改善，并通过创新不断增强企业的核心竞争力。

第二，具有强烈的责任感和使命感。凯腾精工最早的创新是在李文田的带领下进行的香烟凹印版技术攻关，从而使企业走出了与其他企业进行恶性竞争的困境。而之后凯腾精工进行的一系列创新，正是由于李文田意识到国内的设备和技术水平远远落后于国外，大部分企业将用大量的资金购买设备，这样会严重制约企业的发展和创新。为了改变这一现状，李文田组织研究人员对这些关键技术进行研发，最终改变了整个行业设备都依赖进口的现状。这些事实都说明，企业家的责任感和使命感在企业的创新过程中具有很大的推动作用。中小企业的企业家应当树立强烈的责任感和使命感，这种责任感和使命感不仅表现在给企业创造利润为股东和员工负责上，更应该表现在积极为消费者提供更好、更便宜的产品上；这种使命感不仅表现在把企业发展壮大上，更应该表现在通过企业自身的创新来促进行业科技水平的提高上。

第三，具有视人才为宝的用人观。凯腾精工的每次技术创新成功均离不开李文田从外部引入合适的人才并使之为凯腾精工所用。从最初的未解决激光雕刻机难题而引入吴根明教授的研发团队进行合作研发，到后来为了改进公司的管理水平引入专业人士作为外部顾问进行财务方面的指导，无不体现李文田视人才为宝的用人观。中小企业在自主技术创新的过程中，不仅要重视企业内部的人才的使用，而且要重视从外部引进人才。在平时的生产经营中，要注重培养员工的创新精神，调动内部员工的创新积极性。在企业的创新过程中，中小企业应从全局出发进行人才的评估与统筹，针对创新过程中人才的薄弱环节，积极引入外部人员，或者采取合作的方式来弥补自身的不足。"外脑"的引入，一方面可以为中小企业的技术创新带来必要的技术支持，解决常见的制约中小企业的技术难题；另一方面也可以为中小企业的创新带来新的思维、新的活力，使企业的创新更具有生命力。

第四，具有执着创新的精神。创新是艰难而曲折的，并时刻充满着风险，这些都是对中小企业企业家极大的考验。在凯腾精工也面临企业技术创新缺乏资金支持的困难时，李文田敢于面对现实，想尽各种办法，通过引入南风集团来解决资金难题，始终没有放弃对企业自主技术创新的投入。从中我们不难看出企业家执着精神对中小企业创新成果的关键作用。因此中小企业在创新过程中，企业家应该具有坚定不移的创新精神，不因一时的困难和阻力而退缩，也不会因突然遭遇的风险而放弃。

（二）适应市场是中小企业自主技术创新的发展方向

凯腾精工之所以能够进行持续不断的创新，其根本原因是坚持了市场需求导向。市场不仅为中小企业的创新提供压力，也为中小企业的创新提供动力，因此中小企业的自主技术创新和产业升级必须以市场为导向。以市场为导向的创新不但为凯腾精工提供了新的产品，而且通过出售成果，获得了发展需要的资金，做到了企业运营资金的良性循环。

中小企业自身的特点要求其必须紧盯创新的绩效，而市场是检验自主创新绩效的根本标准，因此以市场为导向的创新是中小企业创新的唯一选择。中小企业的自主创新应以适应市场需求为目标，使得企业的创新源于市场，最后的成果又归于市场，并接受市场检验。创新的成功并不仅取决于产品的新颖及其内涵，而且取决于市场对产品的评价和消费者的认可度。为创新而进行的创新活动是没有生命力的。以市场为导向是中小企业在创新过程中必须遵循的准则。具体而言，以市场为导向的创新要抓住市场的具体需求，根据市场来制定具体的产品开发战略。常见的以市场为导向的创新主要是从三个方面来进行的，即市场的细分、市场的定位和市场拓展。

第一，市场的细分主要是指企业以市场为导向，按照消费者的不同需求、消费动机及购买行为等差异，将整个市场划分为不同的消费群体。进行市场细分的主要依据是异质市场中需求一致的客户群，实质就是在异质市场中求同质。中小企业通过市场细分可以将创新定位于某个细分市场，集中资源优势进行创新。凯腾精工对创新产品的选择目的是为了替代国外产品，从而降低生产成本，正是由于凯腾精工对消费群体的准确定位才使得其创新产品获得很大成功。因此中小企业创新的决策过程应当充分考虑市场的细分和不同的消费者需求，创造出符合市场需求的产品，这样才能使创新更具有生命力。

第二，市场的定位是指企业根据竞争者现有产品在市场上所处的位置，针对顾客对该类产品某些特征或属性的重视程度，为本企业产品塑造与众不同的、给人印象深刻的形象，并将这种形象生动地传递给顾客，从而使该产品在市场上确定适当的位置。中小企业在创新的决策过程中应当对创新的产品进行市场定位，创新产品的定位可以依据产品的属性、质量、价格以及使用对象等方面进行定位。产品的属性主要是对产品的生产流程和生产工艺进行改造，对产品的材料、结构以及功能等相关方面进行创新，从而使其有别于竞争对手。消费者对产品进行选择的过程中，质量和价格是决定性因素。中小企业可以通过充分研究竞争对手的产品，对自身产品进行合理的质量和价格定位。根据消费对象特点进行创新产品定位是降低创新风险最有效的方法，通过对消费对象特点进行研究，企业可以在一定程度上满足消费者的心理需求，创造出更受消费者欢迎的产品。

第三，市场的拓展主要是指企业根据市场的需求对现有产品进行广度和深度的开发，通过进一步开发产品来拓展新的市场。从凯腾精工的经验来看，以产品的开发来推动市场的拓展是十分成功的创新策略。凯腾精工从最初的电子雕刻机创新开始一直到后来的激光雕刻机研发，不仅使自己的制版主业有了很大的发展，而且更是开拓了机械制造业这个新的领域。因此通过产品的开发来拓展市场对中小企业的创新有很强的现实意义。企业通过产品创新来拓展市场的途径主要有以下几种：一是通过对传统产品的现代化改造，使之具有以前不具有的功能，例如对机械设备的电子化改造；二是通过对单一功能产品的多样化改造，即对单一功能产品的功能进行多功能集成的拓展，使之代替多个单一功能产品；三是通过对产品操作的便利化改进，使其操作更加简便；四是通过对产品外观的改进，使产品能够吸引更多的消费者。总之，中小企业应当关注对产品的开发，从而推动市场的拓展并进一步引导产业升级。

（三）加大投入是中小企业自主技术创新的资源保障

中小企业由于规模小、缺少资金等劣势使其创新难以吸引适合的人才，同时在创新过程中也缺少政府和科研机构的关注，往往只能通过自有资金的不断投入才能确保创新的顺利进行。因此，如何将有限的资金投入到企业规模扩张和技术产品研发之中，便成为中小企业面临的重要难题。在通过保障资金投入解决融资问题上，凯腾精工主要采取以下做法：

第一，在资金的投入方面，精工的创新投入主要是以项目为导向的资金投入。精工在创新模式选择上也进行了创新，形成自己独特的模式——外包模仿创新。我们可以认为，这是模仿创新与合作创新相结合的产物。这种模式主要是从两方面进行了创新：一方面是在模仿的基础上对现有产品的改造升级；另一方面是对产品创新过程的分工进行细化。对产品的改造升级是凯腾精工做得比较好的方面，从早期的香烟凹印版到现在的激光直雕机，凯腾精工做到了对其模仿产品进行本土化改造及性能提高，从而生产出有别于原产品的新产品，这使得精工迅速拥有了自己的核心竞争力，并节约大量的前期技术开发费用。因此，中小企业在模仿创新的过程中不应当是单纯的模仿，甚至以牺牲性能为代价进行低价生产"山寨品"，更应该做的是在模仿的基础上进行改进甚至提升，从而生产出比原有产品更优异的新产品。这样不仅会在研发投入上带来节约，还可以通过创新开拓出新的市场，从而引导企业的升级。外包模仿创新的另外一个优势是对产品的创新过程的分工进行细化。凯腾精工在全面的统筹之下，专注于自己擅长的部分来进行创新，而将不擅长的部分外包给其他的企业来承担，这样大大减少了企业在自主创新过程中所要面对的困难。首先，采用外包模式减少了自己招聘及大量人才的投入，这对于只进行阶段性创新的中小企业来说可以节约很大的费用。其次，引进外部人才对企业进行创新指导，不但可以解决创新过程中遇到的难题，还可以为企业的创新带来新的思维，提高创新的成功率。最后，创新过程采取部分外包的方式，不仅节约了投入成本，而且通过合作对双方的行为进行约束，可以使取得成果的知识产权清晰化，保护了企业的权益。

第二，在资金的来源方面，凯腾精工创新资金的来源主要有以下几个途径：一是政府的科研基金。凯腾精工作为北京市高新技术企业，积极地以自主创新项目寻求政府的研发支持，通过这个途径解决了部分精工创新的资金投入。二是通过联盟的形式寻求的外部资金。这主要体现在凯腾精工与南风集团的合作上。凯腾精工在激光直雕机方面的研发缺少后续的资金投入，而南风集团也希望将凯腾精工的激光机技术优势与 STN 彩色液晶显示器相结合，这就促使了双方的合作。南风集团的加入对凯腾精工的创新来说不仅注入了资金，更在创意上注入了新的活力。虽然最终南风集团退出了联盟，但这次合作却解决了凯腾精工在激光直雕机方面的资金缺乏的难题。在南风集团撤出联盟的过程中，凯腾精工对南风集团投入的资金采取了逐步归还的方式，也为企业争取到发展的时间。三是通过出售研发成果实现自我"造血"。凯腾精工通过对已有成果的转让来换取部分资金，为企业研发的良性发展提供了保障。

第三，在资金的保障方面，凯腾精工在创新资金保障方面现已形成独特的保障机制：第一道保障是以创新平台的形式保障公司的研发投入，主要是筹建特种版公司和设备制造公司作为公司的新技术、新工艺、新材料、新设备的研发平台。这样，不仅保障了创新的方向，而且保障了创新的资金及创新的绩效。第二道保障是以制度的形式确定了每年的研发投入预算，凯腾精工不仅在五年规划和十年规划中对研发的重大项目进行了安排，而且以制度的形式确立了每年的研发投入不低于年销售收入的3%。

（四）外部环境是中小企业自主创新的触媒

在外部环境不景气的影响下，尤其是在金融危机、中美贸易摩擦、新冠肺炎疫情等重大危机事件的冲击下，众多中小企业遭受国内市场不景气、国外市场萎缩内忧外患的夹击，出现经营困难甚至宣布破产倒闭。面对瞬息万变而又动荡不安的外部大环境，中小企业往往只能默默承受，在适应的过程中寻求新的出路。在凯腾精工发展成长的道路上，始于2008年的金融危机就曾为凯腾精工带来了巨大的冲击，而出版业的不断萎缩也给凯腾精工的日常经营业务带来了不利影响，但凯腾精工经过逐步调整，制版业务量不降反升，走出了一条异于其他中小企业的发展之路。究其原因，主要是因为凯腾精工通过在研发上的不断投入，其电雕机的水平已经达到了国内的领先水平。在低端制版业的盈利水平降低、业务不断萎缩的不利情况下，凯腾精工及时评估了自己的优势，采取了业务升级的战略，即在制版业务上除了巩固其香烟版的优势地位外，还积极向高端包装制版拓展，逐步摒弃利润较低的制版业务。这样，凯腾精工通过调整业务结构，将产品延伸到压纹版和装饰版两个高端制版市场，成功实现了定位于高利润产品的产业升级。

虽然凯腾精工面对环境变化采取的应对措施有明显的行业特征，但对其他行业的中小企业而言，仍然有两个方面的经验可供参考：

一是中小企业面对不利环境时应具有化危机为转机的心态。危机尽管会产生灾难，同时也潜藏着机遇，最终结果如何取决于身处危机之下的企业如何应对。凯腾精工面对外部环境中出现的危机，及时调整自己的业务结构，积极拓展新的业务，这说明中小企业在危机面前不是一味被动挨打，而是应该增强信心、理性面对。从凯腾精工的实例中，我们可以看出，中小企业在面对危机时应先解决遇到的现实困难，重新评估自己的实力。面对市场萎缩的威胁，中小企业可以通过产品的创新来开拓国内外市场。针对融资难的问题，中小企业可以申请政府帮助或采取其他创新的融资方式，如与大企业结盟寻求其担保等创新型融资方式。

二是中小企业应做好突破危机、寻求转机的路径选择。中小企业若是想采取自主技术创新和产业升级的战略来应对危机并寻求转机，可以参照凯腾精工的做法，从两个方面来思考：一条路径是从自有产品在行业内的技术水平出发，如果自有产品在行业内水平不高或差异化不大，企业可以继续加大对自有产品的研发力度，找出切入点，进入更加细分的市场，使自有产品在这个细分市场内占据绝对优势；另一条路径是积极拓展其他相关业务。中小企业如果自有产品在行业内已具有很高的技术水平，企业可以对产品的上下游工艺进行升级改造，通过对自有产品的上下游产业进行渗透或者创新来带动自有产品创新，使产品超越竞争对手，并使自有产品保持绝对的技术壁垒优势，获得长期的利润。上述两条路径均可作为中小企业在自主创新过程中保持竞争优势、进行自我定位之后的选择。

第二节　管理创新促进中小企业可持续发展
——浙江佐力药业服从有限公司管理创新实践经验剖析

一、公司发展概况

（一）公司发展历程

浙江佐力药业股份有限公司（以下简称"佐力药业"）是一家

集科研、生产、销售于一体的省级高新技术现代化制药企业。佐力药业前身为浙江佐力医药保健品有限公司，设立于 1995 年 10 月 6 日。1998 年 3 月，浙江佐力医药保健品有限公司更名为浙江佐力药业有限公司。2000 年 1 月 28 日，设立股份有限公司，由浙江佐力制药股份有限公司、佐力商贸有限公司、浙江大学德清高新产业发展有限公司、浙江佐力销售有限公司及自然人陈宛如、董弘宇等共同出资组建，注册资本 1.2 亿元，现拥有总资产 2.1 亿元，净资产 1.4 亿元。佐力药业从仅拥有百万元资产的小厂发展到今天总资产超 2 亿元的现代化股份制企业，企业规模与经济效益也逐年递增。

从新技术突破上来看，佐力药业专注于植物中药系列真菌类产品的研发，是浙江省唯一自行研制和开发两个一类新药的中药企业。公司目前的主要产品"乌灵菌粉"和"乌灵胶囊"于 1998 年 4 月获国家卫生部颁发的两张国家一类中药新药证书，其特有的菌种筛选、防退化、防变异等多项技术都有重大创新；1999 年，"真菌中药乌灵参"通过"浙江省高新科技成果"认定，其研制水平在同行业属国内领先水平；2001 年，"一类新药乌灵胶囊的研制"被评为"九五"国家重点科技攻关计划优秀科技成果。2004 年，乌灵胶囊进入国家医保目录；2006 年，乌灵胶囊取得"中药保护品种证书"；2009 年，灵莲花颗粒取得了新药证书和生产批件；2010 年，"珍稀药用真菌乌灵参的工业化生产关键技术及其临床应用"被定为"国家秘密技术"；2011 年，灵泽片取得了新药证书和生产批件。公司目前拥有先进的原料药、片剂、胶囊剂、冻干粉针等生产流水线和省级研发中心、质量测试中心、仓储中心等品保体系。公司设施、管理完全按照国家 GMP 要求执行，并已于 2000 年 4 月整体通过国家 GMP 动态认证，是国内制药企业生产质量管理最高水平的体现。

基于公司良好的发展态势以及强劲的发展潜能，2011 年 2 月 22 日，佐力药业成功登陆创业板，成为湖州市第一家创业板上市公司。

（二）公司的技术创新

作为国家火炬计划重点高新技术企业和省级高新技术企业，佐力药业在新产品的开发上投入很大的力度，仅在 2007 年一年列入攻关计划的新产品就多达 12 种，目前公司的新药研发已基本形成"生产一代，储备一代，研发一代"的态势。佐力药业在技术创新上主要采取了以下做法：

1. 大力投入研发资源

佐力药业始终坚持"以技术创新求发展，以质量保证求生存"的原则，从 2004 年起，公司每年提取销售收入的 8%用于研究与开发，年平均用于研究与开发费用将近 1 000 万元。尤其是在 2007 年，佐力药业投资 5 040 万元上马省重点技改项目——年产 1 500 万支冻干粉针剂生产线正式投入生产，形成了冻干粉针剂的生产能力，为确保公司的主力产品进入全国的销售网络奠定了坚实的基础。

同时，佐力药业与国内著名高等院校、科研单位结成联合体，聘请国内中药行业、技术、信息管理等方面的专家、教授担任企业顾问，使企业能灵敏地捕捉到新技术、新产品及医药行业发展动态，为企业高新技术产品的引进、开发提供技术指导和技术咨询。同时注重引进和培养各类专业技术人才，建立起高素质的科研开发队伍。公司现有近 1 000 名员工中，包括高级工程师、执业药师、实验师等在内的专业技术人才比重占员工总数的 30%以上，总体上形成了从菌种开发、菌种培育、生产工艺研究、临床研究、化学研究等一系列技术创新体系。

2. 制定项目管理制度

佐力药业在企业内部建立了规范的项目审批和管理制度。科研人员若欲申请某一项目，必须向研发部主任递交项目申请书，再由分管研发的副总经理审核。项目申请书必须从研究意义、现有研究进展和项目设计路线等方面详细叙述该项目实施的可行性。同时，项目申请人需在专门会议上阐述并接受质询。科研的基本特征之一就是具有很大的不确定性，针对这一特性，佐力药业对整个项目研发过程进行严格控制，项目进行过程中项目组要定期向管理部门汇报项目进展，相关决策层再根据项目进展和价值，决定继续、中止还是加大该项目支持力度，并在过程中对项目不断调整和完善。

3. 成立跨职能小组

对于新产品开发过程中项目小组人员安排，佐力药业摸索出一条适合自身的发展之路。新产品立项后，公司会成立项目组长领导的跨组织团队，由研究专家、中试工程师、工艺工程师、临床研究专家、营销专家等人员构成，充分保障了研发小组的弹性与敏捷性。团队在新产品研发完成后，带着成果走向生产一线。项目组长担任车间主任（佐力药业规定，要成为新产品开发组负责人先要就职车间主任，积累一定生产经验后，再考虑升任开发组带头人）。生产稳定后，原项目组分流，一拨人留下，并参与该新产品的市场推广。开发、生产和销售并重的理念在佐力药业得以有效践行，突出体现在新产品投产快，生产一次性成功率高，新产品产业化的周期被大大缩短，这一点对于瞬息万变的医药市场至关重要。研发人员直接进入生产部门并最终延伸到产品销售的行为的做法，实质是通过人员的流动，实现企业研发、生产和销售知识的联结。

4. 实施工艺创新

佐力药业制定了详细的工艺规程，由生产一线的员工负责撰写，经过技术管理人员、领导逐级审批，定为"SOP"操作规程。在平时的生产过程中，老员工带着新员工现场攻关，及时发现问题，若有重大的流程需要改变时，修正"SOP"操作规程。当引进使用粉针剂生产主辅设备等新设备时，新工艺、新设备必然带来新的不能预知的问题。为此，公司制订了一系列计划来适应新的工艺发展。生产部技术骨干负责工艺试产的全程跟踪，掌握工艺过程中的各项指标，及时进行工艺参数的调整，保证新工艺和新设备的最佳匹配，设备验证、工艺验证、清洁验证按计划进行取样、记录。质量部 QA

人员负责检查、跟踪和保证产品质量。新工艺中使用新设备自动化程度比原有的设备高得多，很多设备都是电脑控制，为减少人为影响因素，公司会安排生产岗位员工在空机运行时认真学习，熟练操作设备，尽快适应新工艺带来的变化。

二、公司管理创新实践

（一）战略创新

1. 合理定位战略

战略决定战术。对佐力药业来说，其首先是对产业定位进行了研究和判断，明确企业能够做什么以及到底要做什么。按照产业遵循的惯例，医药产业大致可以分为三类：一是化学药品及制剂产业，二是生物制药产业，三是中药与天然药物产业。国内的化学药品及制剂的生产多数是模仿国外产品，真正属于自己的特有产品并不多。只有在中药与天然药物这一领域，国内企业能够占一些优势。而中药与天然药物这个产业还可以再细分为以传统中医为理论基础的传统中药、以现代医学为基础的现代中药和现代植物药三个领域。在传统中药这个领域，我国北有同仁堂，南有云南白药，且都是有几百年历史的老字号，佐力药业很难与之抗衡。而在现代中药这个领域，天津天士力和三九制药是其中的翘楚。结合佐力药业自身的发展条件和产品特点，佐力药业确定了差异化的企业战略，以"现代植物药"生产为主，专攻真菌发酵领域，辅之以化学药品及制剂的生产。佐力药生之所以确定现代植物药的生产作为企业的核心产业，主要有两方面的原因：一方面，佐力药业本身就是从做植物药起家的，公司最早的产品是老杭州大学生物系研制的"护龄神"，取材于黑柄炭角菌；另一方面，佐力药业看到了植物药在我国具有较为广阔的市场前景。国内的医生绝大多数是学西医出身，他们对中医了解并不多，这对中药的销售不利。此外，由于中西文化差异，国外尤其是西方国家的医生理解中医和中药非常困难，中药要想进入国际主流市场难度非常大。但植物药从先天上解决了这两个问题，因为植物药的使用并不需要中医的指导，是一种可以国际化的产业，更迎合了崇尚健康、回归自然的世界潮流。某种程度上来说，现代植物药是中药进入国际市场的必由之路。

除了明确以植物药为核心的主导战略外，佐力药业在药物开发伊始，还确立了企业"科技兴药"的战略，即将创新作为佐力药业的一项战略措施，将技术创新提升到战略高度，并形成了一整套策略。佐力药业将技术创新置于企业发展战略的核心，建立了适应创新的独特管理机制，注重横向联合，走出了一条技术发展之路。

2. 企业家促进创新

佐力药业的成功与董事长俞友强这位优秀企业家的努力密不可分。组建佐力药业以来，他勇于改革创新，精于经营之道，具备强烈的开拓意识和高度的社会责任感，使企业在关键时刻一次次把握了成功的机会，从仅拥有百万元资产的小厂发展到今天总资产超2亿元的现代化股份制企业，企业规模与经济效益也逐年递增。

从对佐力药业的许多相关报道中不难发现，俞友强具有独特的人格魅力，他爱才、惜才，注重人才培养，努力将佐力药业打造成一个学习型企业；以科技创新为本，注重产品技术的开发投入。为了增强企业可持续发展后劲，他带领员工一边精心经营一边研究开发新技术、新产品，并依据公司的产品品种优势，围绕乌灵进行深度开发与衍生开发，努力推动产品系列化进程。他注重产品工艺的改进，不断对制约生产产量的瓶颈环节进行改造，包括原料药提炼车间的扩建、动干粉针线的启动等，大大提高了企业的生产力。

基于俞友强的突出贡献，他先后被授予"德清县劳动模范""十佳青年""优秀共产党员""浙江省人民教育基金绿叶奖""优秀企业主、优秀企业政治思想工作者""湖州市劳动模范""第五届全国乡镇企业家""浙江省杰出青年民营企业家""浙江省关爱员工优秀企业家""重视文化优秀企业家"等荣誉称号。特别是在 2009 年 4

月，中华总工会授予俞友强"全国五一劳动奖章"的荣誉称号。由此可见，一名杰出的企业家的确是企业发展创新的灵魂。

3. 树立公司愿景

俞友强在公司建立之初，就将"辅佐人类身体健康，致力祖国医药发展"作为公司经营理念，随着公司的不断发展壮大，又将其补充拓展为"辅佐人类身体健康，致力祖国医药发展；造一流团队，铸完美品种，创百年企业"。在此理念指导之下，公司将愿景细化为：为消费者提供具有创新价值的、符合市场需要的健康产品与服务，满足消费者改善身心健康、提升生活质量的目的；为员工提供有意义的工作，给予多样化的成长、晋升机会，帮助员工实现积极健康的人生价值；为社会提供就业岗位，依法纳税，参与必要的公益活动，回报社会。借由这种美好的愿景，公司的利益与员工的利益很好地结合在一起，有效提升了员工潜能，激发了员工创造力，并能使员工超越个人利益，更为关注公司的意愿，提高了员工对于创新和变革的接受度。

（二）制度创新

1. 创新激励制度

佐力药业激励制度的建立已经具备一定的体系。企业从战略上重视人才的作用，将人才培养放在和企业绩效同等重要的地位。佐力药业飞速发展的历史，让企业切身感受到技术人才的重要性，因此技术人员在佐力药业有较高的地位。乌灵课题负责人董调雅虽年级轻，但已是研发部副主任，良好的企业氛围也吸引了大量技术人才加盟。

佐力药业建立的一套完整的人才激励机制可归纳为"吸引人、用人、培养人"三部曲。所谓吸引人是指佐力药业通过较好的待遇、重奖政策招聘和挽留科技人员，保证新进员工有住房，结婚后分给厂区内职工宿舍二室一厅；项目成功后，企业奖金额一般较高，如乌灵课题组和银杏叶片课题组均获得 25 万元的奖励；新产品开发成功后，每销售一件产品，项目组成员可有一定比例的提成。用人方面，佐力药业要求从车间主任到技术人员都必须具有大学文凭，这保证了人才在企业中有充分的施展空间，通过产品开发和科研项目把人积极调动起来。培养人方面，佐力药业鼓励员土在原文凭基础上取得更高一级文凭，学习期间差旅费、学杂费全部报销。公司奖励取得大专文凭的职工 1 000 元、本科文凭的职工 2 000 元、硕士文凭的职工 5 000 元、博士文凭的职工 10 000 元。此外，佐力药业建立了较为完备的技术员工职业生涯发展规划体系，为技术员工的发展提供了三条路径，即晋升为管理人员、发展为资深技术专家、担任科研项目经理，保证不同性格的技术人员都能找到个人的发展空间。公司每年还拿出几万元设立科技创新奖和金点子奖；除此之外，还设立了"年度中"奖励，即公司不仅仅在年终对员工进行考核奖励，各个部门还有专门的奖励资金用于随时奖励平时表现良好的员工，这些举措都大大提高了员工的工作积极性。

2. 创新学习制度

重视员工全面素质的提升，把企业建成学习型组织，通过提高企业核心竞争力，从而最终实现企业与员工"双赢"，是佐力药业获得发展的重要手段。

全员培训是佐力药业学习制度中的核心部分。中层管理者与相关部门主管每个月需要两次定时定点培训，一般不得请假。培训的内容为管理制度、政策法规等。有时还外聘专家进行座谈。对于各个部门的员工来说，每个部门每月要组织两次培训，培训计划要经过上一级领导审批。研发人员注重科技基础知识、项目管理等内容培训；生产一线员工注重操作技能的培训。佐力药业还通过各个部门人员沟通直接实现隐性知识转移，这给其他部门人员大量机会与稳性知识主体接触的机会，易于隐性知识扩散。较之简单将知识文本化转移到其他部门，学习效率大为提高。在佐力药业，每季度召开一次市场和技术人员的交流会，从制度上保证技术和市场人员知识上共享。双方在会上就所遇到的问题相互交流，这实质构成了组织内部对话，鼓励技术和市场人员将各自、隐性知识编码外在化，实现知识共享，在此集思广益的基础上，技术和市场人员在各自行动中贯彻外在化了的思想。

除培训之外，佐力药业还积极举办各种知识竞赛活动，比如岗位操作技能竞赛、质量管理技能竞赛、GMP 知识竞赛等，进一步提高了员工的技能，强化了知识学习的效果，提高了员工整体素质，为科学人才储备奠定了良好的基础。

3. 建立标准化制度

佐力药业在 2000 年获得了 GMP 动态认证和 ISO14001 环境管理体系标准认证。公司不仅按 GMP 要求制定了一系列的 SMP 和 SOP，还制定了相应的"员工手则"和"规章制度"。SMP 是每个部门的管理制度，严格规定了车间、仓库、物流、生产、研发等部门的基本工作制度，包括考勤、奖惩等方面；SOP 是岗位操作标准制度，类似于"实验报告"，定义了每个岗位的职务说明、每个步骤的操作程序，放在现场让新来员工学习。在生产一线，除了生产部门有专门的检查监督人员以外，质量部门"QA"人员也同时负责监控双重体系保障生产的标准化。"员工手则"和"规章制度"是所有员工的行为准则。"员工手则"编录的是公司管理上原则性的规范，"规章制度"中制订了文明规范、安全规范、办公规范、后勤管理规范、财务规范、人事规范等管理制度，包括从办公室桌椅摆放到窗帘悬挂高度，从会议室的使用到会议接待等细节，都做了详细的规定，告诉员工该怎么做，以及应该做到什么标准。为了强化规章制度的执行力度，公司推行"军事化"管理，建立了民兵值勤分队检查、督察办督察、办公室抽查考核的层层监督检查机制。详尽的制度和标准，加上一个强有力的监督机制，使凡到过佐力药业的人都能深深感受到它的整洁、规范和有序。

此外，为了确保公司经营目标的全面实现，公司与各部门签订了《工作目标责任书》。各部门对照《工作目标责任书》职责及考核目标，每一季度对目标执行和完成情况进行总结分析，并形成报告。为了有效跟踪各部门目标责任的执行和完成情况，公司成立了以经营班子为主的工作目标检查考核小组，对各部门的目标责任执行情况进行严格检查和考核。每一季度，工作目标检查考核小组与各部门分别进行面对面的考评交流，指出工作中存在的问题及下一阶段的努力方向，在严格考核的同时帮部门理清思路。通过严格的考核，生产部车间内部管理、考核制度、团队凝聚力都大有增强，人均工效和产量不断创历史新高，各部门的发展均取得了很大的进步。

此外，佐力药业已经对未来的标准化制度建立设立了拿下 cGMP 的目标。cGMP 即动态药品生产管理规范，它要求在产品生产和物流的全过程都必须验证。cGMP 并不是目前中国政府强制要求实施的标准，然而，当一个制药企业欲将市场范围拓展至国际时，拿到相关产品的 cGMP 证书却是必不可少的前提。有前瞻性发展战略眼光的佐力药业已经意识到这一规范对企业的长远意义，并开始为之付诸实践，这些都为公司创新目标的实现打下了良好的基础。

（三）组织创新

1. 组织结构创新

佐力药业的管理者清楚地认识到，"没有组织的创新只能是局部的、自发的，甚至是误入歧途的创新。"佐力药业实现了企业扁平化的组织构建。佐力组织总体构架是在总经理领导下，以企业研发中心为核心，将生产工艺部、质量技术部、资产管理等部平级纳入企业中心的组织体系（图9-1）。这样的构架实质是将研发职能分解，其中，研究中心负责开发新产品，生产部负责建立新工艺与工艺改进。同时，公司要求研发部技术人员在生产部工作一段时间后，再回来做科研，往复循环。而生产部技术人员在车间时，也要经常查阅文献，了解最新的学术信息、产品动态，以保持技术人员知识的不断更新。当有重大科研项目时，便实行项目管理制，建立多个以博士为带头人，硕士、本科为主的科研团队。以上一系列举措确保了在企业发展过程中的组织灵活性实现了知识和信息在组织内部的有效流动。同时，佐力药业还创造性地建立了"资产管理部"，其职责是对公司资产投资进行规划，合理分配各个部门的资金，有效地保障了企业各个部门的良好运作。

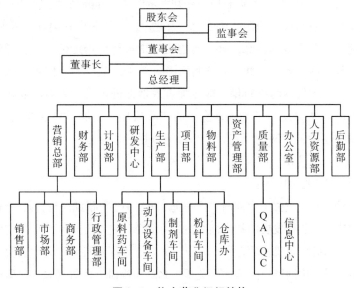

图9-1　佐力药业组织结构

2. 信息化建设

佐力药业已经全面实现了内部信息化网络管理。佐力药业的"生产过程的全周期信息管理系统"项目被批准为德清县"管理信息化"重点项目。同时，对于内部管理来说，企业内部邮箱的建立，实现了信息的无纸化传递，以前印在纸上的各种通知、会议纪要、管理规定等文件全部通过电子邮件发给员工。中层干部写年终总结时，都要把年终总结做成幻灯片。佐力药业在内部网中还建立了职工社区，要求每个部门至少有一名员工注册职工社区。管理层把公司要出台的各种管理制度等拿到职工社区讨论，只有员工讨论通过后，才正式出台，这样既能保证管理制度的完善合理，也调动了职工参与企业管理的热情。

此外，佐力药业通过对外网站的建设，又为营销工作搭建了新平台。佐力药业深深认识到处于互联网时代的患者已经由"被动型"转变为"保健型"。他们有能力获知大量的医生和药品信息，并且积极主动地参与自身的保健和治疗。因此，公司掌握患者偏好、需求、反应等心理和生理信息越多，越能更好地进行市场定位，与患者建立更长久的关系。因此，充分利用网络平台这个"大众传媒"进行宣传，大力发展网络行销，能更加有效地促进销售。佐力药业在其专门的网站中发布了准确、直接的产品信息，提供用户在线浏览。网站中还设置了网上调查、产品咨询等栏目，有专门人员负责一对一回答药品使用中的问题，成为一种新型的网络营销形式。

3. 外部组织合作

董事长俞友强多次强调"依托企业研发中心，借助高校科研力量，是解决企业长期发展的技术瓶颈的两条腿"。佐力药业非常重视与学校、科研院所等机构的合作，与浙江大学、中国药科大学、中国协和医科大学、中国科学院药物研究所、北京药物研究所等高校、科研机构建立了协作关系，有关专家均已进入"佐力智力库"。高校的教授、专家多次到公司参观、调研、指导。公司于 2007 年 1 月在北京王府井大饭店召开专家会议，北京中医药大学教授、博士生导师季绍良同志、中国工程院院士、中医研究院首席研究员李连达同志、原中国药典委员会秘书长姚达木同志等 9 位专家出席了会议，为佐力药业提供技术咨询。2007 年 7 月，佐力药业联姻浙江大学，签署了共建示范区合作项目——"发酵乌灵菌粉主要成分的分离与结构确认"，技术目标是发现乌灵菌粉的主要有效成分，建立主要有效成分的分离纯化方法，完成主要有效成分的结构确认。这些交流与合作给佐力药业带来了丰富的知识、信息与人才，实现了技术优势互补，在充分共享优势资源的基础上，通过对技术创新流程的各个环节进行整合管理，加快了技术创新速度，达到了"1+1>2"的效果。

此外，佐力药业还与德清华莹电子有限公司结成了友好联盟，将双方图书室的书籍定期进行互换，实现了图书资源共享。通过企业间的图书互换，一是为企业节约了购书成本，二是能够让本企业员工享受到更多的图书资源。这种企业间多元化的合作方式不仅仅为企业提供了更多的资源，也建立了与外部企业间良好的友谊，更对企业品牌形象起到了一定的宣传作用。

（四）市场营销创新

1. 市场细分战略创新

乌灵胶囊是佐力药业最核心的药品，但在不断变化的市场环境中，乌灵胶囊的销售一直都面临两大难题，即一方面是产品营销方式的转变与完善问题，另一方面是产品市场定位的不断调整问题。佐力药业对乌灵胶囊在不同的发展时期制定的营销的细分市场战略就很好地体现了佐力药业的营销特色，其经历了如下几个阶段：

第一阶段：1996年至1999年

当时佐力药业还未正式成立，研发生产活动都在亨达生物技术公司进行。乌灵产品刚上市，公司充分利用该产品本身拥有的"补肾健脑，养心安神"功效及纯植物提取中药制剂特点，将产品目标锁定在浙江省内三甲以上医院的神内科、老年科、中医科、妇科、内科及肿瘤科等科室进行专业推广。但是经过近两年的努力，企业从市场反馈的大量信息中发现，广大客户对乌灵胶囊产品的功效存在误解，认为它是一种近乎"补药"或"百搭药"。这个阶段产品虽然在浙江省市场初步打开了局面，但销售回款一直徘徊在每年数百万元水平，成长性不大。

第二阶段：1999年至2000年

为进一步扩大乌灵胶囊产品的销售规模，公司通过深入的市场调研，对产品的诉求目标做了适当调整，即突出其"帮助恢复自然睡眠"功效，然后通过浙江省内及部分周边省市的电视台、广播电台及公众新闻媒介广泛宣传，同时开始启动省内 OTC 市场，强化对销售队伍的产品专业知识培训。产品销售区域开始由浙江省内医院向周边省市大医院的神内科、老年科、中医科、妇科、外科、内科、骨科、肿瘤科、心内科、血液科及皮肤科拓展。当年该产品的销售回款首次突破 1 000 万元，且 OTC 市场销量也有明显提升。但随着产品广告等宣传的停播，销量又迅速回落到数百万元水平。通过对一些客户反馈资料的统计整理，公司得出结论，即部分客户认为乌灵胶囊对改善患者睡眠质量疗效一般的结果。公司新提出的乌灵产品"帮助恢复自然睡眠"诉求功效营销方案面临着调整。

第三阶段：2000 年至 2003 年

针对乌灵胶囊销售规模徘徊不前的困局，公司凭借营销人员前几年对产品市场推广中存在不足的深刻认识，重新对乌灵产品市场定位进行了及时调整，第一次突出了该产品的"改善中枢调节，增强脏腑机能"功效，并将产品细分市场定为以神内科为主，其他各科为辅，这一营销举措的转变，取得了较好成效。在此过程中，公司针对国内不同的市场特点和销售环境，主动采取了更有针对性的销售方式，即从以乌灵为主导产品的处方药为主转变为处方药、OTC 两者并举，中成药、化学药双管齐下。公司积极开拓终端销售市场，加强市场网络建设，开始由中心城市为重心向地级市、县医院及乡镇卫生院延伸；在营销模式上灵活采用了"国内总经销/代理+自营承销+个人承包销售+OTC 销售"的共同营销模式，争取并巩固了一些大客户，确保了多方利益互赢。公司市场部每年都要精心抽调专业人士，配合全国近 30 个省级办事处做好乌灵产品的临床学术推广，帮助医生补充和提升产品知识结构、业务能力，通过互动活动，增强双方沟通，培养双方情感，达到提升医生群体对佐力公司和乌灵产品的认可度和忠诚度的目的。公司采取的主要方式为产品推介、协同临床试验、辅助发表学术论文，参观生产基地、参加医生专业再教育等。这个阶段，由于公司较好地把握了乌灵产品市场切入点，通过努力提高销售人员的营销技巧、服务水平及加大品牌宣传、市场策划力度等举措，产品的全国市场占有率有了快速增长。每年销售回款均在 5 000 万元左右，乌灵产品的销量与客情关系成正比，但公司仍缺少类似华东医药这样强势的大客户。

第四阶段：2003 年至今

在巩固前期已开发市场销售成绩的同时，公司针对全国实行医药招投标政策这一新举动，加大了对乌灵产品主动参与全国各省市药品集中招标采购的投标应对工作，并取得了积极成效。同时，根据新的市场需求，公司将乌灵产品的市场诉求目标逐步调整到"中药治疗心理障碍"的功效上。通过对全国各大城市甲类医院的产品抽样调查显示，产品临床功效独到，广大客户普遍反映效果良好。佐力药业对乌灵产品诉求功效定位的正确把握，使产品销量有了一个质的飞跃，2006 年乌灵单品销售回款首次达到 9 000 万元，2008 年成为公司单品销量过亿元产品。

2. 开展品牌建设

一个公司的价值，并不仅仅取决于其拥有的土地、房子和设备等有形资源的数量，而且取决于有多少无形资产，其中很重要的一部分就是企业的品牌、商誉。2005 年 4 月，"佐力"品牌被湖州市工商行政管理局认定为 2004 年度"湖州市著名商标"，为企业实施品牌战略开了好头。近些年来，公司按照品牌创建工作思路，通过科技创新，对"佐力"牌商标的宣传投入了大量财力和物力，使该商标及其产品在国内医药行业及消费领域拥有了较高的知名度和美誉度，并在国家权威部门组织的全国产品质量抽查中，连续多年成为"消费者满意产品"。2007 年，公司拥有的"佐力"牌商标（图案加文字）被依法认定为"中国驰名商标"，成为湖州市医药行业第一只"中国驰名商标"。随着佐力药业于 2011 年成功登陆创业板，成为湖州市第一家创业板上市公司，"佐力"的品牌价值得到了进一步提升。

三、佐力药业管理创新案例的经验启示

通过上述分析不难看出，中小企业管理创新实践和其创新绩效之间存在着积极的关系，这和本书第六章中分析得出的结论也是吻合的。管理创新是一个系统工程，构成管理创新的要素已经突破原有的技术管理要素。公司将战略、组织、市场、制度等非技术管理要素纳入系统的分析中，通过各管理创新能力要素的协同，可以实现"1+1>2"的整体功能，其具体表现如下：

1. 战略管理创新为创新提供目标导向和资源配置

战略管理创新使得创新作为企业战略性活动，实现了优化资源配置与整合效益，更好地满足了企业战略制定与实现过程的需要。技术创新是有风险的，尤其在中小企业中，没有创新精神的企业家，就无法预见普通经营者不能预见的投资机会和创新项目，使企业错失发展的时机。佐力药业的俞友强董事长把技术创新工作作为毕生追求的事业，总是千方百计寻找技术创新项目，正因为有这种先人一步的创新意识，公司创新才能够得到的真正支持和资源投入。战略管理能力除了体现在对环境的清晰认识外，更重要的就是对企业自身的技术创新管理能力和市场需求管理能力也要有清晰的理解和认识，战略管理能力是其他能力的基础。选择引进已有先进技术、对引进技术消化、吸收、模仿直至二次创新，即实行技术模仿创新模式，实施技术赶超战略，也正是许多中小企业根据自身情况选择的有效途径。

2. 技术创新、组织管理创新为创新提供技术支撑、授权水平以及部门之间、外部组织之间的组合方式

佐力药业十分注重人力资源投入，广泛引进高级工程技术人员，大大提高了企业的研发设计水平，并在生产一线中注重生产骨干的培养，提高生产工人的技术等级，使员工能不断适应技术发展的要求。此外，佐力药业还重视研发设备投入管理与工艺创新的管理。

同时，也构建了扁平化的组织结构，采用信息化管理。更重要的是，佐力药业还注重开展不同形式的合作创新活动，借助科研机构、高校的科技力量进行合作研发。在技术创新速度加快和技术竞争日趋激烈的今天，企业技术问题的复杂性、综合性和系统性日益突出，依靠单个企业的力量进行创新变得越来越困难。因此，对于中小企业来说，利用外部力量和创新资源，实现优势互补、成果共享，成为技术创新的趋势。

3. 市场营销创新为创新活动实现最终的收益提供了坚实的保证

市场是技术创新的归宿。中小企业通过产品创新实现市场细分，能准确找到自己的位置和产品切入点。佐力药业在经营实践中充分认识到市场营销创新的重要性，包括产品策略、价格策略、品牌策略及服务网络架构等方面。佐力药业专攻植物中药系列真菌类产品市场，避开与"传统中药"这个领域的同仁堂、云南白药和"现代中药"的天津天士力和三九制药竞争，打造了属于自己的独特市场优势。

4. 激发制度创新形了成员工对创新学习共享的价值观以及对这种价值观的激励体系

激发每个员工创新的积极性以及通过学习不断增强创新能力是公司创新得以有效实施的关键。创新模式中的制度创新管理的协同从软硬两个方面为员工创新提供了激励创新的氛围与机制保障。此外，实施标准化的质量认证是中小企业进行技术创新的另一种外部推动机制。质量认证推动了中小企业的产品创新、技术创新的发展，特别是近年来的对环境管理体系（ISO14000认证）的诸多要求，指明了企业的产品创新和工艺创新的创新方向。这些要求在中小企业技术创新具体作过程中起到了指导、约束作用，使得技术创新过程能够按照技术法规的规定有条不紊地进行。

第三节　文化创新反哺中小企业技术创新

——北京华旗资讯公司文化创新实践经验剖析

一、公司发展概况

北京华旗资讯数码科技有限公司（以下简称"华旗资讯"）成立于1993年，公司发展经历了从1993年最初的贸易发展到后来的品牌和产品技术研发的道路。1996年，华旗资讯放弃原有的小太阳标志，将企业商标设计为独具特色的"aigo"（爱国者），倾力将其打造为企业品牌，并作为此后公司发展的主打品牌。1999年，华旗资讯走上了技术创新之路，公司通过引进硬盘制造技术，制造由企业自主研发的硬盘。到2002年，华旗资讯研发的U盘和"爱国者"品牌的移动硬盘这两款产品在中国市场的占有率均取得第一。2005年，企业发布了首款中国人自行设计、自主研发和制造的具有水印功能和800万像素的数码相机，推出了一款具有大存储容量的新型MP4以及发布了多款多媒体终端等。

华旗资讯设有多个研发机构和实验室，积极开展技术创新实践，推出了多个市场占有率全球第一的产品。公司旗下的"爱国者"品牌已成为国内个人数字产品的第一品牌，MP3和移动存储产品在国内市场占有率居首位。华旗资讯成立了技术研究院、专门从事信息安全研究的项目小组和专门开展多媒体终端研究与开发工作的研究院。发展至今，公司以北京为核心，经营网点辐射全国17个城市或地区，并在海外设立了多家分公司。

华旗资讯从一家不为人知的小型企业发展成为一家广为人知的中型企业，每一次技术创新都成为推动企业前进的强大动力，是企业发展的关键力量。具体而言，华旗资讯主要从三个方面进行了技术创新：

第一，华旗资讯从设计、应用方面开展技术创新，通过加强产品设计和应用型技术研发，走出了一条集成创新发展的道路，成为全球第一家将 USB 移动存储技术和 MP3 产品相结合的企业。华旗资讯从 2003 年起开始开发自己的 MP3 产品，研发出享有自主专利的视频 MP3、手表 MP3、眼镜 MP3 等一系列新产品，扩充了原始 MP3 的功能。到 2004 年，华旗资讯自有品牌的"爱国者"MP3 稳居中国市场首位，销售量远超国内和海外同类产品，为企业的长期发展奠定了坚实基础。

第二，华旗资讯以市场为导向，通过对市场信息的分析，预测未来市场发展的趋势，并将分析和预测结果传达给技术研发部门，作为技术创新方案设计的现实依据。企业自主研发的具有保护数码影像知识产权功能的数码水印技术位居世界前列，由该项技术生产的具有水印功能和 800 万像素的数码相机，成为全球第一款具有内容保真和版权保护的数码相机，很好地解决了数码相机拍摄的照片不能成为直接证据和没有版权保护的应用瓶颈，为华旗资讯赢得了良好的声誉。

第三，华旗资讯在技术创新所服务的对象上，着眼于广泛的市场，例如企业研发的灵动技术被用于 FLASH 控制芯片的制造，不仅应用于民用产品领域中电子硬盘的生产，也应用于工业、军事、航空航天等领域中电子硬盘的生产。华旗资讯研发的"妙笔"技术，被应用于北京奥运会的智能语音解说服务。这项人机交互技术不仅方便了市民和游客，更进一步扩提升了企业的知名度。

二、华旗资讯文化创新的实践

（一）首创"六赢"文化理念

华旗资讯的创始人和领导者冯军在早期创业的实践中，认识到研发高新技术虽然能够为企业带来可观的经济收益和社会效益，但是技术创新本身具有复杂性、风险性和不确定性，需要企业投入尽可能多的资源，且在满足各方利益的前提下，才能使技术创新得以实现。因此，冯军提出了"六赢"文化，成为华旗资讯早期发展阶段的主导文化。

冯军提出的"六赢"文化主要是指满足公司、员工、供方、代理、大众和社会这六个参与合作的利益主体共同合理的利益，共同分享发展的机会①。在此文化理念下，华旗资讯的发展要以协调好各方的利益关系为前提，实现利益分配的合理化，重视顾客、员工的利益以及自身的社会责任，以技术创新开拓新市场，同时鼓励员工参与创新实践，积极投身技术创新活动，为技术创新提供智力支持。

在"六赢"文化的指导下，华旗资讯与合作伙伴形成了合理的互补关系，并促使各方力量能够朝着共同的目标努力，形成团结合作的精神，这些都让华旗资讯领先于同时间同一领域的许多小型企业。

（二）建立"爱国者象棋"文化

华旗资讯在探索实践企业文化的道路上，十分重视将企业文化的建设与企业内外部环境的变化密切结合。为适应企业自身变化和外界环境变化的需要，从 2003 年起，华旗资讯的主导文化开始发生转变：在原来的"六赢"文化的基础上，华旗资讯以兼容中国象棋与国际象棋而成的"爱国者象棋"的游戏规则和思维模式为载体，融合中西方管理理念，总结和提炼管理理论与企业管理实践，积淀出一套具有鲜明企业特色的"爱国者象棋"文化，并形成六赢、坚持数一数二的企业精神。2003 年 3 月，华旗资讯成立了北京爱国者国际象棋俱乐部，这家具有独立法人资格的子公司，专门负责为华旗资讯进行品牌推广和企业文化的推广。

要理解华旗资讯独具特色的"爱国者象棋"文化，首先要了解

---

① 区乐廷，刘天祥，王丹. 华旗资讯：管理演绎"国象文化"[J]. 人力资源，2008（22）：50-55.

华旗资讯的"爱国者象棋"与传统的中国象棋和国际象棋之间的区别。"兵""马""象""王"和"后"都是国际象棋中的角色，但华旗资讯的"爱国者象棋"把象征中国人思维的中国象棋中的"炮"也放入国际象棋的棋盘里，充分体现了华旗资讯对中西方管理理念和管理哲学的兼容并蓄。而在"爱国者象棋"中，每一个棋子都有其独特的意义："炮"代表着跨越发展，事半功倍；"兵"代表着执着追求，实现理想；"马"代表着与时俱进，鼓励创新；"象"代表着内政外交，信息互联；"王"代表着深入实际，优化管理；"后"代表着注重女性，统合综效。这些角色的含义具体到华旗资讯的企业文化中，还有了更丰富的演绎：

第一，原本在国际象棋中并不存在的"炮"，却是华旗资讯"爱国者象棋"中非常重要的角色，它代表着一种跳跃性思维。在"爱国者象棋"中，"炮"的存在打破了传统国际象棋在二维空间下横走或斜走的惯例，"炮"在三维空间的"爱国者象棋"中可以跳着走，为此华旗资讯还申请了专利。结合"炮"的寓意，华旗资讯在发展中，注重培养企业员工形成一种跳跃式、跨越式的思维方式，启发员工凡事多动脑筋，善于用"炮"，以奇制胜，以不断激发员工的潜力。

第二，"兵"代表了一种坚持不懈、敢于挑战和执着追求的精神。在"爱国者象棋"中，"兵"只要攻到底就可以变成王以外的任何角色，也即华旗资讯鼓励每一位员工勇于接受挑战，坚持不懈并最后取得成功。在华旗资讯，只要员工努力坚持，人人都有晋升和发展的机会。这有助于华旗资讯的员工形成不畏困难、敢于拼搏、大胆创新的精神，帮助企业建立起一支勇于开拓创新、能吃苦耐劳、有恒心、有毅力的创新团队。

第三，"马"在"爱国者象棋"中代表了合作与共同进步，蕴含了与时俱进之意。"马"还是勇往直前、不畏风险的创新精神的象征。华旗资讯在发展中倡导树立一种团结合作的精神，一方面倡导企业内部员工与员工之间、部门与部门之间要相互帮助、共同前进，另一方面倡导要加强与合作伙伴的团结合作，形成相互信任的友好关系，从而增强技术创新的实力。甚至于对竞争者，华旗也倡导与其合作共赢，反对采取恶性竞争手段。在技术创新的过程中，华旗资讯坚持与市场需求相适应，时刻把握市场动态，这样既能满足企业发展需要，也能满足社会发展需要。

第四，"象"在中国象棋中只负责本方内部事务，而不能越过界河，意味着这一角色有一定的局限性。但"爱国者象棋"中的"象"秉承了国际象棋的规则，能够到棋盘中的任一位置，并且能与"车"形成矩阵形式的合作关系，最大限度地扩展与各方的联系，成为内政外交皆能胜任的综合性人才。华旗资讯奉行"知己知彼"的思维方式，提倡信息互联，在部门与部门之间形成便于管理的横向延伸与资源整合的矩阵式双责任双业绩结构。同时，华旗鼓励员工在各个领域全面发展，并与他人形成团队合作。

第五，"王"这一角色在中国象棋与国际象棋中的活动规则迥然不同，"王"在中国象棋中只能在九宫内活动，其活动范围非常有限；而国际象棋中的"王"可以走到棋盘任何一个位置，这就大大拓展了它的活动范围。"爱国者象棋"对"王"这一角色的设定，正是遵循国际象棋中的活动规则，含有深入实际、优化管理之意。华旗资讯在组织管理上要求企业管理者深入基层，走进销售一线，及时把握市场发展的新动态，及时了解消费者需求，为技术创新方案的设计与实施提供可供参考的现实依据。

第六，"后"代表女性角色，是国际象棋中最为强大的一子，其代表的巨大威力说明华旗资讯在人才引进方面不仅重视男性的力量，也重视女性的力量。华旗资讯提倡重视女性细致、耐心、更具韧性和协调能力等性格优势，充分发挥女性员工的作用。目前华旗资讯在人力资源、财务、法务等重要部门出现了一大批女性管理人员，还有女性担任副总裁等高管职位。在人力资源管理中，华旗资讯运用"统合综效"的思维方式合理分配人力资源,让女性职员在工作中体会到归属感和成就感,为企业的技术创新提供更多的人才储备。

二、华旗资讯文化创新实践对中小企业的经验启示

(一)技术创新对中小企业的文化创新起着决定作用

首先,技术创新的过程是一个对外界环境进行创造性学习的过程,因此,它要求企业文化应是一个开放的系统①。在面向企业的管理中,制定企业制度和搭建组织结构都需要同外界有较强的信息网络联系,并为适应外界环境的变化而不断进行调整,当调整已不能够适应外界环境的变化时,就需要通过创新来适应。

华旗资讯的创始人冯军立志于发展高新技术企业,高新技术需要以资金、知识、技术和人才等为支撑,通过技术研发工作创造出新技术,而技术创新不是闭门造车,需要企业及时掌握有效的市场信息,整体上了解和熟悉当前的技术研究与开发所取得的成果。因此,华旗资讯领导者重视对企业内部和外部环境的调查和研究,强调企业内外信息的互联,一方面企业人员要对业内技术发展的情况有一个全面的认识和了解,通过与外界合作来提升自身能力;另一方面企业人员需要通过深入实际、深入市场开展销售实践,才有可能准确地把握市场动态。在华旗资讯发展之初,企业领导者还认识到技术创新仅凭个体的力量是难以实现的,需要积聚多方力量共同完成。因此,华旗资讯实施技术创新要求不仅应处理好企业内部的各种关系,也要处理好企业外部的各种关系。正是基于技术创新对企业的这些要求,以及企业自身的不断探索与实践,华旗资讯提出了"六赢"的企业文化理念,并以此作为企业早期发展的主导文化。随着企业的不断发展和技术创新的不断深入,华旗资讯又提出了

---

① 苏渝. 技术创新对企业文化的作用及其影响 [J]. 石家庄经济学院学报, 2009 (3): 59.

"爱国者象棋"文化理念，在其中也强调了内政外交、信息互联和深入实际的观点。

其次，技术创新能够破坏传统管理体系、组织结构和规章制度的平衡，需要建立新的企业制度。华旗资讯在开展技术创新实践中，不可避免地会出现技术创新的需要与现存的管理体系、组织结构和规章制度相冲突的情况，因此，华旗资讯的管理者适时调整企业制度，优化企业管理，通过创新企业制度来适应技术创新的需要。

再次，中小企业不仅要增强技术创新能力，也要完善自身的企业文化，重视对本企业文化的创新。人们对世界认识和改造的能力是随着实践发展而不断提高的，如果中小企业员工的认识和改造能力同物质生产工具结合得越好，就越能熟练地掌握新的生产工艺，制造出的新产品就越能满足消费者的需求，中小企业的效益也会随之提高，中小企业员工的收益也会增加，中小企业的工作环境也会更加完善。华旗资讯在发展中运用新技术和新工艺制造出新产品，并通过全新的、独特的营销方式宣传新产品，很快被广大消费者所接受，既为企业带来了经济效益，也扩大了企业的影响力，提升了企业的知名度。

最后，中小企业通过实施技术创新，形成和培育了企业精神和企业价值观。任何一家中小企业要想进行技术创新都需具备一种敢于冒险、无畏失败、艰苦奋斗、勇于拼搏的精神，在技术创新中要允许失败，尤其是要容忍有价值的失败。

在过去特定条件下，中小企业制订的一些计划是难以付诸行动或是无法完成的，随着中小企业的发展以及技术创新的实施，这些计划务得以实现或完成，对中小企业领导者和员工的行为方式和思想观念产生着直接的影响，从而影响到企业精神文化层面，培育出新的企业精神和企业价值观。

在技术创新的要求下，华旗资讯在发展中开展了一系列的企业文化创新活动，并取得了不错的成果：1996 年，企业打造出自有品牌——爱国者，并设计出其标志。2003 年，企业大力支持象棋事业的发展，为后来"爱国者象棋"文化的形成奠定了基础。同年，华旗资讯举行了建业十年的庆典，并将爱国者以"aigo"为品牌标识，向国际市场进行推广。2009年华旗资讯研发的科技产品走入电影市场，此举成为华旗资讯的企业文化宣传和企业营销战略的新举措。

（二）文化创新对中小企业的技术创新具有反哺作用

1. 中小企业文化创新是技术创新的精神支柱

这主要表现在：第一，企业精神能够促使在中小企业中形成一种凝聚力。中小企业通过培育企业精神，能够凝聚技术创新主体的力量，形成一个奋发图强、勇于创新的中小企业氛围，促使中小企业员工树立起责任意识，产生对企业精神的认同感，在技术创新活动中自觉遵守中小企业的规章制度，最终建成一支忠于企业、富有科研攻关能力、团结合作的创新团体。第二，中小企业通过塑造追求卓越和鼓励创新的企业精神，有助于激发员工的创新热情，以便形成积极创新的氛围，提升技术创新水平。第三，中小企业通过制定科学合理的企业制度，尤其是人事制度和奖励制度，既起到了规定和约束技术创新主体行为的作用，又激发了企业员工的创新意识。第四，中小企业文化创新具有较高的凝聚力，促使员工对中小企业形成一种更强的认同感和主人翁意识，自觉地规范自己的行为，营造和谐的人际关系，激发自身的创造力，形成一种技术创新的合力。

2. 中小企业目标和经营理念对技术创新也起着重要的作用

以可持续发展为目标，能够促使中小企业制定长期的技术创新发展规划，不断加大对技术创新研究与开发工作的投入力度，加强对创新人员的重视和奖励程度，激励创新主体更大程度地发挥自己的创造力。

3. 中小企业文化创新引导着技术创新的价值取向

技术创新的具体实施者主要是从事技术研发的人员，他们的思维方式、行为模式及其潜能的发挥对技术创新产生着重要影响。中小企业文化创新所形成的新的企业精神和企业价值观直接影响着技术研发人员的价值观念、行为模式和思维方式等。在过去，中小企业发展单方面追求经济利益，这样的企业价值观给中小企业家及员工群体灌输的是唯利是图的思想，忽视技术创新可能对社会和环境带来的负面影响。现代的企业价值观则强调技术创新不仅仅是为中小企业谋利，还要兼顾社会价值和环境价值，这种企业价值观有助于中小企业的技术创新主体形成正确的价值取向。

4. 中小企业文化创新对技术创新系统的形成有着重要作用

技术创新系统对技术创新的成效具有决定作用，而该系统的建立及其功能的发挥受到中小企业文化创新的影响。中小企业要想形成有效的技术创新系统，一方面，需要建立起鼓励创新的奖励制度和管理制度，为技术创新创造高效运转的良好环境；另一方面，需要制定相关的管理措施，引导和约束技术创新主体的行为。

上述文化创新对中小企业的技术创新所具有的反哺作用充分体现在了华旗资讯的文化创新管理实践中：

首先，"六赢"文化的提出满足了技术创新的需要，为技术创新创造了条件。华旗资讯提出的"六赢"中的六方是指公司、员工、大众、供方、代理和社会。公司是员工共同工作的地方，是开展技术创新的所在地；员工是企业存在所必不可少的成员，是从事技术创新的主体；大众是指产品的用户，是企业经济效益和员工收入的根本来源，是技术创新的资金来源；供方主要包括原材料供应商、媒体资源、社会服务机构及其他合作伙伴，既是企业赖以生存和发展的后盾，也为技术创新提供物质上的支持；代理是企业服务于大众的支持者，既是企业的合作伙伴，也是新产品投放市场销售的执行者；实现社会利益是企业发展的最高目标，"取之于民，用之于民"是企业服务于社会的具体表现，弘扬民族精神，振兴民族信息产业，是华旗资讯每一位员工奋斗的最高精神目标，也是华旗资讯开展技术创新的长期奋斗目标。

其次，"爱国者象棋"文化进一步促进技术创新的发展，有助于技术创新水平的提升。主要表现在六个方面：

（1）"爱国者象棋"文化中的"炮"含有借势而上、出奇制胜之意，代表着跳跃性思维。这种跳跃性思维有助于构思出独具一格的技术创新方案，使华旗资讯所研发的新产品在业内取得领先地位。华旗资讯在移动存储技术方面取得的成功，正是借鉴中国象棋中的"炮"的跳跃性思维模式的结果。企业在 USB 的生产上，跳过了对软件和光盘的开发，直接生产 USB，使企业节省了更多的成本，取得了更多的经济收益。在 MP3 领域，华旗资讯生产的具备存储功能的 MP3 为用户在使用上带来了更多的便利，为企业带来了良好的经济和社会效益。

（2）"爱国者象棋"文化中的"兵"含有执着追求，实现理想之意。华旗资讯设立了一个"数一数二奖"，目的在于鼓励每一位员工在自己的岗位上坚持不懈地奋斗，通过自己的努力获得晋升机会。华旗资讯中很多的高层管理者都是从不起眼的工作做起，在企业给予的发展平台上，一步步地接近自己的奋斗目标，成为核心成员。有了成功的榜样，更加有助于激发企业员工的工作热情和创新意识，促使员工为实现理想不断开拓进取，大胆创新。

（3）"爱国者象棋"文化中的"马"含有合作、双赢和与时俱进之意。华旗资讯在发展中认识到技术创新仅凭一己之力难以实现，需要与其他企业合作，实现多方共同获利，才能保证技术创新的顺利实现。通过合作，华旗资讯能开辟更加广泛的市场，在与市场的接触中，及时把握市场动态，实现技术创新与市场实际需要紧密结合，做到研发工作与实际需要相结合，做到与时俱进。

（4）"爱国者象棋"文化中的"象"含有内政外交，信息互联之意。华旗资讯在企业组织结构上倡导消除部门与部门之间的隔阂，提倡企业各部门之间积极交流，形成开放式、合作式的企业交流空间，为技术创新提供了一个良好的企业内部交流环境。

（5）"爱国者象棋"文化中的"王"含有深入实际，优化管理之意。华旗资讯的技术开发以市场为导向，强调管理者要能够根据消费市场的需要，及时了解客户的需求，因此需参与产品的销售环节，在市场销售实践中及时获取有效信息，准确把握用户的需求。企业中每个部门的人员在每月都要进入市场从事产品的销售活动，在销售产品的过程中，及时收集消费者对产品的反馈意见，为今后制订和改进技术创新方案提供现实依据。作为策划部和研发部的人员更需要定期从事产品销售实践，通过收集市场信息，为技术创新方案的构思寻找灵感，提高技术创新研究、开发和设计工作的效率。华旗资讯还鼓励企业的各级人员之间要时常保持有效的沟通，规定各个管理层的管理者都要与其管理的员工之间彼此相互交流，时常听取员工的意见，与员工形成共识，培养出团结合作的工作伙伴关系。

（6）"爱国者象棋"文化中的"后"含有重视女性，统合综效之意。华旗资讯过去在高层管理人员的任用上缺少女性角色，男性管理人员在处理一些细致的工作时容易失去耐心，相对而言，女性往往更加细致和有耐心，因此，华旗资讯逐渐改变了以往的选拔制度，将引进和培养优秀女性人才作为企业人才战略的重要内容之一。同时，"后"还代表了最有协调能力和韧性的角色。华旗资讯提倡统合综效的思维方式，对技术创新团队建设来说，重视女性的作用更有利于调解技术创新过程中出现的分歧和矛盾，有助于提升团队合作的精神，为实现技术创新增添保障。

第四节　品牌创新助力低技术中小企业构建竞争优势

——重庆谭木匠公司品牌创新实践经验剖析

一、公司发展概况

1993 年，重庆人谭传华依靠 30 万元贷款和仅有的一只左手，从手工作坊起家创建了小木梳品牌"谭木匠",经历了10年的快速发展,如今"谭木匠"已经成为木制品市场上叱咤风云的大品牌,公司于2009年12月29日在香港联交所正式挂牌。截至2013年6月底,谭木匠公司(下称"谭木匠")已拥有专利80余项,在国内有1 400余家连锁店,遍及31个省、自治区、直辖市的300多个城市,并把店开到了新加坡、马来西亚,产品远销欧美、日本、东南亚以及中国香港、中国台湾等数十个国家和地区。公司在品牌创新上成果颇丰:2003年,荣获"中国品牌设计金奖";2004年,被中国商业联合会评为"中国商业信用企业""中国公认名牌";2005年,获得中国连锁经营协会颁发的"年度最具成长力奖";2006年荣获"中国驰名商标";2006年起,连续四年入选《福布斯》中小企业榜等。在朝着百年老店的目标迈进的过程中,"谭木匠"展现出了持久的活力。

二、公司发展历程

(一)公司初创期

1993年6月,谭传华创办万县三峡工艺品有限公司,并于1994年从中国农业银行贷款30万元,生产"先生""小姐"牌水磨黄杨木梳,年产值65万元。

1995年,谭传华正式注册"谭木匠"梳子商标。随后,公司经历过艰难的推销之旅,烧过价值30万元的不合格产品,搞过无数次技术改革,创办过"快乐的谭木匠"宣传漫画报……

1997年,谭传华的小木梳终于获得了较好的市场知名度。就在他磨刀霍霍准备大干一场的时候,一个意外的难关挡在了面前:由于没有固定资产作抵押,银行不愿意贷款给这个靠生产小梳子为生的小企业,这是当时中国所有中小民营企业共同面临的成长难题。1997年8月19日,对银行苦苦哀求没有结果的谭传华愤怒了,在重庆一家报纸上打出整版广告:谭木匠工艺品有限公司招聘银行。一时在国内外引起轰动，全国乃至全球 1 000 多家媒体蜂拥而至，争相报道"谭木匠招聘银行现象"，并随后在金融界、企业界引发了一系列关于银企关系的大讨论。"招聘银行"的新闻，无疑给了"谭木匠"很大帮助，很快有银行主动找上门来贷款，谭传华因此渡过一个小难关。1998 年春节，他又出人意料地将从中国建设银行获得的 100 万元贷款拿到中央电视台打广告，并借机大开专卖店。

（二）公司的成长与发展期

1998 年 3 月 7 日，谭传华在四川南充青浩开出第一家加盟连锁店，并开始以特许经营模式发展。市场销路渐开的背后是他坚持不间断地创新技术，不间断地淘汰落后产品。谭传华认为加快新品的推出，必须靠创新来支撑，包括与创新战略相匹配的企业文化体系。管理层包容创新的态度，可以让建议或疑问在真正开放的环境里得到讨论。除了宽松的创新氛围，"谭木匠"还建立了有效的制度，激励全体员工和加盟商提出独特的合理化建议体系，并每个月在《谭木匠》杂志中展示，鼓励全员创新。以产品开发为例，1999 年"谭木匠"开始尝试生产工艺镜，到 2001 年，公司产品已形成梳、镜、饰品三大系列。"谭木匠"围绕"亲情、友情、爱情、风土人情"的主题，每年滚动推出数百种新款式，截至 2000 年已有近 3 000 个款式，享有 80 多种技术专利，以品种繁多、各店之间不同质化的优势吸引顾客，也令所有的竞争对手望尘莫及。

2000 年年初，"谭木匠"专卖店已开了接近 100 家。然而就在这年春天，专卖店加盟速度骤降，各地加盟商开始有了抱怨。梳子虽好，但店堂装修却很一般，缺乏文化内涵，常常埋没于商街而吸引不了顾客眼球，其结果是各地加盟店生意平淡，利润勉强，投资回报率不高，有的甚至亏损倒闭。为此，公司花重金（当年利润的 1/3）请来了专家团，为公司导入企业形象识别系统（CIS）。经过反复论证思考，在一流设计师的创意指导下，"谭木匠"提出以中国传统文化为基调，既传统又现代的新店面设计方案。装潢以红檀木色为标准色，具有沉着、古朴、传统、自然的特质，象征着活力、刚强、喜庆和吉祥；门外牌匾"千年木梳，万丝情缘"；店门左右方柱上各刻着隶书体"千年木梳""万丝情缘"字样，一袭布帘遮住了半扇门，上书"我善治木"。店堂正墙上，一把木锯，一把木钻，一把木刨上挂着角尺，都让人联想到木匠的勤劳平实。《一段家史》《品味生活》的故事情节体现出独特的店铺文化。挂满四壁的各式精致小梳，让人产生置身于梳子小王国的感觉。古色古香的中国木屋式店面，在周围钢筋水泥建筑的衬托下，更像一个回归古代的寓言小屋。所有这些，朴实而有新意，强化了品牌的文化氛围，彰显了独特的品牌个性，消费者常常流连忘返。与以往在超市里、路边摊上混在杂物堆里出售的梳子相比，"谭木匠"的 CIS 给人一种专业的、高档次的印象。

店面形象的提升，促进了销售量的不断增长。2001 年，"谭木匠"更新了全套设备。"当一个工厂门口车水马龙，呈现一派需求繁荣景象时，就该考虑更换新设备了，这样你才会不易被超越。"谭传华从日本企业身上借鉴了这样一个真理。短短 4 年后，企业又淘汰了旧生产线，更换新设备。虽然销量很好，但"谭木匠"并没有急速去扩张产能，原因在于手工业主要是师傅带徒弟，需要帮、传、教，一旦速度过快，很难把握产品质量。因此谭传华不打算实行非常工业化的流水线作业。

在独特的市场领域，谭传华不断引入先进的管理理念。在加盟连锁店的运营方面，"谭木匠"于 2001 年 4 月颁布实施《标准化运营手册》，统一规范管理，加强对连锁加盟渠道和品牌的管控；2003年 11 月，引入质量管理体系，加强产品质量控制；2006 年 10 月，引入 ISO 管理体系，提升公司整体管理水平，保证了公司连锁加盟体系的正常运转。2003 年 8 月，为加强对特许经营连锁体系的管理和监督，奖励社会组织、社会公众和消费者的投诉、举报行为，谭木匠公司出台了"啄木鸟奖励管理办法"。投诉者可以通过信函、电话、传真、网络等方式向任何部门投诉，然后由各部门汇总至啄木鸟奖评审委员会统一处理；投诉内容可以是服务态度、专卖店卫生等各个方面。每年，谭木匠公司都要评选10家优秀专卖店和10家问题专卖店。此外，谭木匠《专卖店简讯》《谭木匠》《专卖店文化手册》《中华手工》等工具也成为其大力传播、沟通并建立起健康文化的桥梁。

这些令竞争对手始料不及的招数，使"谭木匠"稳稳地坐上了中国梳子第一品牌的宝座。至2005年年底，公司已经连续9年经营业绩持续增长，2002年以来公司平均销售增长达39%，平均净利润增长也高达36%。2008年年底公司加盟店数量达到720家，营业额超过了1亿元。

2009年12月29日，香港联交所当年最后一场上市仪式上，内地工艺木梳"谭木匠"正式挂牌，最后报收3.93港元，溢价达52.3%，公司掌门人谭传华夫妇共持有公司67.88%股份，持股数量1.697亿股。按发行价计算，市值达4.3亿港元。上市的成功推动了公司的迅猛发展，截至2013年，"谭木匠"门店已由上市时的875家增加至1 440家，其中绝大部分是加盟店；收入从上市时的1.4亿元增长至2013年的2.8亿元，年复合增长率为19%；利润则从上市时的4 600万元增长至1.26亿元，年复合增长率为28.6%。

（三）公司未来的机遇与挑战

实体特许加盟连锁店体系的建立以及独特的品牌理念成就了"谭木匠"的成长，但随着近年来互联网经济的发展，电商的崛起对实体经济带来了颠覆性的影响。顺应互联网经济的浪潮，"谭木匠"从2010年开始尝试电子商务业务。第一年营业额120万元，第二年营业额280万元，第三年营业额890万元，第四年营业额1 800万元……电商业务的迅猛发展，让谭木匠公司看到了机遇与挑战。为了更好地发展电商业务，谭木匠公司专门成立了电子商务事业部，于2013年7月将电子商务事业部搬到了南京句容，并于2014年4月将公司总部也整体搬迁过去。直接原因是看重南京以及整个长三角地区的物流、信息流以及人力资源方面的优势，让公司离市场更近一些，享受长三角的区位红利。

搬迁总部成为"谭木匠"组织变革的一个重要契机。搬迁到南京句容之后，"谭木匠"原有管理层级减少了，在鼓励原有员工和直线领导沟通的基础之上，公司还大力鼓励横向沟通，倡导组织公民行为，提升组织的反应速度，激发员工二次创业激情，重塑企业文化。公司还同时强调品牌的提升，邀请中国香港著名品牌设计大师李永铨（Tommy Li）、著名设计师何宗宪（Joey Ho）及云马设计公司参与品牌的整体提升计划在品牌中融入更多时尚的元素，用一把小小木梳实现了时尚与传统的完美结合。

三、公司品牌创新的实践

纵观"谭木匠"的发展历程，我们发现，"谭木匠"脱颖而出的关键在于用千姿百态的小木梳传递出中国浓厚的传统文化底蕴，而清新、独特的品牌识别系统为其品牌文化的形成立下汗马功劳。

（一）独具特色的理念识别

演绎独具特色的文化理念，突出鲜明的个性，往往能使品牌获得消费者情感上的认同，进而形成品牌的魅力和价值，"谭木匠"可以说是深谙此道。

中国人使用木梳已经有了几千年的历史，从古至今，梳子能够体现主人的品位和气质，承载人们对梳理愁绪的联想。然而工业文明导致市场上有大批塑料梳子的生产和使用，这使梳子沦为一种没有底蕴和技术含量的低廉日用品。近年来，随着保健、防静电等功能需求的提出，木梳和牛角梳逐渐成为消费者青睐的对象，然而国内大多厂家生产的木梳、牛羊角梳工艺落后，制作粗糙，高端市场还是一片空白。

"谭木匠"抓住顾客的潜在需求，以独特的文化品位和高品质的木梳塑造品牌形象，创造出了一个巨大的市场"蓝海"。

"谭木匠"依靠传统木梳行业的底蕴，提炼出"我善治木""好木沉香"的理念，把中国古典文化和人性情感注入产品中。具有古典气息的品牌、古朴的购物环境、造型精致独特的小梳、精心设计的包装袋、"用情梳心、真爱相随"为主题的七夕节促销活动、"感恩"为主题展开的征文活动……这些无不散发着"谭木匠"的传统文化气息。"谭木匠"将小木梳的艺术性、工艺性、观赏性、收藏性与实用性相结合，使小木梳从日常用品提升为寄托情感的艺术品。针对木梳的核心消费群体——女性顾客，"谭木匠"将传统文化与流行时尚相结合，让其生产的小梳子、小镜子、小布袋子成为"小资"女性的标志和最爱。

为了更好演绎品牌文化，"谭木匠"还采用了"讲故事"的独特方法。在每一个"谭木匠"专卖店里都工整地装裱了这样一段"家史"："我的曾祖父是一位知名木匠，小有家业。由于爷爷沾上鸦片，把整个家业输得一干二净，在万般无奈之下，年轻美貌的奶奶只好求保长将爷爷抓去当壮丁……两年后，爷爷就死在长沙……父亲含恨学艺，成了一个好木匠。我一直想当诗人、画家，付出过惨重代价，几近饿死街头，天意不可违，我仍然还是做木匠的命。"这段"家史"也成了"谭木匠"不花一分钱的广告。

（二）耳目一新的视觉识别

品牌视觉识别在品牌传播时通过图案、造型等向消费者传播品牌的诸多信息，会给消费者留下直观、深刻的印象。"谭木匠"的品牌视觉识别系统令人耳目一新，文化气息扑面而来，也很好地诠释了"谭木匠"的品牌文化内涵。

1. 品牌名称和标识

谭传华曾经想过"先生""小姐""三峡"等许多品牌名称，但是效果并不理想，最后才启用"谭木匠"这个品牌名。没想到"谭木匠"这三个普通的字，却把木梳浓厚的乡土情结体现得淋漓尽致。"木匠"是中国传统木工手艺人称呼,本身就有一股乡土味,"木匠"前冠以"谭"字,符合中国传统商号的取名习惯,给人一种沧桑厚实的历史感,使许多消费者把这家新开的"小作坊"误认为是一家历史悠久的"老字号"。同时,檀木在中国民间是吉利的象征物,有避邪驱邪的功用,"谭"与"檀"谐音,正好给人以美好联想。"谭木匠"的标识设计也别具一格,"谭"用隶书,"木"是几块木板搭成,"匠"则配以木工作坊劳作图,极具中国传统文化特色。

2. 产品包装

"谭木匠"在包装上采用分类包装的方法,高档木梳有礼品盒包装,普通的木梳的外包装是黑色或蓝底白花的中式小布口袋,非常富有中国传统特色。礼品袋、礼品盒的设计使公司的产品不仅有实用价值,还成为馈赠佳品,给消费者留下了高档的品牌印象。

3. 店面陈列

"谭木匠"采用品牌特许经营方式,专卖店大都设在城市商业闹市区,店面陈设有统一的风格要求。"谭木匠"的店面大约10平方米,小小的门面以红檀木色为底色,两端门柱上挂着一副"千年木梳""万丝情缘"的隶书对联。店面内悬挂"好木沉香""谭木匠"等字样的门楣,温暖的灯光打在亮闪闪的招牌上,于浮光掠影中给人一种原汁原味的古朴感。店内木质展台设计精巧,四壁挂满了各种样式精致小梳,店面虽然不大,却让人仿佛置身于梳子的王国。整个店面传递出浓厚的文化气息,很容易让路人驻足观望。这种文化和情感认同使许多过路人成为"谭木匠"的客户,甚至成为回头客。

(三)匠心独具的产品识别

产品是品牌的载体,也是消费者认识品牌的一扇窗口。"谭木匠"对产品的开发、价格定位以及品质要求都匠心独具,体现了其品牌的文化内涵。

1. 产品开发

"谭木匠"梳子系列按立意划分有"花开富贵,竹报平安"系列、"凤求凰"系列以及"鹊桥仙"系列等，体现传统民族特色，彰显品牌文化底蕴；按用途划分有普通桃木梳、护发梳、合家欢、婚庆梳、婚庆梳以及相关的发夹、镜子、佛珠等木制产品；按材质划分有檀木系列、黄杨木系列、牛角系列等。"谭木匠"丰富的产品系列满足了消费者不同的需求口味，体现了"谭木匠"出色的产品开发和设计水平，赢得了消费者的好感。

2. 产品价格

"谭木匠"的定价策略有两条：一是优质高价。地摊或商店里的普通梳子常常几元钱一把，然而"谭木匠"的梳子最便宜的是18元一把，通常的黄杨木梳子是38元一把，最贵的梳子超过200元一把。"谭木匠"的高价位与其专卖店的销售方式、地理位置和店面布置很协调，体现出"谭木匠"卓尔不凡的品位，也使其获得了很高的利润空间。二是统一定价。"谭木匠"所有专卖店的价格都是统一的，一律按照标价出售，从不打折还价，体现了其产品物有所值，这符合一切高档品牌的营销策略。

3. 产品品质

"谭木匠"将传统工艺同现代抛光、插齿技术结合起来，每一把木梳都是经过三十六道手工工序精心打磨而成。其产品用料考究，大多取材于上等的黄杨木、桃木、枣木，通过草染、生染等手工工艺精心打磨，再经蒸、烘、高温加压等特殊工艺处理而成的。比如草木染工艺，利用严格的中药配方，再把这些中药进行压汁，然后把梳子放在里面浸染，这样就制成了"谭木匠"颇具名气的一款梳子"草木染"。精心制作的"谭木匠"木梳梳齿圆滑、手感舒适，具有防静电、保健、顺发等基本功能。而且，它将实用性和艺术性完美结合起来，创造了多样的梳体造型，赋予小木梳极高的艺术魅力。

三、公司的品牌创新给中小企业自主创新的经验启示

"谭木匠"作为典型的中小企业，也是低技术的传统制造业的企业代表，有别于科技型中小企业在技术发展上的日新月异，"谭木匠"依托传统手工行业的生产制造在产品技术含量上与高科技企业有明显的差异。因此，"谭木匠"通过不断的品牌创新塑造企业核心竞争优势，无疑为低技术的劳动密集型的中小企业在创新上提供了很好的参考。

（一）中小企业可以在细分的市场类别里做出大品牌

"谭木匠"的成功主要缘于它在一个没有品牌的产品类别里做出了品牌，而且可以说是这个产品类别里的唯一品牌，在自己的细分市场拥有独一无二的地位。这种地位正是它拥有提价权的根源——从公司的提价策略上看，显然"谭木匠"早就认识到这一点了。2010年6月，因市场木材原材料价格上涨等因素，公司在售400多种产品分别逐步提价20%~30%。产品价格上调并没有致使销量下滑，反而促使公司在当年提前一个月完成年度销售计划，全年销售额达到2.06亿元（年度计划1.9亿元，不含中国香港和海外），比2009年销售额1.42亿元（不含中国香港和海外）增加6 400万元，销售额净增长45.07%。"谭木匠"在自己的市场领域可以根据自身的情况选择产品提价，而销售总额不受负面影响，这就是"谭木匠"在细分市场拥有的优势地位的体现。通过表9-1公司历年在售产品均价与年度销售额的对比可以看出，随着产品均价的提升，销售额也在随着增长。

表9-1 "谭木匠"历年在售产品均价与年度销售额的对比

年份	2008年	2009年	2010年	2011年	2012年	2013年
产品均价/元	134.68	142.90	218.85	384.5	444.31	419.58
年度销售额/亿元	1.087	1.398	1.894	2.440	2.719	2.809

数据来源：谭木匠产品研发中心产品分析报告（2008—2013年）。

细分市场局限之一就在于市场容量有限，而"谭木匠"借助强大的品牌优势，给企业塑造了良好的市场进入壁垒。有实力的资本，不愿再投入此类狭小的细分市场，而此细分市场内的其他竞争对手又因实力弱小或无品牌效应，无法与已形成强大品牌优势的"谭木匠"相抗衡。

（二）独特的品牌运营模式可以更好地提升中小企业的品牌价值

提到品牌的推广，很多人都会联想到"打广告、看疗效"。但"谭木匠"很少打广告，主要依靠口碑相传。"谭木匠"认为广告效应来得快去得也快，起不了恒定长久的作用，与其在广告上投入大量的成本，倒不如把这些钱花在其他效果更持久的地方。因此，"谭木匠"运用独特的品牌运营模式来推广其品牌，主要有以下几种：

一是富有传统文化底蕴的企业形象识别系统（CIS），包括统一的门店风格、别具匠心的 LOGO 和产品等，直接吸引消费者的眼球。

二是编辑富有文化内涵的图册、书籍等免费赠阅消费者，包括《以木立信》《中华手工》《谭木匠故事连环画册》《专卖店文化手册》《谭木匠》《我善治木——谭木匠的 88 个经营秘诀》《梳子史话》《感恩的心》等，直接撞击消费者的心灵。

三是公益活动的引导与参与，宣扬正能量。比如"绿色行动""爱心行动""给妈妈梳头"等公益活动。特别是 2013 年启动的"给妈妈梳头"大型公益活动，一启动就受到社会各界的关注。公益活动的开展极大调动了消费者的热情。

四是参与国内外手工技艺大赛，宣扬精湛的匠人手艺。比如雕刻梳《硕果累累》、漆艺梳《静香》等多次获得国内外奖项。获奖的作品向广大消费者展示了谭木匠人精湛的工艺水平。

五是在企业内部宣扬家的文化，凝聚具有共同价值观的员工。"谭木匠"是一群人，是一群把"诚实、劳动、快乐"的核心价值观践行到实际的工作中，融入产品设计、生产工艺、销售服务等各个环节，共同实现"做全世界的一把梳子"企业愿景的人。只有员工真正接受企业的文化，才能真正把企业的文化传递并发扬出去。

（三）中小企业应紧抓"产品"这一品牌根本

任何的品牌都要依附于产品而产生价值，这产品有可能是有形的，也可能是无形的。没有产品的存在，品牌就失去了自身的价值。融入文化底蕴就好比给品牌注入了灵魂，使品牌更具有生命力。做好品牌的前提就是做好产品，从"谭木匠"的发展经验来看，做好产品就是要做好以下三点：

一是注重产品质量。产品品质的严格把关也是"谭木匠"的一大特色，谭传华曾经火烧 10 余万把质量不过关的梳子，一时传为佳话。

二是注重产品创新。产品创新分为产品设计创新和产品工艺创新。"谭木匠"的产品属于低技术类的产品，不同于其他高科技产品，在产品工艺创新上突破有一定局限性，因此"谭木匠"更注重产品设计创新，其所拥有的 80 多项专利中绝大部分都属于外形包装类专利。

三是注重产品附加值。产品除了本身使用价值之外，附加值越高产品价值越高。梳子的传统使用价值就是梳头，"谭木匠"因为其注入了保健、不伤发、情感等附加值，从而提升了产品的价值。

第五节　协同创新弥补中小企业自主创新短板
——成都等地产业集群中小企业协同创新经验剖析

一、具有代表性的中小企业产业集群发展概况

（一）四川成都软件产业集群发展概况

成都是我国基础软件、应用软件、嵌入式软件、软件服务外包和集成电路设计、信息安全、数字媒体、动漫游戏等重要产业化基

地。2009年，成都市软件业和服务业的主营业务收入达756亿元，从业人员人数达15万人。有711家企业通过了工业和信息化部认证，377家企业通过了CMM/CMMI认证，4家企业入选国家规划布局内重点软件企业，2家入围中国电子信息百强企业，6家企业被评为中国服务外包成长型企业。在全国15个副省级城市软件及信息服务业发展的对比中，成都软件及信息服务业主营业务收入和发展速度均排名第三，可见成都在国内同类产业集群中具有较强的竞争力。

近年来，成都市政府不断完善产业推进和扶持政策，已形成了具有自我特色的产业链集聚化发展态势。在软件产业的众多领域中，成都软件产业主要发展方向集中在数字娱乐、外包服务、信息安全、IC设计和行业应用软件五个方面。从产业结构上分析，2009年，软件产品收入218.9亿元，占企业总收入的52.3%；系统集成与支持服务收入70.6亿元，比重达16.8%；信息技术增值服务收入89.1亿元，比重达到21.3%；设计开发收入39.6亿元，比重达到9.5%。从数据可以看出成都软件产业机构在不断优化中，软件产品收入仍然占企业总收入的第一。

（二）浙江玉环水暖阀门产业集群发展概况

玉环位于我国浙江东南沿海黄金海岸线中段，介于台州、温州两个沿海开放城市之间，是我国最大的中低压铜制阀门生产出口基地。2003年7月，玉环被授予为"中国阀门之都"，由此确立了玉环在国内阀门业的地位。2009年，玉环阀门行业实现产值约200亿元，是玉环工业第二大产业，占全国同行业产值的50%以上；完成出口交货值约10亿美元，占全县出口交货值的50%。如今玉环已经是浙江阀门专业商标生产基地，并正筹划建设起一座现代化的"中国玉环阀门城"。

玉环水暖阀门产业集群主要分布在楚门、清港、龙溪三个乡镇。其中，楚门镇2009年产值约80亿元，占全县总产值的40%，是玉环乃至全国水暖阀门的主要生产基地。玉环水暖阀门产业集群主要由生产企业、研发平台、原材料和终端产品交易市场以及行业协会和商会构成。

（三）江苏丹阳高性能金属材料产业集群发展概况

2002 年，科技部火炬中心批准建立"国家火炬计划丹阳新材料产业基地"后，江苏丹阳市的新材料产业快速发展起来。以"中国五金工具之乡"——后巷镇、江苏省"三航"高性能合金科技产业园所在地——吕城镇为核心区，形成了高性能金属材料产业集群，聚集了 350 家高速工具钢、高温合金和金属基复合材料及其深加工企业，拥有全球最大的高速钢生产企业——天工集团，国内领先的高温合金及制品生产企业——丹阳精密合金、巍华精密合金，亚洲最大的高性能刀具生产企业——飞达集团，以及国内领先的金属基复合材料汽车轮毂生产企业——大亚科技、江苏圆通、呈飞精密合金等企业。2009 年实现销售收入 230 亿元，利税 3.7 亿元，出口收入近 3 亿美元，是推动丹阳经济发展的一支重要力量。

丹阳高性能金属材料产业集群是当地企业在传统产业的基础上，通过集群化发展形成产业特色，以引进技术、自主研发、产业研合作等手段提升技术水平，实现了从传统产业向新兴产业的转型，最终形成具有较强技术、规模和市场优势的创新集群，摆脱了以低成本优势为基础的生产集群低端化发展道路。

二、不同产业集群中小企业协同创新的实践

（一）成都软件产业集群中小企业协同创新的实践

截至 2009 年，成都产业园内共有中小企业 595 家，从行业结构上看，行业应用类企业有 225 家，产品涵盖通信、交通、社保、光电、电力、金融等方面，占企业总数的 38%。骨干企业有智胜、迈普、索贝、银海等，其中智胜在空中交通管理领域拥有自主知识产权的大型软件在国内处于领先地位。信息安全类企业有 68 家，产品涉及网络安全、安全路由器、网络及信息安全管理产品等众多领域，

占企业总数的 11%，在国内有较强影响力的品牌企业有卫士通、华赛、赛门铁克等。IC 设计企业有 82 家，业务涉及通信、视频消费电子、职能家电等领域，占企业总数的 14%，骨干企业有飞思卡尔、科胜讯、凹凸电子、飞博创和芯微、华微、国腾等。2009 年飞博创和芯微成为国家"核高基"项目独立承担单位。服务外包类企业有 102 家，主要业务涵盖信息传输服务、信息技术服务、互联网信息服务、数字内容服务、数字娱乐运营服务、后援支持等领域，占企业总数的 17%，骨干企业有巅峰、迈思、维纳、IBM、新电信息、音泰思等，其中巅峰、音泰思等六家企业被评为"中国服务外包成长型企业"，巅峰荣获"服务外包交付保障"全国第六名。数字媒体企业有 118 家，业务涉及网络、动漫、游戏运营、手机游戏、测试、数字客户等领域，占企业总数的 20%，骨干企业有锦天科技、星漫科技、梦工厂等。具体如表 9-2 所示。

表 9-2　成都软件产业集群企业主体情况

企业类型	数量/家	规模结构
行业应用	225	500 人以上 8 家；100~500 人 97 家；100 人以内 120 家
信息安全	68	500 人以上 6 家；100~500 人 20 多家；100 人以内 42 家
IC 设计	82	500 人以上 7 家；100~500 人 25 家；100 人以内 50 家
软件外包	102	500 人以上 8 家；100~500 人 24 家；100 人以内 70 家
数字媒体	118	500 人以上 3 家；100~500 人 55 家；100 人以内 60 家

资料来源：成都高新区管委会、成都高新区软件及服务外包产业推进办公室统计资料。

成都有国家重点研究院所 70 个、企业技术中心 31 个，拥有国家重点实验室、中心和基地共 37 个，国家工程技术研究中心 13 个，并且拥有电子科大、四川大学等高等院校 60 多所，每年有近 10 万互联网技术毕业生，同时拥有国信安、东软等多家培训机构和 IBM、NIT 等软件和信息服务人才实训基地。在该产业集群中还有上百家的科技中介机构、融资机构、咨询机构、孵化器等，为中小企业的发展提供了得天独厚的环境，具体如表9-3所示。

表9-3 成都软件产业集群中本地院校、研发机构和中介组织情况

机构类型	数量/家	备注
研发机构	101	中科院成都分院、中国电子研究院成都第30研究所、赛门铁克中国研发中心成都基地等
本地院校	68	四川大学、电子科技大学、西南交通大学、西南财经大学、成都理工大学、成都信息工程学院等
科技中介	10	成都高新区电子商务协会、成都市服务外包行业协会、成都高新区知识产权交易所
孵化器	36	其中有17家国家级孵化器和专业基地
咨询机构	24	成都市经济信息中心、成都市软件产业发展中心、信息产品检测中心、CMM等
培训机构	30	软件人才培训联盟、北大青鸟、国信安、华迪、NIT等

资料来源：成都高新区软件及服务外包产业推进办公室、成都市信息化办公室统计资料。

从表9-2和表9-3可以看出，在成都软件产业集群中，500人以下的企业约占据企业总数的94.6%，可见中小企业在该集群的发展中起到了重要作用。同时在该集群内拥有众多的院校及科研机构，本地院校达到68家，研究机构达到101家，每年有近10万信息软件相关专业的学生毕业，使得当地科研力量十分雄厚，为中小企业开展产学研合作奠定了良好基础。大学及科研机构为中小企业的创新提供了良好的创新场所和设备，为企业输送大量优秀的创新人才，从而为知识、技术在中小企业之间的广泛传播和扩散创造了良好的条件。

从市场竞争环境的角度考虑，在该软件产业集群内，共595家企业分布在行业应用、信息安全、IC设计、软件外包和数字媒体五个领域，而在这595家企业中，企业雇员在500人以下的企业有563家，中小企业在产业集群内的比重之大，也从侧面反映出集群内市场竞争

的激烈程度。在激烈的市场竞争环境中，中小企业之间难以达成信任的合作关系和急切的合作意愿，同时基于当地数量众多的大学及科研机构，因此对中小企业来说，采用产学研合作模式开展创新是一种比较好的选择。

2004年年末，即产业集聚阶段末期，成都软件产业产值首次突破100亿元大关，之后跨入产业集群形成和增长阶段，连续五年以年均30%以上的增长速度持续快速发展，在2009年年末企业数量达到595家，其中中小企业占到94.6%，主营业务收入达到628亿元，从侧面反映出企业较好的资金状况，为采用产学研联合模式提供了良好的条件。

在信息软件产业，企业之间的技术壁垒不如其他行业大，企业要想在技术上取得绝对的领先优势比较难，并且市场容易出现波动，因此对于软件企业来说，制定跟随型战略并不是大多数企业选用的技术发展战略，更多的企业选择领先型战略。在领先型战略的指导下，中小企业积极参与产学研合作，2009年成都的技术市场交易情况可以发现，这一年合同总数是5 782个，其中企业占有3 554个，在卖方市场中，事业法人合同数为2 755个，约占总合同数的一半，说明院校及科研机构在企业创新活动中发挥了重要作用。

采用产学研合作模式，有力促进了成都软件产业集群中小企业创新能力的提高，体现了产学研良性互动、合作协同的巨大推动力。

（二）玉环水暖阀门产业集群中小企业协同创新实践

至2009年，玉环市有2 796家水暖阀门生产和加工企业，其中年销售收入达到亿元的企业有40多家，达到5 000万元的企业有80多家，达到500万元的企业有300多家；有3家进出口公司、200多家企业拥有自营出口权。玉环水暖阀门产业集群形成了以总装企业为中心，以铜棒加工、模具制作、配件、专用机械和包装企业为专业配套的产业分工格局，总装企业占企业总数的43%。集群中，总装企业的平均就业人数为120人，配件企业的平均就业人数为85人，包装企业和专用机械企业平均就业人数为 50 人，铜棒加工企业和模具制作企业的平均就业人数分别为 30 人和 20 人，具体见表 9-4 所示。

表 9-4　玉环水暖阀门产业集群企业主体情况

企业类型	数量/家	平均就业人数/人
总装企业	1 200	120
配件企业	698	85
模具制作企业	140	20
铜棒加工企业	558	30
包装企业	140	50
专业机械企业	60	50

资料来源：楚门镇政府、浙江省水暖阀门行业协会统计资料。

从表 9-4 可以看出，玉环水暖阀门产业集群内企业数量众多，但是大企业很少甚至基本没有。平均就业人数在 120 人的总装企业有 1 200 家，平均人数在 30 人的有 558 家，企业总数达到 2 796 家，可见这是一个典型的中小企业集群。

截至 2011 年，全县水暖阀门企业拥有 35 家研发机构，5 家与高校共建的创新载体。同时，中国家庭水系统产业研究基地、浙江省水暖阀门产品质量检测中心和浙江省水暖阀门产品研发中心等系列平台也建立起来。除此之外，玉环本地融资机构发展水平较高，在国内处于一流水平。相关的咨询、培训、物流和销售服务机构也有一定程度的发展，对玉环水暖阀门产业集群的发展起到了支撑作用，具体如表 9-5 所示。

表 9-5　玉环水暖阀门产业集群中相关支撑机构情况

机构类型	数量/家	在国内水平
研发机构	35	中等
本地院校	1	中等
科技中介	4	中上

表9-5(续)

机构类型	数量/家	在国内水平
融资机构	10	一流
咨询机构	5	中等
培训机构	5	中的
物流服务机构	20	中小
销售服务机构	10	——
其他商务服务机构	8	——

资料来源：楚门镇政府、浙江省水暖阀门行业协会统计资料。

从表9-5可以看出，在该集群中研发机构有35家，本地院校有1家，咨询机构有5家，支撑机构和院校总数为98家，本地院校研发机构及其他中介组织占有比重非常小，无法足够支撑企业创新的需要，因此对集群中的大多数中小企业而言，采用产学研合作模式和依附于大企业创新体系的模式并不现实。同时，正是中小企业数量庞大，才为中小企业之间结成联盟联合创新提供了条件。因此，从集群的整体结构上来说，采用中小企业联盟的协同创新模式对提高企业的创新能力更加符合实际，也更加有效。

从企业技术战略的角度看，该集群中小企业数量虽然众多，但是企业的业务内容还主要是停留在简单的加工和包装的基础上，真正涉及核心技术的研发还比较少，由此导致制定领先型战略的企业并不多，只有很少一部分企业会采用产学研合作模式，通过创新来实现企业技术的升级改造。

受制于该集群的整体结构和企业经营业务的技术含量，市场竞争环境和企业的创新能力对企业协同创新模式的影响并不非常突出，在现实环境的制约下，采用中小企业联盟模式是一种更符合企业实际发展情况的创新模式。

（三）丹阳高性能金属材料产业集群中小企业协同创新实践

丹阳高性能金属材料产业集群主要集中在后巷镇和吕城镇，共有 350 家高性能金属材料及其深加工企业。按生产领域分，集群共有规模以上高速钢及制品生产企业 107 家，高温合金及制品生产企业 15 家，金属基复合材料及制品生产企业 5 家。产值亿元以上的企业 7 家，10 亿元以上的企业 3 家。骨干企业主要产品广泛应用于装备制造、航空航天、机械电子等新兴产业领域，这些企业实力均处于国内领先水平，部分达到国际领先水平。玉环水暖阀门产业集群中企业主体情况详见表9-6。

表9-6　玉环水暖阀门产业集群中企业主体情况

企业类型	规模以上企业数量/家	平均就业人数/人	骨干企业	骨干企业市场地位
高速工具钢及制品	107	690	天工工具、飞达集团	天工国际市场第二；飞达国际市场第五
高温合金及制品	15	66	丹阳精密合金厂、江苏巍华	国内市场第二
金属基复合材料制品	5	580	大亚科技、江苏圆通、呈飞精密合金	大亚科技国内市场第三

资料来源：丹阳科技局、后巷镇政府、吕城镇政府统计资料。

从表9-6可以看出，在该产业集群内，企业总量不多，只有127家，但平均就业人数比较多。在高速工具钢及复合材料制品这两种企业类型中，员工人数在 600 人左右，而高温合金及制品的人数不到 100 人。在这三种类型的企业中，均有在国内或国外市场占有率高的企业，如天工工具、飞达集团、丹阳精密合金厂、大亚科技等，这些企业是该产业集群的核心，也是整个集群创新能力提升的主要推动者，在创新过程中处于领导者地位。

在丹阳高性能金属材料产业集群内，有一批在国内处于中上等水平的支撑机构，如研发机构、科技孵化器和投资担保机构等，但是与企业数量相比，其占比非常小，具体情况详见表9-7。

表9-7　丹阳高性能金属材料产业集群中相关支撑机构情况

机构类型	数量/家	在国内水平
研发机构	8	中上
本地院校	0	——
科研院所	0	——
孵化器	1	中上
投资担保机构	3	——
物流服务	2	一流

资料来源：丹阳科技局、后巷镇政府、吕城镇政府统计资料。

从表9-7可以看出，在该集群中，大学、科研院所和机构、研发中心等数量都非常少，没有足够的资源去满足中小企业的创新需求，因此产学研合作模式并不适合成为该集群中小企业协同创新的模式。高性能金属材料的生产对技术的依赖程度高，生产企业必须具备一定的技术水平，从技术战略的角度来说，制定领先型战略是一种不错的选择，但是在集群中有一些在国内甚至国际都处于领先地位的龙头企业，同时还受到科研院所较少的限制，使得该战略不能有效指导企业创新能力的培育，也不符合企业和集群的实际情况。

在集群内龙头企业的拉动下，中小企业可以通过承接龙头企业的外包项目，借助于其丰富的创新资源和完善的机制，逐步提升自身的创新能力。通过融入龙头企业的创新体系，与龙头企业联合开展协同创新，一是可以提高中小企业的创新层次，二是可以提高创新资源的获取能力。

三、案例对中小企业协同创新模式选择的经验启示

中小企业在创新过程中面临诸多不利条件，但是如果根据企业的实际情况，通过协同创新，并且选择合适的创新模式来开发新技术和新产品，会使企业的创新效率和创新效益大大提升，上述案例中不同集群的中小企业协同创新的实践也印证了这一观点。同时，

我们可以清楚地看到，集群中的中小企业在协同创新的过程中，需要实现两种匹配，一方面是企业与集群外部环境的匹配，另一方面是企业与集群内其他企业和机构之间的匹配。因此，中小企业在选择构建协同创新模式时，必须充分考虑不同模式的特征和适用条件。

按照中小企业协同创新模式的三种类别，我们结合上述案例对每种模式的选择分析归纳如下：

（一）产学研联合模式的选择构建

产学研联合模式是指为了开发新产品和新工艺，企业与大学、科研院所等研究机构进行合作，通过在组织上进行协调，在研发过程中进行协作，在创新主体和创新资源两个层面进行协同，最终实现创新目标的一种合作模式。根据案例的实践经验，我们对产学研联合模式的界定主要是指位于产业集群中的中小企业与当地的大学及研究机构进行创新协同，最终完成整个创新活动实现预期的创新目标。

在产学研联合模式中，协同创新的主体主要是产业集群中的中小企业和大学及科研机构，通过这两者的互动和协同来实现创新过程的不断推进，政府和中介机构等公共组织主要发挥支撑和辅助作用。

产业集群中的中小企业采用产学研联合模式创新，必须保证在当地拥有足够数量和较高技术水平的大学及科研机构。作为创新主体之一，数量和创新水平是影响企业选择合作伙伴和保证创新成功率的必要条件。大学及科研机构是产生创新资源的主要源头之一，拥有众多的科技人才、先进的科研设备、丰富的显性和隐性知识，如技术文献、研发经验等，并且具有优秀的资源整合能力和集中精力专注于研发的先天优势，有利于提高创新速度和创新成果的质量。

当市场竞争环境比较激烈时，若其他条件允许，中小企业在选择协同创新伙伴的过程中会优先选择大学、科研机构和供应链上的合作企业。协同创新建立在合作双方相互信任的基础之上，当市场竞争加剧时，同类中小企业之间的信任程度会降低，彼此的依赖也会逐渐弱化，关系联结强度变弱，在这种情况下不利于与同类企业开展协同创新。大学、科研机构和供应链上的合作企业与中小企业不存在竞争关系，利于双方建立稳固良好的合作基础。

中小企业自身的创新能力是影响协同创新模式选择的另一个因素。从企业资金的角度看，选择产学研联合模式对企业资金的要求会高于其他两种模式，需要中小企业具备一定的资金实力；从技术的角度看，由于产学研联合模式更普遍的情况是由大学及科研机构担任创新的主角，因此对企业自身的技术实力要求不是很高。

中小企业的技术发展战略对协同创新模式的影响也十分重要。产学研联合模式适合企业开发具有前瞻性的技术，因此这种模式更适合于制定领先型战略的中小企业。前面提到，采用这种创新模式需要较大的资金投入，而制定领先型战略的中小企业具有在未来获取垄断利润的前景，企业为了在未来获取更大的利润空间，愿意在现在投入较多研发资金，因此产学研联合模式在制定领先型战略的中小企业中更具可行性。

产学研联合模式的具体实现形式主要有技术转让和合作开发两种。技术转让是指根据中小企业需求，大学及科研机构进行技术开发，制定出完整的产品制造方法或工艺，然后由中小企业购买，实现知识产权的转让，中小企业通过工业化生产制造出产品并投放市场，大学及科研机构根据企业需要可提供后期的服务支持。合作开发是指企业与大学及科研机构共同参与新技术的开发，通过专业化分工，各自承担一部分开发任务，最终进行整合，实现创新目标。这两种表现形式在具体的产学研合作中都比较普遍，可以满足中小企业对技术进步要求的迫切性，加快产品投放市场的速度，也可以解决大学及科研机构研发经费不足的问题，从而实现双赢。

（二）中小企业联盟模式的选择构建

一般来说，在产业集群中，中小企业的数量占据很大比重，这就为企业之间开展协同创新提供了条件。对于产业集群内的每一个中小企业而言，其既具有中小企业单独的劣势，也具备产业集群内的集群优势，因此中小企业可以充分利用集群优势来弥补自身劣势。中小企业在创新过程中往往面临资金短缺、创新人才不足、风险过大等问题，但是在产业集群中，通过企业之间结成联盟可以有效缓解或者解决这些问题。

中小企业联盟模式是协同创新模式中的一种，主要是指多家中小企业在创新活动过程中加强协作，共同完成创新过程，共享创新成果。这种模式又可以分为两种，一种是供应链上中小企业之间的联盟，另一种就是同类竞争者之间的联盟。

供应链上中小企业之间的联盟是指中小企业与供应商和分销商之间的联盟，这种联盟方式是基于供求关系，在长久的经济往来中建立起来的。与供应商进行协同创新，可以让供应商及早知道企业的创新需求，使得在原料供应环节即开始创新；与分销商协同创新，可以共享市场信息，了解市场需求，提前预知市场情况变化并做出创新行动，此时创新不仅是在核心技术开发阶段协同创新，还包括营销方式的创新。

供应链上中小企业之间结成协同创新联盟不难理解，但为什么存在竞争关系的同类中小企业之间也可以结成创新联盟呢？前面提到，竞争并不是绝对的，竞争可以与合作并存，采用联合竞争战略，通过资源互补与共享，可以形成协同效应，实现规模经济效益。竞争者之间协作，由于彼此面对的是同一个市场，因此对市场都非常熟悉，对市场的理解也更加准确，使得合作各方可以对市场变化和未来技术的发展方面向更为敏感，避免在创新过程中走弯路，降低创新的成本和风险，提高创新效率。

在该协同创新模式中，中小企业是协同创新的主体，通过分工协作，最终完成创新活动。中小企业可以与来自不同行业和领域的其他中小企业进行合作，形成优势资源互补，实现技术的融合。采用该模式的关键是中小企业要在创新活动过程中积极地以人之长补己之短，在合作中提高自身的知识储备和创新能力。

采用这种创新模式，对市场竞争环境和中小企业自身的资金和技术实力没有严格的要求，并且中小企业之间比较容易达成合作关系，因此该协同创新模式的应用非常普遍。从企业技术战略的角度看，制定领先型战略的中小企业不适宜采用这种创新模式，因为这种创新模式无法使企业获得技术上的排他的领先优势，无法形成企业的核心竞争力，不过对于制定跟随型和紧缩型战略的中小企业来说，这是一种非常不错的协同创新模式。

（三）依附于大企业创新体系的模式的选择构建

中小企业除了与大学及科研机构以及其他中小企业开展协同创新外，还可以依附于集群中的大企业。越来越多的大型企业更加注重产品价值链，除了保留核心技术独立研发外，非核心技术和非优势业务大量外包给其他企业，这就为中小企业参与大企业的创新体系提供了契机。

该创新模式主要是通过中小企业承接大企业的外包项目来完成协同创新。在创新过程中，中小企业既可以取得新的知识和技术，也可以获得创新资金，减小了企业的资金投入，同时由于与大企业结成合作关系，因此还可以降低中小企业的创新风险，可谓是一举多得。

从市场竞争环境的角度看，市场竞争环境激烈时，中小企业更倾向于寻求这种依附于大企业创新体系的模式，因为与大企业联合创新，通过大企业提供的资金，以及依赖于大企业的市场影响力，可以提高中小企业的市场竞争力。由于在协同创新过程中，中小企业承担的主要是大企业非核心技术的研发，因此可能导致中小企业无法接触到该领域的先进技术和核心知识，所以当市场竞争缓和时，中小企业会倾向于采用产学研合作或者与其他中小企业联合创新的模式。

从中小企业创新能力的角度看，该模式对中小企业的资金实力并没有很高的要求，而对企业的技术实力有较高的要求。大企业在选择承包商时，企业的技术实力是重要的选择标准之一，直接关系到项目最终能否成功。

从企业技术战略的角度看，该模式更适合于制定跟随型战略的中小企业，因为依附于大企业，很难使中小企业获得核心技术，只能在非核心和外围技术方面得到提升。制定跟随型战略的中小企业可以沿着大企业的技术发展路径和步伐，逐步接触大企业外溢的知识和技术，借助大企业这个平台提升自身的创新实力和发展能力。

第六节　云创新破解中小企业融资难题
——大族激光科技产生集团股份有限公司
云融资创新实践经验剖析

一、公司发展概况

1996 年，大族激光科技产生集团股份有限公司（下称"大族激光"）的创始人高云峰以 100 万元在深圳注册成立了大族实业有限公司（大族激光的前身），专门从事激光打标机的生产，其时公司还仅是一个只有 20 余名员工和一个不到 300 平方米厂房的小企业。在其发展的过程中，大族激光因其在激光打印产业取得的辉煌成绩，为越来越多的专家及投资者所认识。被誉为"中国光电之父"的王大珩院士曾赞赏大族激光，称其实现了中国激光加工设备产业化，并推动了激光技术更好地服务于中国经济。2004 年 6 月 25 日，大族激光作为首批"新八股"之一，成功登陆深圳中小企业板，公司股票首日升幅即高达367%，受到了业内外人士的广泛关注。

经过 20 余年的发展，大族激光现已发展成为我国集激光加工设备的研发、生产和销售为一体，亚洲最大、世界知名的激光加工设备生产厂商，树立了国内同行业第一品牌。公司公布的年度报告显示，2019 年大族激光实现营业收入 95.63 亿元，归属上市公司股东净利润 6.42 亿元。作为国内最大的激光加工设备生产厂商，大族激光现已拥有多项处于世界领先水平的核心技术，先后被评为国家高新技术产业化示范工程项目单位和国家科技成果推广示范基地、重点示范企业，其研究成果受到国家政府的充分肯定，企业先后获得"国家火炬计划重点高新技术企业""国家规划布局重点软件企业""国家知识产权示范企业""广东省装备制造业重点企业""深圳市高新技术企业"等荣誉称号。

二、公司云融资模式发展历程及融资效果

（一）大族激光云融资模式发展历程

大族激光从一家注册资金仅为 100 万元名不见经传的小公司发展成为目前年营业收入近 100 亿元的行业翘楚，获得令人瞩目的成就有着多方面的原因，究其根本，还是其充分借助自身和外部各类融资资源实现云融资，确保企业不断通过自主技术创新打造了国内乃至国际市场领先的核心技术，确立了行业内的优势地位。下面回顾大族激光的成长历程，按其在不同发展阶段的云融资模式的发展和体系建立进行详细分析。

1. 企业初创期——私有云融资、内部云融资

大族激光创立之初，正值外部环境中国家宏观政策由紧转松，这给大族激光及其他中小科技型企业带来了良好的发展机遇，但大族激光也同样面临其他中小企业都会面临的融资手段匮乏和融资渠道单一的问题，在企业缺少技术和市场，更鲜少外部资源的情况下，创始人高云峰通过私有云融资，将个人资产投入公司，解决了创立公司启动资金的问题。大族激光刚成立的前两年，运行并不稳定，在急需拓展市场的压力下，公司的现金流一度出现严重短缺的问题，1997 年爆发的亚洲金融危机更加剧了这一问题。在资金短缺甚至影响到公司正常运转的困境下，高云峰借助企业内部云融资，将自己的面包车典当了两次，分别当得 9 万元和 3 万元，使企业艰难渡过了资金危机。

2. 企业快速成长期——外部云融资

物资典当和提前收取客户定金等方式让大族激光渡过了企业初创期并存活下来，进入1998年，大族激光经过初期的发展，已拥有一定的技术优势，但仍处于小批量作坊式生产状态。随着国内激光打印设备市场需求不断增长，大族激光急需扩大市场规模，因此在企业资金短缺而原始积累无法满足拓展市场的需求时，依靠外部云融资解决资金难题就成为大族激光的当务之急。在缺少抵押物而无法通过银行贷款的情况下，权衡分析其他外部融资资源，大族激光选择了通过引进风险投资来实现企业进一步发展的云融资。1999年4月，高云峰通过与深圳市高新技术投资担保有限公司（简称高新投）的协商，同意由高新投向大族激光注资438.6万元，双方共同组建大族激光科技有限公司，高新投将占有新成立公司的51%的股份，这意味着大族激光和高云峰失去了对公司的控股权。但在当时企业急需突破发展瓶颈和外部的融资环境下，高云峰接受并达成了此次融资协议，通过引入风险投资这一外部云资源，企业获得了急需的现金，也以此契机规范了企业的财务制度及其他管理制度，提升了企业管理水平。两年后，由于公司业绩高涨，高云峰根据与高新投签订的回购协议，从高新投成功回购了46%的大族激光股权，从而再次获得了对公司的控制权。

在其后的发展中，大族激光根据企业产权升级的融资需求，于2001年再次利用外部云融资，引入红塔集团、招商局集团、华菱管线、东盛创业在内的几家大型国企的投资，同年9月，大族激光完成股份制改造，经过产权变革，大族激光由单一产权过渡到多种产权形式并存的产权网结构。第二次外部云融资使大族激光获得了充裕的发展资金，加大了对研发的投入，也使企业获得了丰厚的回报，公司在当年实现营业收入2.8亿元，净利润高达3 676万元。

3. 企业发展成熟期——公有云融资

依靠有效的外部云融资，大族激光实现了企业规模扩张和市场份额的扩大，在行业中奠定了强有力的竞争地位。但随着公司的高速发展，大族激光又面临应收账款过高和现金不足等问题，如何借助股市、债券等公有云融资资源解决企业融资问题，成为高云峰及其管理团队思考的重点。2004 年 5 月 20 日，深交所正式启用中小板，上市融资成为科技型中小企业追逐的目标。高云峰和大族激光利用这一契机，通过 IPO 上市获得了充足的资金，从而解决了企业扩张过程中的资金周转问题。2004 年 6 月 11 日，作为首批登陆深圳中小板"新八股"成员之一，大族激光公开发行 2 700 万股 A 股，发行价 9.2 元/股，扣除发行费用，实际募资 2.48 亿元。成功实现中小板上市后，大族激光又先后于 2007 年 6 月和 2008 年 7 月定向增发 1 890 万股和公开增发 8 813.8 万股，为企业融资 3.3 亿元和 9.9 亿元，企业的资金实力得到了极大程度的增强。随着大族激光形成了激光制版、印刷及 PCB 等多个新的利润增长点，企业的资产规模、经营业绩和市场占有率获得较大的提升，大族激光一跃成为亚洲最大的激光加工设备生产商。

（二）大族激光云融资实施效果分析

因时制宜的云融资理念以及开放灵活的云融资模式不仅为大族激光带来源源不断的资金注入，还使大族激光收获了大批企业发展急需的高科技人才，斩获多项具有国际竞争力的科研成果，实现了企业规模壮大和业绩飞速发展，奠定了大族激光在业内的竞争优势和领先地位。

1. 确保企业运营资金充足，丰富企业人才储备

作为最先进入国内激光产业的民营企业，大族激光从创业之初就在融资上下足功夫，通过有效的商业化运作和灵活多样化的云融资模式，不仅成功让激光技术走下"科技神坛"，实现了民族激光产业的兴盛，同时也让企业在快速的发展中获得了丰厚的回报。大族激光行之有效的云融资模式让资金对企业的成长和发展发挥了巨大的作用，充足的现金流为企业的快速成长和可持续发展提供了有力的保障。截至

2018 年年末,大族激光资产总额达 1 894 501.69 万元,比上年增长 34%,雄厚的实力确保了企业拥有充足的资金,也为企业的发展提供了强大的资金支持。有了充足的资金保障,大族激光在打造高素质的人才队伍上也具备了优势和实力。目前,大族激光拥有一支实力强大的研发队伍,技术研发人才涵盖激光、自动化控制、机械控制和计算机软件开发等多个领域。企业在职员工中本科及以上教育程度的员工数量占 40%,人力资源总体素质较高。有了雄厚的资金后盾,大族激光在对员工培训尤其是高水平科研人才培养上大力投入,企业会定期开展管理技能、专业技能提升,安全及 7S 管理,新技术及新员工培训等各类培训,通过不断引入高水平人才和加大内部人才的开发力度,让企业拥有的丰富的高科技高素质人才队伍储备,成为企业持续不断技术创新的动力源泉。

2. 保持科技技术持续领先,树立核心产品技术竞争力

在充足的资金供给下,大族激光一直坚持在技术和产品的研发上不断投入资金。大族激光自 2004 年公开上市以来,在研发支出上逐年上升 [大族激光历年(2004—2012 年)研发支出情况见表 9-8],保持了持续的增长态势。

表 9-8　大族激光历年(2004—2012 年)研发支出情况

日期/年	研发支出/万元	占营业收入比/%	增幅/%
2004	1 309.34	4.37%	44.85%
2005	2 134.02	5.29%	62.98%
2006	2 554.33	5.80%	19.70%
2007	8 125.55	5.47%	218.11%
2008	11 426.47	6.66%	40.62%
2009	12 817.28	7.24%	12.17%
2010	15 884.34	5.11%	23.93%
2011	18 770.52	5.17%	18.17%
2012	22 689.00	5.24%	20.88%

通过在科技技术和产品研发上持续不断的投入，大族激光现已发展成国内激光设备生产领域生产产品类别最齐全的公司，生产产品的类别涵盖激光技术、机床、电子、机器人和自动化领域等诸多领域。大族激光在 2012 年年末已获得 1 165 项专利，高居行业前列。技术上的领先让大族激光在激光设备生产领域的产品核心竞争力日益凸显，为企业的高速发展提供了坚实的基础。

3. 成功实现企业产权变革和产业升级，公司知名度和盈利能力不断提升

大族激光通过引入风险投资和公开上市，成功实现了产权变革和产业升级，使大族激光的产权结构由过去的单一产权形式成功过渡到多种产权形式并存的产权网结构，推动企业实现了在更高平台运作和开展大企业化管理的目标。历经产权变革和升级后，大族激光产权结构与组织机构如图 9-2 所示。

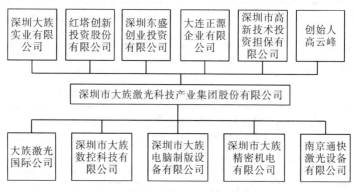

图 9-2　大族激光产权结构与组织机构

目前，大族激光涉足激光产品生产制造、自动化设备生产及租赁、房地产开发、进出口商贸等多个行业，拥有大族绿能照明、大族明信等 17 家全资公司，同时拥有大族数控、明信测试设备等 9 家控股公司，涉足领域广，产业规模大。借力多元化的产业结构，大

族激光的知名度和盈利能力不断提升。在 2017 央视财经论坛暨中国上市公司峰会上公布的"2017 中国十佳上市公司榜单"中，大族激光凭借智能制造骨干梯队、自主技术、锐意革新、托举激光装备龙头等优势荣耀上榜。大族激光与其他上榜的 9 家公司是中国资本市场优质企业和价值投资的标杆企业，获得此项殊荣足以证明大族激光已然成为国内激光行业无可争议的龙头品牌。企业知名度的不断提升进一步带动了大族激光产品的市场销量，自上市以来，大族激光的激光标记设备的销售量曾获得国际排名第一位的成绩，公司在 2017 年公司营收和净利润双双实现了 120%～150% 的高增长。我国制造行业的转型升级为高技术装备业提供了新机遇，大族激光发展至今形成的突出优势和强大的竞争力，无疑为其日后抓住机遇实现长远的可持续发展奠定了坚实的基础。

三、公司云融资创新实践对中小企业融资创新的经验启示

大族激光作为科技型中小企业的代表，在其发展的过程中，因在技术创新中信息不对称、技术溢出非线性等原因，也遭遇了融资束缚、资金匮乏等其他中小企业发展中常见的问题。从大族激光融资实践的过程不难看出，中小企业尤其是科技型中小企业可以借助云融资来解决企业的融资困境。通过对大族激光云融资模式发展历程的梳理，可以为中小企业融资创新得出如下经验启示：

（一）中小企业应根据自身特点构建合适的云融资体系

通过借助云融资体系中的各类云融资资源，大族激光有效化解了各类融资风险，并为其发展提供了强有力的资金支持。在云融资模式中，构成云融资资源的内容是不一而足的，既有来自内部的云融资资源，也有来自外部的云融资资源；既有私有云融资资源，也有公有云融资资源。在大族激光的云融资模式发展历程中，大族激光内部的房子、汽车和员工，外部的客户和风险投资，私有的技术和成果，共有的平台和人才等各类云融资资源都得到了充分利用，

为企业发展贡献了最大的价值。因此，中小企业应该结合自身的实际情况，借助自身的特点和优势，建立适合本企业发展要求的云融资体系，从而保证企业通过云融资实现发展，并在发展中不断完善和优化云融资体系，使其更好满足企业长期发展的融资需求。

（二）中小企业在成长的不同阶段应采用不同的云融资模式

中小企业从初创到成长，再到发展壮大，其在每一个阶段均会遇到融资的难题，但因处于企业生命周期的不同阶段，融资问题也会有明显的区别。大族激光云融资模式的发展历程清晰地展示了大族激光在成长的不同阶段采用了不同的云融资模式，并有效地解决了企业在不同成长时期面临的不同的融资问题。因此，中小企业在构建适合本企业发展要求的云融资体系时，应注意在不同的成长阶段采用不同的云融资模式：在中小企业的初创期，由于自身规模和实力所限，以及企业商业信用尚不健全等原因，中小企业很难从外部获得融资，所以中小企业在起步阶段往往依靠创始人原始积累、企业员工入股等内部云融资模式以及个人物品抵押贷款或典当等私有云融资模式；当中小企业进入快速成长期，通常会遭遇资金暂时性短缺现象，由于外部云融资及公有云融资模式较为复杂烦琐，中小企业更适合选择相对更为快速便捷的内部云融资或私有云融资模式；当中小企业经过快速成长进入发展期，随着企业规模不断增加，企业实力不断增强，企业的商业信用也逐渐建立起来，对资金的需求也在不断加大，而外部云融资和公有云融资模式具有多元、开放、融资规模大等特点，因此中小企业在此阶段可以选择银行借款、风险投资等外部云融资模式以及IPO上市、增发配股以及发行债券等公有云融资模式来募集更多的资金，满足企业更大的融资需求。

（三）中小企业应充分借助云融资打破束缚企业发展的融资瓶颈

"融资难、融资贵"一直是制约中小企业发展的瓶颈问题之一，而对于以大族激光为代表的科技型中小企业而言，由于技术创新风险高、预期收益不确定等特点，融资问题更为突出。在这一瓶颈问题前，大族激光没有畏缩不前，在起步阶段时就通过引入高新投的控股融资，获得了企业发展急需的资金，使企业在成长初期实现了指数型增长；在其成功登陆深圳中小企业板成为上市公司后，2009年继续采用私有资产转让融资模式，让企业成功走出了因金融危机引发的经营低谷。所以中小企业充分借助行之有效的云融资模式，能够推动企业融资理念创新和融资方式的升级，帮助中小企业克服传统融资模式封闭、僵硬、单一和死板等弊端，实现开放、共享和自由的融资。同时，云融资还具有优化企业产权配比和实现企业产业升级的作用，这一作用在大族激光的云融资实践中也得到了实证：大族激光通过引入风险投资和银行投资等外部云融资模式以后，在缓解了企业的资本压力的同时，优化了企业的产权配比结构，调整完善了企业的管理方式，维持了企业运营的稳定性，而企业对外部云融资资源的并购和投资也推动了大族激光的产业升级。我们从上述对云融资模式对中小企业发挥的作用和效果的分析中可以看出：作为传统融资模式的整合和创新，云融资模式可以为中小企业打破传统的融资壁垒，提高资源使用效率，推动企业快速发展，因此，中小企业应创新融资理念，从传统的刻意追求阶段最优化的融资思想转向因时制宜、开放共享的云融资思想，构建适合自身的云融资体系，帮助企业打破融资瓶颈，推动企业融资方式升级。

参考文献

［1］朱冬. 后藤俊夫：日本企业的六大长寿基因［J］，中外管理，2019（7）：50.

［2］任兴磊，李献平. 分析与展望：中国中小微企业生存发展报告（2017—2018）［M］. 北京：中国经济出版社，2018：58-60.

［3］刘文强. 2017—2018 年中国中小企业发展蓝皮书［M］. 北京：人民出版社，2018：16-25.

［4］李子彬. 中国中小企业 2018 蓝皮书：民营企业投资状况分析及对策建议［M］. 经济管理出版社，2018：3-14，62-71.

［5］杨瑞龙. 企业理论：现代观点［M］. 北京：中国人民大学出版社，2005：1-37.

［6］林汉川，魏中奇. 中小企业发展与创新［M］. 上海：上海财经大学出版社，2001：263-265.

［7］约瑟夫·熊彼特. 经济发展理论［M］. 何畏，易家洋，译. 北京：商务印书馆，2017：103-105.

［8］向刚. 企业持续创新［M］. 北京：科学出版社，2006：14.

［9］李宇. 企业成长、创新空间与产业升级："熊彼特假设"的立论延伸与中国证据［M］. 北京：中国社会科学出版社，2012：30.

［10］道格拉斯·C 诺斯. 经济史中的结构与变迁［M］. 陈郁，罗华平，译. 上海：上海三联书店，1994：186.

［11］李正风，曾国屏. 中国创新系统研究：技术、制度与知识

［M］．济南：山东教育出版社，1995：20．

　　［12］戴布拉．创新高速公路：构筑知识创新与知识共享的平台［M］．陈劲，朱朝辉，译．北京：知识产权出版社，2005：1．

　　［13］张怡恬．自主创新：关系全局的战略课题（学习贯彻中央经济工作会议精神）——访吕政、胥和平研究员［N］．人民日报，2005-12-26．

　　［14］徐达奇．产学研合作提升中小企业自主创新能力机理模型研究［J］．安徽理工大学学报．社会科学版，2015（3）：24-28．

　　［15］陈柳钦．战略性新兴产业自主创新问题研究［J］．中国地质大学学报：社会科学版，2011，11（3）：56-61．

　　［16］尹作亮．中小企业技术创新风险来源的实证分析［J］．中央财经大学学报，2012（7）：86-89．

　　［17］郝生宾，张涛，于渤．企业自主创新能力形成的协同机制研究［J］．工业经济技术，2011（1）：34-38．

　　［18］刘国新，李兴文．企业自主创新能力的形成机制研究［J］．科技与经济，2006，19（1）：29-31．

　　［19］涂成林，易卫华．我国自主创新能力影响因素及其地区差异分析［J］．科技管理研究，2008（9）：39-42．

　　［20］徐杰，王智源，彭小宝．我国自主创新中知识集成能力提升问题研讨［J］．科技管理研究，2008（9）：1-8．

　　［21］王滨．科技型中小企业自主创新的内外部条件研究［D］．武汉：武汉大学，2012：36-41．

　　［22］杨东奇，朱建新，刘茂长．高新技术企业自主创新环境研究［M］．北京：科学出版社，2009．

　　［23］李燕强．科技型中小企业自主创新能力评价与提升研究［D］．镇江：江苏大学，2010：18-29．

　　［24］路风．走向自主创新寻求中国力量的源泉［M］．南宁：广西师范大学出版社，2006．

［25］白绪贵. 我国汽车制造企业自主创新能力形成机理的研究
［D］. 长春：吉林大学，2010：27-43.

［26］陈泽明. 企业自主创新的动力源分析［J］. 经济体制改
革，2007（2）：73-76.

［27］彭纪生，刘春林. 自主创新与模仿创新的博弈分析［J］.
科学管理研究，2003（6）：15-21.

［28］万君康. 论技术引进与自主创新的关联与差异［J］. 武汉
汽车工业大学学报，2004（15）：67-69.

［29］王春法. 关于自主创新能力的几点思考［J］. 理论视野，
2007（1）：48-50.

［30］吴高潮. 企业自主创新的模式与机制研究［D］. 武汉：武
汉理工大学，2006：62-68.

［31］王刚. 企业自主创新模式选择研究［D］. 西安：西北大
学，2013：15-42.

［32］罗赳赳，田新民，康力. 企业自主创新模式研究与选择
［J］. 科学进步与对策，2007（5）：104-107.

［33］向刚，宋婷婷，屈晓娟，王正刚. 企业自主创新模式选择
的基本准则探讨［J］. 科学与管理，2008（5）：15-17.

［34］操龙灿，江英. 企业自主创新体系及模式研究［J］. 科学
学研究，2006（12）：107-109.

［35］王玉锁，罗永泰. 高新技术企业自主创新模式研究［J］.
经济问题，2007（4）：18-19.

［36］张景安. 实现由技术引进为主向自主创新为主转变的战略
思考［J］. 中国软科学，2003（11）：1-5.

［37］李国平，韩振海. 企业技术创新模式的选择分析：以青岛
市为例［J］. 科研管理，2003（11）：78-82.

［38］吴佳. 基于企业生命周期的中小企业技术创新模式研究
［D］. 天津：天津财经大学，2007：23-45.

［39］林晓红. 企业自主创新的运行机制研究［D］. 哈尔滨：哈尔滨工程大学，2009：41-62.

［40］林莉. 企业自主创新的实现路径与相关机制研究［D］. 淄博：山东理工大学，2007：33-52.

［41］魏江，刘锦，杜静. 自主性技术创新的知识整合过程机理研究［J］. 科研管理，2005，26（4）：15-21.

［42］唐红军. 新形势下中小企业协同创新的问题与对策探究［J］. 齐齐哈尔大学学报（哲学社会科学版），2018（1）：12-15.

［43］汪欢欢. 基于知识学习的企业自主创新能力形成研究［D］. 长沙：中南大学，2008：31-41.

［44］魏江，张波，张学华. 基于客户关系的中小企业知识学习研究［J］. 科技进步与对策，2004（8）：124.

［45］王斌. 网络经济时代中小企业管理创新研究［D］. 长春：吉林大学，2004：4.

［46］张德升. 网络经济环境下的企业战略创新研究［D］. 哈尔滨：哈尔滨工程大学，2006：7.

［47］王莉. 基于网络经济的企业战略创新［D］. 武汉：武汉理工大学，2002：2-5.

［48］李静. 基于动态联盟的中小企业技术创新研究［D］. 哈尔滨：哈尔滨理工大学，2008：33-40.

［49］丁玲. 基于用户参与的企业创新研究［D］. 绵阳：西南科技大学，2014：39-46.

［50］虎业勤. 论网络时代的企业文化创新［J］. 河南社会科学，2004（4）：85-87.

［51］王洪生，张玉明. 科技型中小企业云融资模式研究：基于云创新的视角［J］. 科技管理研究，2014（13）：76-81.

［52］张玉明. 云创新理论与应用［M］. 北京：经济科学出版社，2013：11-14.

［53］苏屹，姜雪松.高科技企业云创新系统构建研究［J］.信息管理，2014（2）：69-71.

［54］王洪生，张玉明.中小企业云创新流程研究［J］.中国海洋大学学报（社会科学版），2014（2）：61-64.

［55］冯旭，罗霞.对云创新模式的再认识［J］.西南民族大学学报（人文社会科学版），2011（8）：122-125.

［56］任丽梅，黄斌.云创新：21世纪的创新模式［M］.北京：中共中央党校出版社，2010.

［57］胡钰.呼唤"云创新"［N］.科技日报，2010-04-11.

［58］王燕，王旭.云计算时代对我国信息安全的思考［J］.现代管理科学，2011（2）：85-87.

［59］陈劲，陈钮芬.开放创新体系与企业技术创新资源配置［J］.科研管理，2005（23）：42-45.

［60］卢加元.对云创新的一些理解与认识［J］.科技进步与对策，2015（7）：1-6.

［61］中国管理模式杰出奖理事会.云管理时代：解码中国管理模式［M］.北京：机械工业出版社，2013.

［62］郭昕，薛红吉，付云，等.云时代5大管理变革：云计算激变五种管理模式［J］.经理人，2013（6）：26-31.

［63］王梦丽.云计算时代创新商业模式构建：以银行业为例［J］.中国电子商务，2013（6）：32-33.

［64］张玉明，梁尔昂.云创新模式内涵分析与模型构建：以苹果公司为例［J］.科技进步与对策，2014（2）：1-5.

［65］张霞，蔚垚辉.互联网+环境下科技型中小企业云融资模式创新研究［J］.中国管理信息化，2019（22）：146-150.

［66］张玉明，李洋.科技型中小企业云融资模式研究：以大族激光为例［J］.会计之友，2014（32）：109-113.

［67］张玉明，李江娜，陈栋.信息不对称、云融资模式与科技

型小微企业融资 [J]. 科技进步与对策, 2014 (15): 100-103.

[68] 仲心想. 浅析科技型中小企业云融资模式 [J]. 科技经济市场, 2016 (5): 95-95.

[69] 王琼. 科技型中小企业云融资模式分析 [J]. 湖北科技学院学报, 2017 (3): 18-20.

[70] 陈晓红, 刘剑. 不同成长阶段下中小企业融资方式选择研究 [J]. 管理工程学报, 2006 (1): 1-6.

[71] 李科, 徐龙炳. 融资约束、债务能力与公司业绩 [J]. 经济研究, 2011 (5): 61-71.

[72] 孙婷. 金融危机下中小企业发展的政策环境分析 [J]. 特区经济, 2010 (5): 23-25.

[73] 赵刚. 金融危机后, 美国中小企业为什么依然充满活力? [J]. 中国科技财富, 2010 (4): 26-27.

[74] 陈恩才, 牛刚. 欧盟中小企业互助担保的制度模式及启示 [J]. 中国流通经济, 2009 (4): 15-17.

[75] 陈良文. 美国支持科技型中小企业发展的经验及启示 [J]. 经济纵横, 2013 (7): 106-109.

[76] 梁佑荣. 韩国中小企业推进政策研究 [J]. 商业时代, 2006 (11): 45-47.

[77] 邢宝星. 韩国支持中小企业融资启示录 [J]. 当代金融家, 2009 (12): 34-35.

[78] 卢东斌, 等. 中小企业自主创新与产业升级研究: 基于北京市中小企业的视角 [M]. 北京: 经济管理出版社, 2011: 270-273.

[79] 白树强. 全球竞争论: 经济全球化下国际竞争理论与政策研究 [M]. 北京: 中国社会科学出版社, 2011: 112-124.

[80] 李素英, 吴永立. 科技型中小企业创新创业环境及政策支持体系研究 [M]. 上海: 立信会计出版社, 2017: 151-170.

[81] 余菲菲. 科技型中小微企业创新转型路径与对策研究

[M]. 北京：科学出版社，2017：66-90.

[82] 任熹真，程玉林，常云锋. 中国中小企业集群竞争力的环境探究 [M]. 北京：中国环境出版社，2014：146-167.

[83] 朱卫平，陈林. 产业升级的内涵与模式研究：以广东产业升级为例 [J]. 经济学家，2011（2）：23-27.

[84] 傅小舟. 中小企业全面创新管理能力研究：以浙江省中小企业为例 [D]. 杭州：浙江大学，2008：90-112.

[85] 蒋丽华. 企业体育文化传播的研究：以华旗资讯集团为例 [D]. 北京：首都体育学院体，2014：17-29.

[86] 吴熹. 中小企业文化创新与技术创新的研究：以北京华旗资讯数码科技有限公司为例 [D]. 成都：成都理工大学，2012：23-29.

[87] 区乐庭. 华旗资讯：管理演绎"国象文化" [J]. 人力资源，2008（22）：51.

[88] 杨国强. 加1等11的模式创新之路 [J]. 石家庄经济学院学报，2009（3）：59.

[90] 王彩霞. 谭木匠做的不是梳子而是品牌 [J]. 中国连锁，2013（4）：42-44.

[91] 余妍. 民间艺术产业的独具"匠"心："谭木匠"品牌内外分析 [J]. 中国市场，2014（11）：16-17.

[92] 杨兴国. 谭木匠：小木梳做出大文章 [J]. 市场营销，2012（6）：88-89.

[93] 王钦. 技术范式、学习机制与集群创新能力：来自浙江玉环水暖阀门产业集群的证据 [J]. 中国工业经济，2011（10）：141-150.

[94] 黄源. 促进成都高新技术产业集群发展的思考：以软件产业为研究对象 [J]. 科技信息，2008（26）：135-136.

[95] 胡德勇. 产业集群与区域经济发展初探：以福建晋江鞋业

产业集群为例［J］. 商场现代化，2011（11）：42-43.

［96］李凤. 科技型中小企业资源导向型融资模式研究：以大族激光为例［D］. 济南：山东大学，2014：41-53.

［97］刘莉，罗鹏. 大族激光的创新成长之路［J］. 管理案例研究与评论，2008（1）：27-31.

［98］唐雯，陈爱祖，饶倩. 以科技金融创新破解科技型中小企业融资困境［J］. 科技管理研究，2011（7）：1-5.

［99］刘莉，王成. 科技型中小企业成长环境及其成长性的实证研究［J］. 科技管理研究，2009（5）：318-322.

［100］李军，吴拓华，张云起. 中小企业管理提升的路径［M］. 北京：经济管理出版社，2014：13-45.

［101］孙林杰. 中小企业的发展与创新［M］. 北京：经济管理出版社，2014：179-195.

［102］JAN FAGERBERG，AVID C. MOWERY，RECHARD R. NELSON. The Oxford Handbook of Innovation［M］. Oxford University Press，2005：1-4.

［103］CHARLENE LONMO. Innovation in Information and Communication Technology（ICT）sector Service Industries：Results From the Survey of Innovation［R］. Statistics Canada，Working Paper，2003.

［104］FARRELL J. Integration and independent innovation on a network［J］. American Economic Review，1993（2）：420-424.

［105］FABRICE GALIA，DIEGO LEGROS. Complementarities between obstacles to innovation：evidence from France［J］. Research Policy，2004（33）：1 185-1 199.

［106］FABRICE GALIA. An invisible frontier? Intrinsic－extrinsic motivations and knowledge sharing in firms［R］. Cahiers du CEREN，2006（16）：14-29.

［107］JOHN BALDWIN，ZHENGXI LIN. Impediments to advanced

technology adoption for Canadian manufacturers [J]. Research Policy, 2002, 31 (1): 1-18.

[108] LORENZ EDWARD. Endogenous innovation: the organization of work and institutional context [J]. Journal of Electronic Science and Technology of China, 2006, 4 (4): 373-385

[109] RAINER ANDERGASSEN, FRANCO NARDINI. Endogenous innovation waves and Economic growth [J], Structural Change and Economic Dynamics, 2005, 16 (4): 522-539.

[110] PIERRE MOHNE, LARS HENDRICK ROLLER. Complementarities in Innovation Policy [J]. European Economic Review, 2005 (6): 1 431-1 450.

[111] Rodney McAdam, Thomas McConvery. Barriers to innovation with in small Firms in a peripheral location [J]. International Journal of Entrepreneurial Behavior Research, 2004, 10 (3): 206-221.

[112] UWE WALZ, Endogenous innovation and imitation in a model of equilibrium Growth [J]. European Journal of Political Economy, 1996, 11 (4): 709-723.

[113] ROBERT W. RYEROFT, DON E KASH. Self-organizing innovation networks: Implications for globalization [J]. Technology, 2004 (24): 187-197.

[114] BERRY M J, JAMES H. Target combining technology and corporate strategy in small high tech firms [J]. Research Policy, 1998 (26): 883-895.

[115] WARDENA H. The impact of financial planning and control on performance of SMES on Australia [J]. Journal of enterprising culture, 2001 (12): 137-139.

[116] LALKAKA R, BISHOP J. Business incubator in economic development: an initial assessment in industrializing countries [J].

UNDP. New York, 1996: 210-221.

[117] JESSIE P H POON, ALAN MAC PHERSON. Innovation strategies of Asian firms in the United States [J]. Journal of Engineering and Technology Management, 2005 (22): 255-273.

[118] GOULD A. Small business in America overview and issues [M]. New York: Nova Science Publishers, Inc. 2002.

[119] BRUNOE T D, KJELD NELSEN. Complexity management in mass customization SMES [J]. Procedia CIRP, 2016 (31): 51.

[120] KERSTEN R, HARMS J, LIKET K, MASS K. Small firms, large impact? A systematic review of the SME finance literature [J]. World Development, 2017 (21): 232-244.

[121] HYTINEN A, PAJARINEN M. External finance, form growth and the benefits of information disclosure: evidence from Finland [R]. The Research Institute of the Finnish Economy (ETLA), Discussion Papers, 2002, 25 (2): 263-328.

[122] STAN METEALFE, RONNIE RAMLOGAN. Innovation systems and the competitive process in developing economics [J]. The Quarterly Review of Economics and Finance, 2008 (48): 440.

[123] H. ROMIJN. Determinants of innovation capability in small Electronics and software firms in southeast [J]. England. Research Policy, 2002 (31): 1 053-1 067.

[124] SILVIA MASSA, STEFANIAT TESTA. Innovation and SMEs: Misaligned perspectives and goals among entrepreneurs, academies, and policy markets [J]. Technovation, 2008 (28): 393-407.

[125] FREDERIC BOUGRAIN, BERNARD HAUDEVILLE. Innovation, collaboration and SMEs Internal research capacities [J]. Research Policy, 2002 (31): 735-747.

[126] BERGER A N, UDELL G F. The economics of small business

finance: the role of private equity and debt growth cycle [J]. Journal of Banking and Finance, 1998 (6): 274-286.

[127] PIERRE MOHNE, JULIO ROSA. Barries to innovation in services industries in Canada [R], Science&technology, Statistics Canada, 1999 (7): 336-339.

[128] ROY ROTHWELL. Towards the fifth-generation innovation process [J]. International Marketing Review, 1994 (1): 7-31.